白話三國志

陳　壽　著
俞婉君　譯

作者簡介

陳壽（二三三～二九七年），字承祚。巴西郡安漢縣（今四川南充）人。三國時蜀漢及西晉時著名史學家。

陳壽少時好學，師事同郡學者譙周，在蜀漢時曾任衛將軍主簿、東觀秘書郎、觀閣令史、散騎黃門侍郎等職。當時，宦官黃皓專權，大臣都曲意附從。陳壽因為不肯屈從黃皓，所以屢遭遣黜。蜀降晉後，歷任著作郎、長廣太守、治書待御史、太子中庶子等職。晚年多次被貶，屢次受人非議。元康七年（二九七年）病逝，享年六十五歲。

太康元年（二八〇年），晉滅吳結束了分裂局面後，陳壽歷經十年艱辛完成了紀傳體史學巨著《三國志》，全書共六十五卷，三十六萬七千字，完整地記敘了自漢末至晉初近百年間中國由分裂走向統一的歷史全貌，與《史記》、《漢書》、《後漢書》並稱「前四史」。

關於・三國志

陳壽的主要著作為《三國志》，《三國志》是一部記載魏、蜀、吳三國鼎立時期的紀傳體斷代史。其中，《魏書》三十卷，《蜀書》十五卷，《吳書》二十卷，共六十五卷。記載了從西元二二〇年（魏文帝黃初元年），到西元二八〇年（晉武帝太康元年）六十年的歷史。

陳壽是晉臣，晉是承魏而有天下的，所以《三國志》尊魏為正統。在《魏書》中為曹操寫了本紀，而《蜀書》和《吳書》則只有傳，沒有紀。記劉備則為《先主傳》，記孫權則稱《吳主傳》。這是編史書為司馬家晉朝代服務的一個例子，也是《三國志》的一個特點。陳壽雖然名義上尊魏為正統，實際上卻是以魏、蜀、吳三國各自成書，如實地記錄了三國鼎立的局勢，表明了它們各自為政，互不統屬，地位是相同的。

陳壽所著的《三國志》，與前三史一樣，也是私人修史。《三國志》書成之後，就受到了當時人們的好評。陳壽敘事簡略，三書很少重複，記事翔實。在材料的取捨上也十分嚴慎，為歷代史學家所重視。史學界把《史記》、《漢書》、《後漢書》和《三國志》合稱前四史，視為紀傳體史學名著。

目錄

魏書

蜀書

吳書

魏書

武帝紀

太祖武皇帝，沛國譙縣人，姓曹，名操，字孟德，是西漢相國曹參的後代。東漢桓帝在位時，曹騰任中常侍大長秋，封為費亭侯。他的養子曹嵩繼承了他的爵位，曾官至太尉，但沒人知道曹嵩是從誰家過繼來的。曹嵩生子曹操。

曹操年輕的時候就機靈聰慧，有謀略，但放浪形骸，桀驁不馴，不注意德行的修養和學業的研習，所以當時的人都不認為他有特殊的才能；唯有梁國人橋玄和南陽人何顒很看重他。橋玄曾對曹操說：「天下將有大動蕩，沒有治國安邦之才不能力挽狂瀾，能平定天下的，恐怕就是你吧！」曹操二十歲時被舉為孝廉，做了郎官，後又任洛陽北部尉，被提拔為頓丘縣令，後又被征召入朝做了議郎。

漢靈帝光和末年（一八三），黃巾起義爆發。曹操被任命為騎都尉，討伐潁川的黃巾軍，因此升任濟南相。濟南郡轄有十幾個縣，各縣長官大多攀附皇親國戚，貪贓枉法，以致民怨沸騰，曹操上奏皇帝，罷免了其中八名官員；他又嚴禁過分祭祀鬼神，那些作奸違法之徒紛紛逃竄，一時濟南郡秩序井然，社會安定。過了很久，曹操被朝廷征召，任命為東郡太守，但他沒有赴任，以生病為由回了老家。

不久，冀州刺史王芬、南陽許攸、沛國周旌等人聯絡眾豪傑，密謀廢除漢靈帝，擁立合肥侯為帝。他們聯絡曹操想使之參與其中，曹操拒絕了。王芬等人的謀反事件最終失敗。

金城人邊章、韓遂殺了刺史和郡守造反，聚集了十多萬人，一時間天下動蕩。朝廷命曹操為典軍校尉。恰逢漢靈帝駕崩，太子劉辯即位，由何太后臨朝聽制。大將軍何進與袁紹密謀誅殺宦官，太后不同意。何進便召董卓入京，想以此脅迫太后，但董卓還沒入京，何進已被宦官所殺。董卓率人馬抵達京城，即刻廢皇帝為弘農王，另立劉協為獻帝，京城因此亂成一團。董卓上奏舉薦曹操為驍騎校尉，想與他商議朝廷大事。曹操改名換姓，抄小路向東逃往家鄉。他出虎牢關，途經中牟縣，引起當地一個亭長的懷疑，被抓回縣城。城中有人暗中認出了曹操，為其求情，因而得以釋放。董卓殺了太后和弘農王。曹操到了陳留縣，變賣家中的財產，募集義軍，準備討伐董卓。十二月，曹操在己吾縣起兵，這時是漢靈帝中平六年（一八九）。

漢獻帝初平元年（一九〇）正月，後將軍袁術、冀州牧韓馥、豫州刺史孔伷、兗州刺史劉岱、河內太守王匡、勃海太守袁紹、陳留太守張邈、東郡太守橋瑁、山陽太守袁遺、濟北相鮑信同時起兵征討董卓。他們各自擁兵數萬，共同推選袁紹為盟主，曹操任奮武將軍。

二月，董卓得知各地興兵征討自己，脅迫獻帝遷都長安。董卓統兵留駐洛陽，放火燒毀了皇宮。這時袁紹屯兵於河內，張邈、劉岱、橋瑁、袁遺屯駐於酸棗，袁術屯兵於南陽，孔伷屯兵於潁川，韓馥屯駐於鄴城。董卓兵強馬壯，袁紹等人都不敢率先與董卓交戰。曹操說：「我們率領義兵是來討伐叛亂的，現在各路人馬已經聚集，諸位還疑慮什麼？先前董卓得知山東起兵的消息，便打著朝廷的旗號，占據洛陽一帶的險要之處，派兵向東推進掌控天下；盡管他的所作所為是不道義的，但仍是一個極大的憂患。如今他焚燒宮殿，挾持天子西遷，天下震驚惶恐，百姓不知依附何人，這正是天意要讓他滅亡的契機。一戰就能安定天下，機不可失。」於是他領兵西進，準備攻占成皋縣。張邈派部將衛茲帶部分人馬協助曹操。曹操抵達滎陽汴水，遭遇董卓部將徐榮，在交戰時失利，傷亡較大。曹操本人也在激戰中被流箭所傷，坐騎也受了傷。他的堂弟曹洪把自己的戰馬讓給他，他才得以乘著夜色逃脫。徐榮見曹操所帶的人馬雖少，但奮戰了一整天，於是認為酸棗不容易攻克，也領兵返回。

曹操回到酸棗，見各路討伐董卓的軍隊有十多萬人，卻天天設筵大吃大喝，不思進取。曹操前去責備他們，並謀劃道：「諸位若是聽從我的計謀，讓勃海太守袁紹率河內郡的部隊到孟津；酸棗的各路將領駐守成皋，控制敖倉，封鎖轘、太谷二關，占據所有險要之地；讓袁術將軍率領南陽的軍隊進軍丹縣和析縣，進入武關，以震懾三輔；各路大軍都高築壘牆、深挖溝壕，避免與敵交鋒，多設疑兵，迷惑敵方，彰明我們的行動是以正義討伐叛逆，天下馬上可以平定。現在以正義召集了各路人馬，諸位卻瞻前顧後，不敢向前，會讓天下百姓失望，我也替你們感到羞恥！」張邈等人沒有采納他的計謀。

曹操因為手下兵馬少，便與夏侯惇等人同去揚州征兵，揚州刺史陳溫、丹楊太守周昕給了他四千多名士兵。回到龍亢時，大部分兵士都叛逃了，到了銍縣、建平縣，又重新招募一千多人，進駐河內郡。

劉岱與橋瑁相互憎恨，劉岱殺死橋瑁，讓王肱兼任東郡太守。

袁紹與韓馥商議要立幽州牧劉虞為皇帝，被曹操拒絕。袁紹又曾得到一塊玉印，在席中推到曹操肘邊讓他看，曹操因此發笑，自此十分厭惡袁紹。

漢獻帝初平二年（一九一）春，袁紹、韓馥推舉劉虞做皇帝，劉虞終究不敢答應。

這年四月，董卓回到長安。

七月，袁紹逼迫韓馥，奪取了冀州。

黑山軍于毒、白繞、眭固等率領十多萬人到魏郡、東郡搶劫，王肱無力抵抗，曹操領兵來到東郡，在濮陽與白繞開戰，將其打得大敗。袁紹為此上奏朝廷，推舉曹操為東郡太守，郡治設在東武陽。

初平三年（一九二）春，曹操駐軍頓丘，于毒等攻打東武陽，曹操領兵向西入山，襲擊了于毒等人的大本營。于毒聞訊，慌忙放棄東武陽返回。曹操在半道上伏擊眭固，又在內黃縣攻擊匈奴人于夫羅，都將他們殺得大敗。

四月，司徒王允與呂布聯手殺死董卓。董卓的部將李傕、郭汜等又殺了王允，並攻打呂布。呂布兵敗，向東逃出武關。李傕等人把持了朝政。

青州黃巾軍率百萬人攻入兗州，殺死任城相鄭遂，轉而進入東平境內。兗州刺史劉岱準備出兵攻擊，濟北相鮑信勸阻道：「現在賊寇有百萬之眾，百姓震驚惶恐，官兵士氣低落，不能與他們硬拼。我看賊兵扶老攜幼傾巢而出，軍中沒有給養，僅靠搶掠為生，如今我們不如養精蓄銳，先固守城池。他們求戰不得，又無法攻下城池，勢必離散，然後我們選派精兵強將，占據險要之處，一舉攻擊就可攻破賊兵。」劉岱不聽，於是與黃巾軍交戰，結果被殺死。鮑信便和州吏萬潛等人到東郡去迎曹操，請他擔任兗州牧。曹操便帶兵在壽張縣東向黃巾軍發動進攻，鮑信力戰身亡，官兵勉強擊潰黃巾軍。曹操懸賞尋找鮑信的屍體，但沒能找到，大家只好用木頭刻出鮑信的形象，哭著祭奠他。曹操追趕黃巾軍一直追到濟北，黃巾軍求降。這年冬天，曹操接收投降的黃巾軍三十多萬人，男女老少共有一百萬。曹操收編其中的精銳，組成青州兵。

袁術和袁紹有矛盾。袁術向公孫瓚求援，公孫瓚派劉備駐紮在高唐，單經駐紮在平原，陶謙駐紮在發乾（今山東聊城西），以威逼袁紹。曹操與袁紹聯手，將其全部擊敗。

初平四年（一九三）春，曹操的軍隊駐紮在鄄城。荊州牧劉表切斷袁術的糧道，袁術率領部隊進入陳留郡，駐紮在封丘，黑山軍殘餘和於夫羅等援助他。袁術派部將劉詳駐守匡亭。曹操率兵攻打劉詳，袁術趕來救援，雙方展開激戰，曹操大敗袁術。袁術退守封丘，曹操率軍包圍封丘，袁術搶在合圍之前倉皇逃往襄邑。曹操追到太壽，決開渠水灌城。袁術逃往寧陵，曹操又追來，袁術只得逃往九江。這年夏天，曹操收兵還軍定陶。

下邳縣的闕宣糾集了數千人，自稱皇帝；徐州牧陶謙也與他一同出兵，攻占泰山郡的華縣、費縣，攻打任城。秋天，曹操征討陶謙，攻克十多座城池。陶謙緊閉城門，不敢出戰。

這一年，孫策受袁術派遣過江，幾年間就占據了江東一帶。

漢獻帝興平元年（一九四）春，曹操從徐州返回兗州。當初，曹操的父親曹嵩辭官回到譙縣，因發生董卓之亂，在琅邪避難，結果被陶謙殺害，所以曹操立志討伐陶謙，以報父仇。夏天，太祖派荀彧、程昱守鄄城，自己再次率大軍討伐陶謙，接連攻克五座城池，奪取了直至東海郡的一大塊地盤。還師時經過郯縣，陶謙的部將曹豹和劉備駐守在郯東，阻擊曹操，結果又被曹操打敗。曹操乘勝攻下襄賁，所經之處，大多進行殘酷的屠殺。

當時正逢張邈和陳宮發動叛亂，迎接呂布，各郡縣紛紛響應。荀彧、程昱守衛鄄城，范縣和東阿縣也因死守得以保全，曹操聞訊率領部隊返回。呂布一到，進攻鄄城未能得手，就往西將部隊駐紮在濮陽。曹操說：「呂布一天之中便得一州，卻不占領東平，切斷亢父、泰山之間的通道，憑險要地勢攔擊我，反而屯兵濮陽，我因此斷定他沒有大的作為。」於是曹操率軍攻打呂布。呂布出戰，先派騎兵衝擊青州兵。青州軍因此潰散，曹操部隊陣勢大亂，曹操騎馬飛快地冒火突圍，不料從馬上墜落，燒傷了左手掌。行軍司馬樓異扶曹操上馬，帶他衝出重圍。曹操未到營地之前，眾將因沒有見到他，非常驚恐。曹操勉力支撐著，親自帶傷慰問部隊，命令部隊加緊制作攻城器械，準備再次攻打呂布。兩軍相持了一百多天。這時發生了蝗災，百姓飢餓難忍，呂布軍中的糧食也吃光了，於是雙方各自撤兵。

九月，曹操返回鄄城。呂布兵至乘氏縣，被當地人李進擊敗，向東退守山陽。此時袁紹派人勸說曹操，想與曹操聯手。曹操因為剛剛丟失了兗州，軍中糧草將盡，打算同意。程昱極力勸阻曹操，曹操聽從了他的意見。十月，曹操來到東阿縣。

這一年，谷米一斛要賣五十多萬錢，以至於出現了人吃人的慘景，曹操便解散了剛招募來的新兵。陶謙死了，劉備接替他做了徐州牧。

興平二年（一九五）春，曹操率軍襲擊定陶。濟陰太守吳資奮力守衛定陶南城，定陶未能攻克。正巧呂布來了，曹操又將他擊敗。夏天，呂布派薛蘭、李封駐守鉅野，曹操率軍前去攻打，呂布帶兵救援，但薛蘭已被打敗，呂布只好回撤，薛蘭等人被斬首。呂布又會合陳宮率領一萬多人從東緡趕來與曹操作戰，此時曹操兵少，便設下埋伏，用奇兵大破呂布。呂布連夜逃走，曹操繼續追擊，於是攻克定陶，分兵平定諸縣。呂布往東投奔劉備，張邈跟隨呂布同行，讓弟弟張超帶家屬駐守雍丘。八月，曹操圍攻雍丘。十月，獻帝任命曹操為兗州牧。十二月，雍丘守軍潰敗，張超自殺身亡。曹操誅殺張邈三族。張邈前往袁術處請救兵，結果為部下所殺。兗州平定後，曹操繼續揮師東進，攻打陳國。

這一年，長安城中大亂，獻帝東遷，在曹陽被亂軍打敗，渡過黃河到達安邑縣。

建安元年（一九六）正月，曹操到達武平，袁術任命的陳國相袁嗣向曹操投降。

曹操準備去迎接獻帝，眾將大多心存疑慮，唯有荀彧、程昱極力贊同。曹操便派曹洪帶兵西行，迎接獻帝，衛將軍董承和袁術部將萇奴據險阻止，曹洪無法前行。

汝南、潁川一帶的黃巾軍何儀、劉辟、黃邵、何曼等人，各有數萬之眾。他們起初追隨袁術，後來又依附孫堅。二月，曹操派兵討伐黃巾軍，將其打得大敗，劉辟、黃邵被斬，何儀及其餘黨投降。獻帝封曹操為建德將軍，六月，又升其為鎮東將軍，封費亭侯。七月，楊奉、韓暹護送獻帝回洛陽，楊奉另派兵駐守梁縣。曹操於是趕到洛陽，保衛京都，韓暹逃走。獻帝授予曹操符節、黃鉞，命其領尚書事務，總攬朝政。此時洛陽城殘破不堪，董昭等人極力勸曹操遷都許縣。九月，獻帝車駕出轘關，向東進發。獻帝任命曹操為大將軍，封武平侯。自從獻帝被董卓威逼西遷長安，朝廷日漸混亂，到這時各項宗廟和社稷祭祀制度才又確立起來。

獻帝東遷許縣，楊奉準備在梁縣攔截，但錯失時機。十月，曹公領兵征討楊奉，楊奉南下逃到袁術那裡，曹公於是進攻他手下駐守的梁縣，攻克，占據。這時獻帝任命袁紹為太尉。袁紹因為職位在曹公之下而深感恥辱，不肯接受。曹公便辭去自己的職位，將大將軍之職讓給袁紹。獻帝任命曹公為司空代理車騎將軍。這一年，曹公採納棗祗、韓浩等的建議，開始實行屯田制。

呂布襲擊劉備，攻克下邳。劉備投奔曹公，程昱勸曹公道：「我看劉備有雄才大略，又深得人心，終不會久居人下，不如趁早除掉他。」曹公答道：「如今正是招攬賢才之時，因為殺一人而失天下人之心，不可行。」

張濟從關中逃到南陽。他死後，其侄張繡統領他的人馬。建安二年（一九七）正月，曹公到達宛縣。張繡向其投降，事後反悔，重又反叛。曹公與其激戰，兵敗，還被流箭射傷，大兒子曹昂、侄子曹安民被殺。曹公退到舞陰縣，張繡率騎兵抄襲，被曹公擊敗。張繡逃往穰縣，與劉表合兵。曹公對眾將說：「我接受了張繡等人的投降，卻犯了沒有扣押人質的錯誤，所以到了如今的地步。我明白了失誤的原因，請大家看著，從今以後我不會再失敗了。」於是撤兵回許都。

袁術打算在淮南稱帝，派人告知呂布。呂布扣押了他的使者，把他的信呈送朝廷。袁術因此大怒，派兵攻打呂布，結果被呂布擊敗。九月，袁術率軍進犯陳國，曹公率大軍東征。袁術聽說曹公親自前來，嚇得棄軍逃走，留下部將橋蕤、李豐、梁綱、樂就；曹公大軍一到，便擊敗了橋蕤等人，把他們全部斬了。袁術逃回淮南，曹公返回許都。

曹公從舞陰回來後，南陽、章陵等縣再次反叛，歸附張繡。曹公派曹洪去討伐，出師不利，只好後撤駐紮在葉縣，又多次遭到張繡、劉表的襲擊。十一月，曹公親自南征，來到宛城。劉表的部將鄧濟占據湖陽。曹公攻下湖陽，活捉鄧濟。再攻舞陰，也攻克了。

建安三年（一九八）正月，曹公回到許都，初次設置軍師祭酒之職。三月，曹公在穰縣包圍了張繡。五月，劉表派兵救援張繡，切斷曹軍的後路。曹公率軍後撤，張繡追擊，曹軍不能前行，於是結成連營，慢慢前進。曹公在給荀彧的信中說：「賊軍緊追不捨，雖然我軍每天只能走幾里路，但我算計好了，到了安眾縣，一定能打敗張繡。」到了安眾縣，張繡和劉表聯軍據守險要之處，曹軍前後受敵。曹公派人乘夜在險要處挖鑿一條地道，把輜重全都偷運過去，又設下伏兵。這時天已亮，張繡、劉表的部隊以為曹公已逃走，全軍追趕。曹公便以步兵、騎兵兩面夾攻，將其打得大敗。七月，曹公回到許都。荀彧問曹公：「事先您就斷定一定能打敗賊兵，有何根據？」曹公答道：「敵人阻截我返回的部隊，與處於絕境中的我軍決戰，我由此知道一定能獲勝。」

呂布又來幫助袁術，派高順攻打劉備。曹公派夏侯惇去救援，卻遭受挫折。劉備被高順擊敗。九月，曹公東征呂布。十月，曹公血洗彭城，活捉了彭城國相侯諧。曹軍前行至下邳，呂布親自率騎兵迎戰。曹軍大敗呂布，活捉其勇將成廉。曹軍乘勝追擊，逼近城下。呂布非常害怕，想要投降。陳宮等人勸住呂布，讓他向袁術請求救兵，並鼓勵他出戰。呂布再戰，又失敗，退回城中堅守。曹軍攻城，沒能得手。此時曹公見連續作戰，將士已疲憊不堪，於是準備收兵，採用荀攸、郭嘉的計謀，挖開泗水和沂水，淹灌下邳城。過了一個多月時間，呂布的部將宋憲、魏續等人抓住陳宮，獻城投降。曹公活捉了呂布、陳宮，把他們都殺了。太山郡臧霸、孫觀、吳敦、尹禮、昌豨等人之前糾集了自己的人馬。呂布打敗劉備時，他們都投靠了呂布。呂布失敗後，曹公擒獲了臧霸等人，對他們盛情款待，還分割青州、徐州靠近海邊的地方，委任他們治理，又從琅邪、東海、北海三個郡國中分出部分地區，設置城陽、利城、昌慮郡。

當初，曹公做兗州牧時，任命東平人畢諶為別駕。張邈叛亂，劫走了畢諶的母親、弟弟、妻子和兒女，曹公便辭退畢諶，對他說：「你老母親在叛賊那裡，你也可以離去。」畢諶向曹公叩頭，表示絕無二心。曹公贊賞他的行為，感動得流下了眼淚。畢諶離開曹公後，就跑到張邈那裡。等到呂布被打敗，畢諶也被活捉，眾人為他擔心，曹公說：「凡是孝敬父母的人，難道不也是忠君之人嗎？這正是我要找的人。」於是封畢諶為魯國相。

建安四年（一九九）二月，曹公回師昌邑。張楊被部將楊醜殺死，眭固又殺死楊醜，帶領其部隊歸附袁紹，駐紮在射犬。四月，曹軍抵達黃河邊，派史渙、曹仁渡過黃河攻打眭固。眭固派張楊原來的長史薛洪和河內太守繆尚留守，自己領兵北上，迎接袁紹，請求援兵，與史渙、曹仁在犬城遭遇。兩軍交戰，曹軍大勝，眭固被斬。曹公於是渡過黃河，包圍射犬。薛洪、繆尚率眾投降，被封為列侯。曹公回師敖倉，任命魏種為河內太守，將黃河以北的地方托付給他治理。

當初，曹公舉薦魏种為孝廉。兗州反叛時，曹公說：「只有魏种將不會背叛我。」當聽到魏种逃走的消息時，曹公憤怒地說：「只要你魏种南下逃不到越地，北上逃不到胡地，我一定不會饒恕你！」等到攻下射犬，活捉魏种時，曹公又說：「他是個有才能的人啊！」將他鬆綁，仍然重用他。

這時袁紹已吞並了公孫瓚的地盤，占有了青、冀、幽、並四州的土地，有兵士十多萬，準備進軍攻打許都。眾將都認為難以抵擋，曹公說：「我知道袁紹的為人，志向很大謀略卻很小，外表強大而內心怯懦，心胸狹窄而缺乏威嚴，兵將雖多但指揮不當，將領們的驕橫使政令不能統一，所以雖然擁有廣闊土地，糧草豐富，卻正好作為獻給我的禮物。」八月，曹公進軍黎陽縣，派臧霸等人進入青州，進攻齊國、北海國、東安國，留下于禁駐守在黃河邊上。九月，曹公回到許都，分兵防守官渡。十一月，張繡率眾投降，被封為列侯。十二月，曹公駐軍官渡。

袁術自從在陳國被擊敗後，逐漸衰敗，袁譚從青州派人去接他。袁術想從下邳北通過，曹公派劉備、朱靈在途中攔阻。正巧袁術因病而死。程昱、郭嘉聽說曹公派劉備出征，就對他說：「不該放走劉備。」曹公隨即後悔，忙派人去追，卻沒追上。劉備在沒有出京城之前，暗中與董承等人商議謀反，到了下邳，便殺死徐州刺史車冑，領兵駐紮在沛縣。曹公派劉岱、王忠前去攻打，沒能取勝。

廬江太守劉勳率部投降，被封為列侯。

建安五年（二〇〇）正月，董承等人的密謀敗露，都被處死。曹公想親自率軍東征漏網的劉備，眾將都勸阻道：「與您爭奪天下的人是袁紹，如今袁紹正要打過來，您卻棄之不顧，要東征劉備，倘若袁紹乘機從背後進攻，該怎麼辦呢？」曹公答道：「劉備是個豪傑，現在不除掉他，一定會成為心腹大患。袁紹雖然志向很大，但反應遲鈍，不會馬上出兵。」郭嘉也支持曹公，於是東征劉備，大敗劉備，活捉其部將夏侯博。劉備逃脫後投奔袁紹，曹操捉住了他的妻兒。劉備的大將關羽駐守下邳，曹公繼續進攻，關羽投降。昌豨先前叛變投靠了劉備，此時也被打敗。曹公回師官渡，袁紹還沒有出兵。

二月，袁紹派郭圖、淳于瓊、顏良攻打駐守白馬的東郡太守劉延，袁紹領兵到黎陽，準備渡過黃河。四月，曹公北上救援劉延。荀攸勸曹公說：「如今我軍缺兵少將，實力不及敵軍，必須分散其兵力才行。主公先領兵到延津，做出要渡過黃河斷其後路的樣子，袁紹一定會分兵向西應戰。那時主公率軍輕裝前進偷襲白馬，攻其不備，一定能活捉顏良。」曹公聽從了他的建議。袁紹聽說曹公要渡黃河，立即分兵西去應戰。曹公領兵晝夜兼行直逼白馬，到離白馬還有十多里地時，顏良聞訊大驚，匆忙上前應戰。曹公派張遼、關羽先與其交戰，將其擊敗，並斬殺顏良，解了白馬之圍，然後將當地居民全部遷走，沿著黃河向西而去。此時袁紹已渡過黃河，追擊曹軍，一直到延津關的南面。曹公讓軍隊停下，在山南坡安營紮寨，派人登高瞭望敵情，報告說：「袁軍大約有騎兵五六百。」過了一會，又報告：「騎兵又增加了，步兵不計其數。」曹公說：「不要再報告了。」便下令騎兵解開馬鞍，放開戰馬。這時，從白馬繳獲得到的輜重物資塞滿道路。眾將認為敵人騎兵太多，不如退回營壘固守。只有荀攸說：「這正是為了引誘敵人，為何要退回呢？」袁紹的騎兵大將文醜與劉備帶著五六千騎兵先後趕到。眾將又說：「可以上馬出戰了。」曹公卻說：「時機未到。」過了一會，敵人的騎兵又增加了，有些甚至去搶奪道路上的物資。曹公說：「可以出擊了！」當時曹軍的騎兵不到六百名，縱馬出擊，大敗敵軍，斬殺了文醜。顏良、文醜都是袁紹手下有名的戰將，兩次交戰，都被擒殺，袁紹的將士震驚不已。曹公回師官渡，袁紹進軍保衛陽武縣，關羽逃離曹軍去了劉備那裡。

八月，袁紹前後連營，步步推進，並依靠沙丘紮寨，軍營東西綿延達數十里。曹軍也分開安營，與袁軍抗衡，但交戰失利。當時曹公的人馬不滿一萬，還包括兩三千傷員。袁紹重新推進，逼近官渡，堆土山，挖地道。曹公也在營內堆山挖溝，組織抵抗。袁軍向曹營中放箭，箭矢密集如同雨下，營內行走的人都得舉著盾牌，大家都很恐慌。這時曹軍糧草短缺，曹公給荀彧寫了一封信，和他商議準備撤回許都。荀彧認為：「袁紹全部兵馬都集於官渡，準備與主公決一勝負。主公用最弱的軍隊抵擋最強的軍隊，如果不能取勝，一定會被敵人擊敗，這是爭奪天下成敗的關鍵。況且袁紹不過是在普通人中稱雄而已，雖能聚集人才，卻不能用人。憑著主公的神武英明，再加上奉天子之命討伐叛逆，就會無往不勝！」曹公聽從了他的意見。

孫策聽說曹公與袁紹相持不下，便密謀襲擊許都，結果還沒有出兵，就被刺客殺死。

在汝南投降的賊寇劉辟等發動叛亂，以響應袁紹，搶劫許都城郊。袁紹派劉備增援劉辟，曹公派曹仁出擊，打敗劉備。劉備潰逃，曹軍攻克了劉辟的營寨。

袁紹有幾千輛運糧車到來，曹公採用荀攸之計，派徐晃、史渙截擊，大敗袁軍，燒毀全部糧車。曹公與袁紹相持幾個月，雖每次交鋒都斬殺袁將，但兵少糧盡，將士疲憊不堪。曹公對運糧的人說：「再有十五日一定打敗袁紹，不用再勞煩你們了。」十月，袁紹派兵運糧，命淳于瓊等五人帶領一萬多人馬護送，在袁紹大寨北面四十里的地方宿營。袁紹的謀士許攸貪財，袁紹沒能讓他滿足，他便來投奔曹公，勸說曹公襲擊淳于瓊等人。曹公左右的人都不相信他，只有荀攸、賈詡二人勸曹公採納他的建議。曹公讓曹洪留守大營，親自率領五千步騎連夜前去，天亮時到達。淳于瓊等見曹公的人馬少，出營擺開陣勢。曹公急忙下令發起攻擊，未能立足的淳于瓊退回營內固守，曹軍便攻打營寨。袁紹派騎兵前來增援淳于瓊。曹公身邊的人提醒道：「敵人騎兵越來越近了，請派兵迎敵。」曹公大怒道：「等敵人到我背後再來報告。」曹軍將士殊死奮戰，把淳于瓊等打得大敗，把他們都殺了。袁紹剛得知曹公攻打淳于瓊，對大兒子袁譚說：「趁他攻打淳于瓊，我拿下他的大本營，令他無處可歸！」便派張郃、高覽攻打曹洪防守的曹營。張郃等人聽到淳于瓊兵敗的消息，就投降了曹公。袁紹的軍隊一敗塗地，袁紹和袁譚等棄軍逃跑，渡過黃河。曹軍沒有追上，但繳獲了他們全部的輜重、圖書、珍寶，俘虜了大量士兵。曹公得到了袁紹的書信，發現有許都官員和自己軍隊裡的人給袁紹的，全都立即燒掉。冀州各郡見曹公獲勝，紛紛舉城投降。

當初漢桓帝時，在楚地和宋地一帶天空中出現了一顆黃星，遼東人殷馗擅長觀天文，預言五十年後將有真龍天子誕生在梁地和沛地一帶，其鋭不可當。到此時正好五十年。而曹公打敗袁紹後，天下果然沒人能與他匹敵了。

建安六年（二〇一）四月，曹公在黃河岸邊炫耀兵力，攻打袁紹在倉亭的駐軍，將其擊敗。袁紹逃回冀州，又收羅打散的士兵，重新奪回了那些叛變的郡縣。九月，曹公返回許都。袁紹還沒失敗時，曾派劉備攻占汝南郡，汝南的賊寇共都等人都歸附了劉備。曹公派蔡揚攻打共都，遭到挫折，敗給了共都。曹公南征劉備。劉備聽說曹公親自領兵前來，便逃去投奔劉表，共都等人也四散逃命去了。

建安七年（二〇二）正月，曹公駐軍譙縣，下令道：「我興起義兵，是為了鏟除天下暴亂。可是我的鄉人幾乎要死光了，在這裡走了一天，沒有見到一個熟識的人，真讓我痛苦悲傷啊。自從我起兵，凡是將士們犧牲了而沒有後代的，尋找他的親戚作為他的後嗣，官府給他們田地、耕牛，創辦學校配備老師來教育他們，給他們修建宗廟，使他們能夠祭祀自己的祖先，如果死去的人有靈魂，我死了也沒有什麼可後悔的了！」又到了浚儀縣，治理好睢陽渠，派使者用牛、羊、豬三牲的祭品祭祀已故太尉橋玄。然後，曹公進軍官渡。

袁紹自從部隊被擊敗，得病吐血，到五月死了。小兒子袁尚接替他的職位，袁譚自封為車騎將軍，駐守黎陽。九月，曹公征討他們，接連打了幾仗。袁氏兄弟屢戰屢敗，退回城中死守。

建安八年（二〇三）三月，曹公攻打黎陽城外城。袁氏兄弟出戰，曹軍奮勇作戰，大敗袁軍，袁譚、袁尚連夜逃走。四月，曹公進軍鄴城。五月返回許都，留賈信駐守黎陽。

五月二十日，曹公下令道：「《司馬法》上規定：『將軍臨陣脫逃要處以死刑。』所以趙括的母親會向趙王請求，不要因為兒子兵敗而被株連。這說明古代將領在外面打了敗仗，家屬是要受牽連的。可我自領兵征戰以來，只獎有功者，而不罰有過者，這不合國家的法律。以後派遣眾將出征，打敗仗的要依法治罪，作戰失敗的要免去爵位。」

七月，曹公又頒布政令：「戰亂以來，已有十五年了，年輕人沒見過仁義禮讓的風尚，我深感憂慮。現頒布法令：從今以後，各郡國要提倡和研究儒家經典，滿五百戶的縣要設置學官，選拔當地優秀學生入校，加以教育培養，這樣或許可以使聖賢的思想不致廢棄，而有利於天下。」

八月，曹公征討劉表，駐軍西平縣。曹公離開鄴城南下後，袁譚、袁尚為爭奪冀州而交戰，袁譚被袁尚打敗，逃到平原縣固守。袁尚圍城急攻，袁譚派謀士辛毗到曹公處投降，請求救援。眾將都有疑慮，荀攸卻勸曹公答應下來，於是曹公帶兵返回。十月，曹公到了黎陽，讓兒子曹整娶袁譚的女兒為妻。袁尚聽到曹公北上的消息，放棄了對平原的圍困，回到鄴城。東平縣的呂曠、呂翔叛離袁尚，駐軍陽平縣，率領自己的部隊投降了曹公，被封為列侯。

建安九年（二〇四）正月，曹公率大軍渡過黃河，攔截淇水，將其引入白溝，作為運糧的通道。二月，袁尚又去攻打袁譚，留下蘇由、審配守衛鄴城。曹公率兵到了洹水，蘇由就投降了。

曹公大軍到達鄴城，就對其發動攻擊，堆起土山，挖掘地道。武安縣令尹楷防守毛城，以保證通往上黨的糧道暢通。四月，曹公留下曹洪攻打鄴城，自己領兵攻打尹楷，將其打敗後回師鄴城。袁尚的部將沮鵠守衛邯鄲，又被曹軍攻克。易陽縣令韓範、涉縣縣令梁岐獻城投降，曹操賜給他們關內侯的封爵。五月，曹軍毀去土山和地道，圍著鄴城挖了一道壕溝，挖開漳水淹灌鄴城；困在城中的人餓死了一大半。七月，袁尚返回援救鄴城，眾將都認為：「這是返回自己老巢的部隊，人人都會奮力作戰，不如暫且回避。」曹公說：「袁尚如果從大道上返回，應當避讓；如果沿著西山而來，就會被我擒獲。」袁尚果然沿著西山前來，靠著滏水紮下營寨。半夜裡袁尚派兵偷襲圍城的曹軍。曹公給予迎頭痛擊，大敗袁軍，並包圍其營寨。還沒等合圍，袁尚就害怕了，派原來的豫州刺史陰夔和陳琳前去求降。曹公沒有答應，繼續加緊圍攻。袁尚連夜逃走，退守祁山，曹軍窮追不舍。袁將馬延、張等人臨陣投降，袁軍頓時土崩瓦解，袁尚逃往中山國。曹軍繳獲了袁軍全部輜重物資，還得到了袁尚的印章、綬帶、符節、斧鉞，讓袁軍降兵舉著這些東西給他們城中家屬看，城中人魂飛魄散。八月，審配哥哥的兒子審榮夜間打開自己守衛的城東門，放曹軍入城。審配迎戰失敗，被活捉，隨後被斬首，鄴城被平定。曹公親自到袁紹墓前祭祀，痛哭流涕；還慰勞袁紹的妻子，送還他家的僕人和珍寶，賜給各種絲綢棉絮，令官府供給他們糧食。

當初，袁紹與曹公一同起兵，袁紹曾問曹公：「如果大事不能成功，那什麼地方可以據守呢？」曹公反問道：「您的意思呢？」袁紹答道：「我南面據守黃河，北面依靠燕、代險要之地，再加上借用戎、狄的兵力，可以南下爭奪天下，或許這樣可以成大事吧？」曹公說道：「我發揮天下有謀略才幹之人的力量，用先王的思想駕馭他們，就沒有辦不到的事。」

九月，曹公頒布命令：「黃河以北的百姓遭受袁氏父子之害，今年不需要繳納租稅。」又加重了懲處豪強兼並土地的法令，百姓都很高興。獻帝下令讓曹公兼任冀州牧，曹公便辭去了兗州牧之職。

曹公圍攻鄴城之時，袁譚攻占了甘陵、安平、勃海、河間等地。袁尚戰敗後，逃回中山。袁譚又進攻中山，袁尚只得逃往故安，袁譚便吞並了袁尚的部隊。曹公寫信給袁譚，斥責他違背和約，與他斷絕兒女婚姻關係，讓袁譚的女兒回娘家去，然後進軍討伐。袁譚十分害怕，從平原縣撤出，退守南皮縣。十二月，曹公進入平原，收回被袁譚攻占的郡縣。

建安十年（二〇五）正月，曹軍攻打袁譚，將其打敗，殺了袁譚，並誅殺了他的妻子兒女，冀州被平定了。曹公頒布命令：「凡是與袁氏同流合污做過壞事的人，允許他們洗心革面重新做人。」下令百姓不得再報私仇，禁止鋪張浪費辦喪事，一切依法辦理。當月，袁熙的大將焦觸、張南等反叛，攻打袁熙、袁尚。熙、袁尚逃往遼西、上谷、右北平三郡的烏丸地區。焦觸等人獻出縣城投降，被封為列侯。當初討伐袁譚時，一些百姓為躲避破冰行船的差役而逃亡，曹公下令不准接受他們投降。不久，逃亡人中有到軍中自首的，曹公對他們說：「接受你們自首，就違背了先前的軍令；殺死你們，又處死了認罪之人。你們最好回去躲藏起來，不要讓官吏捉到。」百姓們流著淚走了，但最終還是被捕獲。

四月，黑山軍張燕率領其十多萬人馬投降，被封為列侯。故安人趙犢、霍奴等人殺死了幽州刺史、涿郡太守。三郡的烏丸族在獷平攻打鮮于輔。八月，曹公帶兵出征，斬殺趙犢等人，又渡過潞河救助獷平。烏丸人逃到塞外。

九月，曹公頒令：「結黨營私是古代聖賢們所痛恨的事情。聽說冀州一帶，父子各立宗派，或相互詆毀，或胡亂吹捧。從前，直不疑連哥哥都沒有，世人卻誹謗他與嫂子通奸；第五伯魚先後娶了三位孤女，卻有人誣蔑他毆打自己岳父；王鳳專權，把持朝政，谷永卻將他與賢相申伯相提並論；王商忠誠公正，張匡卻詆毀他搞歪門邪道：這些都是顛倒黑白，欺騙上天，蒙蔽君王的事情。我將整治社會風俗，此類陋習不革除，我將視為自己的恥辱。」十月，曹公回到鄴城。

當初，袁紹讓外甥高幹做並州牧，曹公攻克鄴城時，高幹投降了，曹公便讓他做刺史。高幹聽說曹公前去討伐烏丸，趁機在並州叛亂，挾持了上黨太守，派兵守住壺關口。曹公派樂進、李典前去平叛。高幹退守壺關城。建安十一年（二〇六）正月，曹公親自領兵討伐高幹。高幹得到消息，就留下其他將領守壺關城，自己逃到匈奴，向匈奴單于求救，單于沒有答應出兵相助。曹公圍攻壺關城三個月，終於得手。高幹於是逃往荊州，被上洛縣都尉王琰抓住並殺了。

八月，曹公東征海盜管承，到達淳于縣，派樂進、李典打敗了管承。管承逃到海島上去了。曹公將東海郡的襄賁、郯、戚三個縣劃歸琅邪郡，撤銷了昌慮郡。

三郡烏丸人趁天下動蕩之機攻破幽州，擄掠漢族百姓十多萬戶。袁紹曾把他們的首領都立為單于，把本族人的女孩子當作自己的女兒，嫁給他們為妻。遼西單于蹋頓最為強盛，受到袁紹的厚待，所以袁尚兄弟來投奔他。他們多次侵入邊塞，為害一方。曹公準備討伐烏丸，先開鑿河渠，從呼沱河入泒水，命名平虜渠。又從泃河口鑿通潞河，起名叫泉州渠，通向大海。

建安十二年（二〇七）二月，曹公自淳于返回鄴城。二月初五，頒發命令：「自從我興起義兵誅滅暴亂以來，到今天已經十九年了，每次出征必定獲勝，這豈是我一個人的功勞？這是文武百官盡忠盡力的結果啊！如今雖然天下尚未完全平定，我定當與諸位一起去平定，但是我獨享功勞，怎能安心呢！應該盡快給大家論功行賞。」於是隆重地封賞功臣二十多人，都封為列侯，其餘的也依照功勞大小，給予封賞，還免除陣亡將士子女的徭役租稅，輕重各有等差。

曹公想要北征三郡烏丸，眾將都說：「袁尚只不過是個逃亡之敵，烏丸人貪圖財物而不講情義，怎麼會被袁尚利用呢？如今大軍深入其境討伐，劉備一定會鼓動劉表襲擊許都。萬一發生變故，那就悔恨不及了。」只有郭嘉斷定劉表不會聽從劉備，鼓勵曹公出征。五月，曹公大軍來到無終縣。七月，大水泛濫，靠海邊的道路不能通行，田疇請求當向導，曹公答應了。田疇帶領大軍出盧龍塞，塞外道路斷絕不通，只好挖山填谷五百餘里，經過白檀縣，穿越平岡縣，深入鮮卑族的地盤，向東直奔柳城。距柳城二百多里的時候，敵人得知消息。袁尚、袁熙與蹋頓，以及遼西單于樓班、右北平單于能臣抵之等帶領數萬騎兵前來迎戰。八月，曹公登上白狼山，突然與敵軍遭遇，敵人數量很多。當時曹公的輜重物資都在後面，穿鎧甲的將士很少，左右隨從都有些害怕。曹公登上高處，望見敵軍陣勢混亂，便命張遼為先鋒，主動向敵人發起進攻，烏丸軍頓時潰敗，蹋頓及許多部落首領被斬首，胡、漢兩族投降的有二十多萬。遼東單于速僕丸及遼西、右北平的眾首領，丟棄他們的族人，與袁尚、袁熙逃往遼東，僅剩下幾千騎兵。當初，遼東太守公孫康自恃地域偏遠，不服從管轄。等到曹公打敗了烏丸，有人勸曹公應該討伐公孫康，這樣就可以活捉袁氏兄弟。曹公說：「我正要叫公孫康砍掉袁尚、袁熙的腦袋送來，這樣就可以不再麻煩用兵了。」九月，曹公帶領大軍從柳城回返，公孫康隨即把袁尚、袁熙、速僕丸等人殺了，將其首級送到曹公軍中。眾位將領問：「主公已經撤軍了，公孫康卻馬上砍了袁尚、袁熙的腦袋送來，這是為什麼呢？」曹公說：「公孫康向來懼怕袁尚等人，我如果攻得太急，他們就會聯合起來對付我們，我暫緩進攻，他們就會自相殘殺，這是必然的！」十一月，曹公大軍到達易水，代郡烏丸代理單于普富盧、上郡烏丸代理單于那樓帶領本族的知名首領趕來慶賀。

建安十三年（二〇八）正月，曹公返回鄴城，開鑿玄武池以訓練水軍。朝廷廢除了三公，設置丞相、御史大夫。六月，任命曹公為丞相。

七月，曹公南下討伐劉表。八月，劉表病死，其子劉琮接替他的職位，駐守襄陽，劉備駐守樊城。九月，曹公率大軍抵達新野縣，劉琮便向其投降，劉備逃往夏口。曹公進軍江陵，號令荊州的官吏和百姓與中原一樣奉行新法規。還評定荊州降官的功勞，封侯的有十五人，任命原劉表手下的大將文聘為江夏太守，讓他統領自己的原班兵馬，舉薦任用荊州名士韓嵩、鄧義等人。益州牧劉璋開始接受朝廷的征兵和納稅政策，派遣士兵補充曹軍。十二月，孫權幫助劉備進攻合肥。曹公從江陵發兵征討劉備，到達巴丘山，派張憙去救援合肥。孫權得知張憙到來，便撤兵離去。曹公抵達赤壁，與劉備交戰，遭到挫敗。這時又發生了大瘟疫，官兵死了很多，曹公便帶領大軍返回。劉備於是占領了荊州所轄的江南各郡縣。

建安十四年（二〇九）三月，曹公大軍來到譙縣，製造快船，操練水軍。七月，曹軍從渦水進入淮河，經過肥水，駐紮在合肥。八月二十四日，曹公下令說：「近年來，軍隊多次出征，有時還遇到瘟疫，將士傷亡，不能返回家鄉，夫妻難以團聚，百姓流離失所，這難道是仁德之人所願意的嗎？確實是不得已啊。特此命令：今後凡是死去戰士家中沒有產業難以維持生活的，官府不得停止供應糧食，官吏必須慰問救濟他們，這才符合我的心意。」曹公還任命揚州各郡縣的長官，開墾芍陂（今安徽壽南縣），實行屯田。十二月，大軍返回譙縣。

建安十五年（二一〇）春，曹公頒布命令：「自古以來受天命的開國和中興君主，誰不是靠著賢人君子的幫助共同治理天下！君主得到的賢才，往往足不出巷，這難道是僥幸碰上的嗎？只是那些身居高位者不去尋訪罷了。如今天下還未安定，正是迫切需要賢才的時候。孔子說：『孟公綽的才能做趙、魏兩家的家臣綽綽有餘，卻不能做滕、薛二小國的大夫。』假如一定要廉潔之士才能被任用，那齊桓公憑什麼稱霸天下呢？如今的天下難道就沒有像呂尚（即姜子牙）那樣身懷匡世之才卻穿著破衣服在渭水邊垂釣的人嗎？又有沒有像陳平那樣被誣陷與嫂子私通、接受賄賂卻還未遇到魏無知的人呢？諸位一定要幫我明察舉薦出身低微的賢人，只要是有才能的就舉薦上來，讓我能夠重用他們。」這年冬天，曹公建銅雀台。

建安十六年（二一一）正月，漢獻帝任命曹公的世子曹丕為五官中郎將，設置官屬，讓他擔任副丞相。太原人商曜等據守大陵反叛，曹公派夏侯淵、徐晃率領大軍圍攻大陵，將其打敗。張魯占據漢中郡。三月，曹公派鍾繇前去討伐，又派夏侯淵等人從河東郡出兵，與鍾繇會合。

當時，割據關中的各將都懷疑鍾繇要襲擊自己，馬超便與韓遂、楊秋、李堪、成宜等人起兵反叛。曹公派曹仁領兵前去討伐。馬超等人駐守潼關；曹公告誡眾將說：「關西兵勇敢強悍，你們要堅守營壘，不得與他們交戰。」七月，曹公親自西征，與馬超的軍隊隔著潼關對峙。曹公正面緊逼拖住馬超，暗中派徐晃、朱靈等人乘著夜色渡過蒲阪津，占領黃河以西，構築營壘。曹公在潼關北面強渡黃河，大軍渡了一半，馬超趕來，急攻曹軍船隻。校尉丁斐見情況危急，驅趕大批牛馬以引誘叛軍。叛軍爭相搶奪牛馬，隊形大亂，曹公才得以渡過黃河，沿河邊修築通道向南推進。叛軍敗退，占據渭口抵抗，曹公便設下多處疑兵，暗中用船將部隊送入渭水，架設浮橋，夜間分兵在渭水南岸扎營。叛軍夜間偷襲曹營，曹公用伏兵將他們擊敗。馬超等人駐紮在渭南，派人送信，請求以割讓黃河以西為條件議和，曹公不答應。九月，曹公的大軍渡過渭水，馬超等人多次挑戰，曹公並不應戰；馬超等人再三請求割地求和，並提出讓自己的兒子做人質。曹公採納賈詡之計，先假意應下來。韓遂請求與曹公會面。曹公與韓遂的父親同一年被舉為孝廉，又與韓遂是平輩，因此兩人馬首相交在陣前談了很長時間。他倆不談軍事，只敘在京城中一些朋友的舊事，還不時拍手大笑。會面之後，馬超問韓遂：「曹公都說了些什麼？」韓遂答道：「沒說什麼事，只是閒聊。」於是馬超等人對韓遂產生了懷疑。過了幾天，曹公又給韓遂寫了封信，上面故意塗改了許多地方，看起來好像是韓遂自己改的。馬超等人更加懷疑。曹公於是與他們約定日期會戰，先以輕裝部隊引誘，交戰很長時間，再出動精銳騎兵夾攻，將其殺得大敗，斬殺了成宜、李堪等。韓遂、馬超等人逃往涼州，楊秋逃往安定，關中平定了。眾將中有人問曹公：「起初，叛軍固守潼關，渭水以北沒有人馬防守，我們不從河東出去攻打馮翊，反而在潼關與叛軍對峙，拖延許久才北渡黃河，這是為什麼？」曹公答道：「叛軍占據潼關，如果我軍進入河東，叛軍必定會調動兵力守住黃河各渡口，我們就不能渡到河西；我故意重兵逼近潼關，叛軍全力來守南邊，西河的防備空虛，因此徐晃、朱靈才能輕易占領西河。然後我帶大軍北渡黃河，叛軍不敢與我們爭奪西河，是因為有徐晃、朱靈的軍隊。我軍連結戰車，建起柵欄，修築通道向南推進，既奠定了不可戰勝的基礎，表面上又向敵人示弱，以麻痺他們。渡過渭水後固守營壘，敵軍挑戰不應，是為了讓其驕傲自大；所以叛軍不建造營壘，只求割地講和。我故意順著他們的意思答應下來，而我之所以這麼做，是為了使他們自以為太平而不加防備。我軍乘機蓄精養銳，一旦出擊，就有迅雷不及掩耳之勢。用兵之道在於隨機應變，本來就不是只有一種對策。」當初，叛軍每一支部隊到達，曹公就面露喜色。戰勝叛軍之後，眾將問其原因。曹公答道：「關中地域遼闊，如果叛軍各自依托險要地勢頑抗，出兵討伐，沒有一兩年時間是無法平定的。如今他們都聚集於此，雖然人數眾多，但彼此並不互為歸屬，沒有統一的主帥，一舉就能將其消滅，很容易成功，所以我高興。」

十月，曹軍從長安出發，北征楊秋，包圍了安定。楊秋投降，曹公恢復其爵位，讓他留在當地治理百姓。十二月，大軍從安定返回，留下夏侯淵駐守長安。

建安十七年（二一二）正月，曹公回到鄴城。漢獻帝特許曹公朝拜時贊禮官不直呼其名，入朝時可以不像別的朝臣那樣小步快走，可以穿靴佩劍上殿，按照西漢丞相蕭何的舊例。馬超的餘黨梁興等人占據藍田，曹公派夏侯淵出兵討伐，將其平定。劃出河內郡的蕩陰、朝歌、林慮等縣，東郡的衛國、頓丘、東武陽、發乾等縣，巨鹿郡的陶、曲周、南和等縣，廣平郡的任城縣，趙郡的襄國、邯鄲、易陽縣以擴充魏郡。十月，曹公征討孫權。

建安十八年（二一三）正月，曹公進軍濡須口，攻破孫權在長江西岸的營寨，俘獲孫權的都督公孫陽，隨後班師。漢獻帝下詔合並十四州，恢復九州的建制。四月，曹公回到鄴城。

五月初十，漢獻帝派御史大夫郗慮手持皇帝的符節冊封曹公為魏公，詔書上說：

「朕因為沒有德行，小時候就遭遇無數的憂患和災難，先是被劫持到長安，後又流亡在唐、衛之間。那時我像旗上的飄帶那樣漂泊不定，祖宗的祠廟無人祭祀，拜祭的社稷無處安置；眾多強人覬覦皇位，割據一方，天下的百姓，我無法治理，高祖開創的基業面臨崩潰。我日夜不敢安息，內心非常痛苦，獨自禱告：『我的祖宗啊，治理天下的先朝賢臣啊，誰能憐憫我呢？』於是感動了上天，誕生了曹丞相，保護我們皇室平安，在艱難之中把我拯救出來，使我有了依靠。今日要舉行授予您魏公封號的典禮，請您敬聽我的命令。

「先前董卓率先作亂，使國家蒙難，各地郡守放下自己的政務，一同來拯救朝廷。您督促眾人進軍，率先與叛賊交戰，足以證明您對朝廷的忠誠。後來黃巾軍違背天命，發動叛亂，侵犯三州，禍亂波及百姓，您又鏟除他們以平定東方，這又是您的功勞。韓暹、楊奉獨斷專權，作威作福，您起兵討伐，清除他們引起的動亂，又遷都許縣，重新建造京都，重設百官，修建宗廟，恢復典制，使天地鬼神都得到安寧，這又是您的功勞。袁術稱帝謀逆，雖在淮南一帶肆虐，但也懾於您的神威。您以雄才大略，在蘄陽之戰，殺了橋蕤，趁勢南下，袁術喪命，這又是您的功勞。回師東征，呂布就戮；班師途中，張楊伏誅，眭固認罪受死，張繡俯首稱臣，這又是您的功勞。袁紹淆亂天綱，圖謀顛覆社稷，倚仗其兵多將廣，起兵侵凌朝廷。當時朝廷缺兵少將，天下人人心驚膽寒，沒人有信心戰勝袁紹，您堅守大節，貫通天地之精力，施展神武之氣概，運用神機妙算，親臨官渡前線，掃蕩眾多叛逆，把國家從危難中拯救出來，這又是您的功勞。率領大軍渡過黃河，開拓平定四州。袁譚、高幹被斬首示眾，眾海盜四散逃竄，黑山賊歸順朝廷，這又是您的功勞。三郡烏丸，作亂已有兩代，袁尚投靠他們，盤踞在塞北。您率軍歷經艱險，一戰殲滅他們，這又是您的功勞。劉表背叛朝廷，不納貢賦，您率領大軍出征，神威先行，荊州百城八郡，跪地而降，這又是您的功勞。馬超成宜，狼狽為奸，據守黃河、潼關，企圖稱王稱霸。您在渭水以南將他們消滅，殺敵萬計，平定了邊境，安撫了戎狄，這又是您的功勞。鮮卑、丁零，輾轉來京朝見；于、白屋，請求稱臣納貢，這又是您的功勞。您有平定天下之大功勳，您用德行教化民眾，使天下秩序井然，宣傳改善風俗，教化百姓，慎施刑罰，使官吏不施行苛政，百姓沒有狡詐之心；您尊崇皇族，使斷了後嗣的王侯得以被繼承，對之前德高望重和功勳卓著之人，無不給予恰當的官爵俸祿；即使像伊尹（建立高朝的名臣）那樣功德感動皇天，像周公那樣光彩照耀四海的賢人，與您相比也遜色許多。

「我聽說先代帝王分封大德之人，要賞他土地，分給他百姓，賜予華麗的禮服以表示尊寵，配備禮儀典仗，為的是讓他捍衛王室，輔佐君王。在周成王時，管叔、蔡叔作亂。平叛之後，成王念及有功之臣，派邵康公賜給齊國姜太公土地，東到大海，西到黃河，南到穆陵關，北到無棣。五侯九伯有罪，都可以征討，世代擔任太師，其功績顯耀於東海。到了周襄王時，也有楚國人不敬獻貢賦，襄王又命晉文王為諸侯的盟主，賞賜給他兩輛輅車、勇士、鉞、美酒和弓箭，讓他開拓南陽的大片土地，世代擔任諸侯盟主。周王室不滅，完全依靠齊國和晉國。如今您功德顯赫，盡力輔佐王室，順應天意，安定九州，使天下人都遵從法紀，功勞超過伊尹、周公，但得到的賞賜比姜太公、晉文公少，我感到很慚愧。我只是渺小之人，居於億萬百姓之上，常常憂慮執政的艱難，如臨深淵，如履薄冰，如果沒有您的輔助，我定不能勝任。現在把冀州的河東、河內、魏郡、趙國、中山、常山、巨鹿、安平、甘陵、平原十個郡都賞給您，封您為魏公。賜給您用白茅草包的黑土，您可以去燒龜占卜，修建魏國的宗廟社稷。從前周朝時，畢公、毛公在朝中擔任公卿，周公、邵公不但在朝中擔任太師、太保，在外也是一方諸侯。內外兼職，對於您是非常合適的。您仍以丞相的身份兼任冀州牧。另賜給您九錫，您敬聽我的命令。您制定禮制法律，給百姓規定行為規範，使他們安居樂業，沒有遷居之心。所以賜給您金輅車、戰車各一輛，棗紅色的公馬八匹。因您教導百姓相互接濟、崇本務農，使其辛勤耕織，積蓄了大量的糧食和布帛，國家因此興旺，所以賞給您繡龍的禮服禮帽，配上紅色的鞋子。您倡導謙虛禮讓的美德，百姓效仿實行，老少之間互相禮讓，上下彼此和睦，所以賞給您三面懸掛的樂器，用六隊三十六人的舞蹈。您宣揚美好的教化，使其傳遍四方，邊遠之地的百姓也洗心革面，中原地區更加富庶充實，所以賜給您紅門的宅院。您研究先王的智慧，思考連先帝也覺得為難的事情，選擇官員只看其是否賢能，優秀人才一定能被舉薦，所以賜給您上殿登階的特權。您執掌朝政大權，莊嚴公正，即使見到絲毫的惡行，也會加以斥責和黜退，所以賜給您三百名勇士護衛。您小心謹慎地督察刑罰，揭露那些罪犯，凡觸犯法律的，沒有不被懲處的，所以賜給您斧、鉞各一件。您高瞻遠矚，環顧八方，討伐亂臣賊子，捍衛四海平安，所以賜給您紅色的弓一張，紅色的箭一百支，黑色的弓十張，黑色的箭一千支。您以溫良恭儉為根本，以孝順雙親、友愛兄弟為美德，您的明智、守信、篤實、忠誠，感動了我，所以賞給你美酒一樽，還配玉製的酒杓一把。魏國可以設置丞相以下的百官群臣，像西漢初年各諸侯王的建制一樣。希望您到魏國後，恭敬地服從我的命令，選拔、安撫您的部下，使其輔助您建立功勳，成就德行，來弘揚高祖宏偉的事業！」

七月，開始建造魏國的社稷和宗廟。漢獻帝娶了魏公的三個女兒，封她們為貴人，其中年紀最小的暫時留在魏國，等成年後再進宮。九月，魏公修築金虎台，開鑿渠道，把漳河水引入白溝，以貫通黃河。十月，把魏郡分為東西兩部分，設置都尉。十一月，魏國開始設置尚書、侍中、六卿等官職。

馬超在漢陽，又借助羌人和其他少數民族作亂，氐王千萬也叛變以響應馬超，他們駐守在興國。魏公派夏侯淵前去討伐他們。

建安十九年（二一四）正月，魏公開始親自耕作籍田。南安人趙衢、漢陽人尹奉等率兵討伐馬超，殺了馬超的妻子兒女，馬超逃往漢中。韓遂遷移到金城，進入氐王千萬的部落中。韓遂率領一萬多羌人和胡人騎兵與夏侯淵交戰，夏侯淵奮起痛擊，將其打得大敗，韓遂逃往西平郡。夏侯淵與眾將一同攻克興國，大肆殺戮。朝廷撤銷了安東、永陽兩郡。

安定郡新任太守毌丘興將要走馬上任，魏公告誡他說：「羌人、胡人想要與中國往來，自然會派人前來，千萬不要派人前去。好人難得，壞人一定會唆使羌人、胡人提出非分要求，以便自己從中漁利。若是我們不答應，他們就會失望；若是答應了，對國家沒有好處。」毌丘興上任後，派校尉范陵到羌人那裡，范陵果然唆使羌人，讓他們請求由自己做屬國的校尉。魏公說：「我預知事情一定會這樣，不是因為我是先知的聖人，只是經歷的事情多罷了。」

三月，漢獻帝提升魏王的地位在諸侯之上，授給他諸侯王的金印章、紅色綬帶和遠遊冠。

七月，魏公征討孫權。

當初，隴西郡宋建自稱河首平漢王，在枹罕聚集人馬作亂，改年號，設百官，已有三十多年了。魏公派夏侯淵從興國發兵征討他。十月，夏侯淵血洗枹罕城，殺死宋建，涼州被平定。

魏公從合肥返回。

十一月，漢獻帝皇后伏氏因之前給她曾任屯騎校尉的父親伏完寫的一封信而犯罪，信中稱獻帝因董承被殺而怨恨魏公，言辭十分惡毒，事發後伏氏被廢黜並處死，她的兄弟也都被誅殺。

十二月，魏公到達孟津。獻帝特許魏公出行時設置和皇帝一樣的先驅騎兵，宮殿中擺設刻著猛獸的懸鐘格架。十二月十九，魏公頒布命令：「有德行的人未必能夠上進，上進的人未必都能有德行。陳平難道有德行嗎？蘇秦難道恪守信義嗎？但陳平奠定了漢朝的基業，蘇秦拯救了弱小的燕國。由此而論，有才能的人即使有缺點，難道也不能重用嗎？各級官府要仔細考慮清楚，有才能的人才不至於被遺漏，官府的政事才不至於荒廢。」又說：「刑罰，關係到百姓的性命，如果軍隊中掌管刑獄的官員有不稱職的，把三軍將士的生死大事交到他手中，我十分擔憂。應該選用通曉法律的人，讓他主持刑罰。」因此又專門設立理曹掾屬一職。

建安二十年（二一五）正月，獻帝把魏公的二女兒立為皇后。撤銷雲中、定襄、五原、朔方四郡，各郡改設一縣來治理百姓，四縣合並為新興郡。

三月，魏公西征張魯，抵達陳倉縣，準備從武都郡進入氐族部落地區；氐族人擋住道路，魏公派張郃、朱靈等人出擊並打敗了他們。四月，魏公從陳倉出大散關，到達河池縣。氐王竇茂率領一萬多人，倚仗險要地勢，拒不投降。五月，魏公指揮大軍發起攻擊，將其全部誅殺。西平、金城守將演、蔣石等人一起殺了韓遂，將其首級獻給魏公。七月，魏公抵達陽平。張魯派他的弟弟張衛和部將楊昂等據守陽平關，在山腰處修築十多里長的城牆。魏公大軍一時難以攻克，便撤回。叛軍見魏公大軍後撤，便放鬆了防備。魏公暗中派解、高祚等人冒險夜襲，大敗叛軍，殺了叛軍將領楊任，又攻打張衛，張衛等人連夜逃走。張魯潰不成軍，逃往巴中。魏公大軍進入南鄭，繳獲了張魯府庫中的全部珍寶。巴郡、漢寧郡全部投降。魏公把漢寧郡的名稱恢復為漢中郡；劃出漢中郡的安陽、西城設立西城郡，任命太守；分別設立錫郡、上庸郡，任命都尉。

八月，孫權圍攻合肥，被張遼、李典擊敗。

九月，巴郡七姓夷王朴胡、邑侯杜濩率巴地夷人和民前來歸附，於是把巴郡分為東西兩部分，任命朴胡為巴東太守，杜濩為巴西太守，二人都封為列侯。獻帝賜予魏公可依照天子之意分封諸侯、任命太守國相的權力。

十月，魏公開始設置從名號侯到五大夫的各種爵位，與以前的列侯、關內侯合在一起共六等，用來封賞有戰功的人。

十一月，張魯從巴中率殘部來投降。魏公將張魯及其五個兒子封為列侯。劉備襲擊劉璋，奪取了益州，占領巴中；魏公派張郃前去征討。

十二月，魏王自南鄭返回，留下夏侯淵駐守漢中。

建安二十一年（二一六）二月，魏公返回鄴城。三月初三，他親自耕作籍田。五月，獻帝加封魏公為魏王。代郡烏丸代理單于普富盧及其侯王來朝見漢獻帝。獻帝封魏王的女兒為公主，賜予其湯沐邑。七月，匈奴南單于呼廚泉率領他的名王來朝賀，魏王用客禮款待他們，並留他們住在魏國，讓右賢王去卑回去監管他們的國家。八月，魏王任命大理鍾繇為魏國國相。

十月，魏王訓練軍隊，隨後出征討伐孫權，十一月到了譙縣。

建安二十二年（二一七）正月，魏王駐紮在居巢；二月，行軍駐紮在江西郝溪。孫權在濡須口築牆抵抗，魏王發起猛攻，孫權敗退。三月，魏王帶兵返回，留下夏侯惇、曹仁、張遼等人駐守居巢。四月，漢獻帝特許魏王使用皇帝專用的旌旗，出行時與皇帝一樣加強警戒，清理道路。五月，建造學宮。六月，魏王任命軍師華歆為魏國的御史大夫。十月，獻帝特許魏王冠冕上用只有皇帝才能用的十二串玉珠，乘坐特製的金根車，套著六匹馬，配備五時副車；任命五官中郎將曹丕為魏王的太子。

劉備派張飛、馬超、吳蘭等人駐守下辯；魏王派曹洪迎擊。

建安二十三年（二一八）正月，漢朝太醫令吉平與少府耿紀、司直韋晃等謀反，攻打許都，火燒丞相長史王必的兵營；王必和潁川典農中郎將嚴匡出兵討伐，將他們全部斬殺。

曹洪擊敗吳蘭，殺了他的部將任夔等。三月，張飛、馬超逃往漢中，陰平道氐人強端殺了吳蘭，將其首級獻給朝廷。

四月，代郡、上谷烏丸族無臣氏等人反叛，魏王派鄢陵侯曹彰領兵討伐，擊敗他們。

六月，魏王頒布命令：「古代喪葬，一定選在貧瘠的土地上。現在劃出西門豹祠以西的高原作為我的墓地，就按原來地基的高度，不再培土加高，也不種樹。《周禮》上說，由冢人掌管國家墓地，所有的諸侯葬在王墓左右靠前的地方，卿大夫葬在後面，漢朝的喪葬制度稱其為陪葬。凡是公卿大臣和眾將有功之人，都應在壽陵陪葬，要擴大墓地的范圍，使其足以容納。」

七月，魏王操練士兵，然後西征劉備。九月，大軍到達長安。

十月，宛城守將侯音等人反叛，扣押南陽太守，搶劫官吏和百姓，據守宛城。先前，曹仁征討關羽，駐紮在樊城；當月魏王就派曹仁包圍了宛城。

建安二十四年（二一九）正月，曹仁攻破宛城，大肆殺戮，侯音被斬。

夏侯淵與劉備在陽平交戰，夏侯淵為劉備所殺。三月，魏王從長安出兵斜谷，派部隊扼守險要之處，然後向漢中挺進。劉備憑借險要地勢頑抗。

五月，魏王返回長安。

七月，魏王的夫人卞氏被立為王后。魏王派于禁增援曹仁攻打關羽。八月，漢水泛濫，淹灌了于禁的軍隊，使其全軍覆沒，于禁被活捉，關羽乘機加緊圍攻曹仁。魏王派徐晃前去救援。

九月，魏國相鍾繇遭西曹掾魏諷謀反一事牽連而被解職。

十月，大軍回師洛陽。孫權派使者前來送信，願意攻打關羽以示效忠。魏王親自統率大軍從洛陽出發征討關羽，大軍還未到達，徐晃攻打關羽，將其擊敗，關羽逃走，曹仁的樊城之圍被解。魏王駐紮摩陂。

建安二十五年（二二〇）正月，魏王到洛陽。孫權打敗關羽並將他斬首，獻上了他的首級。

正月二十三日，魏王在洛陽去世，終年六十六歲。臨終前留下遺言：「天下尚未安定，不能遵循古代的舊制。下葬後，都除去喪服。凡是帶兵在外戍守的將領，都不許離開駐守之地。眾官吏要各盡其職。入殮用當時所穿的衣服，不要放金銀珠寶作陪葬。」魏王謚號為武王。二月二十一日，安葬在高陵。

【原文】

太祖武皇帝，沛國譙人也，姓曹，諱操，字孟德，漢相國參之後。桓帝世，曹騰為中常侍大長秋，封費亭侯。養子嵩嗣，官至太尉，莫能審其生出本末。嵩生太祖。

太祖少機警，有權數，而任俠放蕩，不治行業，故世人未之奇也；惟梁國橋玄、南陽何顒異焉。玄謂太祖曰：「天下將亂，非命世之才不能濟也，能安之者，其在君乎！」年二十，舉孝廉為郎，除洛陽北部尉，遷頓丘令，征拜議郎。

光和末，黃巾起。拜騎都尉，討潁川賊。遷為濟南相，國有十餘縣，長吏多阿附貴戚，贓污狼藉，於是奏免其八；禁斷淫祀，奸宄逃竄，郡界肅然。久之，征還為東郡太守；不就，稱疾歸鄉里。

頃之，冀州刺史王芬、南陽許攸、沛國周旌等連結豪傑，謀廢靈帝，立合肥侯，以告太祖，太祖拒之。芬等遂敗。

金城邊章、韓遂殺刺史郡守以叛，眾十餘萬，天下騷動。征太祖為典軍校尉。會靈帝崩，太子即位，太后臨朝。大將軍何進與袁紹謀誅宦官，太后不聽。進乃召董卓，欲以脅太后，卓未至而進見殺。卓到，廢帝為弘農王而立獻帝，京都大亂。卓表太祖為驍騎校尉，欲與計事。太祖乃變易姓名，間行東歸。出關，過中牟，為亭長所疑，執詣縣，邑中或竊識之，為請得解。卓遂殺太后及弘農王。太祖至陳留，散家財，合義兵，將以誅卓。冬十二月，始起兵於己吾，是歲中平六年也。

初平元年春正月，後將軍袁術、冀州牧韓馥、豫州刺史孔伷、兗州刺史劉岱、河內太守王匡、勃海太守袁紹、陳留太守張邈、東郡太守橋瑁、山陽太守袁遺、濟北相鮑信同時俱起兵，眾各數萬，推紹為盟主。太祖行奮武將軍。

二月，卓聞兵起，乃徙天子都長安。卓留屯洛陽，遂焚宮室。是時紹屯河內，邈、岱、瑁、遺屯酸棗，術屯南陽，伷屯潁川，馥在鄴。卓兵強，紹等莫敢先進。太祖曰：「舉義兵以誅暴亂，大眾已合，諸君何疑？向使董卓聞山東兵起，倚王室之重，據二周之險，東向以臨天下；雖以無道行之，猶足為患。今焚燒宮室，劫遷天子，海內震動，不知所歸，此天亡之時也。一戰而天下定矣，不可失也。」遂引兵西，將據成皋。邈遣將衛茲分兵隨太祖。到滎陽汴水，遇卓將徐榮，與戰不利，士卒死傷甚多。太祖為流矢所中，所乘馬被創，從弟洪以馬與太祖，得夜遁去。榮見太祖所將兵少，力戰盡日，謂酸棗未易攻也，亦引兵還。

太祖到酸棗，諸軍兵十餘萬，日置酒高會，不圖進取。太祖責讓之，因為謀曰：「諸君聽吾計，使勃海引河內之眾臨孟津；酸棗諸將守成皋，據敖倉，塞轘、太谷，全制其險；使袁將軍率南陽之軍軍丹、析，入武關，以震三輔；皆高壘深壁，勿與戰，益為疑兵，示天下形勢，以順誅逆，可立定也。今兵以義動，持疑而不進，失天下之望，竊為諸君恥之！」邈等不能用。

太祖兵少，乃與夏侯惇等詣揚州募兵，刺史陳溫、丹楊太守周昕與兵四千餘人。還到龍亢，士卒多叛。至銍、建平，復收兵得千餘人，進屯河內。

劉岱與橋瑁相惡，岱殺瑁，以王肱領東郡太守。

袁紹與韓馥謀立幽州牧劉虞為帝，太祖拒之。紹又嘗得一玉印，於太祖坐中舉向其肘，太祖由是笑而惡焉。

二年春，紹、馥遂立虞為帝，虞終不敢當。

夏四月，卓還長安。

秋七月，袁紹脅韓馥，取冀州。

黑山賊于毒、白繞、眭固等十餘萬眾略魏郡、東郡，王肱不能御，太祖引兵入東郡，擊白繞于濮陽，破之。袁紹因表太祖為東郡太守，治東武陽。

三年春，太祖軍頓丘，毒等攻東武陽。太祖乃引兵西入山，攻毒等本屯。毒聞之，棄武陽還。太祖要擊眭固，又擊匈奴于夫羅於內黃，皆大破之。

夏四月，司徒王允與呂布共殺卓。卓將李傕、郭汜等殺允攻布。布敗，東出武關。傕等擅朝政。

青州黃巾眾百萬入兗州，殺任城相鄭遂，轉入東平。劉岱欲擊之，鮑信諫曰：「今賊眾百萬，百姓皆震恐，士卒無鬥志，不可敵也。觀賊眾群輩相隨，軍無輜重，唯以鈔略為資，今不若畜士眾之力，先為固守。彼欲戰不得，攻又不能，其勢必離散，後選精銳，據其要害，擊之可破也。」岱不從，遂與戰，果為所殺。信乃與州吏萬潛等至東郡迎太祖領兗州牧。遂進兵擊黃巾於壽張東。信力戰鬥死，僅而破之。購求信喪不得，眾乃刻木如信形狀，祭而哭焉。追黃巾至濟北。乞降。冬，受降卒三十餘萬，男女百餘萬口，收其精銳者，號為青州兵。

袁術與紹有隙，術求援於公孫瓚，瓚使劉備屯高唐，單經屯平原，陶謙屯發乾，以逼紹。太祖與紹會擊，皆破之。

四年春，軍鄄城。荊州牧劉表斷術糧道，術引軍入陳留，屯封丘，黑山餘賊及于夫羅等佐之。術使將劉詳屯匡亭。太祖擊詳，術救之，與戰，大破之。術退保封丘，遂圍之，未合，術走襄邑，追到太壽，決渠水灌城。走寧陵，又追之，走九江。夏，太祖還軍定陶。

下邳闕宣聚眾數千人，自稱天子；徐州牧陶謙與共舉兵，取泰山華、費，略任城。秋，太祖征陶謙，下十餘城，謙守城不敢出。

是歲，孫策受袁術使渡江，數年間遂有江東。

興平元年春，太祖自徐州還。初，太祖父嵩去官後還譙，董卓之亂，避難琅邪，為陶謙所害，故太祖志在復仇東伐。夏，使荀彧、程昱守鄄城，復征陶謙，拔五城，遂略地至東海。還過郯，謙將曹豹與劉備屯郯東，要太祖。太祖擊破之，遂攻拔襄賁，所過多所殘戮。

會張邈與陳宮叛迎呂布，郡縣皆應。荀彧、程昱保鄄城，范、東阿二縣固守，太祖乃引軍還。布到，攻鄄城不能下，西屯濮陽。太祖曰：「布一旦得一州，不能據東平，斷亢父、泰山之道乘險要我，而乃屯濮陽，吾知其無能為也。」遂進軍攻之。布出兵戰，先以騎犯青州兵。青州兵奔，太祖陳亂，馳突火出，墜馬，燒左手掌。司馬樓異扶太祖上馬，遂引去。未至營止，諸將未與太祖相見，皆怖。太祖乃自力勞軍，令軍中促為攻具，進復攻之，與布相守百餘日。蝗蟲起，百姓大餓，布糧食亦盡，各引去。

秋九月，太祖還鄄城。布到乘氏，為其縣人李進所破，東屯山陽。於是紹使人說太祖，欲連和。太祖新失兗州，軍食盡，將許之。程昱止太祖，太祖從之。冬十月，太祖至東阿。

是歲谷一斛五十餘萬錢，人相食，乃罷吏兵新募者。陶謙死，劉備代之。

二年春，襲定陶。濟陰太守吳資保南城，未拔。會呂布至，又擊破之。夏，布將薛蘭、李封屯鉅野，太祖攻之，布救蘭，蘭敗，布走，遂斬蘭等。布復從東緡與陳宮將萬餘人來戰，時太祖兵少，設伏，縱奇兵擊，大破之。布夜走，太祖復攻，拔定陶，分兵平諸縣。布東奔劉備，張邈從布，使其弟超將家屬保雍丘。秋八月，圍雍丘。冬十月，天子拜太祖兗州牧。十二月，雍丘潰，超自殺。夷邈三族。邈詣袁術請救，為其眾所殺，兗州平，遂東略陳地。

是歲，長安亂，天子東遷，敗於曹陽，渡河幸安邑。

建安元年春正月，太祖軍臨武平，袁術所置陳相袁嗣降。

太祖將迎天子，諸將或疑，荀彧、程昱勸之，乃遣曹洪將兵西迎，衛將軍董承與袁術將萇奴拒險，洪不得進。

汝南、潁川黃巾何儀、劉辟、黃邵、何曼等，眾各數萬，初應袁術，又附孫堅。二月，太祖進軍討破之，斬辟、邵等，儀及其眾皆降。天子拜太祖建德將軍，夏六月，遷鎮東將軍，封費亭侯。秋七月，楊奉、韓暹以天子還洛陽，奉別屯梁。太祖遂至洛陽，衛京都，暹遁走。天子假太祖節鉞，彔尚書事。洛陽殘破，董昭等勸太祖都許。九月，車駕出轘而東，以太祖為大將軍，封武平侯。自天子西遷，朝廷日亂，至是宗廟社稷制度始立。

天子之東也，奉自梁欲要之，不及。冬十月，公征奉，奉南奔袁術，遂攻其梁屯，拔之。於是以袁紹為太尉，紹恥班在公下，不肯受。公乃固辭，以大將軍讓紹。天子拜公司空，行車騎將軍。是歲用棗祗、韓浩等議，始興屯田。

呂布襲劉備，取下邳。備來奔。程昱說公曰：「觀劉備有雄才而甚得眾心，終不為人下，不如早圖之。」公曰：「方今收英雄時也，殺一人而失天下之心，不可。」

張濟自關中走南陽。濟死，從子繡領其眾。二年春正月，公到宛。張繡降，既而悔之，復反。公與戰，軍敗，為流矢所中，長子昂、弟子安民遇害。公乃引兵還舞陰，繡將騎來鈔，公擊破之。繡奔穰，與劉表合。公謂諸將曰：「吾降張繡等，失不便取其質，以至於此。吾知所以敗。諸卿觀之，自今已後不復敗矣。」遂還許。

袁術欲稱帝於淮南，使人告呂布。布收其使，上其書。術怒，攻布，為布所破。秋九月，術侵陳，公東征之。術聞公自來，棄軍走，留其將橋蕤、李豐、梁綱、樂就；公到，擊破蕤等，皆斬之。術走渡淮。公還許。

公之自舞陰還也，南陽、章陵諸縣復叛為繡，公遣曹洪擊之，不利，還屯葉，數為繡、表所侵。冬十一月，公自南征，至宛。表將鄧濟據湖陽。攻拔之，生擒濟，湖陽降。攻舞陰，下之。

三年春正月，公還許，初置軍師祭酒。三月，公圍張繡於穰。夏五月，劉表遣兵救繡，以絕軍後。公將引還，繡兵來（追），公軍不得進，連營稍前。公與荀彧書曰：「賊來追吾，雖日行數里，吾策之，到安眾，破繡必矣。」到安眾，繡與表兵合守險，公軍前後受敵。公乃夜鑿險為地道，悉過輜重，設奇兵。會明，賊謂公為遁也，悉軍來追。乃縱奇兵步騎夾攻，大破之。秋七月，公還許。荀彧問公：「前以策賊必破，何也？」公曰：「虜遏吾歸師，而與吾死地戰，吾是以知勝矣。」

呂布復為袁術使高順攻劉備，公遣夏侯惇救之，不利。備為順所敗。九月，公東征布。冬十月，屠彭城，獲其相侯諧。進至下邳，布自將騎逆擊。大破之，獲其驍將成廉。追至城下，布恐，欲降。陳宮等沮其計，求救於術，勸布出戰，戰又敗，乃還固守，攻之不下。時公連戰，士卒罷，欲還，用荀攸、郭嘉計，遂決泗、沂水以灌城。月餘，布將宋憲、魏續等執陳宮，舉城降，生禽布、宮，皆殺之。太山臧霸、孫觀、吳敦、尹禮、昌豨各聚眾。布之破劉備也，霸等悉從布。布敗，獲霸等，公厚納待，遂割青、徐二州附於海以委焉，分琅邪、東海、北海為城陽、利城、昌慮郡。

初，公為兗州，以東平畢諶為別駕。張邈之叛也，邈劫諶母弟妻子；公謝遣之，曰：「卿老母在彼，可去。」諶頓首無二心，公嘉之，為之流涕。既出，遂亡歸。及布破，諶生得，眾為諶懼，公曰：「夫人孝於其親者，豈不亦忠於君乎！吾所求也。」以為魯相。

四年春二月，公還至昌邑。張楊將楊醜殺楊，眭固又殺醜，以其眾屬袁紹，屯射犬。夏四月，進軍臨河，使史渙、曹仁渡河擊之。固使楊故長史薛洪、河內太守繆尚留守，自將兵北迎紹求救，與渙、仁相遇犬城。交戰，大破之，斬固。公遂濟河，圍射犬。洪、尚率眾降，封為列侯，還軍敖倉。以魏種為河內太守，屬以河北事。

初，公舉种孝廉。兗州叛，公曰：「唯魏种且不棄孤也。」及聞种走，公怒曰：「种不南走越、北走胡，不置汝也！」既下射犬，生禽种，公曰：「唯其才也！」釋其縛而用之。

是時袁紹既並公孫瓚，兼四州之地，眾十餘萬，將進軍攻許，諸將以為不可敵，公曰：「吾知紹之為人，志大而智小，色厲而膽薄，忌克而少威，兵多而分畫不明，將驕而政令不一，土地雖廣，糧食雖豐，適足以為吾奉也。」秋八月，公進軍黎陽，使臧霸等入青州破齊、北海、東安，留于禁屯河上。九月，公還許，分兵守官渡。冬十一月，張繡率眾降，封列侯。十二月，公軍官渡。

袁術自敗於陳，稍困，袁譚自青州遣迎之。術欲從下邳北過，公遣劉備、朱靈要之。會術病死。程昱、郭嘉聞公遣備，言於公曰：「劉備不可縱。」公悔，追之不及。備之未東也，陰與董承等謀反，至下邳，遂殺徐州刺史車胄，舉兵屯沛。遣劉岱、王忠擊之，不克。

廬江太守劉勳率眾降，封為列侯。

五年春正月，董承等謀洩，皆伏誅。公將自東征備，諸將皆曰：「與公爭天下者，袁紹也。今紹方來而棄之東，紹乘人後，若何？」公曰：「夫劉備，人傑也，今不擊，必為後患。袁紹雖有大志，而見事遲，必不動也。」郭嘉亦勸公，遂東擊備，破之，生禽其將夏侯博。備走奔紹，獲其妻子。備將關羽屯下邳，復進攻之，羽降。昌豨叛為備，又攻破之。公還官渡，紹卒不出。

二月，紹遣郭圖、淳于瓊、顏良攻東郡太守劉延於白馬，紹引兵至黎陽，將渡河。夏四月，公北救延。荀攸說公曰：「今兵少不敵，分其勢乃可。公到延津，若將渡兵向其後者，紹必西應之，然後輕兵襲白馬，掩其不備，顏良可禽也。」公從之。紹聞兵渡，即分兵西應之。公乃引軍兼行趣白馬，未至十餘里，良大驚，來逆戰。使張遼、關羽前登，擊破，斬良。遂解白馬圍，徙其民，循河而西。紹於是渡河追公軍，至延津南。公勒兵駐營南阪下，使登壘望之，曰：「可五六百騎。」有頃，復白：「騎稍多，步兵不可勝數。」公曰：「勿復白。」乃令騎解鞍放馬。是時，白馬輜重就道。諸將以為敵騎多，不如還保營。荀攸曰：「此所以餌敵，如何去之！」紹騎將文醜與劉備將五六千騎前後至。諸將復白：「可上馬。」公曰：「未也。」有頃，騎至稍多，或分趣輜重。公曰：「可矣。」乃皆上馬。時騎不滿六百，遂縱兵擊，大破之，斬醜。良、丑皆紹名將也，再戰，悉禽，紹軍大震。公還軍官渡。紹進保陽武。關羽亡歸劉備。

八月，紹連營稍前，依沙　為屯，東西數十里。公亦分營與相當，合戰不利。時公兵不滿萬，傷者十二三。紹復進臨官渡，起土山地道。公亦於內作之，以相應。紹射營中，矢如雨下，行者皆蒙楯，眾大懼。時公糧少，與荀彧書，議欲還許。彧以為：「紹悉眾聚官渡，欲與公決勝敗。公以至弱當至強，若不能制，必為所乘，是天下之大機也。且紹，布衣之雄耳，能聚人而不能用。夫以公之神武明哲而輔以大順，何向而不濟！」公從之。

孫策聞公與紹相持，乃謀襲許，未發，為刺客所殺。

汝南降賊劉辟等叛應紹，略許下。紹使劉備助辟，公使曹仁擊破之。備走，遂破辟屯。

袁紹運谷車數千乘至，公用荀攸計，遣徐晃、史渙邀擊，大破之，盡燒其車。公與紹相拒連月，雖比戰斬將，然眾少糧盡，士卒疲乏。公謂運者曰：「卻十五日為汝破紹，不復勞汝矣。」冬十月，紹遣車運谷，使淳于瓊等五人將兵萬餘人送之，宿紹營北四十里。紹謀臣許攸貪財，紹不能足，來奔，因說公擊瓊等。左右疑之，荀攸、賈詡勸公。公乃留曹洪守，自將步騎五千人夜往，會明至。瓊等望見公兵少，出陳門外。公急擊之，瓊退保營，遂攻之。紹遣騎救瓊。左右或言：「賊騎稍近，請分兵拒之。」公怒曰：「賊在背後，乃白！」士卒皆殊死戰，大破瓊等，皆斬之。紹初聞公之擊瓊，謂長子譚曰：「就彼攻瓊等，吾攻拔其營，彼固無所歸矣！」乃使張郃、高覽攻曹洪。郃等聞瓊破，遂來降。紹眾大潰，紹及譚棄軍走，渡河。追之不及，盡收其輜重圖書珍寶，虜其眾。公收紹書中，得許下及軍中人書，皆焚之。冀州諸郡多舉城邑降者。

初，桓帝時有黃星見於楚、宋之分，遼東殷馗善天文，言後五十歲當有真人起於梁、沛之間，其鋒不可當。至是凡五十年，而公破紹，天下莫敵矣。

六年夏四月，揚兵河上，擊紹倉亭軍，破之。紹歸，復收散卒，攻定諸叛郡縣。九月，公還許。紹之未破也，使劉備略汝南，汝南賊共都等應之。遣蔡揚擊都，不利，為都所破。公南征備。備聞公自行，走奔劉表，都等皆散。

七年春正月，公軍譙，令曰：「吾起義兵，為天下除暴亂。舊土人民，死喪略盡，國中終日行，不見所識，使吾淒愴傷懷。其舉義兵已來，將士絕無後者，求其親戚以後之，授土田，官給耕牛，置學師以教之。為存者立廟，使祀其先人，魂而有靈，吾百年之後何恨哉！」遂至浚儀，治睢陽渠，遣使以太牢祀橋玄。進軍官渡。

紹自軍破後，發病嘔血，夏五月死。小子尚代，譚自號車騎將軍，屯黎陽。秋九月，公征之，連戰。譚、尚數敗退，固守。

八年春三月，攻其郭，乃出戰，擊，大破之，譚、尚夜遁。夏四月，進軍鄴。五月還許，留賈信屯黎陽。

己酉，令曰：「司馬法『將軍死綏』，故趙括之母，乞不坐括。是古之將者，軍破於外，而家受罪於內也。自命將征行，但賞功而不罰罪，非國典也。其令諸將出征，敗軍者抵罪，失利者免官爵。」

秋七月，令曰：「喪亂已來，十有五年，後生者不見仁義禮讓之風，吾甚傷之。其令郡國各修文學，縣滿五百戶置校官，選其鄉之俊造而教學之，庶幾先王之道不廢，而有以益於天下。」

八月，公征劉表，軍西平。公之去鄴而南也，譚、尚爭冀州，譚為尚所敗，走保平原。尚攻之急，譚遣辛毗乞降請救。諸將皆疑，荀攸勸公許之，公乃引軍還。冬十月，到黎陽，為子整與譚結婚。尚聞公北，乃釋平原還鄴。東平呂曠、呂翔叛尚，屯陽平，率其眾降，封為列侯。

九年春正月，濟河，遏淇水入白溝以通糧道。二月，尚復攻譚，留蘇由、審配守鄴。公進軍到洹水，由降。既至，攻鄴，為土山、地道。武安長尹楷屯毛城，通上黨糧道。夏四月，留曹洪攻鄴，公自將擊楷，破之而還。尚將沮鵠守邯鄲，又擊拔之。易陽令韓範、涉長梁岐舉縣降，賜爵關內侯。五月，毀土山、地道，作圍塹，決漳水灌城；城中餓死者過半。秋七月，尚還救鄴，諸將皆以為「此歸師，人自為戰，不如避之」。公曰：「尚從大道來，當避之；若循西山來者，此成禽耳。」尚果循西山來，臨滏水為營。夜遣兵犯圍，公逆擊破走之，遂圍其營。未合，尚懼，（遣）故豫州刺史陰夔及陳琳乞降，公不許，為圍益急。尚夜遁，保祁山，追擊之。其將馬延、張等臨陳降，眾大潰，尚走中山。盡獲其輜重，得尚印綬節鉞，使尚降人示其家，城中崩沮。八月，審配兄子榮夜開所守城東門內兵。配逆戰，敗，生禽配，斬之，鄴定。公臨祀紹墓，哭之流涕；慰勞紹妻，還其家人寶物，賜雜繒絮，廩食之。

初，紹與公共起兵，紹問公曰：「若事不輯，則方面何所可據？」公曰：「足下意以為何如？」紹曰：「吾南據河，北阻燕、代，兼戎狄之眾，南向以爭天下，庶可以濟乎？」公曰：「吾任天下之智力，以道御之，無所不可。」

九月，令曰：「河北罹袁氏之難，其令無出今年租賦！」重豪強兼並之法，百姓喜悅。天子以公領冀州牧，公讓還兗州。

公之圍鄴也，譚略取甘陵、安平、勃海、河間。尚敗，還中山。譚攻之，尚奔故安，遂並其眾。公遺譚書，責以負約，與之絕婚，女還，然後進軍。譚懼，拔平原，走保南皮。十二月，公入平原，略定諸縣。

十年春正月，攻譚，破之，斬譚，誅其妻子，冀州平。下令曰：「其與袁氏同惡者，與之更始。」令民不得復私仇，禁厚葬，皆一之於法。是月，袁熙大將焦觸、張南等叛攻熙、尚，熙、尚奔三郡烏丸。觸等舉其縣降，封為列侯。初討譚時，民亡椎冰，令不得降。頃之，亡民有詣門首者，公謂曰：「聽汝則違令，殺汝則誅首，歸深自藏，無為吏所獲。」民垂泣而去；後竟捕得。

夏四月，黑山賊張燕率其眾十餘萬降，封為列侯。故安趙犢、霍奴等殺幽州刺史、涿郡太守。三郡烏丸攻鮮于輔於獷平。秋八月，公征之，斬犢等，乃渡潞河救獷平，烏丸奔走出塞。

九月，令曰：「阿黨比周，先聖所疾也。聞冀州俗，父子異部，更相毀譽。昔直不疑無兄，世人謂之盜嫂；第五伯魚三娶孤女，謂之撾婦翁；王鳳擅權，谷永比之申伯；王商忠議，張匡謂之左道：此皆以白為黑，欺天罔君者也。吾欲整齊風俗，四者不除，吾以為羞。」冬十月，公還鄴。

初，袁紹以甥高幹領并州牧，公之拔鄴，幹降，遂以為刺史。幹聞公討烏丸，乃以州叛，執上黨太守，舉兵守壺關口。遣樂進、李典擊之，幹還守壺關城。十一年春正月，公征幹。幹聞之，乃留其別將守城，走入匈奴，求救於單于，單于不受。公圍壺關三月，拔之。幹遂走荊州，上洛都尉王琰捕斬之。

秋八月，公東征海賊管承，至淳于，遣樂進、李典擊破之，承走入海島。割東海之襄賁、郯、戚以益琅邪，省昌慮郡。

三郡烏丸承天下亂，破幽州，略有漢民合十餘萬戶。袁紹皆立其酋豪為單于，以家人子為己女，妻焉。遼西單于蹋頓尤強，為紹所厚，故尚兄弟歸之，數入塞為害。公將征之，鑿渠，自呼沱入泒水，名平虜渠；又從泃河口鑿入潞河，名泉州渠，以通海。

十二年春二月，公自淳于還鄴。丁酉，令曰：「吾起義兵誅暴亂，於今十九年，所征必克，豈吾功哉？乃賢士大夫之力也。天下雖未悉定，吾當要與賢士大夫共定之；而專饗其勞，吾何以安焉！其促定功行封。」於是大封功臣二十餘人，皆為列侯，其餘各以次受封，及復死事之孤，輕重各有差。

將北征三郡烏丸，諸將皆曰：「袁尚，亡虜耳，夷狄貪而無親，豈能為尚用？今深入征之，劉備必說劉表以襲許。萬一為變，事不可悔。」惟郭嘉策表必不能任備，勸公行。夏五月，至無終。秋七月，大水，傍海道不通，田疇請為鄉導，公從之。引軍出盧龍塞，塞外道絕不通，乃塹山堙谷五百餘里，經白檀，歷平岡，涉鮮卑庭，東指柳城。未至二百里，虜乃知之。尚、熙與蹋頓、遼西單于樓班、右北平單于能臣抵之等將數萬騎逆軍。八月，登白狼山，卒與虜遇，眾甚盛。公車重在後，被甲者少，左右皆懼。公登高，望虜陳不整，乃縱兵擊之，使張遼為先鋒，虜眾大崩，斬蹋頓及名王已下，胡、漢降者二十餘萬口。遼東單于速僕丸及遼西、北平諸豪，棄其種人，與尚、熙奔遼東，眾尚有數千騎。初，遼東太守公孫康恃遠不服。及公破烏丸，或說公遂征之，尚兄弟可禽也。公曰：「吾方使康斬送尚、熙首，不煩兵矣。」九月，公引兵自柳城還，康即斬尚、熙及速僕丸等，傳其首。諸將或問：「公還而康斬送尚、熙，何也？」公曰：「彼素畏尚等，吾急之則並力，緩之則自相圖，其勢然也。」十一月至易水，代郡烏丸行單于普富盧、上郡烏丸行單于那樓將其名王來賀。

十三年春正月，公還鄴，作玄武池以肄舟師。漢罷三公官，置丞相、御史大夫。夏六月，以公為丞相。

秋七月，公南征劉表。八月，表卒，其子琮代，屯襄陽，劉備屯樊。九月，公到新野，琮遂降，備走夏口。公進軍江陵，下令荊州吏民，與之更始。乃論荊州服從之功，侯者十五人，以劉表大將文聘為江夏太守，使統本兵，引用荊州名士韓嵩、鄧義等。益州牧劉璋始受征役，遣兵給軍。十二月，孫權為備攻合肥。公自江陵征備，至巴丘，遣張憙救合肥。權聞憙至，乃走。公至赤壁，與備戰，不利。於是大疫，吏士多死者，乃引軍還。備遂有荊州、江南諸郡。

十四年春三月，軍至譙，作輕舟，治水軍。秋七月，自渦入淮，出肥水，軍合肥。辛未，令曰：「自頃已來，軍數征行，或遇疫氣，吏士死亡不歸，家室怨曠，百姓流離，而仁者豈樂之哉？不得已也。其令死者家無基業不能自存者，縣官勿絕廩，長吏存恤撫循，以稱吾意。」置揚州郡縣長吏，開芍陂屯田。十二月，軍還譙。

十五年春，下令曰：「自古受命及中興之君，曷嘗不得賢人君子與之共治天下者乎！及其得賢也，曾不出閭巷，豈幸相遇哉？上之人不求之耳。今天下尚未定，此特求賢之急時也。『孟公綽為趙、魏老則優，不可以為滕、薛大夫。』若必廉士而後可用，則齊桓其何以霸世！今天下得無有被褐懷玉而釣於渭濱者乎？又得無盜嫂受金而未遇無知者乎？二三子其佐我明揚仄陋，唯才是舉，吾得而用之。」冬，作銅雀台。

十六年春正月，天子命公世子丕為五官中郎將，置官屬，為丞相副。太原商曜等以大陵叛，遣夏侯淵、徐晃圍破之。張魯據漢中，三月，遣鍾繇討之。公使淵等出河東與繇會。

是時關中諸將疑繇欲自襲，馬超遂與韓遂、楊秋、李堪、成宜等叛。遣曹仁討之。超等屯潼關，公敕諸將：「關西兵精悍，堅壁勿與戰。」秋七月，公西征，與超等夾關而軍。公急持之，而潛遣徐晃、朱靈等夜渡蒲阪津，據河西為營。公自潼關北渡，未濟，超赴船急戰。校尉丁斐因放牛馬以餌賊，賊亂取牛馬，公乃得渡，循河為甬道而南。賊退，拒渭口，公乃多設疑兵，潛以舟載兵入渭，為浮橋，夜，分兵結營於渭南。賊夜攻營，伏兵擊破之。超等屯渭南，遣信求割河以西請和，公不許。九月，進軍渡渭。超等數挑戰，又不許；固請割地，求送任子，公用賈詡計，偽許之。韓遂請與公相見，公與遂父同歲孝廉，又與遂同時儕輩，於是交馬語移時，不及軍事，但說京都舊故，拊手歡笑。既罷，超等問遂：「公何言？」遂曰：「無所言也。」超等疑之。他日，公又與遂書，多所點竄，如遂改定者；超等愈疑遂。公乃與克日會戰，先以輕兵挑之，戰良久，乃縱虎騎夾擊，大破之，斬成宜、李堪等。遂、超等走涼州，楊秋奔安定，關中平。諸將或問公曰：「初，賊守潼關，渭北道缺，不從河東擊馮翊而反守潼關，引日而後北渡，何也？」公曰：「賊守潼關，若吾入河東，賊必引守諸津，則西河未可渡，吾故盛兵向潼關；賊悉眾南守，西河之備虛，故二將得擅取西河；然後引軍北渡，賊不能與吾爭西河者，以有二將之軍也。連車樹柵，為甬道而南，既為不可勝，且以示弱。渡渭為堅壘，虜至不出，所以驕之也；故賊不為營壘而求割地。吾順言許之，所以從其意，使自安而不為備，因畜士卒之力，一旦擊之，所謂疾雷不及掩耳，兵之變化，固非一道也。」始，賊每一部到，公輒有喜色。賊破之後，諸將問其故。公答曰：「關中長遠，若賊各依險阻，征之，不一二年不可定也。今皆來集，其眾雖多，莫相歸服，軍無適主，一舉可滅，為功差易，吾是以喜。」

冬十月，軍自長安北征楊秋，圍安定。秋降，復其爵位，使留撫其民人。十二月，自安定還，留夏侯淵屯長安。

十七年春正月，公還鄴。天子命公贊拜不名，入朝不趨，劍履上殿，如蕭何故事。馬超餘眾梁興等屯藍田，使夏侯淵擊平之。割河內之蕩陰、朝歌、林慮，東郡之衛國、頓丘、東武陽、發乾，巨鹿之陶、曲周、南和，廣平之任城，趙之襄國、邯鄲、易陽以益魏郡。

冬十月，公征孫權。

十八年春正月，進軍濡須口，攻破權江西營，獲權都督公孫陽，乃引軍還。詔書並十四州，復為九州。夏四月，至鄴。

五月丙申，天子使御史大夫郗慮持節策命公為魏公曰：

「朕以不德，少遭愍凶，越在西土，遷於唐、衛。當此之時，若綴旒然，宗廟乏祀，社稷無位；群凶覬覦，分裂諸夏，率土之民，朕無獲焉，即我高祖之命將墜於地。朕用夙興假寐，震悼於厥心，曰『惟祖惟父，股肱先正，其孰能恤朕躬』？乃誘天衷，誕育丞相，保乂我皇家，弘濟於艱難，朕實賴之。今將授君典禮，其敬聽朕命。

「昔者董卓初興國難，群後釋位以謀王室，君則攝進，首啟戎行，此君之忠於本朝也。後及黃巾反易天常，侵我三州，延及平民，君又翦之以寧東夏，此又君之功也。韓暹、楊奉專用威命，君則致討，克黜其難，遂遷許都，造我京畿，設官兆祀，不失舊物，天地鬼神於是獲乂，此又君之功也。袁術僭逆，肆於淮南，懾憚君靈，用丕顯謀，蘄陽之役，橋蕤授首，棱威南邁，術以隕潰，此又君之功也。回戈東征，呂布就戮，乘轅將返，張楊殂斃，眭固伏罪，張繡稽服，此又君之功也。袁紹逆亂天常，謀危社稷，憑恃其眾，稱兵內侮，當此之時，王師寡弱，天下寒心，莫有固志，君執大節，精貫白日，奮其武怒，運其神策，致居官渡，大殲丑類，俾我國家拯於危墜，此又君之功也。濟師洪河，拓定四州，袁譚、高幹，咸梟其首，海盜奔迸，黑山順軌，此又君之功也。烏丸三種，崇亂二世，袁尚因之，逼據塞北，束馬縣車，一征而滅，此又君之功也。劉表背誕，不供貢職，王師首路，威風先逝，百城八郡，交臂屈膝，此又君之功也。馬超、成宜，同惡相濟，濱據河、潼，求逞所欲，殄之渭南，獻馘萬計，遂定邊境，撫和戎狄，此又君之功也。鮮卑、丁零，重譯而至，（于）、白屋，請吏率職，此又君之功也。君有定天下之功，重之以明德，班敘海內，宣美風俗，旁施勤教，恤慎刑獄，吏無苛政，民無懷慝；敦崇帝族，表繼絕世，舊德前功，罔不咸秩；雖伊尹格於皇天，周公光於四海，方之蔑如也。

「朕聞先王並建明德，胙之以土，分之以民，崇其寵章，備其禮物，所以藩衛王室，左右厥世也。其在周成，管、蔡不靜，懲難念功，乃使邵康公賜齊太公履，東至於海，西至於河，南至於穆陵，北至於無棣，五侯九伯，實得征之，世祚太師，以表東海；爰及襄王，亦有楚人不供王職，又命晉文登為侯伯，錫以二輅、虎賁、鈇、秬鬯、弓矢，大啟南陽，世作盟主。故周室之不壞，繄二國是賴。今君稱丕顯德，明保朕躬，奉答天命，導揚弘烈，綏爰九域，莫不率俾，功高於伊、周，而賞卑於齊、晉，朕甚恧焉。朕以眇眇之身，托於兆民之上，永思厥艱，若涉淵冰，非君攸濟，朕無任焉。今以冀州之河東、河內、魏郡、趙國、中山、常山、巨鹿、安平、甘陵、平原凡十郡，封君為魏公。錫君玄土，苴以白茅，爰契爾龜，用建冢社。昔在周室，畢公、毛公入為卿佐，周、邵師保出為二伯，外內之任，君實宜之，其以丞相領冀州牧如故。又加君九錫，其敬聽朕命。以君經緯禮律，為民軌儀，使安職業，無或遷志，是用錫君大輅、戎輅各一，玄牡二駟。君勸分務本，穡人昏作，粟帛滯積，大業惟興，是用錫君袞冕之服，赤舄副焉。君敦尚謙讓，俾民興行，少長有禮，上下咸和，是用錫君軒縣之樂，六佾之舞。君翼宣風化，爰發四方，遠人革面，華夏充實，是用錫君朱戶以居。君研其明哲，思帝所難，官才任賢，群善必舉，是用錫君納陛以登。君秉國之鈞，正色處中，纖毫之惡，靡不抑退，是用錫君虎賁之士三百人。君糾虔天刑，章厥有罪，犯關干紀，莫不誅殛，是用錫君鈇鉞各一。君龍驤虎視，旁眺八維，掩討逆節，折沖四海，是用錫君彤弓一，彤矢百，玈弓十，玈矢千。君以溫恭為基，孝友為德，明允篤誠，感於朕思，是用錫君秬鬯一卣，珪瓚副焉。魏國置丞相已下群卿百寮，皆如漢初諸侯王之制。往欽哉，敬服朕命！簡恤爾眾，時亮庶功，用終爾顯德，對揚我高祖之休命！」

秋七月，始建魏社稷宗廟。天子聘公三女為貴人，少者待年於國。九月，作金虎台，鑿渠引漳水入白溝以通河。冬十月，分魏郡為東西部，置都尉。十一月，初置尚書、侍中、六卿。

馬超在漢陽，復因羌、胡為害，氐王千萬叛應超，屯興國。使夏侯淵討之。

十九年春正月，始耕籍田。南安趙衢、漢陽尹奉等討超，梟其妻子，超奔漢中。韓遂徙金城，入氐王千萬部，率羌、胡萬餘騎與夏侯淵戰，擊，大破之，遂走西平。淵與諸將攻興國，屠之。省安東、永陽郡。

安定太守毋丘興將之官，公戒之曰：「羌、胡欲與中國通，自當遣人來，慎勿遣人往。善人難得，必將教羌、胡妄有所請求，因欲以自利；不從便為失異俗意，從之則無益事。」興至，遣校尉范陵至羌中，陵果教羌，使自請為屬國都尉。公曰：「吾預知當爾，非聖也，但更事多耳。」

三月，天子使魏公位在諸侯王上，改授金璽，赤紱、遠游冠。

秋七月，公征孫權。

初，隴西宋建自稱河首平漢王，聚眾枹罕，改元，置百官，三十餘年。遣夏侯淵自興國討之。冬十月，屠枹罕，斬建，涼州平。

公自合肥還。

十一月，漢皇后伏氏坐昔與父故屯騎校尉完書，雲帝以董承被誅怨恨公，辭甚醜惡，發聞，后廢黜死，兄弟皆伏法。

十二月，公至孟津。天子命公置旄頭，宮殿設鐘虡。乙未，令曰：「夫有行之士未必能進取，進取之士未必能有行也。陳平豈篤行，蘇秦豈守信邪？而陳平定漢業，蘇秦濟弱燕。由此言之，士有偏短，庸可廢乎！有司明思此義，則士無遺滯，官無廢業矣。」又曰：「夫刑，百姓之命也，而軍中典獄者或非其人，而任以三軍死生之事，吾甚懼之。其選明達法理者，使持典刑。」於是置理曹掾屬。

二十年春正月，天子立公中女為皇后。省雲中、定襄、五原、朔方郡，郡置一縣領其民，合以為新興郡。

三月，公西征張魯，至陳倉，將自武都入氐；氐人塞道，先遣張郃、朱靈等攻破之。夏四月，公自陳倉以出散關，至河池。氐王竇茂眾萬餘人，恃險不服，五月，公攻屠之。西平、金城諸將演、蔣石等共斬送韓遂首。秋七月，公至陽平。張魯使弟衛與將楊昂等據陽平關，橫山築城十餘里，攻之不能拔，乃引軍還。賊見大軍退，其守備解散。公乃密遣解、高祚等乘險夜襲，大破之，斬其將楊任，進攻衛，衛等夜遁，魯潰奔巴中。公軍入南鄭，盡得魯府庫珍寶。巴、漢皆降。復漢寧郡為漢中；分漢中之安陽、西城為西城郡，置太守；分錫、上庸郡，置都尉。

八月，孫權圍合肥，張遼、李典擊破之。

九月，巴七姓夷王朴胡、邑侯杜濩舉巴夷、民來附，於是分巴郡，以胡為巴東太守，濩為巴西太守，皆封列侯。天子命公承制封拜諸侯守相。

冬十月，始置名號侯至五大夫，與舊列侯、關內侯凡六等，以賞軍功。

十一月，魯自巴中將其餘眾降。封魯及五子皆為列侯。劉備襲劉璋，取益州，遂據巴中；遣張郃擊之。

十二月，公自南鄭還，留夏侯淵屯漢中。

二十一年春二月，公還鄴。三月壬寅，公親耕籍田。夏五月，天子進公爵為魏王。代郡烏丸行單于普富盧與其侯王來朝。天子命王女為公主，食湯沐邑。秋七月，匈奴南單于呼廚泉將其名王來朝，待以客禮，遂留魏，使右賢王去卑監其國。八月，以大理鍾繇為相國。

冬十月，治兵，遂征孫權，十一月至譙。

二十二年春正月，王軍居巢，二月，進軍屯江西郝溪。權在濡須口築城拒守，遂逼攻之，權退走。三月，王引軍還，留夏侯惇、曹仁、張遼等屯居巢。

夏四月，天子命王設天子旌旗，出入稱警蹕。五月，作泮宮。六月，以軍師華歆為御史大夫。冬十月，天子命王冕十有二旒，乘金根車，駕六馬，設五時副車，以五官中郎將丕為魏太子。

劉備遣張飛、馬超、吳蘭等屯下辯；遣曹洪拒之。

二十三年春正月，漢太醫令吉本與少府耿紀、司直韋晃等反，攻許，燒丞相長史王必營，必與潁川典農中郎將嚴匡討斬之。

曹洪破吳蘭，斬其將任夔等。三月，張飛、馬超走漢中，陰平氐強端斬吳蘭，傳其首。

夏四月，代郡、上谷烏丸無臣氐等叛，遣鄢陵侯彰討破之。

六月，令曰：「古之葬者，必居瘠薄之地。其規西門豹祠西原上為壽陵，因高為基，不封不樹。《周禮》：「冢人掌公墓之地，凡諸侯居左右以前，卿大夫居後，漢制亦謂之陪陵。其公卿大臣列將有功者，宜陪壽陵，其廣為兆域，使足相容。」

秋七月，治兵，遂西征劉備，九月，至長安。

冬十月，宛守將侯音等反，執南陽太守，劫略吏民，保宛。初，曹仁討關羽，屯樊城，是月使仁圍宛。

二十四年春正月，仁屠宛，斬音。

夏侯淵與劉備戰於陽平，為備所殺。三月，王自長安出斜谷，軍遮要以臨漢中，遂至陽平。備因險拒守。

夏五月，引軍還長安。

秋七月，以夫人卞氏為王后。遣于禁助曹仁擊關羽。八月，漢水溢，灌禁軍，軍沒，羽獲禁，遂圍仁。使徐晃救之。

九月，相國鍾繇坐西曹掾魏諷反免。

冬十月，軍還洛陽。孫權遣使上書，以討關羽自效。王自洛陽南征羽，未至，晃攻羽，破之，羽走，仁圍解。王軍摩陂。

二十五年春正月，至洛陽。權擊斬羽，傳其首。

庚子，王崩於洛陽，年六十六。遺令曰：「天下尚未安定，未得遵古也。葬畢，皆除服。其將兵屯戍者，皆不得離屯部。有司各率乃職。斂以時服，無藏金玉珍寶。」謚曰武王。二月丁卯，葬高陵。

魏書

文帝紀

魏文帝名丕，字子桓，是魏武帝曹操的太子。漢靈帝中平四年（一八七）冬天，在譙縣出生。建安十六年（二一一），被任命為五官中郎將、副丞相。建安二十二年（二一七），被立為魏王太子。太祖曹操去世後，他繼位為丞相、魏王。尊其母魏王后卞氏為王太后。改建安二十五年為延康元年。

延康元年（二二〇）二月十六日，魏王曹丕封大中大夫賈詡為太尉，御史大夫華歆為相國，大理王朗為御史大夫。還置散騎常侍、侍郎各四人，頒發命令：太監職位不得超過眾署令級別，並把這個詔令刻在金冊上，收藏在石室之中。

早在漢靈帝熹平五年（一七六），黃龍出現在譙縣上空，光祿大夫橋玄問太史令單颺：「這是什麼吉兆？」單颺答道：「這地方以後必有帝王誕生，五十年之內，還會有黃龍出現。天象經常和人事相應，這就是天人感應。」內黃人殷登把這話默默記下來。四十五年後，殷登還健在。延康元年三月，黃龍又在譙縣出現，殷登聽到這個消息，說道：「單颺的話，現在果然應驗了！」

三月初九，魏王任前將軍夏侯惇為大將軍。貊、扶餘國單于、焉耆、于闐王均派使者進奉貢品。

四月十二日，饒安縣報告說出現白色的野雞。二十五日，大將軍夏侯惇去世。

五月初三，漢獻帝命令魏王追贈其皇祖太尉曹嵩為太王，曹嵩夫人丁氏稱太王后；封魏王的兒子曹叡為武德侯。本月，馮翊一帶的綠林好漢鄭甘、王照率領部下投降，都被冊封為列侯。

酒泉人黃華、張掖人張進等各自挾持本郡太守叛亂。金城太守蘇則出兵討伐張進，張進被斬首。黃華投降。

六月初七，魏王在東郊操練士兵；二十六日，開始南征。

七月初六，魏王頒布命令：「黃帝軒轅設立明台讓群臣議政，堯帝放勳在大路旁建造衢室以聽取民眾意見，這都是為了廣泛征求民意。文武百官一定要盡到規諫的職責，將帥要陳述用兵的謀略，朝中大臣要探究治國之道，州牧郡守要報告地方政事，縉紳考核六藝，我將通盤了解這一切。」

孫權派特使進獻貢物。蜀將孟達率部投降。武都氐王楊僕率族人歸附朝廷，朝廷讓他居住在漢陽郡。

七月二十日，大軍駐紮在譙縣，魏王在城東設宴，犒賞六軍和譙縣的父老鄉親。八月，石邑縣報告說有大群鳳凰翔集。

十（一）月初一，魏王下令說：「眾將征戰討伐，士卒陣亡有些沒有收殮，我倍感哀痛；特此通告各郡國提供棺材收殮陣亡的兵士，送到陣亡者家中，由官府為他們舉行祭祀。」四月，魏王來到曲蠡。

漢獻帝因人心都歸附於魏，便召集文武百官，在漢高祖廟祭祀告知祖先。他派御史大夫張音手持符節、捧著玉璽、綬帶進獻給魏王，表示將皇位禪讓給魏王。獻帝的詔書中說：「魏王啊：早先帝堯將天子之位禪讓於帝舜，帝舜也將天子之位禪讓給大禹。可見天命無常，只歸於有德之人。漢朝國運衰微，世間秩序混亂，皇位傳遞到我這裡，天下大亂，群凶肆意作惡，社稷瀕於顛覆。全憑著魏武王神明英武，南征北戰拯救危難，使華夏清平，保護我祖宗廟宇平安，又豈止我一人得到安寧，天下百姓都得感激武王的恩賜。如今您繼承先王的事業，弘揚崇高的品德，完備文武大業，發揚光大您父親的宏偉業績。皇天降下祥瑞，人神告示征兆，明白地告訴朕：你的法度一定能合於虞舜，應該效仿帝堯，恭敬地把皇位讓給您。嗚呼！上天已經把使命交給了您，您應精誠懇切地秉行中正之道，就能江山永固。請您恭敬地接受大禮，治理天下萬國，以順承天命。」於是，在繁陽修築祭壇。二十八日，魏王登上祭壇，接受了皇位，文武百官在兩旁陪拜。儀式完成後，魏文帝下壇，參加完燃火祭天地的大禮後返回。改年號延康為黃初，並大赦天下。

黃初元年（二二〇）十一月初一，文帝封漢獻帝劉協為山陽公，把河內郡山陽邑一萬戶作為其食邑，在封地內繼續使用漢朝的曆法年號，可以用天子的禮儀祭天，上書魏帝不用稱臣，朝廷在太廟舉行祭祀典禮時，可分享祭品；封山陽公的四個兒子為列侯。魏文帝追贈其祖太王曹嵩為太皇帝，其父武王曹操為武皇帝，尊王太后為皇太后。賞賜每個男子晉升一級爵位，繼承其父及孝悌、努力耕作者晉升二級爵位。把漢朝封的各諸侯王降為崇德侯，列侯改為關中侯。把潁陰的繁陽亭改為繁昌縣。朝中百官分別受到增加爵位提升官職的賞賜。把相國改為司徒，御史大夫改為司空，奉常改為太常，郎中令改為光祿勳，大理改為廷尉，大農改為大司農。郡國縣邑，也有許多改動。重新授予匈奴南單于呼廚泉魏國的印璽、綬帶，並賞賜他青蓋車、乘輿、寶劍、玉玦。十二月，開始建造洛陽宮。八月，駕臨洛陽。

這年，長水校尉戴陵規勸文帝不應該經常打獵，文帝大怒；戴陵被判輕死罪一等的刑罰。

黃初二年（二二一）正月，文帝在郊外祭祀天地和祖先。初三，文帝到原陵圍獵，派使者備牛、羊、豬三牲之禮祭祀漢世祖光武帝劉秀。四月，在東郊舉行祭日神典禮。詔令各郡國：「凡是人口滿十萬的，每年推舉孝廉一人；其中有特別優秀人才的，不受名額限制。」初十，瓜分三公戶邑，三公的兒子或弟弟各擇一人封為列侯。十一日，免除潁川郡一年的田租。把許縣改稱許昌縣。把魏郡分成兩部分，東部稱陽平郡，西部稱廣平郡。

魏文帝頒布詔令：「從前孔子有至聖的才能、帝王的胸懷氣度，卻身處衰微的周朝末年，沒有接受天命的運數，只曾在魯、衛這樣的小國為官，在洙水、泗水一帶為師授業；終日奔波忙碌，惶惶不安，想要委屈自己以保存古代聖王的思想，抑損自身以拯救天下蒼生。當時天子和各國諸侯最終沒有重用他，他只得退居以考證黃帝、唐、虞、夏、殷五個朝代的禮制，代王者立法，根據魯史而寫成《春秋》，參照太師的音樂而訂正《雅》《頌》。千百年來，沒有人不把他的著作作為經典，根據他的賢德來規範自己的行為。啊！他可以稱得上世間最大的聖人，萬世之師表啊！如今天下大亂，許多祭祖禮儀都廢棄了，孔子故居的廟宇，都已經長久毀壞，得不到修葺，當初曾封孔氏家族為褒成侯，後世也沒有得到繼承，他的故鄉闕里再也聽不到講禮、頌

《詩》《書》的聲音，四季看不到祭祀的情形，這難道是所謂的崇尚禮儀、獎勵功業，高尚的德行世代相傳嗎？特封議郎孔羨為宗聖侯，享食邑百戶，侍奉孔子的祀廟。」文帝令魯郡修復孔子的舊廟，派一百戶官兵守衛，又在外圍建造許多房屋，讓有志於學習儒學的人居住。

三月，文帝加封遼東太守公孫恭為車騎將軍。開始恢復使用五銖錢。四月，提拔車騎將軍曹仁為大將軍。五月，鄭甘再次叛亂，文帝派曹仁前去討伐，並將其斬殺。六月初一，文帝初次祭祀五岳和四瀆，並規定了各種祭祀的規格。初四，文帝夫人甄氏去世。二十九日，出現了日蝕，官吏奏請免去太尉之職。文帝下詔說：「天有不祥之兆，是對君主的譴責，現在卻歸罪於大臣，難道符合大禹、商湯歸罪於自己的道理嗎？特令文武百官小心虔誠地各盡其職，以後凡屬天異發生，不要再彈劾三公。」

八月，孫權派使節送來奏章，並送回于禁等人。十九日，文帝派太常邢貞為特使，拿著符節去江東，封孫權為大將軍、吳王，賞賜九錫。十月，任命楊彪為光祿大夫。因為糧價昂貴，停止使用五銖錢。十二日，改任大將軍曹仁為大司馬。十二月，往東方巡視。這一年修築陵雲台。

黃初三年（二二二）正月初一，出現了日蝕。初五，文帝駕臨許昌宮。頒發詔令：「現在考評官吏、推薦孝廉，與古代諸侯向天子推薦士人一樣；十戶的小邑，一定會有忠信之人，如果取士限制年齡，那麼呂尚、周晉這樣的人就不能在當時有那麼大的成就。特令各郡國選拔人才，應不分年紀大小；讀書人通曉經學，官吏明達法規，都可以考試選用。官府要追究那些弄虛作假的行徑。」

二月，鄯善、龜茲、于闐各國首領都派使臣來進獻貢品，文帝下詔說：「從前西戎各國臣服，氐人、羌人來朝稱臣，《詩經》《尚書》都稱頌此事。現在西域各國紛紛入塞請求依附我們，特此派使者前去慰勞安撫。」從此以後便與西域通好，設置戊己校尉。

三月初一，文帝立其子齊公曹叡為平原王，其弟鄢陵公曹彰等十一人皆封為王。並規定，開始封王的庶子為鄉公，嗣王的庶子為亭侯，公的庶子為亭伯。初十，封皇子曹霖為河東王。三十日，文帝巡駕襄邑。四月十四日，鄄城侯曹植被封為鄄城王。二十九日，文帝出巡後回到許昌宮。五月，把荊州、揚州以及長江以南的八郡合並為荊州，孫權任荊州牧。荊州江北各郡為郢州。閏月，孫權在夷陵打敗了劉備。當初，文帝聽說劉備大軍東下，與孫權交戰，圍柵欄連接營寨七百多里，對群臣說：「劉備不懂兵法，難道有用七百里連營抗敵而取勝的嗎？『苞原隰險阻而為軍者為敵所擒』，這是兵家大忌。孫權的捷報馬上就會送來。」七天後，孫權打敗劉備的奏書果然送來了。

七月，冀州發生了嚴重的蝗災，百姓忍飢挨餓，文帝派尚書杜畿拿著符節到各地開倉放糧，賑濟飢民。八月，蜀國大將黃權率部投降。

九月初三，文帝下詔說：「婦人參政，是動亂的根源。從今以後，群臣不得向太后奏報政事，外戚不能在朝中擔任輔政重臣，也不能無功而被封王封侯；這條法令要傳至後世，如果有違背的，天下共誅之。」初九，立郭氏為皇后。賞賜全國男子晉升爵位二級；鰥夫、寡婦、病殘、年邁和貧苦難以生存的人，國家賜給糧食。

十月初三，選定首陽山東側作為自己的壽陵，並對自己身後的喪事頒布《終制》，說：「按禮制，國君登基後就應該制作內棺，以表示活著的時候不忘記死亡。遠古時帝堯葬在谷林，周圍都是茂密的樹木；大禹葬在會稽，農夫依然在那裡安心耕種。因為葬在山林中，與山林融為一體。壘土造墳、植樹為記的做法，並非上古之制，我也不會採用。壽陵與山成為一體，不用再壘造墳頭，種植樹木，也不要建立寢殿，修築園邑，修設神道。葬，就是藏，就是想讓別人看不見。人死之後屍骨沒有痛癢的感覺，墳墓也不是靈魂的棲息之地。按照禮制，不在墓前祭祀。為了讓死者不受到褻瀆，製作棺槨足以讓骨頭枯朽，衣服足以讓屍體腐爛就可以了。我之所以在這不長莊稼的地方建造陵墓，只不過是想後世的人們找不到我的安葬之處罷了。不要在墓室之中放防腐的灰炭，也不要把金、銀、銅、鐵等貴重器物作為陪葬品，全部採用陶器，這樣才合乎古代殉葬用塗彩的泥車、茅草紮成的人馬的規定。棺木只須漆刷三遍，口中不必含有珠玉，也不穿著珍珠做的服裝放在玉製的匣子中，因為這些都是愚蠢的俗人所做的事。從前季孫用珍貴的美玉陪葬，孔子極力勸阻，譬之為將屍骨暴露在曠野。宋公被厚葬，有識之士都說華元、樂莒不加勸阻是沒有盡到臣子的職責，因為他們讓君主陷於不好的境地。漢文帝的墓保存完好沒有被盜，因為霸陵中原本就沒有什麼貴重的東西讓人貪圖；光武帝的墓被發掘，是因為原陵大肆造墓種樹。所以霸陵保存完好，功在張釋之；原陵被盜毀，罪在明帝。由此看來，張釋之的忠誠使君主受益，明帝對父親的愛卻使其受害。大凡忠臣孝子，都該想想孔子、左丘明、張釋之說的話，以華元、樂莒、明帝為前車之鑑，心中常常想著如何讓君主、親人安定，靈魂萬載不受打擾，這就是聖賢之人的忠和孝了。自古以來，沒有不覆滅的王朝，也沒有不被發掘的墳墓。戰亂以來，漢代帝王的陵墓沒有不被人挖掘的，至放火焚燒以攫取玉匣和金縷衣，屍骨都化為灰燼，像是被焚燒的酷刑，豈不是加倍的痛苦！這些禍害正是由厚葬和造陵種樹造成的。所謂的『桑、霍為我戒』，說的不是很明白嗎？皇后及貴人以下的嬪妃，不跟隨王去封國者，死後都葬在澗西，先前已經表明位置了。舜安葬在蒼梧，他的兩個妃子並沒有和他葬在一起；延陵安葬他不幸去世的長子，遠在嬴、博之間。魂魄如果有靈驗，沒有不能去的地方。一澗之隔，不能算遠。如果誰違背了這條詔令，擅自變更實施厚葬，我在地下就會被戮屍，戮而重戮，死而再死。為臣者輕視已死去的君王、父親，那是不忠不孝，假設死者有靈，將不會保佑你。特令將此詔令收藏在宗廟之中，另抄錄副本存在尚書省、秘書省、三府之中。」

這個月，孫權再次反叛。他恢復郢州為荊州。文帝從許昌出發討伐，分兵幾路齊頭並進，孫權依長江拒守。十一月十一日，文帝駕臨宛地。三十日，發生日蝕。這年，開挖靈芝池。

黃初四年（二二三）正月，文帝發布詔令說：「自從漢末天下大動蕩以來，戰亂不止，天下之人，自相殘殺。如今四方剛剛安定，有膽敢私下仇殺者，誅滅其九族。」在宛城修築南巡台。三月初八，從宛城回到洛陽宮。十五日，月亮衝撞心宿中央大星。十九日，大司馬曹仁去世。這個月發生了大瘟疫。

五月，有鵜鶘鳥聚集在靈芝池。文帝下詔說：「這就是詩人所說的汚澤啊！《詩經．曹風》中有這樣的記載，是諷刺曹恭公疏遠君子而親近小人，如今難道有賢良之士被埋沒了嗎？否則這些鳥為何都來了？特令天下廣泛舉薦德才兼備之人，特立獨行的君子，以回應曹國人的諷刺。」

六月十七日，任城王曹彰在京都去世。二十一日，太尉賈詡去世。太白星白天出現。這個月大雨連綿，伊水、洛水洪水泛濫，淹死百姓、毀壞房屋。八月十一日，任命廷尉鍾繇為太尉。十五日，去滎陽打獵，然後東巡。評判討伐孫權的功勞，眾將以下分別晉爵增戶，各有獎賞。九月十九日，駕臨許昌宮。

黃初五年（二二四）春正月，文帝首次下令，相互揭發控告只限謀反等大逆不道之罪，其餘的小罪概不受理；有膽敢誣陷別人的，就用他誣陷別人的罪行來懲治他。三月，文帝巡視之行，自許昌返回洛陽宮。四月，設立太學，制定五經考試的方法，設置《春秋穀梁》博士。五月，有關部門制定規則，文武百官在初一、十五兩天朝見，奏報疑難之事，文帝聽取眾人意見，制定大政方針，討論研究利弊得失。七月，文帝出發東巡，駕臨許昌宮。八月，設立水軍，文帝親自登上龍舟，沿著蔡水、潁水，經過淮河，到達壽春。揚州郡內不論官員百姓，被判五年以下徒刑者，全部赦免。九月，到達廣陵，在青州、徐州大赦，調換二州的將領和郡守。十月初六，太白星在白天出現。文帝回到許昌宮。十一月十一日，因冀州發生飢荒，文帝派使者開倉放糧，賑濟百姓。二十九日，出現了日蝕。

十二月，文帝發布詔令說：「先代君王制定祭祀的禮儀，是為了彰顯孝道、侍奉祖先，重大的在郊外舉行祭祀，其次在宗廟中祭祀，日、月、星三辰，水、火、木、金、土五行，名山大川，不在此類之中。末世衰微，迷信巫史，以至於宮殿內，門窗間，無不置酒祭祀，愚蠢糊塗到了極點。自今以後，有膽敢舉行不該舉行的祭祀，巫祝胡言亂語，一律當歪門邪道論處，把此令寫入法典中。」這一年，開掘天淵池。

黃初六年（二二五）春二月，文帝派遣使者從許昌往東巡視，直到沛郡，訪問百姓疾苦，對貧窮者給予賑濟。三月，文帝到達召陵，下令修通討虜渠。二十八日，返回許昌宮。並州刺史梁習征討鮮卑首領軻比能，大獲全勝。四月二十五日，文帝親自率領戰艦東征。五月初二到達譙縣。十六日，火星進入太微星分野。

六月，利成郡士兵蔡方等人在當地聚眾造反，殺死太守徐質。文帝派屯騎校尉任福、步兵校尉段昭與青州刺史前去征討，平定了反叛；其中受脅迫者和逃亡者，全都被赦罪。

七月，封皇子曹鑑為東武陽王。八月，文帝率領水軍從譙地出發，順著渦水進入淮河，改從陸路到達徐州。九月，修築東巡台。十月，駕臨廣陵故城，臨江檢閱軍隊，十多萬將士接受檢閱，旌旗數百里。這年冬天特別寒冷，河裡凍住了，舟船不能入江，文帝便返回。十一月，東武陽王曹鑑逝世。十二月，出巡自譙縣經過梁地，派使者用太牢之禮祭祀已故的漢朝太尉橋玄。

黃初七年（二二六）正月，文帝準備駕臨許昌，許昌城南門無故崩塌，文帝很不高興，沒有進許昌。初十，回到洛陽宮。三月，修築九華台。五月十六日，文帝病重，宣召中軍大將軍曹真、鎮軍大將軍陳群、征東大將軍曹休、撫軍大將軍司馬懿，一起接受遺詔輔助繼位的皇上。文帝還下令將後宮中淑媛、昭儀以下的嬪妃遣送回家。十七日，文帝在嘉福殿駕崩，時年四十歲。六月初九，在首陽陵安葬。從發喪到下葬，都按他生前的《終制》辦理。

當初，文帝愛好文學，以著述為業，自己創作了詩文近百篇。又命令眾儒生收集經傳，分門別類編排，共一千多篇，稱為《皇覽》。

評曰：文帝天資聰穎，文采飛揚，下筆成章，博聞強記，才藝雙全；如果再具備博大的氣度，修養公平的品德，追求遠大的抱負，弘揚美好的德行，那與古代的賢君相比較，還有什麼差別呢！

【原文】

文皇帝諱丕，字子桓，武帝太子也。中平四年冬，生於譙。建安十六年，為五官中郎將、副丞相。二十二年，立為魏太子。太祖崩，嗣位為丞相、魏王。尊王後曰王太后。改建安二十五年為延康元年。

元年二月壬戌，以大中大夫賈詡為太尉，御史大夫華歆為相國，大理王朗為御史大夫。置散騎常侍、侍郎各四人，其宦人為官者不得過諸署令；為金策著令，藏之石室。

初，漢熹平五年，黃龍見譙，光祿大夫橋玄問太史令單颺：「此何祥也？」颺曰：「其國後當有王者興，不及五十年，亦當復見。天事恆象，此其應也。」內黃殷登默而記之。至四十五年，登尚在。三月，黃龍見譙，登聞之曰：「單颺之言，其驗茲乎！」

己卯，以前將軍夏侯惇為大將軍。貊、扶餘單于、焉耆、于闐王皆各遣使奉獻。

夏四月丁巳，饒安縣言白雉見。庚午，大將軍夏侯惇薨。

五月戊寅，天子命王追尊皇祖太尉曰太王，夫人丁氏曰太王後，封王子叡為武德侯。是月，馮翊山賊鄭甘、王照率眾降，皆封列侯。

酒泉黃華、張掖張進等各執太守以叛。金城太守蘇則討進，斬之。華降。

六月辛亥，治兵於東郊，庚午，遂南征。

秋七月庚辰，令曰：「軒轅有明台之議，放勳有衢室之問，皆所以廣詢於下也。百官有司，其務以職盡規諫，將率陳軍法，朝士明制度，牧守申政事，縉紳考六藝，吾將兼覽焉。」

孫權遣使奉獻。蜀將孟達率眾降。武都氐王楊僕率種人內附，居漢陽郡。

甲午，軍次於譙，大饗六軍及譙父老百姓於邑東。八月，石邑縣言鳳皇集。

冬十月癸卯，令曰：「諸將征伐，士卒死亡者或未收殮，吾甚哀之；其告郡國給槥櫝殯殮，送致其家，官為設祭。」丙午，行至曲蠡。

漢帝以眾望在魏，乃召群公卿士，告祠高廟。使兼御史大夫張音持節奉璽綬禪位，冊曰：「咨爾魏王：昔者帝堯禪位於虞舜，舜亦以命禹，天命不於常，惟歸有德。漢道陵遲，世失其序，降及朕躬，大亂茲昏，群凶肆逆，宇內顛覆。賴武王神武，拯茲難於四方，惟清區夏，以保綏我宗廟，豈予一人獲乂，俾九服實受其賜。今王欽承前緒，光於乃德，恢文武之大業，昭爾考之弘烈。皇靈降瑞，人神告征，誕惟亮采，師錫朕命，僉曰爾度克協於虞舜，用率我唐典，敬遜爾位。於戲！天之歷數在爾躬，允執其中，天祿永終；君其祗順大禮，饗茲萬國，以肅承天命。」乃為壇於繁陽。庚午，王升壇即阼，百官陪位。事訖，降壇，視燎成禮而反。改延康為黃初，大赦。

黃初元年十一月癸酉，以河內之山陽邑萬戶奉漢帝為山陽公，行漢正朔，以天子之禮郊祭，上書不稱臣，京都有事於太廟，致胙；封公之四子為列侯。追尊皇祖太王曰太皇帝，考武王曰武皇帝，尊王太后曰皇太后。賜男子爵人一級，為父後及孝悌力田人二級。以漢諸侯王為崇德侯，列侯為關中侯。以潁陰之繁陽亭為繁昌縣。封爵增位各有差。改相國為司徒，御史大夫為司空，奉常為太常，郎中令為光祿勳，大理為廷尉，大農為大司農。郡國縣邑，多所改易。更授匈奴南單于呼廚泉魏璽綬，賜青蓋車、乘輿、寶劍、玉玦。十二月，初營洛陽宮，戊午幸洛陽。

是歲，長水校尉戴陵諫不宜數行弋獵，帝大怒；陵減死罪一等。

二年春正月，郊祀天地、明堂。甲戌，校獵至原陵，遣使者以太牢祠漢世祖。乙亥，朝日於東郊。初令郡國口滿十萬者，歲察孝廉一人；其有秀異，無拘戶口。辛巳，分三公戶邑，封子弟各一人為列侯。壬午，復潁川郡一年田租。改許縣為許昌縣。以魏郡東部為陽平郡，西部為廣平郡。

詔曰：「昔仲尼資大聖之才，懷帝王之器，當衰周之末，無受命之運，在魯、衛之朝，教化乎洙、泗之上，淒淒焉，遑遑焉，欲屈己以存道，貶身以救世。於時王公終莫能用之，乃退考五代之禮，修素王之事，因魯史而制《春秋》，就太師而正《雅》《頌》，俾千載之後，莫不宗其文以述作，仰其聖以成謀，咨！可謂命世之大聖，億載之師表者也。遭天下大亂，百祀墮壞，舊居之廟，毀而不修，褒成之後，絕而莫繼，闕裡不聞講頌之聲，四時不睹蒸嘗之位，斯豈所謂崇禮報功，盛德百世必祀者哉！其以議郎孔羨為宗聖侯，邑百戶，奉孔子祀。」令魯郡修起舊廟，置百戶吏卒以守衛之，又於其外廣為室屋以居學者。

（春）三月，加遼東太守公孫恭為車騎將軍。初復五銖錢。夏四月，以車騎將軍曹仁為大將軍。五月，鄭甘復叛，遣曹仁討斬之。六月庚子，初祀五岳四瀆，咸秩群祀。丁卯，夫人甄氏卒。戊辰晦，日有食之，有司奏免太尉，詔曰：「災異之作，以譴元首，而歸過股肱，豈禹、湯罪己之義乎？其令百官各虔厥職，後有天地之眚，勿復劾三公。」

秋八月，孫權遣使奉章，並遣于禁等還。丁巳，使太常邢貞持節拜權為大將軍，封吳王，加九錫。冬十月，授楊彪光祿大夫。以谷貴，罷五銖錢。己卯，以大將軍曹仁為大司馬。十二月，行東巡。是歲築陵雲台。

三年春正月丙寅朔，日有蝕之。庚午，行幸許昌宮。詔曰：「今之計、（考）孝，古之貢士也；十室之邑，必有忠信，若限年然後取士，是呂尚、周晉不顯於前世也。其令郡國所選，勿拘老幼；儒通經術，吏達文法，到皆試用。有司糾故不以實者。」

二月，鄯善、龜茲、于闐王各遣使奉獻，詔曰：「西戎即敘，氐、羌來王，《詩》《書》美之。頃者西域外夷並款塞內附，其遣使者撫勞之。」是後西域遂通，置戊己校尉。

三月乙丑，立齊公叡為平原王，帝弟鄢陵公彰等十一人皆為王。初制封王之庶子為鄉公，嗣王之庶子為亭侯，公之庶子為亭伯。甲戌，立皇子霖為河東王。甲午，行幸襄邑。夏四月戊申，立鄄城侯植為鄄城王。癸亥，行還許昌宮。五月，以荊、揚、江表八郡為荊州，孫權領牧故也；荊州江北諸郡為郢州。閏月，孫權破劉備於夷陵。初，帝聞備兵東下，與權交戰，樹柵連營七百餘里，謂群臣曰：「備不曉兵，豈有七百里營可以拒敵者乎！『苞原隰險阻而為軍者為敵所禽』，此兵忌也。孫權上事今至矣。」後七日，破備書到。

秋七月，冀州大蝗，民飢，使尚書杜畿持節開倉廩以振之。八月，蜀大將黃權率眾降。

九月甲午，詔曰：「夫婦人與政，亂之本也。自今以後，群臣不得奏事太后，後族之家不得當輔政之任，又不得橫受茅土之爵；以此詔傳後世，若有背違，天下共誅之。」庚子，立皇后郭氏。賜天下男子爵人二級；鰥寡篤癃及貧不能自存者賜谷。

冬十（一）月甲子，表首陽山東為壽陵，作終制曰：「禮，國君即位為椑，存不忘亡也。昔堯葬穀林，通樹之，禹葬會稽，農不易畝，故葬於山林，則合乎山林。封樹之制，非上古也，吾無取焉。壽陵因山為體，無為封樹，無立寢殿，造園邑，通神道。夫葬也者，藏也，欲人之不得見也。骨無痛癢之知，冢非棲神之宅，禮不墓祭，欲存亡之不黷也，為棺槨足以朽骨，衣衾足以朽肉而已。故吾營此丘墟不食之地，欲使易代之後不知其處。無施葦炭，無藏金銀銅鐵，一以瓦器，合古塗車、芻靈之義。棺但漆際會三過，飯含無以珠玉，無施珠襦玉匣，諸愚俗所為也。季孫以璵璠斂，孔子歷級而救之，譬之暴骸中原。宋公厚葬，君子謂華元、樂莒不臣，以為棄君於惡。漢文帝之不發，霸陵無求也；光武之掘，原陵封樹也。霸陵之完，功在釋之；原陵之掘，罪在明帝。是釋之忠以利君，明帝愛以害親也。忠臣孝子，宜思仲尼、丘明、釋之之言，鑑華元、樂莒、明帝之戒，存於所以安君定親，使魂靈萬載無危，斯則賢聖之忠孝矣。自古及今，未有不亡之國，亦無不掘之墓也。喪亂以來，漢氏諸陵無不發掘，至乃燒取玉匣金縷，骸骨並盡，是焚如之刑，豈不重痛哉！禍由乎厚葬封樹。『桑、霍為我戒』，不亦明乎？其皇后及貴人以下，不隨王之國者，有終沒皆葬澗西，前又以表其處矣。蓋舜葬蒼梧，二妃不從，延陵葬子，遠在嬴、博，魂而有靈，無不之也，一澗之間，不足為遠。若違今詔，妄有所變改造施，吾為戮屍地下，戮而重戮，死而重死。臣子為蔑死君父，不忠不孝，使死者有知，將不福汝。其以此詔藏之宗廟，副在尚書、秘書、三府。」

是月，孫權復叛。復郢州為荊州。帝自許昌南征，諸軍兵並進，權臨江拒守。十一月辛丑，行幸宛。庚申晦，日有食之。是歲，穿靈芝池。

四年春正月，詔曰：「喪亂以來，兵革未戢，天下之人，互相殘殺。今海內初定，敢有私復仇者皆族之。」築南巡台於宛。三月丙申，行自宛還洛陽宮。癸卯，月犯心中央大星。丁未，大司馬曹仁薨。是月大疫。

夏五月，有鵜鶘鳥集靈芝池，詔曰：「此詩人所謂污澤也。《曹詩》『刺恭公遠君子而近小人』，今豈有賢智之士處於下位乎？否則斯鳥何為而至？其博舉天下俊德茂才、獨行君子，以答曹人之刺。」

六月甲戌，任城王彰薨於京都。甲申，太尉賈詡薨。太白晝見。是月大雨，伊、洛溢流，殺人民，壞廬宅。秋八月丁卯，以廷尉鍾繇為太尉。辛未，校獵於滎陽，遂東巡。論征孫權功，諸將已下進爵增戶各有差。九月甲辰，行幸許昌宮。

五年春正月，初令謀反大逆乃得相告，其餘皆勿聽治；敢妄相告，以其罪罪之。三月，行自許昌還洛陽宮。夏四月，立太學，制五經課試之法，置《春秋穀梁》博士。五月，有司以公卿朝朔望日，因奏疑事，聽斷大政，論辨得失。秋七月，行東巡，幸許昌宮。八月，為水軍，親御龍舟，循蔡、潁，浮淮，幸壽春。揚州界將吏士民，犯五歲刑已下，皆原除之。九月，遂至廣陵，赦青、徐二州，改易諸將守。冬十月乙卯，太白晝見。行還許昌宮。十一月庚寅，以冀州飢，遣使者開倉廩振之。戊申晦，日有食之。

十二月，詔曰：「先王制禮，所以昭孝事祖，大則郊社，其次宗廟，三辰五行，名山大川，非此族也，不在祀典。叔世衰亂，崇信巫史，至乃宮殿之內戶牖之間無不沃酹，甚矣其惑也。自今，其敢設非祀之祭，巫祝之言，皆以執左道論，著於令典。」是歲穿天淵池。

六年春二月，遣使者循行許昌以東盡沛郡，問民所疾苦，貧者振貸之。三月，行幸召陵，通討虜渠。乙巳，還許昌宮。並州刺史梁習討鮮卑軻比能，大破之。辛未，帝為舟師東征。五月戊申，幸譙。壬戌，熒惑入太微。

六月，利成郡兵蔡方等以郡反，殺太守徐質。遣屯騎校尉任福、步兵校尉段昭與青州刺史討平之；其見脅略及亡命者，皆赦其罪。

秋七月，立皇子鑑為東武陽王。八月，帝遂以舟師自譙循渦入淮，從陸道幸徐。九月，築東巡台。冬十月，行幸廣陵故城，臨江觀兵，戎卒十餘萬，旌旗數百里。是歲大寒，水道冰，舟不得入江，乃引還。十一月，東武陽王鑑薨。十二月，行自譙過梁，遣使以太牢祀故漢太尉橋玄。

七年春正月，將幸許昌，許昌城南門無故自崩，帝心惡之，遂不入。壬子，行還洛陽宮。三月，築九華台。夏五月丙辰，帝疾篤，召中軍大將軍曹真、鎮軍大將軍陳群、征東大將軍曹休、撫軍大將軍司馬宣王，並受遺詔輔嗣主。遣後宮淑媛、昭儀已下歸其家。丁巳，帝崩於嘉福殿，時年四十。六月戊寅，葬首陽陵。自殯及葬，皆以終制從事。

初，帝好文學，以著述為務，自所勒成垂百篇。又使諸儒撰集經傳，隨類相從，凡千餘篇，號曰皇覽。

評曰：文帝天資文藻，下筆成章，博聞強識，才藝兼該；若加之曠大之度，勵以公平之誠，邁志存道，克廣德心，則古之賢主，何遠之有哉！

魏書

董二袁劉傳・董卓

董卓字仲穎，陝西臨洮人。年少時行俠尚武，曾經漫游羌族聚居之地，所結交的都是羌族的首領和豪傑。後來董卓返回家鄉務農，有當初結交的羌族首領前來看望他。董卓領著他們回到家中，將用來犁田的耕牛殺了款待客人。羌族首領被董卓重義氣而又豁達豪爽的行為感動，回到羌地後收集了牛馬羊各類牲畜，共一千餘頭，送給了董卓。東漢桓帝末年，朝廷從天水、隴西、安定、北地、上郡、西河等六郡的良家子弟中選拔負責皇帝宿衛侍從的羽林郎。董卓因為武藝高強，才智過人，力大無比，能夠背著兩隻箭袋在急馳的馬背上左右開弓而被選中。他跟隨中郎將張奐，在軍中擔任軍司馬，在攻打並州時立下戰功，因此被提升為負責守衛皇宮的郎中，並得到細絹九千匹的賞賜。董卓把這九千匹細絹全部分給手下的將士。此後，董卓先後出任廣武令、蜀郡北部都尉、西域戊己校尉，後被免職。隨後董卓又被朝廷任命為並州刺史、河東太守，入京城升任中郎將，但在率部討伐黃巾軍的戰鬥中慘敗，被撤職抵罪。直到韓遂在涼州起兵造反時，朝廷恢復了董卓中郎將的職務，派他西去清剿韓遂。董卓領兵行進到望垣硤以北地區，被羌、胡數萬兵馬包圍，糧草將要斷絕，董卓製造出捕捉魚蝦以濟軍糧的假象，在河道上游築堤，使得下游河水斷流，而上游數十里河水大漲。漢軍從壩下悄悄過河後，掘開了大壩。等到羌、胡兵將得知漢軍突圍而要追擊時，河水已深，無法渡過，只得讓董卓軍遠去。當時朝廷共派出六路人馬出征隴西討伐韓遂，其他五路都損兵折將遭受敗績，唯獨董卓指揮的這一路沒有損失，完整地撤了回來，駐紮在扶風郡。朝廷因此提升他為前將軍，封鄉侯，並調任並州牧。

靈帝劉宏死後，少帝劉辯即位。大將軍何進與司隸校尉袁紹密謀誅殺朝中的宦官十常侍，皇太后卻不同意。何進便私下寫信給董卓，讓他率領兵馬入京，並密令他給皇上上書：「中常侍張讓等人憑借太后和陛下的寵幸而擾亂朝政，致使天下大亂。先秦時晉臣趙鞅曾率晉陽的兵馬進入京城，清除君主身邊的佞臣；如今臣下我也要大張旗鼓開赴洛陽，討伐張讓等亂臣。」何進想要以此脅迫太后。但董卓的軍隊尚未到達，何進便已為宦官所殺。中常侍段珪等人挾著少帝倉皇逃到黃河岸邊的小平津渡口。董卓便率文武百官到洛陽北郊的北邙山迎接少帝，護送回宮。此時，何進的弟弟、車騎將軍何苗也已被何進的部下殺了，何進、何苗的部屬無所適從，便都歸附了董卓。董卓又唆使呂布殺死負責京師防衛的執金吾丁原，把丁原的軍隊也收編在自己麾下，因此京城的兵權都集中在董卓手中。

先前，大將軍何進曾派騎都尉太山人鮑信到外地招兵買馬。鮑信這時正好回到洛陽，對袁紹說：「董卓手握重兵，有叛逆篡位的野心。如不能趁早對付他，將會為他所害。趁他現在剛到京城，軍隊疲憊不堪，發起突然襲擊，一定能將其生擒。」袁紹害怕董卓，不敢採取行動。鮑信十分失望，便棄官返歸故里。

這時，天久旱不雨，董卓以此為借口，逼迫少帝下詔免去司空劉弘，自己取而代之。不久，董卓又升任太尉，並被授予符節、鉞、虎賁，攫取了調動全國兵馬的權力。隨後董卓將少帝劉辯貶為弘農王，不久又將他和他的生母何太后殺死，另立靈帝的幼子陳留王劉協為皇帝，這就是漢獻帝。董卓升任宰相，封自己為郿侯，享有朝見天子時司禮官只稱官職而不直呼姓名，以及佩劍穿鞋上殿的特殊待遇。他的母親也被封為池陽君，家中設立家令、家丞一類官職。董卓率領著精銳的兵馬入京，加上皇家大亂，使他能擅自操縱皇帝的廢立，占有了朝廷的兵器庫和國家的珍寶財富，威震天下。董卓生性殘忍暴戾，不講仁德，於是用酷刑來威懾眾人，只要有誰對他稍有不從，就會招致他嚴酷的迫害。這使得朝中人人自危，不能保全。董卓曾派他的部下去洛陽東南的陽城，恰逢二月春社祭祀土地神，當地的百姓們都聚集在社下，董卓的部下闖了進去，將全城男子的腦袋都砍了，駕起搶來的車輛，把婦女和財物裝在車上，男子的腦袋掛在車轅上，一輛輛浩浩蕩蕩地返回洛陽，謊稱殺賊大獲全勝，一路上士卒高呼「萬歲」。進入開陽城門，將砍下的人頭都燒了，擄掠來的女子則分給士卒為婢為妾。董卓還闖入後宮，肆意姦淫宮中嬪妃和公主，其凶殘暴虐到了令人髮指的地步。

董卓獨攬大權之初，曾對尚書周毖、城門校尉伍瓊等人很信任。起用周毖、伍瓊推薦的韓馥、劉岱、孔伷、張咨、張邈等人出任州牧郡守。不料韓馥等人到任後，聯合起來出兵討伐董卓。董卓聞訊大怒，以為周毖、伍瓊與韓馥等人串通一氣出賣了自己，於是把周毖、伍瓊殺了。

河內太守王匡，派泰山兵馬駐紮在河陽縣境內的黃河渡口，準備進軍洛陽討伐董卓。董卓派一支疑兵到平陰縣境內的黃河邊上，假裝從此渡河，暗中卻派精銳部隊悄悄從洛陽北面的小平津渡口渡過黃河，繞到王匡軍的背後發起攻擊，在河陽渡口北面將王匡軍打得幾乎全軍覆沒。然而董卓看到山東各地諸侯豪傑紛紛起兵討伐自己，恐懼不安。獻帝初平元年（一九〇）二月，董卓脅迫皇帝遷都長安。臨行前董卓下令將洛陽都城的宮殿付之一炬，並大肆挖掘歷代王公貴族的陵墓，盜取寶物。遷都長安後，董卓自封為太師，以姜太公自比，號稱「尚父」。出入乘坐皇太子專用的青蓋金華車，車蓋弓頭為龍爪形，車廂兩邊有彩繪裝飾，極為奢華，被當時人稱為竿摩車。董卓的弟弟董旻被任命為左將軍，封鄠侯；他哥哥的兒子董璜出任侍中、中軍校尉典兵。董氏家族中的人和與董卓有點關係的人充斥朝廷，占據要害職位。朝廷中公卿大臣遇到董卓，都要禮拜於車下，董卓概不還禮。他甚至令尚書、御史、符節三台尚書以下的官員到他家中稟報政事。他在長安以西二百多里處大興土木，修建他的私人城池，取名郿塢，城牆與京城長安的一樣高，儲藏的糧食足夠吃上三十年。董卓揚言：「如果大業成功，可以得到整個天下；即便不成，守在郿塢中也足以享樂一生。」有一次他要前往郿塢，文武百官在橫門外為他置酒餞行。董卓事先令部下搭起帳篷並準備好美酒佳肴供人暢飲。席間，他令人押上在北地郡誘降捕獲的反叛者數百人，當場讓人先割去舌頭，然後或砍其手足，或剜其雙目，或放在大鍋裡烹煮。那些受刑而未死之人，在宴席下掙扎哀號。現場的人無不渾身顫抖，連筷子也拿不住，唯獨董卓仍然又吃又喝，像什麼事都沒發生一樣。掌管天文和曆法的太史官觀察天象，說有大臣將會遭受殺戮。曾經當過太尉的衛尉張溫，向來看不慣董卓，董卓因此對他心懷怨恨。這次因天象有變，董卓想用他來抵補罪過，便捏造罪名說張溫與袁術勾結謀逆，於是將他鞭笞致死。董卓竊取朝政大權期間，濫用嚴酷的法令，根據個人好惡隨意用刑，許多人遭到誣陷，含冤而死者數以千計，致使天下之人唉聲嘆氣不敢說話，路上相遇只能以目光示意。他將宮中銅人、銅鐘以及原先的五銖錢毀壞，熔化後另鑄小錢，稱為大五分，上面沒有花紋和文字，周邊和中間的孔洞無輪廓，不作磨製加工，結果造成錢幣貶值而物價猛漲，一斛谷竟賣到數十萬錢。從此以後貿易蕭條。

獻帝初平三年（一九二）四月，司徒王允、尚書僕射士孫瑞和董卓部將呂布共同商定誅殺董卓。當時，獻帝剛剛患病初愈，在未央殿會見群臣。呂布派他的同鄉、騎都尉李肅等人帶十幾個親信士兵，穿上宮中衛士的服裝把守在掖門，呂布懷中藏著誅殺董卓的詔書。董卓進入宮門後，李肅等發動襲擊。董卓大驚失色，疾呼：「呂布何在？」呂布應聲喝道：「皇帝有詔令殺賊臣董卓！」隨即殺死董卓，並夷滅其三族。主簿田景趕緊上前護住董卓的屍體，也被呂布殺了。連殺了董卓的三個親信後，其他人再也不敢妄動了。長安城的士人百姓聽到董卓被誅，都競相慶賀。那些投靠董卓的人則被抓進監獄處以死刑。

當初，董卓的女婿、中郎將牛輔率軍駐紮在陝縣，分別派出校尉李傕、郭汜、張濟等人占據陳留、潁川的一些縣。董卓被殺後，呂布派李肅持獻帝的詔書去陝縣，想以皇威殺掉牛輔。牛輔等人不甘坐以待斃，與李肅拼殺。李肅敗退到弘農郡。呂布聞訊大怒，處死了李肅。之後的一個晚上，牛輔軍中有些士兵叛逃而走，軍營中將士驚慌亂作一團。牛輔以為部下都要造反，急帶著金銀寶物，只有向來特別信任的朋友支胡赤兒等五六人跟隨，翻越城牆出逃，向北渡黃河而去。誰知支胡赤兒等人見錢眼開，殺了牛輔，奪得金銀寶物，並把牛輔的首級送到長安邀功。

等李傕幾個聞訊趕回來時，牛輔已經被殺，眾人因為沒有頭領，打算就此散伙各自回家。但是沒有朝廷的赦書，跑回家依然是有罪，又聽說長安城中文武百官恨透了董卓，發誓要殺光涼州人，更加惶然不知所措。最後他們用了謀士賈詡的計策，率領各部兵馬往西殺向長安，沿途又不斷收編董卓散失的人馬，到達長安城下時，已經有十幾萬人了。他們與董卓舊部樊稠、李蒙、王方等會合攻打長安。十天後攻破長安城池，又與呂布在城中巷戰，呂布敗走。李傕等人縱兵瘋狂搶掠，將城中男女老少幾乎殺光，屍體重重疊疊，堆得到處都是。尤其大肆捕殺參與誅殺董卓的人，司徒王允被殺陳屍街頭。叛軍收殮董卓的屍骨送到郿塢安葬，但那天突然而至的狂風暴雨摧毀了董卓墓地，雨水流入墓穴，把董卓的棺材沖了出來。隨即，李傕當了車騎將軍，封池陽侯，領司隸校尉，統領全國兵馬。郭汜為後將軍，封美陽侯。樊稠為右將軍，封為萬年侯。李傕、郭汜、樊稠三人挾持天子，控制了朝政。張濟為驃騎將軍，封平陽侯，領兵駐守弘農。

這一年，西北的韓遂、馬騰向朝廷投降，率領部屬來到長安。朝廷任命韓遂為鎮西將軍，返回涼州駐守；任命馬騰為征西將軍，率本部駐守郿縣。侍中馬宇和諫議大夫种邵、右中郎將劉範等人暗中謀劃，準備讓馬騰率人馬偷襲長安，他們在朝中為內應，以鏟除李傕等人。不料在馬騰行進至距長安僅五十里的長平觀時，朝中的密謀洩露，馬宇等人倉皇逃向槐里。樊稠率兵迎擊馬騰，馬騰戰敗，領兵返回涼州。樊稠又乘勝攻打槐里，馬宇等人均被殺死。當初三輔地區尚有百姓數十萬戶，因為李傕等叛將縱容部下肆意劫掠，洗劫城邑，百姓飢餓困苦，兩年之內就出現人吃人的現象，以至於人煙絕跡。

叛軍首領因爭權而內訌，李傕殺掉了樊稠，收編其部下。郭汜與李傕又互相猜疑，在長安城中廝殺。李傕把獻帝扣押在他的營寨中做人質，縱兵放火焚毀宮殿和城門，又打開府庫，將皇帝的車馬服飾宮廷御物統統占為己有。其後，李傕派朝廷大臣去郭汜營中求和，郭汜扣押了前來求和的朝廷大臣，雙方相互攻打了幾個月，部屬死亡萬餘人。

李傕的部將楊奉和軍吏宋果等密謀殺掉李傕，但事情敗露了，於是他們帶領自己的部屬叛離李傕。經過這場內亂，李傕的實力受到一定的削弱。駐紮在弘農郡的張濟趕到長安來調解，李傕答應把扣押的獻帝放出來。獻帝離開李傕兵營，不敢在長安停留，匆匆來到新豐、霸陵間。郭汜見機又想把獻帝脅迫到郿塢，控制在自己手中。獻帝逃到了楊奉軍營中。楊奉發兵攻打郭汜，郭汜兵敗，逃往南山。楊奉和將軍董承護送獻帝及朝廷大臣還都洛陽。李傕、郭汜後悔放走了獻帝，二人又聯合起來追趕，在弘農郡的曹陽澗一帶趕上了獻帝一行。楊奉急忙向河東的原白波軍首領韓暹、胡才、李樂求援。白波軍趕到救援楊奉等，並與李傕、郭汜大戰，結果失敗，楊奉等逃走。李傕、郭汜縱兵殺戮文武百官，劫掠後宮嬪妃，返回弘農郡。獻帝逃到陝縣，又向北渡過黃河，這時車馬全無，只得徒步行走，身邊只有皇后與貴人跟隨。到達大陽縣，獻帝一行人借住於一處民居中。楊奉、韓暹等追蹤而來，讓獻帝暫且以安邑縣治為都城住下，出入只能乘坐牛車，身邊僅有太尉楊彪、太僕韓融及隨從十餘人。獻帝任命韓暹為征東將軍、胡才為征西將軍、李樂為征北將軍，讓他們與楊奉、董承共掌朝政。派遣太僕韓融前往弘農郡與李傕、郭汜談判，索回被他們掠走的宮人和文武官員，朝廷的乘輿車馬也要回了一些。這一年蝗災肆虐，久旱不雨，農田幾乎顆粒無收。朝廷官員吃不上飯，只好以青棗、野菜充飢。將領們無法控制部隊，軍中開始騷亂，糧餉已斷絕。無奈，楊奉、韓暹、董承等護送獻帝返回洛陽。獻帝一行出箕關，途經軹道，晉陽侯張楊攜帶糧食在路邊迎接，獻帝任命張楊為大司馬。此事在《張楊傳》中有記載。獻帝來到洛陽，只見宮殿早已燒成廢墟，街道上長滿了荒草。百官只得砍去荊棘荒草，在斷壁殘垣或土丘旁歇息。此時，各州郡長官都擁兵自重，沒有哪個來洛陽保衛獻帝。飢餓貧困的狀況越來越嚴重，尚書郎以下的官員只好自己去郊外尋找些吃的，不時有人餓死在斷牆殘垣間。

太祖曹操將獻帝迎到許縣，以許縣為都城。韓暹、楊奉不能遵守朝廷禮法，各自帶兵離去，在徐州、揚州間流竄，後來被劉備擒殺。董承追隨曹操一年多時間，因罪被誅。建安二年（一九七），朝廷派謁者僕射裴茂統領關西各路兵馬討伐李傕，李傕兵敗身亡，並被夷滅三族。郭汜為其部將五習所殺，死在郿塢。張濟因軍中缺糧，帶兵到南陽郡搶掠，在穰縣為當地人所殺，他的侄子張繡收聚並統領了他的殘部。胡才、李樂二人留在河東，後來胡才為他的仇家所殺，李樂則患病身亡。馬騰、韓遂二人自返回涼州後，更加擁兵自重。後來馬騰奉詔入朝擔任衛尉，其部屬由他的兒子馬超統領。建安十六年（二一一），馬超、韓遂聯合關中諸將共同反叛朝廷，曹操率師西征，將其打得大敗。此事記載在《武帝紀》中。韓遂兵敗逃往金城，為其部將所殺。馬超率殘部退居漢陽郡。馬騰因兒子的叛逆罪而被誅滅三族。趙衢等人舉義兵討伐馬超，馬超逃往漢中依附張魯，隨後投奔劉備，最後死在西蜀。

【原文】

董卓字仲穎，隴西臨洮人也。少好俠，嘗游羌中，盡與諸豪帥相結。後歸耕於野，而豪帥有來從之者，卓與俱還，殺耕牛與相宴樂。諸豪帥感其意，歸相斂，得雜畜千餘頭以贈卓。漢桓帝末，以六郡良家子為羽林郎。卓有才武，旅力少比，雙帶兩鞬，左右馳射。為軍司馬，從中郎將張奐征並州有功，拜郎中，賜縑九千匹，卓悉以分與吏士。遷廣武令，蜀郡北部都尉，西域戊己校尉，免。征拜並州刺史、河東太守，遷中郎將，討黃巾，軍敗抵罪。韓遂等起涼州，復為中郎將，西拒遂。於望垣硤北，為羌、胡數萬人所圍，糧食乏絕。卓偽欲捕魚，堰其還道當所渡水為池，使水渟滿數十里，默從堰下過其軍而決堰。比羌、胡聞知追逐，水已深，不得渡。時六軍上隴西，五軍敗績，卓獨全眾而還，屯住扶風。拜前將軍，封鄉侯，征為並州牧。

靈帝崩，少帝即位。大將軍何進與司隸校尉袁紹謀誅諸閹官，太后不從。進乃召卓使將兵詣京師，並密令上書曰：「中常侍張讓等竊幸乘寵，濁亂海內。昔趙鞅興晉陽之甲，以逐君側之惡。臣輒鳴鐘鼓如洛陽，即討讓等。」欲以脅迫太后。卓未至，進敗。中常侍段珪等劫帝走小平津，卓遂將其眾迎帝於北芒，還宮。時進弟車騎將軍苗為進眾所殺，進、苗部曲無所屬，皆詣卓。卓又使呂布殺執金吾丁原，並其眾，故京都兵權唯在卓。

先是，進遣騎都尉太山鮑信所在募兵，適至，信謂紹曰：「卓擁強兵，有異志，今不早圖，將為所制；及其初至疲勞，襲之可禽也。」紹畏卓，不敢發，信遂還鄉里。

於是以久不雨，策免司空劉弘而卓代之，俄遷太尉，假節鉞虎賁。遂廢帝為弘農王。尋又殺王及何太后。立靈帝少子陳留王，是為獻帝。卓遷相國，封郿侯，贊拜不名，劍履上殿，又封卓母為池陽君，置家令、丞。卓既率精兵來，適值帝室大亂，得專廢立，據有武庫甲兵，國家珍寶，威震天下。卓性殘忍不仁，遂以嚴刑脅眾，睚眥之隙必報，人不自保。嘗遣軍到陽城。時適二月社，民各在其社下，悉就斷其男子頭，駕其車牛，載其婦女財物，以所斷頭系車轅軸，連軫而還洛，雲攻賊大獲，稱萬歲。入開陽城門，焚燒其頭，以婦女與甲兵為婢妾。至於姦亂宮人公主。其凶逆如此。

初，卓信任尚書周毖、城門校尉伍瓊等，用其所舉韓馥、劉岱、孔伷、張咨、張邈等出宰州郡。而馥等至官，皆合兵將以討卓。卓聞之，以為毖、瓊等通情賣己，皆斬之。

河內太守王匡，遣泰山兵屯河陽津，將以圖卓。卓遣疑兵若將於平陰渡者，潛遣銳眾從小平北渡，繞擊其後，大破之津北，死者略盡。卓以山東豪傑並起，恐懼不寧。初平元年二月，乃徙天子都長安。焚燒洛陽宮室，悉發掘陵墓，取寶物。卓至西京，為太師，號曰尚父。乘青蓋金華車，爪畫兩，時人號曰竿摩車。卓弟旻為左將軍，封鄠侯；兄子璜為侍中中軍校尉典兵；宗族內外並列朝廷。公卿見卓，謁拜車下，卓不為禮。召呼三台尚書以下自詣卓府啟事。築郿塢，高與長安城埒，積谷為三十年儲，雲事成，雄據天下，不成，守此足以畢老。嘗至郿行塢，公卿已下祖道於橫門外。卓豫施帳幔飲，誘降北地反者數百人，於坐中先斷其舌，或斬手足，或鑿眼，或鑊煮之，未死，偃轉杯案間，會者皆戰栗亡失匕箸，而卓飲食自若。太史望氣，言當有大臣戮死者。故太尉張溫時為衛尉，素不善卓，卓心怨之，因天有變，欲以塞咎，使人言溫與袁術交關，遂笞殺之。法令苛酷，愛憎淫刑，更相被誣，冤死者千數。百姓嗷嗷，道路以目。悉椎破銅人、鍾虡，及壞五銖錢。更鑄為小錢，大五分，無文章，肉好無輪郭，不磨。於是貨輕而物貴，谷一斛至數十萬。自是後錢貨不行。

三年四月，司徒王允、尚書僕射士孫瑞、卓將呂布共謀誅卓。是時，天子有疾新愈，大會未央殿。布使同郡騎都尉李肅等，將親兵十餘人，偽著衛士服守掖門。布懷詔書。卓至，肅等格卓。卓驚呼布所在。布曰「有詔」，遂殺卓，夷三族。主簿田景前趨卓屍，布又殺之；凡所殺三人，餘莫敢動。長安士庶咸相慶賀，諸阿附卓者皆下獄死。

初，卓女婿中郎將牛輔典兵別屯陝，分遣校尉李傕、郭汜、張濟略陳留、潁川諸縣。卓死，呂布使李肅至陝，欲以詔命誅輔。輔等逆與肅戰，肅敗走弘農，布誅肅。其後輔營兵有夜叛出者，營中驚，輔以為皆叛，乃取金寶，獨與素所厚（友）攴胡赤兒等五六人相隨，逾城北渡河，赤兒等利其金寶，斬首送長安。

比傕等還，輔已敗，眾無所依，欲各散歸。既無赦書，而聞長安中欲盡誅涼州人，憂恐不知所為。用賈詡策，遂將其眾而西，所在收兵，比至長安，眾十餘萬，與卓故部曲樊稠、李蒙、王方等合圍長安城。十日城陷，與布戰城中，布敗走。傕等放兵略長安老少，殺之悉盡，死者狼籍。誅殺卓者，屍王允於市。葬卓於郿，大風暴雨震卓墓，水流入藏，漂其棺槨。傕為車騎將軍、池陽侯，領司隸校尉、假節。汜為後將軍、美陽侯。稠為右將軍、萬年侯。傕、汜、稠擅朝政。濟為驃騎將軍、平陽侯，屯弘農。

是歲，韓遂、馬騰等降，率眾詣長安。以遂為鎮西將軍，遣還涼州，騰征西將軍，屯郿。侍中馬宇與諫議大夫种邵、左中郎將劉範等謀，欲使騰襲長安，己為內應，以誅傕等。騰引兵至長平觀，宇等謀洩，出奔槐裡。稠擊騰，騰敗走，還涼州；又攻槐里，宇等皆死。時三輔民尚數十萬戶，傕等放兵劫略，攻剽城邑，人民飢困，二年間相啖食略盡。

諸將爭權，遂殺稠，並其眾。汜與傕轉相疑，戰鬥長安中。傕質天子於營，燒宮殿城門，略官寺，盡收乘輿服御物置其家。傕使公卿詣汜請和，汜皆執之。相攻擊連月，死者萬數。

傕將楊奉與傕軍吏宋果等謀殺傕，事洩，遂將兵叛傕。傕眾叛，稍衰弱。張濟自陝和解之，天子乃得出，至新豐、霸陵間。郭汜復欲脅天子還都郿。天子奔奉營，奉擊汜破之。汜走南山，奉及將軍董承以天子還洛陽。傕、汜悔遣天子，復相與和，追及天子於弘農之曹陽。奉急招河東故白波帥韓暹、胡才、李樂等合，與傕、汜大戰。奉兵敗，傕等縱兵殺公卿百官，略宮人入弘農。天子走陝，北渡河，失輜重，步行，唯皇后、貴人從，至大陽，止人家屋中。奉、暹等遂以天子都安邑，御乘牛車。太尉楊彪、太僕韓融近臣從者十餘人。以暹為征東、才為征西、樂征北將軍，並與奉、承持政。遣融至弘農，與傕、汜等連和，還所略宮人公卿百官，及乘輿車馬數乘。是時蝗蟲起，歲旱無谷，從官食棗菜。諸將不能相率，上下亂，糧食盡。奉、暹、承乃以天子還洛陽。出箕關，下軹道，張楊以食迎道路，拜大司馬。語在《楊傳》。天子入洛陽，宮室燒盡，街陌荒蕪，百官披荊棘，依丘牆間。州郡各擁兵自衛，莫有至者。飢窮稍甚，尚書郎以下，自出樵采，或飢死牆壁間。

太祖乃迎天子都許。暹、奉不能奉王法，各出奔，寇徐、揚間，為劉備所殺。董承從太祖歲餘，誅。建安二年，遣謁者僕射裴茂率關西諸將誅傕，夷三族。汜為其將五習所襲，死於郿。濟飢餓，至南陽寇略，為穰人所殺，從子繡攝其眾。才、樂留河東，才為怨家所殺，樂病死。遂、騰自還涼州，更相寇，後騰入為衛尉，子超領其部曲。十六年，超與關中諸將及遂等反，太祖征破之。語在《武紀》。遂奔金城，為其將所殺。超據漢陽，騰坐夷三族。趙衢等舉義兵討超，超走漢中從張魯，後奔劉備，死於蜀。

魏書
董二袁劉傳・袁紹

袁紹字本初，汝南汝陽人。其高祖袁安，在東漢章帝時曾任司徒。自袁安以後，接連四世都在朝中任司徒、司空、太尉此三公之職，因而袁氏家族權傾朝野，威震天下。袁紹本人魁梧威嚴，卻能謙恭待人，禮賢下士，因此許多有才能的人都願意投靠他。太祖曹操少年時就與他有來往。袁紹以大將軍屬官身份任侍御史，隨後遷升為中軍校尉，又做到司隸校尉。

靈帝駕崩後，何太后之兄、大將軍何進與袁紹密謀誅殺朝中的宦官，何太后沒有同意。何進便暗中召並州牧董卓帶兵入京，想以此威逼何太后就範。朝中的常侍、黃門等宦官聞訊，都跑到何進家中求情，表示只求保住性命，其餘任大將軍處置。當時袁紹勸何進趁此機會立刻下手，將這些宦官都殺了。袁紹再三相勸，何進卻就是不聽，只是令袁紹派洛陽得力的武吏，密切監視宦官的一舉一動，同時派袁紹的弟弟、虎賁中郎將袁術選拔二百名忠實可靠的虎賁勇士進入宮中，取代那些手持兵器的黃門侍者把守宮門。中常侍段珪等人不甘心坐以待斃，假傳太后的命令，召何進入宮議事。何進一進宮就被殺了，宮中頓時大亂。袁術率領虎賁勇士放火焚燒南宮嘉德殿的青瑣門，想逼迫段珪等人出來就降。段珪等人不僅沒有出降，反而挾持少帝劉辯和他的弟弟陳留王劉協，倉皇逃向黃河邊小平津渡口。袁紹率軍打開皇宮大門，擒殺了宦官所任命的司隸校尉許相，然後命令士兵到處搜捕閹人，不分年老年少，一律斬首。有些人只因沒長鬍子，也被士兵們當成宦官給殺了，以至於有的人為了證明自己不是宦官，主動脫下衣服讓士兵們檢驗，才得以幸免。宦官中那些老實本分不干預朝政的，也被殺害，可見濫殺無辜。死亡的有兩千多人。袁紹帶領士兵追趕劫持皇帝的段珪等人，段珪等人走投無路，投黃河自殺，少帝得以返回宮中。

董卓找來袁紹，商量廢掉少帝劉辯，另立陳留王為帝。當時袁紹的叔父袁隗為朝中太傅，袁紹假裝同意，對董卓說：「這是件大事，讓我回去找太傅商量一下。」董卓說：「劉氏的後代不足以再留在皇位上了。」袁紹沒再說話，佩刀橫握拱手行禮而去。離開董卓後，袁紹直接出京城逃往冀州。侍中周毖、城門校尉伍瓊、議郎何顒等人都是當時的名士，得到董卓的信任，但這些人內心都向著袁紹，因此勸董卓說：「廢立皇帝是天大的事情，原本就不是一般人可以參與的。袁紹眼光短淺不識大體，因為驚恐而出逃，並沒有謀逆的企圖。若是大張旗鼓地緝拿他，他被逼急了難免會狗急跳牆。袁氏家族連續四代在朝中做高官，廣泛樹恩，門生故吏遍及天下，若是袁紹集結四方豪傑與您作對，各地英雄都會紛紛響應而起兵，那山東之地就不是您所能把控的了。不如赦免了袁紹，任命他為某個郡的太守，那袁紹必然會為免罪而高興，必定不會有後患了。」董卓認為說得有道理，於是任命袁紹為勃海太守，封為邟鄉侯。

袁紹出任勃海太守後，便在勃海起兵，準備討伐誅殺董卓。此事記載於《武帝紀》中。袁紹自稱車騎將軍，為各路討董聯軍的盟主，與冀州牧韓馥商議欲立幽州牧劉虞為皇帝，派出特使給劉虞送上請求登基的奏章。劉虞不敢接受。後來韓馥的軍隊駐紮安平，被公孫瓚的部隊打敗。公孫瓚於是領兵進入冀州，打著討伐董卓的旗號，實際是想除掉韓馥。韓馥惶恐不安。適逢董卓挾持獻帝西入潼關，袁紹率大軍東還撤至延津，趁韓馥惶恐緊張之際，派手下陳留人高幹和潁川人荀諶前去游說韓馥：「公孫瓚乘勝揮師南下，會得到各個郡州的響應。袁紹率軍東進，他的意圖很難揣測。我們私下裡感到將軍您目前的處境很危險啊！」韓馥說：「那我該怎麼辦才好？」荀諶說：「公孫瓚率領燕、代二州的精銳之師，勢不可當；袁紹為一代豪傑，肯定也不甘居於將軍之下。您所擁有的冀州，是天下必爭之地。如果公孫瓚、袁紹聯手，兵臨城下，那冀州就危在旦夕了。再說袁將軍是將軍您的老朋友，而且又是討董聯盟的盟主。如今為您考慮，不如將冀州獻給袁紹。袁紹得到了冀州，公孫瓚就無法與他爭奪，袁紹必然非常感激您。您把冀州交給親近可靠的老朋友，留下讓賢的美名，自身也就安如泰山了。請將軍不要再猶疑了。」韓馥向來懦弱膽小，居然聽從了荀諶的建議。韓馥手下的長史耿武、別駕閔純、治中李歷等人聞訊勸阻道：「冀州雖然不夠強大，但武裝起來能打仗的男子有一百萬，儲存的糧食可供十年之需。袁紹帶著一支疲憊不堪勢單力薄的孤軍，全靠我們的施捨才能生存，就好像是手掌中抱著的一個嬰兒，不給他奶喝，馬上就會餓死，為什麼要把偌大一個冀州拱手相讓呢？」韓馥道：「我曾經是袁家的部屬，而且我的才能確實不如袁紹，衡量一下自己的德行和才能而禮讓，向來受到古人的推崇，為何唯獨諸位要這樣指責我？」從事趙浮、程奐等人請求韓馥派兵攔截袁軍，韓馥不聽。結果韓馥把冀州讓給了袁紹，袁紹兼任冀州牧。

從事沮授勸袁紹說：「將軍您成年後就入朝為官，名聲遍及海內；在奸臣圖謀廢立君主時，您又出於忠義挺身而出；您單騎奔出洛陽，讓董卓也膽戰心驚；您渡過黃河北上，勃海郡官吏百姓誠心歸服。您率領勃海郡的人馬，又新增了冀州的兵力，威震河朔，名重天下。雖然黃巾反賊作亂，黑山盜寇橫行，只要您揮師東征，青州就可以一舉平定；回師掃蕩黑山，張燕便能消滅。集合部隊北上，公孫瓚必定喪命；聲威震懾戎狄，匈奴只能俯首稱臣。平定黃河以北的廣大區域，合並四州，廣納天下英才，擁有百萬雄師，將天子與朝廷從西京長安接回來，在洛陽重建都城和宗廟，由您號令天下，征討那些不肯歸附的叛將亂臣。如此氣勢，天下誰能與您爭鋒？用不上幾年，就能輕易建立蓋世奇功。」袁紹喜笑顏開，說：「這正是我心中的抱負啊！」於是上表朝廷，舉薦沮授為監軍、奮威將軍。董卓派執金吾胡母班、將作大匠吳修帶著皇帝的詔書前來宣詔，袁紹指使河內太守王匡將這兩人殺了。董卓得知袁紹割據關東與他對抗，便把京城中袁氏家族的成員包括袁紹的叔父太傅袁隗全殺了。當時，豪俠之士多站在袁紹一邊，打算替他報仇。各州、郡紛紛起兵討伐董卓，幾乎都借袁紹的名義。韓馥內心懼怕，請求袁紹同意他離去，隨後就去依附陳留太守張邈。後來袁紹派使者去見張邈，與張邈商議事情，還貼著耳朵說悄悄話。韓馥在座見狀，懷疑袁紹派人來與張邈共同謀害他，於是起身去廁所中自殺了。

當初，立劉協為帝並不是袁紹的意思，然而等獻帝劉協逃到安邑後，袁紹派潁川人郭圖前去朝拜。郭圖回來後勸袁紹把獻帝迎過來在鄴城建都，袁紹沒有聽從。正當此時，太祖曹操把獻帝迎來在許縣建都，以朝廷的名義收復了河南一帶，關中一帶也都表示臣服。袁紹這才後悔不已，試圖讓曹操把獻帝遷到鄄城建都，以便自己與獻帝親近，被曹操拒絕了。獻帝任命袁紹為太尉，繼而又加封大將軍，封為鄴侯。袁紹推辭了封侯。不久，袁紹軍隊在易京打敗了公孫瓚，收編其人馬。袁紹派自己的長子袁譚任青州刺史，沮授勸道：「這可是災禍的根源啊！」袁紹拒不聽從，說：「我還準備讓我每個兒子都占有一個州呢！」於是又派次子袁熙任幽州刺史，外甥高幹為並州刺史。當時袁紹有數十萬大軍，以審配、逢紀統領軍事，田豐、荀諶、許攸為主要謀士，顏良、文醜為大將，挑選十萬精銳步兵，騎兵萬餘，準備征討曹操的許都。

先前，曹操曾派劉備去徐州抵擋袁術。劉備到達下邳時，袁術已在壽春病死。劉備便將曹操任命的徐州刺史車胄殺了，領兵駐紮在沛縣，與曹操分庭抗禮。袁紹派了一支騎兵前來幫助劉備。曹操派部將劉岱、王忠帶兵討伐，不能取勝。建安五年（二〇〇），曹操親自率領大軍東征劉備。謀士田豐勸袁紹趁其後方空虛偷襲他的老巢許昌，袁紹以兒子有病為理由加以拒絕。田豐出門後用手杖連連擊地，痛心地喊道：「天賜良機，卻因嬰兒患病而錯失，痛惜啊！」曹操大軍抵達徐州，打敗了劉備。劉備逃脫，北上投靠了袁紹。

袁紹率大軍到達黎陽，派大將顏良在白馬攻打劉延。沮授又進諫道：「顏良性情暴躁而胸襟狹窄，雖然驍勇善戰卻不能獨自擔當重任。」袁紹不聽。曹操發兵救劉延，與顏良大戰，將其打得大敗，並斬殺顏良。袁紹率大軍渡過黃河，在延津南邊建立營壘，派劉備和文醜出陣挑戰。曹軍再次擊敗袁軍，殺了文醜；再次交手，擒獲另一員袁軍大將，袁軍將士膽戰心驚。曹操回到官渡。沮授又勸袁紹道：「我軍人數雖多，但士氣和果敢凶猛不及曹軍；而曹軍糧草短缺，軍需物資供應不足。所以說曹軍利在速戰速決，而我軍利在打持久戰。因此我們可以與他耗著，曠日持久，曹軍必敗。」袁紹不聽，將營壘連成一片，步步向官渡進逼，與曹軍交鋒。曹軍作戰受挫，退回營壘堅守。袁紹下令在陣前修造瞭望樓，又築起高高的土山，站在山上向曹營發射弓箭。曹軍將士在營中行走都必須持盾牌遮擋身體，因此非常懼怕。曹操針鋒相對，讓人趕製出一種發石車，拋石攻擊袁軍的瞭望樓，將其都摧毀了。發石車驚天動地，讓袁軍恐懼，稱其為「霹靂車」。袁紹又命令士兵挖掘地道，想以此偷襲曹軍大營；曹操也有對策，讓士兵在軍營中挖出一條又深又長的壕溝，截斷袁軍的地道。曹操還派出一支奇兵襲擊了袁紹的運糧車隊，將押運的袁軍都滅了，燒毀了全部軍糧和車輛。曹操與袁紹對峙日久，百姓疲憊不堪，一些人叛變投靠了袁紹，軍中糧草將盡。正在這時，袁紹派將軍淳于瓊等率領一萬人馬北上接應運糧車隊。沮授向袁紹建議：「可以派蔣奇將軍另外帶一支人馬在其旁策應，以防曹操偷襲。」袁紹還是不予采納。淳于瓊接到運糧車隊後駐紮在烏巢，離袁紹的大本營有四十里。曹操聞訊，留下曹洪守衛營壘，自己率領五千人馬連夜偷襲烏巢攻打淳于瓊。袁紹派出騎兵增援淳于瓊，卻被曹軍擊潰。曹軍大破淳于瓊，將淳于瓊等袁軍將士都殺了。曹操凱旋而歸，還沒回到營壘，袁紹手下大將高覽、張郃等人就率領其部下前來投降。袁紹軍一敗塗地，袁紹與長子袁譚等數騎回撤渡過黃河，其部屬走投無路向曹軍詐降，結果被曹軍全部活埋了。沮授沒能跟隨袁紹渡過黃河，被曹軍擒獲，押解去見曹操。曹操敬重他的才能而厚待他，但沮授仍想逃到袁紹那裡，曹操只得將他殺了。

當初，袁紹率大軍將要南征，謀士田豐勸他說：「曹操善於用兵，千變萬化。他的人馬數量上雖不及我們，但切不可輕敵與他交戰，不如和他耗著。將軍您占據險要的地勢，擁有四個州的土地和百姓，對外廣泛結交天下賢士，對內大力發展農業生產，操練兵馬，然後挑選一些精銳部隊，編為幾支奇兵，乘其不備之時輪流出擊，騷擾河南地區。曹軍救援右邊則擊其左翼，救援左翼則攻其右邊，使其疲於奔命，百姓不得安心耕耘；我軍沒花多少力氣而敵軍已疲憊不堪。用不了兩年時間，就可以坐著獲勝了。現在要是放棄在朝堂上制定的穩操勝券之策，卻要傾全力一戰定勝負，萬一不能獲勝，後悔就來不及了。」袁紹不肯聽從，田豐再三懇切勸諫，袁紹大怒，以為田豐是有意散布失敗情緒擾亂軍心，下令給田豐戴上腳鐐手銬囚禁起來。袁紹大軍潰敗的消息傳來，有人對田豐說：「你說對了，這下必定會受到重用了！」田豐嘆道：「如果主公獲勝回來，我還能夠活命；如今他大敗而歸，我必死無疑了。」袁紹回到鄴城，對左右說：「當初我沒有聽從田豐的勸諫，果然要被他恥笑了。」於是傳令殺了田豐。袁紹外表寬容儒雅，氣度不凡，喜怒不形於色，內心卻多猜忌，嫉賢妒能。殺田豐便是例證。

官渡大敗後，冀州不少城邑紛紛背叛了他，袁紹又派兵重新平定。經過這場慘敗，袁紹身患重病，建安七年（二〇二），在憂憤中死去。

【原文】

袁紹字本初，汝南汝陽人也。高祖父安，為漢司徒。自安以下四世居三公位，由是勢傾天下。紹有姿貌威容，能折節下士，士多附之，太祖少與交焉。以大將軍掾為侍御史，稍遷中軍校尉，至司隸。

靈帝崩，太后兄大將軍何進與紹謀誅諸閹官，太后不從。乃召董卓，欲以脅太后。常侍、黃門聞之，皆詣進謝，唯所錯置。時紹勸進便可於此決之，至於再三，而進不許。令紹使洛陽方略武吏，檢司諸宦者。又令紹弟虎賁中郎將術選溫厚虎賁二百人，當入禁中，代持兵黃門陛守門戶。中常侍段珪等矯太后命，召進入議，遂殺之，宮中亂。術將虎賁燒南宮嘉德殿青瑣門，欲以迫出珪等。珪等不出，劫帝及帝弟陳留王走小平津。紹既斬宦者所署司隸校尉許相，遂勒兵捕諸閹人，無少長皆殺之。或有無鬚而誤死者，至自發露形體而後得免。宦者或有行善自守而猶見及。其濫如此。死者二千餘人。急追珪等，珪等悉赴河死。帝得還宮。

董卓呼紹，議欲廢帝，立陳留王。是時紹叔父隗為太傅，紹偽許之，曰：「此大事，出當與太傅議。」卓曰：「劉氏種不足復遺。」紹不應，橫刀長揖而去。紹既出，遂亡奔冀州。侍中周毖、城門校尉伍瓊、議郎何顒等，皆名士也，卓信之，而陰為紹，乃說卓曰：「夫廢立大事，非常人所及。紹不達大體，恐懼故出奔，非有他志也。今購之急，勢必為變。袁氏樹恩四世，門生故吏遍於天下，若收豪傑以聚徒眾，英雄因之而起，則山東非公之有也。不如赦之，拜一郡守，則紹喜於免罪，必無患矣。」卓以為然，乃拜紹勃海太守，封祁鄉侯。

紹遂以勃海起兵，將以誅卓。語在《武紀》。紹自號車騎將軍，主盟，與冀州牧韓馥立幽州牧劉虞為帝，遣使奉章詣虞，虞不敢受。後馥軍安平，為公孫瓚所敗。瓚遂引兵入冀州，以討卓為名，內欲襲馥。馥懷不自安。會卓西入關，紹還軍延津，因馥惶遽，使陳留高幹、潁川荀諶等說馥曰：「公孫瓚乘勝來向南，而諸郡應之。袁車騎引軍東向，此其意不可知，竊為將軍危之。」馥曰：「為之奈何？」諶曰：「公孫提燕、代之卒，其鋒不可當。袁氏一時之傑，必不為將軍下。夫冀州，天下之重資也，若兩雄並力，兵交於城下，危亡可立而待也。夫袁氏，將軍之舊，且同盟也，當今為將軍計，莫若舉冀州以讓袁氏。袁氏得冀州，則瓚不能與之爭，必厚德將軍。冀州入於親交，是將軍有讓賢之名，而身安於泰山也。願將軍勿疑！」馥素恇怯，因然其計。馥長史耿武、別駕閔純、治中李歷諫馥曰：「冀州雖鄙，帶甲百萬，穀支十年。袁紹孤客窮軍，仰我鼻息，譬如嬰兒在股掌之上，絕其哺乳，立可餓殺。奈何乃欲以州與之？」馥曰：「吾，袁氏故吏，且才不如本初，度德而讓，古人所貴，諸君獨何病焉！」從事趙浮、程奐請以兵拒之，馥又不聽。乃讓紹，紹遂領冀州牧。

從事沮授說紹曰：「將軍弱冠登朝，則播名海內；值廢立之際，則忠義奮發；單騎出奔，則董卓懷怖；濟河而北，則勃海稽首。振一郡之卒，撮冀州之眾，威震河朔，名重天下。雖黃巾猾亂，黑山跋扈，舉軍東向，則青州可定；還討黑山，則張燕可滅；回眾北首，則公孫必喪；震脅戎狄，則匈奴必從。橫大河之北，合四州之地，收英雄之才，擁百萬之眾，迎大駕於西京，復宗廟於洛邑，號令天下，以討未復，以此爭鋒，誰能敵之？比及數年，此功不難。」紹喜曰：「此吾心也。」即表授為監軍、奮威將軍。卓遣執金吾胡母班、將作大匠吳修齎詔書喻紹，紹使河內太守王匡殺之。卓聞紹得關東，乃悉誅紹宗族太傅隗等。當是時，豪俠多附紹，皆思為之報，州郡蜂起，莫不假其名。馥懷懼，從紹索去，往依張邈。後紹遣使詣邈，有所計議，與邈耳語。馥在坐上，謂見圖構，無何起至溷自殺。

初，天子之立非紹意，及在河東，紹遣潁川郭圖使焉。圖還說紹迎天子都鄴，紹不從。會太祖迎天子都許，收河南地，關中皆附。紹悔，欲令太祖徙天子都鄄城以自密近，太祖拒之。天子以紹為太尉，轉為大將軍，封鄴侯，紹讓侯不受。頃之，擊破瓚於易京，並其眾。出長子譚為青州，沮授諫紹：「必為禍始。」紹不聽，曰：「孤欲令諸兒各據一州也。」又以中子熙為幽州，甥高幹為並州。眾數十萬，以審配、逢紀統軍事，田豐、荀諶、許攸為謀主，顏良、文醜為將率，簡精卒十萬，騎萬匹，將攻許。

先是，太祖遣劉備詣徐州拒袁術。術死，備殺刺史車胄，引軍屯沛。紹遣騎佐之。太祖遣劉岱、王忠擊之，不克。建安五年，太祖自東征備。田豐說紹襲太祖後，紹辭以子疾，不許。豐舉杖擊地曰：「夫遭難遇之機，而以嬰兒之病失其會，惜哉！」太祖至，擊破備；備奔紹。

紹進軍黎陽，遣顏良攻劉延於白馬。沮授又諫紹：「良性促狹，雖驍勇不可獨任。」紹不聽。太祖救延，與良戰，破斬良。紹渡河，壁延津南，使劉備、文醜挑戰。太祖擊破之，斬醜，再戰，禽紹大將。紹軍大震。太祖還官渡。沮授又曰：「北兵數眾而果勁不及南，南谷虛少而貨財不及北；南利在於急戰，北利在於緩搏。宜徐持久，曠以日月。」紹不從。連營稍前，逼官渡，合戰，太祖軍不利，復壁。紹為高櫓，起土山，射營中，營中皆蒙盾，眾大懼。太祖乃為發石車，擊紹樓，皆破，紹眾號曰霹靂車。紹為地道，欲襲太祖營。太祖輒於內為長塹以拒之，又遣奇兵襲擊紹運車，大破之，盡焚其穀。太祖與紹相持日久，百姓疲乏，多叛應紹，軍食乏。會紹遣淳于瓊等將兵萬餘人北迎運車，沮授說紹：「可遣將蔣奇別為支軍於表，以斷曹公之鈔。」紹復不從。瓊宿烏巢，去紹軍四十里。太祖乃留曹洪守，自將步騎五千候夜潛往攻瓊。紹遣騎救之，敗走。破瓊等，悉斬之。太祖還，未至營，紹將高覽、張郃等率其眾降。紹眾大潰，紹與譚單騎退渡河。餘眾偽降，盡坑之。沮授不及紹渡，為人所執，詣太祖，太祖厚待之。後謀還袁氏，見殺。

初，紹之南也，田豐說紹曰：「曹公善用兵，變化無方，眾雖少，未可輕也，不如以久持之。將軍據山河之固，擁四州之眾，外結英雄，內修農戰，然後簡其精銳，分為奇兵，乘虛迭出，以擾河南，救右則擊其左，救左則擊其右，使敵疲於奔命，民不得安業；我未勞而彼已困，不及二年，可坐克也。今釋廟勝之策，而決成敗於一戰，若不如志，悔無及也。」紹不從。豐懇諫，紹怒甚，以為沮眾，械系之。紹軍既敗，或謂豐曰：「君必見重。」豐曰：「若軍有利，吾必全，今軍敗，吾其死矣。」紹還，謂左右曰：「吾不用田豐言，果為所笑。」遂殺之。紹外寬雅，有局度，憂喜不形於色，而內多忌害，皆此類也。

冀州城邑多叛，紹復擊定之。自軍敗後發病，七年，憂死。

魏書

董二袁劉傳・袁術

袁術字公路，司空袁逢之子，袁紹的堂弟。袁術年輕時以俠氣聞名，後被舉為孝廉，任命為郎中，在朝廷內外擔任過多種官職，後來成為折沖校尉、虎賁中郎將。董卓當初準備廢黜少帝劉辯時，讓袁術任後將軍。袁術害怕追隨董卓而禍及自身，逃出京城來到南陽。正巧這時長沙太守孫堅殺了南陽太守張咨，袁術趁機將南陽郡占為己有。南陽郡有人口數百萬，但袁術窮奢極欲，橫征暴斂，致使百姓苦不堪言。袁術與堂兄袁紹有矛盾，又與鄰近的荊州刺史劉表不和，因而和北邊幽州的公孫瓚結成同盟；袁紹與公孫瓚有仇，便與南面的劉表結為盟友。兄弟二人各打算盤，捨棄親情而與外人結交，到了如此地步。袁術領兵至陳留，遭到曹操和袁紹的聯合進攻而潰敗。袁術領著殘部逃到九江，殺了揚州刺史陳溫，占據了揚州。袁術任命部將張勳、橋蕤為大將軍。李傕等人擁兵入京控制朝政後，想拉攏袁術作為外援，任命袁術為左將軍，封陽翟侯，授予符節。李傕派太傅馬日磾巡視各地為袁術舉行拜授儀式。袁術奪下了馬日磾所攜的符節，將他關押起來不放他回去。

當時的沛相下邳人陳珪，是已故太尉陳球的侄子。袁術和陳珪都是豪門世族子弟，從小就有交情。袁術寫信給陳珪說：「當年秦朝暴虐失去民心，天下群雄競起爭奪其位，最後江山被智勇雙全者得到了。如今天下大亂，江山又面臨分崩瓦解之勢，正是英雄豪傑大展宏圖之時。我與您有多年的交情，難道您不肯幫助我嗎？如果成就了大業，只有您才是我最信任的人呵！」陳珪的二兒子陳應當時在下邳，袁術想脅迫他作為人質，一定要將陳珪招致麾下。陳珪給袁術回信說：「當初秦朝衰亡之際，恣意暴虐，以嚴刑酷法統治天下，荼毒生民，使百姓忍無可忍，天下因此傾覆。現在劉氏雖然衰微，但沒有秦朝崩潰前夕那種嚴酷暴虐之亂象。曹操將軍英武神勇主持朝政，恢復被踐踏的朝綱，並將蕩平凶惡的叛賊，平定天下，我相信這些很快就能被證明了。我以為將軍自當與曹公戮力同心，匡扶漢室，若是圖謀不軌，倒行逆施，以身試禍，這豈不令人痛心！眼下若能迷途知返，或許還能挽回。我與您是多年的老朋友，所以說出這番肺腑之言。雖然明知忠言逆耳，但這是一種親人般的情義。您要讓我為了私利而附和，我是寧死也不會就範的。」

獻帝興平二年（一九五）冬，獻帝及保護他的人馬在弘農郡的曹陽澗一帶被叛將打敗。袁術召集他的部下說：「現在劉氏天下已經衰敗了，全國各地亂成一團。我袁家四代都是朝中重臣，深得人心。我想秉承天意，順應民心，成就大業，諸位覺得怎樣？」眾人聽了，都不敢吭聲，只有主簿閻象進言道：「當年周人自其始祖后稷直到文王，積德累功，三分天下已經占有了兩分，可仍然小心翼翼地侍奉殷商天子。明公您雖然累世高官厚祿，但恐怕還比不上姬氏家族那樣昌盛；眼下漢室雖然衰落，但也沒像殷紂王那樣暴虐無道！」袁術聽了沉默不語，內心極度惱怒。

後來袁術還是利用河內人張炯的卜卦之言，悍然僭越稱帝。袁術任命九江太守為淮南尹，封公卿朝臣，在城南城北築起皇帝祭天所用的祭壇。袁術生活上極度奢侈荒淫，後宮妻妾數百人，都身穿豔麗的綾羅綢緞，美味佳肴應有盡有，而軍中將士卻吃不飽穿不暖，江淮一帶的財物被搜刮一空，甚至出現人吃人的現象。袁術先是被呂布打敗，後來又被曹操擊敗。袁術率領他的殘部逃到潛山投奔其部下雷薄和陳蘭，卻又被雷、陳二人拒絕。袁術內心惶恐憂慮不知如何是好。他想把皇帝的稱號給袁紹，然後去青州投靠侄子袁譚，結果在途中發病身亡。袁術死後，他的妻子兒女投奔他的老部下廬江太守劉勳。孫策打敗了劉勳，又將他們收留。袁術的女兒被選入孫權後宮，兒子袁耀在東吳官至郎中，袁耀的女兒嫁給了孫權的兒子孫奮。

【原文】

袁術字公路，司空逢子，紹之從弟也。以俠氣聞。舉孝廉，除郎中，歷職內外，後為折沖校尉、虎賁中郎將。董卓之將廢帝，以術為後將軍；術亦畏卓之禍，出奔南陽。會長沙太守孫堅殺南陽太守張咨，術得據其郡。南陽戶口數百萬，而術奢淫肆欲，征斂無度，百姓苦之。既與紹有隙，又與劉表不平而北連公孫瓚；紹與瓚不和而南連劉表。其兄弟攜貳，舍近交遠如此。引軍入陳留。太祖與紹合擊，大破術軍。術以余眾奔九江，殺揚州刺史陳溫，領其州。以張勳、橋蕤等為大將軍。李傕入長安，欲結術為援，以術為左將軍，封陽翟侯，假節，遣太傅馬日因循行拜授。術奪日節，拘留不遣。

時沛相下邳陳珪，故太尉球弟子也。術與珪俱公族子孫，少共交游，書與珪曰：「昔秦失其政，天下群雄爭而取之，兼智勇者卒受其歸。今世事紛擾，復有瓦解之勢矣，誠英乂有為之時也。與足下舊交，豈肯左右之乎？若集大事，子實為吾心膂。」珪中子應時在下邳，術並脅質應，圖必致珪。珪答書曰：「昔秦末世，肆暴恣情，虐流天下，毒被生民，下不堪命，故遂土崩。今雖季世，未有亡秦苛暴之亂也。曹將軍神武應期，興復典刑，將撥平凶慝，清定海內，信有征矣。以為足下當戮力同心，匡翼漢室，而陰謀不軌，以身試禍，豈不痛哉！若迷而知反，尚可以免。吾備舊知，故陳至情，雖逆於耳，骨肉之惠也。欲吾營私阿附，有犯死不能也。」

興平二年冬，天子敗於曹陽。術會群下謂曰：「今劉氏微弱，海內鼎沸。吾家四世公輔，百姓所歸，欲應天順民，於諸君意如何？」眾莫敢對。主簿閻象進曰：「昔周自后稷至於文王，積德累功，三分天下有其二，猶服事殷。明公雖奕世克昌，未若有周之盛；漢室雖微，未若殷紂之暴也。」術嘿然不悅。用河內張炯之符命，遂僭號以九江太守為淮南尹。置公卿，祠南北郊。荒侈滋甚，後宮數百皆服綺縠，餘粱肉，而士卒凍餒，江淮間空盡，人民相食。術前為呂布所破，後為太祖所敗，奔其部曲雷薄、陳蘭於灊山，復為所拒，憂懼不知所出。將歸帝號於紹，欲至青州從袁譚，發病道死。妻子依術故吏廬江太守劉勳，孫策破勳，復見收視。術女入孫權宮，子燿拜郎中，燿女又配於權子奮。

魏書

董二袁劉傳・劉表

劉表字景升，山陽高平人。他年輕時就已成名，是當時的「八俊」之一。他身高超過八尺，長得魁梧高大。先是以大將軍部屬的身份任北軍中候。漢靈帝駕崩後，接替王叡當上荊州刺史。當時，山東各地紛紛起兵討伐董卓，劉表也帶領荊州兵馬駐紮襄陽。袁術這時是南陽太守，與長沙太守孫堅聯手，企圖發起攻擊奪取劉表的荊州。袁術讓孫堅攻打劉表，孫堅在交戰時被流矢射中身亡。孫堅軍潰敗，袁術也因此無法戰勝劉表。李傕、郭汜等董卓舊部占據了長安，也想聯合劉表以之為外援，於是任命劉表為鎮南將軍、荊州牧，封成武侯，授予符節。漢獻帝定都許縣後，劉表雖然派使節前往進貢朝拜，暗中卻與北邊的袁紹相勾結。治中鄧羲進諫勸阻，劉表不聽，鄧羲便稱病辭官而去，直到劉表去世都沒出來做官。董卓舊部張濟引兵進入荊州地界，攻打穰城，結果身中流矢而亡。荊州的官吏聞訊都興高采烈地祝賀，劉表卻說：「張濟窮途末路而來荊州，我們作為主人的沒能以禮相待，以至於雙方兵戎相見，這不是我的本意啊！如今張將軍不幸陣亡，我只接受大家的吊喪，不接受祝賀。」他派人去招納張濟的軍隊，張濟的將士聞訊後都很高興，都歸附了劉表。長沙太守張羨背叛劉表，劉表派兵征討，圍攻數年都沒能打下來。後來張羨病死，其部屬擁立他的兒子張懌為長沙太守。劉表於是加緊進攻，終於打敗了張懌，收復了長沙郡，隨後又南下收取了零陵、桂林，向北占領了漢川，所轄地盤達方圓數千里，擁有兵馬十多萬。

曹操與袁紹在官渡相持不下時，袁紹派人向劉表求援，希望劉表從背後襲擊曹操。劉表嘴上答應了袁紹的請求，卻不發兵馬，同樣也不幫曹操，企圖在江漢之間擁兵自重，坐觀時局變化。從事中郎韓嵩和別駕劉先勸說劉表：「如今天下豪傑競起，曹操與袁紹兩雄對峙。天下的得失，關鍵就在於將軍您。將軍若是想成就一番事業，可以趁他們兩敗俱傷之際收拾江山；如果不願意這樣，必須在兩雄中擇一而從。將軍您擁有十餘萬人馬，怎能坐在一旁觀看兩雄相爭呢？再說已經看到了哪一方賢明正義而不肯相助，又不能讓雙方講和，日後兩家的怨恨一定都會集中到您身上，將軍想置身事外肯定是做不到的。曹公雄才大略，天下有才能的人都願意歸附於他，如今這趨勢曹公定能戰勝袁紹。若是等他打敗了袁紹回頭進逼江漢，將軍恐怕無法抵擋。為將軍考慮，不如帶著整個荊州歸附曹公，曹公必然非常感激，並厚待將軍您。您可以高枕無憂，長期安享平安富貴，並福蔭子孫後代。這可是萬全之策啊！」劉表手下的大將蒯越也這樣勸他。劉表猶豫不決，便派韓嵩到曹操那裡打探虛實。韓嵩返回荊州後，極力稱頌曹操威武仁德，勸劉表把兒子送到曹操處充當人質。劉表懷疑韓嵩投靠了曹操而回來替他做說客，怒不可遏，準備殺了韓嵩。劉表下令對韓嵩的隨從人員嚴刑拷打，直至隨從喪命，也沒查到韓嵩私通曹操的證據，這才相信韓嵩沒有出賣他，於是作罷。劉表雖然外貌儒雅寬厚，其內心狹隘多疑，許多時候都是這樣。

劉備被曹操打敗後前來投奔劉表。劉表表面上厚待他，其實並不信任和重用。建安十三年（二〇八），曹操率大軍南征劉表，大軍還沒有抵達，劉表就病死了。

當初，劉表夫婦疼愛他們的小兒子劉琮，想傳位給他。劉表的大將蔡瑁、張允也支持劉琮，於是劉表把長子劉琦派到外地出任江夏太守。劉表去世後，蔡瑁等人便擁立劉琮。劉琦、劉琮兄弟間結下了怨恨。大將軍蒯越、從事中郎韓嵩和東曹掾傅巽等人勸劉琮歸附曹操，劉琮說：「如今我與諸位擁有整個楚國的地盤，守著先君傳下的家業，觀望天下的變化，有什麼不可以呢？」傅巽答道：「抗拒與歸附要符合天下大勢，力量的強弱是依據形勢而變化。如今我們身為臣子而抗拒天子，這是大逆不道的；我們憑借剛獲得的土地來抵禦王師，按形式來看根本無法抵擋；依靠劉備來敵曹操，根本不是對手。以上三者都是我們的短處，卻要對抗朝廷大軍，豈不是自取滅亡？將軍估量自己與劉備相比誰更有本事？」劉琮答道：「我不如劉備。」傅巽進一步說道：「倘若劉備打不過曹操，那您雖然擁有楚國的大片土地，能夠在此立足嗎？如果劉備打敗了曹操，那他會甘心居於您之下嗎？希望將軍不要再猶豫不決了。」曹操大軍來到襄陽，劉琮便帶領整個荊州歸降了朝廷。劉備逃往夏口。

曹操以朝廷的名義任命劉琮為青州刺史，封列侯。蒯越以下封侯者達十五人。蒯越任光祿大夫，韓嵩任大鴻臚，鄧義為侍中，劉先為尚書令。其他許多人都當上了大官。

【原文】

劉表字景升，山陽高平人也。少知名，號八俊。長八尺餘，姿貌甚偉。以大將軍掾為北軍中候。靈帝崩，代王叡為荊州刺史。是時山東兵起，表亦合兵軍襄陽。袁術之在南陽也，與孫堅合從，欲襲奪表州，使堅攻表。堅為流矢所中死，軍敗，術遂不能勝表。李傕、郭汜入長安，欲連表為援，乃以表為鎮南將軍、荊州牧，封成武侯，假節。天子都許，表雖遣使貢獻，然北與袁紹相結。治中鄧義諫表，表不聽，義辭疾而退，終表之世。張濟引兵入荊州界，攻穰城，為流矢所中死。荊州官屬皆賀，表曰：「濟以窮來，主人無禮，至於交鋒，此非牧意，牧受吊，不受賀也。」使人納其眾；眾聞之喜，遂服從。長沙太守張羨叛表，表圍之連年不下。羨病死，長沙復立其子懌，表遂攻並懌，南收零、桂，北據漢川，地方數千里，帶甲十餘萬。

太祖與袁紹方相持於官渡，紹遣人求助，表許之而不至，亦不佐太祖，欲保江漢間，觀天下變。從事中郎韓嵩、別駕劉先說表曰：「豪傑並爭，兩雄相持，天下之重，在於將軍。將軍若欲有為，起乘其弊可也；若不然，固將擇所從。將軍擁十萬之眾，安坐而觀望。夫見賢而不能助，請和而不得，此兩怨必集於將軍，將軍不得中立矣。夫以曹公之明哲，天下賢俊皆歸之，其勢必舉袁紹，然後稱兵以向江漢，恐將軍不能御也。故為將軍計者，不若舉州以附曹公，曹公必重德將軍；長享福祚，垂之後嗣，此萬全之策也。」表大將蒯越亦勸表，表狐疑，乃遣嵩詣太祖以觀虛實。嵩還，深陳太祖威德，說表遣子入質。表疑嵩反為太祖說，大怒，欲殺嵩，考殺隨嵩行者，知嵩無他意，乃止。表雖外貌儒雅，而心多疑忌，皆此類也。

劉備奔表，表厚待之，然不能用。建安十三年，太祖征表，未至，表病死。

初，表及妻愛少子琮，欲以為後，而蔡瑁、張允為之支黨，乃出長子琦為江夏太守，眾遂奉琮為嗣。琦與琮遂為仇隙。越、嵩及東曹掾傅巽等說琮歸太祖，琮曰：「今與諸君據全楚之地，守先君之業，以觀天下，何為不可乎？」巽對曰：「逆順有大體，強弱有定勢。以人臣而拒人主，逆也；以新造之楚而御國家，其勢弗當也；以劉備而敵曹公，又弗當也。三者皆短，欲以抗王兵之鋒，必亡之道也。將軍自料何與劉備？」琮曰：「吾不若也。」巽曰：「誠以劉備不足御曹公乎，則雖保楚之地，不足以自存也；誠以劉備足御曹公乎，則備不為將軍下也。願將軍勿疑。」太祖軍到襄陽，琮舉州降。備走奔夏口。

太祖以琮為青州刺史、封列侯。蒯越等侯者十五人。越為光祿勳；嵩，大鴻臚；羲，侍中；先，尚書令；其餘多至大官。

魏書

呂布張邈臧洪傳・呂布張邈

呂布字奉先，五原郡九原人。他以驍勇善戰在並州任職。刺史丁原任騎都尉後，駐紮在河內，任命呂布為主簿，對他非常器重。漢靈帝駕崩後，丁原率領本部人馬來到京城洛陽，與大將軍何進密謀誅殺弄權的宦官，丁原被任命為執金吾。何進為宦官所殺後，董卓率領軍隊進入洛陽，準備在朝中作亂，想要殺了丁原，吞並他的人馬。因為呂布是丁原的親信，董卓便引誘拉攏他去殺丁原。呂布背叛了丁原，砍下丁原的腦袋獻給董卓，因此董卓任命他為騎都尉，對他極為寵幸，發誓要像父親一樣照顧呂布。

呂布擅長騎射，膂力過人，被稱為「飛將」。不久他被提升為中郎將，封都亭侯。董卓自知傲慢得罪人，唯恐別人謀害自己，進出都讓呂布護衛。但董卓生性剛烈又心胸狹窄，一時發怒便忘了自身的危險，曾經因為一件小事不開心，拔出一支手戟投向呂布。呂布敏捷地避開了，還向董卓道歉，董卓才消了氣。而呂布因此內心對董卓產生了怨恨。董卓常派呂布守衛他的內室，結果呂布與董卓的侍婢私通，因為害怕被董卓發現，呂布總是惴惴不安。

先前，司徒王允認為呂布是當地最驍勇之人，以厚禮相待，與他結交。後來呂布去拜訪王允，講了董卓差點殺自己的經過。當時王允正與僕射士孫瑞密謀除掉董卓，因此對呂布述說了內情並請他做內應。呂布猶豫道：「我與他有父子的名分，怎麼好下手呢？」王允說：「你姓呂，你與他並不是真的父子。如今你擔憂保全自己的性命都來不及，還說什麼父子呢！」呂布於是答應了，後來真的親手殺了董卓。這件事記載在《董卓傳》中。王允任命呂布為奮武將軍，授予他統率軍隊的符節，儀禮比照三司，又封他為溫侯，共同執掌朝政。呂布自從殺了董卓之後，憎惡並畏懼涼州人，涼州人也怨恨他。因此李傕等人糾集在一起攻打長安，呂布抵擋不住，李傕等人攻入長安。董卓死後才兩個月，呂布也被打敗。他帶著幾百名隨從出武關，想去投奔袁術。

呂布原以為自己殺了董卓，替袁術報了仇，袁術會感恩戴德。哪知袁術厭惡呂布反覆無常，拒不接納。呂布只得轉而北上投奔袁紹。袁紹與呂布一起去常山攻打張燕。張燕有一萬多人馬，騎兵數千。呂布有一匹駿馬名叫赤兔。呂布常與親信將領成廉、魏越等一起衝鋒陷陣，於是大破張燕的軍隊。隨後呂布不斷要求增添人馬擴大自己的勢力，他手下的將士肆意搶掠，胡作非為，袁紹因此忌恨他。呂布察覺到袁紹的意思，於是去見了袁紹，請求離開。袁紹擔心呂布離去後會成為自己的後患，派壯士夜裡悄悄地去暗殺呂布，但沒有成功。呂布聞訊後急忙逃往河內，與張楊聯合。袁紹派軍隊追殺，那些將士都懼怕呂布，追上之後卻不敢逼近。

張邈字孟卓，東平壽張人。他年輕時便以俠義聞名，扶危救急，即使傾其所有也毫不吝惜，士人都願意跟隨他。曹操、袁紹都是張邈的朋友。朝廷征召賢才，他以出色的成績被任命為騎都尉，不久又被任命為陳留太守。董卓作亂時，曹操與張邈首先舉義兵討伐。汴水之戰，張邈派衛茲率部跟隨曹操出戰。袁紹成為盟主後，時常表現得傲慢矜持、盛氣凌人，張邈經常直言譴責。袁紹派曹操殺張邈，曹操不聽從，責備袁紹道：「孟卓是我們的好朋友，無論如何都該容下他，如今天下大亂，不該自相殘殺啊！」張邈知道這件事後，更加敬重曹操。曹操在征討陶謙前，對家人說：「如果我回不來，你們可以去投靠孟卓。」後來曹操回來了，見到張邈，二人相對而泣。他們的關係就是這般親密。

呂布離開袁紹去投奔張楊，經過張邈地盤，臨別時兩人拉著手起誓。袁紹聽說了這件事，非常氣憤。張邈擔心曹操最終會替袁紹殺自己，心中惶恐不安。興平元年（一九四），曹操再次征討陶謙。張邈的弟弟張超，與曹操的部屬陳宮、從事中郎許汜、王楷共同謀劃背叛曹操。陳宮勸張邈道：「如今群雄並起，天下分崩離析，您擁有遼闊的地盤和眾多將士，處於四面受敵的境地，撫劍四顧，足以稱得上是英雄好漢，卻反而受制於人，不是太委屈了嗎？現在曹操領著兗州城裡的軍隊東征，城中空虛，呂布是一位驍將，英勇善戰，所向無敵，如果暫且將他迎來，共同占據兗州，靜觀天下大勢，相機而行，或許可以做出一番大事業！」張邈聽從了。曹操當初出征時，讓陳宮帶領部分人馬駐紮東郡，於是陳宮領著這批人馬向東迎來呂布，讓他做了兗州牧，占據濮陽。郡中各縣紛紛投靠呂布，只有鄄城、東阿、范縣仍忠於曹操。曹操率領大軍回師，與呂布在濮陽一帶激戰，遭受挫折，相持了一百多天。當年大旱，又有蝗災，糧食歉收，甚至出現人吃人的現象，呂布領兵向東駐守山陽。兩年間，曹操收復了所有丟失的城池，在野將呂布擊潰。呂布向東逃去，投奔了劉備。張邈跟著呂布一起逃跑，留下張超帶著家屬屯守雍丘。曹操圍攻雍丘達數月之久，破城後大肆殺戮，殺了張超及其家屬。張邈去向袁術討救兵，還沒能見到袁術，自己卻被部下殺害了。

劉備東征袁術，呂布趁機搶占了下邳，劉備返回只得歸附呂布。呂布派劉備駐守小沛。呂布自稱徐州刺史。袁術派大將紀靈率領步騎三萬多人攻打劉備，劉備向呂布求援。呂布手下將領們說：「將軍您一直想鏟除劉備，如今正好借袁術之手殺了他。」呂布說：「不然。袁術若是占據了小沛，就會與北面太山一帶的人馬聯手，我們就會落入袁術的包圍中，我不能不去救劉備啊。」於是帶領步兵千餘人、騎兵二百，急速趕去救劉備。紀靈等人聽說呂布前來，只好暫且收兵，不敢繼續進攻。呂布在離小沛西南一裡處扎下營寨，派衛士去請紀靈等人，紀靈等人也請呂布一起飲酒作樂。呂布對紀靈等人說：「劉備是我呂布的弟弟。弟弟遭到諸位的圍攻，我特意趕來解救。我呂布天生不喜歡看別人互相爭鬥，只喜歡替人解除紛爭。」呂布命看守營門的軍官在營門口豎起一支戟，對大家說：「諸位看我射戟上的小支。若能一箭射中，大家應當立即停止相爭撤走，如果射不中，任憑你們在這裡廝殺。」他引弓向戟射出一箭，正中小支。諸將驚得目瞪口呆，贊道：「將軍真是天神啊！」第二天，呂布又與諸將歡宴，然後各自撤軍。

袁術想拉攏呂布，作為自己的幫手，於是請求呂布將他女兒嫁給自己的兒子，呂布同意了。袁術派韓胤為使節，將自己稱帝更改年號一事正式告知呂布，同時請求接呂布的女兒去與自己的兒子完婚。沛相陳珪擔心袁術、呂布結成兒女親家，徐州、揚州聯為一體，將會成為巨大的禍害，於是前去遊說呂布：「曹公奉迎天子，輔佐朝政，威名如日中天，代表朝廷征討八方，將軍您應與他合作，以取得天下安寧。如今卻要與袁術成兒女親家，將會背負不義之人的罪名，那您的處境必將危如累卵。」呂布內心也怨恨當初袁術不接納自己，女兒此時已被韓胤接走了，他反悔並將她追了回來，拒絕了這門親事，將韓胤戴上刑具，送往許都，在街市上斬首示眾。陳珪想派兒子陳登去見曹操，表示呂布願意歸順朝廷，呂布沒有同意。正巧這時朝廷的使者來了，宣布任命呂布為左將軍。呂布大喜，就讓陳登前往許都，還命他帶上自己的書信，向天子謝恩。陳登拜謁曹操，述說呂布有勇無謀、反覆無常，應該早日將其鏟除。曹操說：「呂布具有狼子野心，確實不能讓他久留於世，除了您恐怕沒人這麼了解。」當即將陳珪的年俸增加到二千石，任命陳登為廣陵太守。臨別時，曹操拉著陳登的手說：「東邊的事情，就全托付給你們父子了。」讓陳登暗中組織人馬作為內應。

當初，呂布讓陳登去許都是要為自己討要徐州刺史之職，陳登回來，呂布的願望落空，不由大怒，拔戟砍向桌子，說：「你父親勸我與曹公合作，我才拒絕了袁術的婚約；如今我一無所獲，你們父子卻得到高官厚祿，我被你們出賣了！你說給我聽聽，你和曹公是怎麼說的！」陳登面不改色，從容地答道：「我見曹公時說：『對待呂將軍要像對待猛虎，應當讓他吃飽肉，如果沒吃飽，他會吃人的。』曹公說：『並不像你說的那樣。應該是像養鷹，餓時可以為你所用，吃飽了就會自顧飛走。』當時就是這樣說的。」呂布聽後，氣才消了。

袁術得知呂布悔婚，還殺了自己的使者，怒不可遏，便與韓暹、楊奉等聯合，派大將張勳領兵前去征討呂布。呂布對陳珪說：「這場災禍是你招來的，你看該怎麼辦？」陳珪說：「韓暹、楊奉、袁術糾集在一起，只是一群烏合之眾，沒有既定的計謀，肯定不能協調一致，就像雞群一樣，不能群棲，可以離間他們。」呂布採用了陳珪的計策，派人游說韓暹、楊奉，把他們拉攏到自己的一邊，聯合攻打袁術，許諾繳獲的軍械、物資，一概歸韓暹、楊奉。於是韓暹、楊奉倒戈，跟隨呂布，將張勳打得一敗塗地。

建安三年（一九八），呂布再次反叛朝廷，依附袁術，派高順去攻打駐紮小沛的劉備，將劉備打敗了。曹操派夏侯惇去救援劉備，結果也被高順打敗。曹操親征呂布，來到下邳城下，寫了一封信給呂布，將利害得失陳述清楚。呂布打算投降，陳宮等人覺得對抗朝廷罪孽太大，極力勸呂布放棄這種想法。呂布便派人向袁術求救，自己率領千餘名騎兵出戰，結果遭受大敗，退回城中死守，不敢再出戰。袁術也救不了他。呂布雖驍勇剛猛，但沒什麼謀略，又心胸狹窄多猜忌，不能控制部下，只是一味聽信手下諸將。但各部將也各懷心思，相互猜忌，所以每次出戰都遭敗績。曹操圍城挖了壕溝，將呂布困了三個月。呂布軍中上下離心，將領侯成、宋憲、魏續捆著陳宮，領兵投降。呂布帶領手下登上白門樓，見下邳城被圍得水洩不通，只得下城投降。於是呂布被生擒，捆綁時呂布說：「綁得太緊了，稍微鬆一點兒吧。」曹操說：「捆猛虎，不得不緊一點。」呂布請求道：「明公所擔心的不就是我呂布嗎？如今我臣服了，天下就沒有值得您擔憂的事了。明公您統領步兵，就讓我統領騎兵，平定天下就輕而易舉了。」曹操略有猶豫，一旁的劉備進言道：「明公難道沒見呂布侍奉丁原和董卓的情形嗎？」曹操點頭領會其意。呂布於是怒罵劉備：「你這個小子最不講信義了！」曹操絞死了呂布。呂布、陳宮、高順的腦袋都被砍下來，送到了許都，示眾後才埋了。

曹操活捉陳宮時，問他想不想讓老母和女兒活下去，陳宮答道：「我聽說，以孝治天下的人不會殺對手的親人；將仁義施遍天下的人不會讓對手斷子絕孫。老母能否活命是由你決定的，不在我陳宮！」後來，曹操把陳宮的母親接來，為其養老送終，並為陳宮的女兒找了婆家。

【原文】

呂布字奉先，五原郡九原人也。以驍武給並州。刺史丁原為騎都尉，屯河內，以布為主簿，大見親待。靈帝崩，原將兵詣洛陽。與何進謀誅諸黃門，拜執金吾。進敗，董卓入京都，將為亂，欲殺原，並其兵眾。卓以布見信於原，誘布令殺原。布斬原首詣卓，卓以布為騎都尉，甚愛信之，誓為父子。

布便弓馬，膂力過人，號為飛將。稍遷至中郎將，封都亭侯。卓自以遇人無禮，恐人謀己，行止常以布自衛。然卓性剛而褊，忿不思難，嘗小失意，拔手戟擲布。布拳捷避之，為卓顧謝，卓意亦解。由是陰怨卓。卓常使布守中閤，布與卓侍婢私通，恐事發覺，心不自安。

先是，司徒王允以布州裡壯健，厚接納之。後布詣允，陳卓幾見殺狀。時允與僕射士孫瑞密謀誅卓，是以告布使為內應。布曰：「奈如父子何！」允曰：「君自姓呂，本非骨肉。今憂死不暇，何謂父子？」布遂許之，手刃刺卓。語在《卓傳》。允以布為奮武將軍，假節，儀比三司，進封溫侯，共秉朝政。布自殺卓後，畏惡涼州人，涼州人皆怨。由是李傕等遂相結還攻長安城。布不能拒，傕等遂入長安。卓死後六旬，布亦敗。將數百騎出武關，欲詣袁術。

布自以殺卓為術報仇，欲以德之。術惡其反復，拒而不受。北詣袁紹，紹與布擊張燕於常山。燕精兵萬餘，騎數千。布有良馬曰赤兔。常與其親近成廉、魏越等陷鋒突陳，遂破燕軍。而求益兵眾，將士鈔掠，紹患忌之。布覺其意，從紹求去。紹恐還為己害，遣壯士夜掩殺布，不獲。事露，布走河內，與張楊合。紹令眾追之，皆畏布，莫敢逼近者。

張邈字孟卓，東平壽張人也。少以俠聞，振窮救急，傾家無愛，士多歸之。太祖、袁紹皆與邈友。辟公府，以高第拜騎都尉，遷陳留太守。董卓之亂，太祖與邈首舉義兵。汴水之戰，邈遣衛茲將兵隨太祖。袁紹既為盟主，有驕矜色，邈正議責紹。紹使太祖殺邈，太祖不聽，責紹曰：「孟卓，親友也，是非當容之。今天下未定，不宜自相危也。」邈知之，益德太祖。太祖之征陶謙，敕家曰：「我若不還，往依孟卓。」後還，見邈，垂泣相對。其親如此。

呂布之捨袁紹從張楊也，過邈臨別，把手共誓。紹聞之，大恨。邈畏太祖終為紹擊己也，心不自安。興平元年，太祖復征謙，邈弟超，與太祖將陳宮、從事中郎許汜、王楷共謀叛太祖。宮說邈曰：「今雄傑並起，天下分崩，君以千里之眾，當四戰之地，撫劍顧眄，亦足以為人豪，而反制於人，不以鄙乎！今州軍東征，其處空虛，呂布壯士，善戰無前，若權迎之，共牧兗州，觀天下形勢，俟時事之變通，此亦縱橫之一時也。」邈從之。太祖初使宮將兵留屯東郡，遂以其眾東迎布為兗州牧，據濮陽。郡縣皆應，唯鄄城、東阿、范為太祖守。太祖引軍還，與布戰於濮陽，太祖軍不利，相持百餘日。是時歲旱、蟲蝗、少谷，百姓相食，布東屯山陽。二年間，太祖乃盡復收諸城，擊破布於鉅野。布東奔劉備。邈從布，留超將家屬屯雍丘。太祖攻圍數月，屠之，斬超及其家。邈詣袁術請救未至，自為其兵所殺。

備東擊術，布襲取下邳，備還歸布。布遣備屯小沛。布自稱徐州刺史。術遣將紀靈等步騎三萬攻備，備求救於布。布諸將謂布曰：「將軍常欲殺備，今可假手於術。」布曰：「不然。術若破備，則北連太山諸將，吾為在術圍中，不得不救也。」便嚴步兵千、騎二百，馳往赴備。靈等聞布至，皆斂兵不敢復攻。布於沛西南一裡安屯，遣鈴下請靈等，靈等亦請布共飲食。布謂靈等曰：「玄德，布弟也。弟為諸君所困，故來救之。布性不喜合鬥，但喜解鬥耳。」布令門候於營門中舉一支戟，布言：「諸君觀布射戟小支，一發中者諸君當解去，不中可留決鬥。」布舉弓射戟，正中小支。諸將皆驚，言「將軍天威也」！明日復歡會，然後各罷。

術欲結布為援，乃為子索布女，布許之。術遣使韓胤以僭號議告布，並求迎婦。沛相陳珪恐術、布成婚，則徐、揚合從，將為國難，於是往說布曰：「曹公奉迎天子，輔贊國政，威靈命世，將征四海，將軍宜與協同策謀，圖太山之安。今與術結婚，受天下不義之名，必有累卵之危。」布亦怨術初不己受也，女已在途，追還絕婚，械送韓胤，梟首許市。珪欲使子登詣太祖，布不肯遣。會使者至，拜布左將軍。布大喜，即聽登往，並令奉章謝恩。登見太祖，因陳布勇而無計，輕於去就，宜早圖之。太祖曰：「布，狼子野心，誠難久養，非卿莫能究其情也。」即增珪秩中二千石，拜登廣陵太守。臨別，太祖執登手曰：「東方之事，便以相付。」令登陰合部眾以為內應。

始，布因登求徐州牧，登還，布怒，拔戟斫幾曰：「卿父勸吾協同曹公，絕婚公路；今吾所求無一獲，而卿父子並顯重，為卿所賣耳！卿為吾言，其說雲何？」登不為動容，徐喻之曰；「登見曹公言：『待將軍譬如養虎，當飽其肉，不飽則將噬人。』公曰：『不如卿言也。譬如養鷹，飢則為用，飽則揚去。』其言如此。」布意乃解。

術怒，與韓暹、楊奉等連勢，遣大將張勳攻布。布謂珪曰：「今致術軍，卿之由也，為之奈何？」珪曰：「暹、奉與術，卒合之軍耳，策謀不素定，不能相維持，子登策之，比之連雞，勢不俱棲，可解離也。」布用珪策，遣人說暹、奉，使與己並力共擊術軍，軍資所有，悉許暹、奉。於是暹、奉從之，術大破敗。

建安三年，布復叛為術，遣高順攻劉備於沛，破之。太祖遣夏侯惇救備，為順所敗。太祖自征布，至其城下，遺布書，為陳禍福。布欲降，陳宮等自以負罪深，沮其計。布遣人求救於術，（術）自將千餘騎出戰，敗走，還保城，不敢出。術亦不能救。布雖驍猛，然無謀而多猜忌，不能制御其黨，但信諸將。諸將各異意自疑，故每戰多敗。太祖塹圍之三月，上下離心，其將侯成、宋憲、魏續縛陳宮，將其眾降。布與其麾下登白門樓。兵圍急，乃下降。遂生縛布，布曰：「縛太急，小緩之。」太祖曰：「縛虎不得不急也。」布請曰：「明公所患不過於布，今已服矣，天下不足憂。明公將步，令布將騎，則天下不足定也。」太祖有疑色。劉備進曰：「明公不見布之事丁建陽及董太師乎！」太祖頷之。布因指備曰：「是兒最叵信者。」於是縊殺布。布與宮、順等皆梟首送許，然後葬之。

太祖之禽宮也，問宮欲活老母及女不，宮對曰：「宮聞孝治天下者不絕人之親，仁施四海者不乏人之祀，老母在公，不在宮也。」太祖召養其母終其身，嫁其女。

魏書

諸夏侯曹傳・夏侯惇

夏侯惇字元讓，沛國譙郡人，是漢朝開國元勳夏侯嬰的後代。他十四歲時跟隨一位老師學習，有人侮辱他的老師，夏侯惇就將那人殺了，因此夏侯惇以性格剛烈聞名於當地。太祖曹操起兵之初，夏侯惇擔任其副將，跟隨曹操南征北戰。曹操代理奮武將軍時，以夏侯惇為司馬，讓他另外駐紮在白馬，提拔他為折沖校尉，兼任東郡太守。曹操征討陶謙時，讓夏侯惇留守濮陽。張邈背叛曹操投靠呂布，當時曹操的家在鄄城，夏侯惇聽到這一消息，率軍輕裝趕往鄄城，在途中遭遇呂布，兩軍交戰。呂布後撤，趁勢進入濮陽，襲得夏侯惇的輜重。呂布派將領來到夏侯惇營中假裝投降，一舉擒獲了夏侯惇，逼他交出寶物，夏侯惇軍中將士大為震驚。夏侯惇的得力幹將韓浩守住營門，把將領都召集起來，讓他們安撫士卒，不得妄動，各營才慢慢穩定下來。韓浩來到夏侯惇的大帳中，怒斥挾持夏侯惇的人說：「你們這些凶惡的叛逆者，居然敢挾持大將軍，難道是不想活了嗎？況且我們身負討伐叛賊的使命，難道會因為一個將軍落入你們手中而任憑你們胡作非為嗎？」他流著淚對夏侯惇說：「從國法考慮，我不得不如此！」於是立即召集士兵攻打劫持者。劫持者嚇得連連叩頭，說：「我們不敢為難大將軍，只求給我們些財物！」韓浩痛斥劫持者的行徑，將他們都殺了。夏侯惇得以幸免。曹操聽說了這件事，對韓浩說：「你的做法可以永遠作為效仿的榜樣。」於是發布命令，從今以後，如有劫持人質的，連人質一同消滅，不要顧忌人質。從那之後，再沒發生劫持人質的事。

曹操從徐州回來，夏侯惇隨他討伐呂布，在戰鬥中被流箭射傷左眼。他又兼任陳留、濟陰太守，被授予建武將軍之職，封高安鄉侯。那一年大旱，蝗蟲肆虐，夏侯惇截斷太壽水形成一個池塘，他親自擔土，率領將士們帶動老百姓一起種植稻谷，百姓因此渡過了難關。夏侯惇不久調任河南尹。曹操平定河北時，夏侯惇承擔斷後的重任。攻下鄴城後，他升任伏波將軍，仍擔任河南尹一職，被授予可以根據情況靈活處置事情的權力，不受法令的限制。建安十二年（二〇七），曹操根據夏侯惇前後的功勞，給他增加封邑一千八百戶，加上以前分封的，共計兩千五百戶。建安二十一年（二一六），夏侯惇跟隨曹操征討孫權後返回，受命都督二十六路人馬，留守居巢。曹操賜給他各種樂器和有名的倡優，說：「春秋時的魏絳聯合西戎有功，尚能得到鐘磬之類的樂器，何況將軍你呢！」建安二十四年（二一九），曹操在摩陂駐軍，時常招呼夏侯惇與他同乘一輛車，表示特別信任器重，可以直接出入曹操的內室，這是其他將領所無法企及的。夏侯惇又被任命為前將軍，帶領各路人馬回到壽春，後來轉移到召陵駐紮。魏文帝曹丕繼任魏王後，任命夏侯惇為大將軍，數月後他就去世了。

夏侯惇雖然一直生活在軍旅之中，卻親自迎接老師接受教育。他清心寡欲、生活儉樸，有多餘的財產則分施給眾人，不以權謀私，不置辦家業。死後謚為忠侯。兒子夏侯充繼其爵位。曹丕追念夏侯惇的功績，想讓他的子孫們都為侯爵，分封夏侯惇家眷一千戶，賜給夏侯惇七子二孫關內侯的爵號。夏侯惇的弟弟夏侯廉和他的兒子夏侯楙已經封了列侯。早先，曹操將女兒嫁於夏侯楙，那就是清河公主。夏侯楙歷任侍中、尚書、安西鎮東將軍，假以符節。夏侯充死後，其子廙繼承爵位。廙死，其子劭繼承爵位。

【原文】

夏侯惇字元讓，沛國譙人，夏侯嬰之後也。年十四，就師學。人有辱其師者，惇殺之，由是以烈氣聞。太祖初起，惇常為裨將，從征伐。太祖行奮武將軍，以惇為司馬，別屯白馬，遷折沖校尉，領東郡太守。太祖征陶謙，留惇守濮陽。張邈叛迎呂布，太祖家在鄄城，惇輕軍往赴，適與布會，交戰。布退還，遂入濮陽，襲得惇軍輜重。遣將偽降，共執持惇，責以寶貨，惇軍中震恐。惇將韓浩乃勒兵屯惇營門，召軍吏諸將，皆案甲當部不得動，諸營乃定。遂詣惇所，叱持質者曰：「汝等凶逆，乃敢執劫大將軍，復欲望生邪！且吾受命討賊，寧能以一將軍之故，而縱汝乎？」因涕泣謂惇曰：「當奈國法何！」促召兵擊持質者。持質者惶遽叩頭，言：「我但欲乞資用去耳！」浩數責，皆斬之。惇既免，太祖聞之，謂浩曰：「卿此可為萬世法。」乃著令：「自今已後有持質者，皆當並擊，勿顧質。」由是劫質者遂絕。

太祖自徐州還，惇從征呂布，為流矢所中，傷左目。復領陳留、濟陰太守，加建武將軍，封高安鄉侯。時大旱，蝗蟲起，惇乃斷太壽水作陂，身自負土，率將士勸種稻，民賴其利。轉領河南尹。太祖平河北，為大將軍後拒。鄴破，遷伏波將軍，領尹如故，使得以便宜從事，不拘科制。建安十二年，彔惇前後功，增封邑千八百戶，並前二千五百戶。二十一年，從征孫權還，使惇都督二十六軍，留居巢。賜伎樂名倡，令曰：「魏絳以和戎之功，猶受金石之樂，況將軍乎！」二十四年，太祖軍（擊破呂布軍）於摩陂，召惇常與同載，特見親重，出入臥內，諸將莫得比也。拜前將軍，督諸軍還壽春，徙屯召陵。文帝即王位，拜惇大將軍，數月薨。

惇雖在軍旅，親迎師受業。性清儉，有餘財輒以分施，不足資之於官，不治產業。謚曰忠侯，子充嗣。帝追思惇功，欲使子孫畢侯，分惇邑千戶，賜惇七子二孫爵皆關內侯。惇弟廉及子楙素自封列侯。初，太祖以女妻楙，即清河公主也。楙歷位侍中、尚書、安西鎮東將軍，假節。充薨，子廙嗣。廙薨，子劭嗣。

魏書

諸夏侯曹傳 · 夏侯淵

夏侯淵字妙才，夏侯惇的族弟。曹操沒出來做官時，曾因犯案要被縣衙治罪，夏侯淵替他承受了重罪，曹操設法營救，讓他免受了災難。曹操起兵，夏侯淵作為別部司馬、騎都尉跟隨他，又被任命為陳留、潁川太守。曹操與袁紹在官渡開戰，他代理督軍校尉之職。袁紹兵敗後，曹操派他督運兗州、豫州、徐州的軍糧。當時糧草短缺，夏侯淵想盡辦法不斷輸送糧草，使得軍中士氣重新振作。昌狶反叛後，曹操派于禁前去討伐，沒能攻克，又派夏侯淵與于禁一同討伐，終於擊潰了昌狶叛軍，連下其十多個營寨，昌狶不得不前往于禁軍中請降。夏侯淵凱旋而歸，被任命為典軍校尉。濟南、樂安的黃巾軍首領徐和、司馬俱等人攻城略地，屠殺官吏，夏侯淵率領泰山、齊、平原郡的軍隊出擊，大破黃巾軍，殺死了徐和，平定了各縣，將繳獲的糧草分發給部下。建安十四年（二〇九），曹操讓夏侯淵代理領軍。曹操征伐孫權回來，派夏侯淵督領諸將去攻打廬江叛賊雷緒。雷緒被打敗後，夏侯淵又代理征西護軍，督領徐晃攻打太原的叛賊，攻下二十多個營寨，殺死叛軍頭領商曜，將其營中之人屠殺殆盡。夏侯淵又跟隨曹操討伐韓遂等人，在渭南一帶作戰。又督領朱靈平定隃麋、汧氐。與曹操在安定會師，迫使楊秋投降。

建安十七年（二一二），曹操返回鄴城，讓夏侯淵代理護軍將軍一職，督領朱靈、路招等人駐紮在長安，擊破了南山叛賊劉雄，迫使他的部屬全部投降。夏侯淵將韓遂、張超的餘黨梁興圍困在鄠縣，攻克鄠縣後，斬了梁興，因此被封為博昌亭侯。馬超在冀地圍攻涼州刺史韋康，夏侯淵前去救援，但沒等他趕到，韋康已被打敗。在距冀地二百餘里的地方，馬超迎戰夏侯淵，夏侯淵出師不利。汧氐又反叛，夏侯淵只得領軍退回。建安十九年（二一四），趙衢、尹奉等人商議討伐馬超，姜敘在鹵城起兵響應。趙衢誘使馬超去攻打姜敘，然後乘虛而入，將馬超的妻兒全都殺了。馬超逃往漢中，隨後又回來圍攻祁山。姜敘等見馬超來勢凶猛，急忙請求救援，各位將領認為，只有曹操才能指揮大規模的軍事行動。夏侯淵說：「主公在鄴城，往返四千里路，等報告後得到指示，姜敘等早就敗了，這不是救急的辦法。」於是他擅自出征，派張郃率領五千步騎先行，從陳倉狹道直奔漢中，他自己押運糧草緊隨其後。張郃行軍到達渭水邊，馬超帶領數千名氐人羌人前來抵禦。還沒有開戰，馬超便逃跑了，張郃乘勝收繳了馬超的軍用器械。等夏侯淵到達時，附近諸縣都已投降。韓遂駐守顯親，夏侯淵想偷襲他，韓遂聞訊先逃了。夏侯淵繳獲了韓遂的軍糧，追到略陽城，離韓遂還有二十多里，手下將領有的主張先攻打韓遂，有的認為應先攻打興國的氐族。夏侯淵認為韓遂兵馬精良，興國城池堅固，如先去圍攻興國，不能馬上攻下，不如先去攻打長離的各路羌人。長離的羌人有很多在韓遂的軍隊裡，若是攻打長離，他們必定會回去救家。韓遂如果讓這些羌人回去，他就勢單力薄了；如果他隨著羌人一同去救長離，則官兵就可以在曠野和他作戰，一定能將他俘獲。夏侯淵於是留督將守輜重，輕裝奔赴長離，焚燒了羌人的寨子，殺死許多羌人。韓遂軍中的羌人們紛紛趕回自己的部落。韓遂果然也來救長離，與夏侯淵的軍隊對陣。諸將見韓遂人多勢眾，不免膽怯，想要修築營壘，挖好戰壕再與他們交戰。夏侯淵說：「我們轉戰千里，如今又要修築營壘，挖戰壕，士兵就會更加疲勞鬆懈，不能堅持多久。敵軍人數雖多，卻不難打敗。」於是擂起戰鼓，將韓遂軍打得一敗塗地，還奪得了韓遂的軍旗。回到略陽，再次圍攻興國。氐王千萬出逃投奔馬超，其餘人都投降了。夏侯淵轉而進攻高平、屠各，那裡的守軍紛紛逃走，夏侯淵繳獲了大量的糧草牲口。朝廷因此授予夏侯淵符節。

當初，枹罕的宋建趁涼州動亂，自稱為河首平漢王。曹操派夏侯淵帶領一些將領討伐宋建。夏侯淵大軍到達後，將其包圍，攻打了一個多月就拿下了，殺了宋建以及他任命的丞相以下的官員。夏侯淵另派張郃等人去平定河關，部隊剛渡過黃河進入小湟中，河西各羌族部落就都投降了，隴西得以平定。曹操感慨道：「宋建作亂三十餘年，夏侯淵一舉將其消滅，像猛虎般縱橫關右，所向無敵。正如孔子所說的：『我不如你啊！』」建安二十一年（二一六），夏侯淵的封邑增加三百戶，加上之前分封的，共計八百戶。夏侯淵回師又在下辯攻打武都的氐人和羌人，得到氐人的稻穀十餘萬斛。曹操西征張魯，夏侯淵等帶領涼州的諸將、侯王官員，與曹操在休亭會面。曹操每次接見羌人、胡人，都要提出夏侯淵的名號來威懾他們。這時張魯投降，漢中平定，曹操任命夏侯淵為代理都護將領，督領張郃、徐晃等人平定巴郡。曹操返回鄴縣，留夏侯淵駐守漢中，任命他為征西將軍。建安二十三年（二一八），劉備大軍駐紮陽平關，夏侯淵率諸將前去抵抗，兩軍相持超過一年。建安二十四年（二一九）正月，劉備夜襲夏侯淵的營寨，燒毀了周圍的鹿角路障。夏侯淵派張郃守衛東面，自己帶一支輕兵守衛南面。劉備向張郃發動進攻，張郃告急。夏侯淵分出一半兵力去援助張郃，夏侯淵自己遭到劉備軍的襲擊，夏侯淵戰死。諡號愍侯。

當初，夏侯淵雖屢戰屢勝，曹操卻經常告誡他說：「作為將領也要有怯弱的時候，不能光靠著自己的勇敢。為將確實應以勇為本，但也要有智謀，只知道逞一時之勇，只能與一個匹夫對敵。」

夏侯淵的妻子，是曹操的妻妹。夏侯淵的大兒子夏侯衡，娶了曹操弟弟海陽哀侯的女兒，恩寵非同一般。夏侯衡繼承了父親的爵位，隨後被封為安寧亭侯。黃初年間（二二〇—二二六），曹丕賜封夏侯淵的二兒子夏侯霸為關內侯。太和年間（二二七—二三八），又賜封夏侯霸的四個弟弟，均為關內侯。夏侯霸，正始年間（二四〇—二四九）任討蜀護軍右將軍，進而封為博昌亭侯，一向為曹爽所器重。曹爽被殺後，他擔心禍及自己，逃到了蜀國。因為夏侯淵功勳卓著，因此朝廷赦免了夏侯霸的兒子，只是將他們遷到了樂浪郡。夏侯霸的弟弟夏侯威，官至兗州刺史。夏侯威的弟弟夏侯惠，曾任樂安太守。夏侯惠的弟弟夏侯和，曾任河南尹。夏侯衡死後，他的兒子夏侯績繼位，任虎賁中郎將。夏侯績死，兒子夏侯褒繼位。

【原文】

夏侯淵字妙才，惇族弟也。太祖居家，曾有縣官事，淵代引重罪，太祖營救之，得免。太祖起兵，以別部司馬、騎都尉從，遷陳留、潁川太守。及與袁紹戰於官渡，行督軍校尉。紹破，使督兗、豫、徐州軍糧；時軍食少，淵傳饋相繼，軍以復振。昌豨反，遣于禁擊之，未拔。復遣淵與禁並力，遂擊豨，降其十餘屯，豨詣禁降。淵還，拜典軍校尉。濟南、樂安黃巾徐和、司馬俱等攻城，殺長吏，淵將泰山、齊、平原郡兵擊，大破之，斬和，平諸縣，收其糧谷以給軍士。十四年，以淵為行領軍。太祖征孫權還，使淵督諸將擊廬江叛者雷緒，緒破，又行征西護軍，督徐晃擊太原賊，攻下二十餘屯，斬賊帥商曜，屠其城。從征韓遂等，戰於渭南。又督朱靈平隃麋、汧氐。與太祖會安定，降楊秋。

十七年，太祖乃還鄴，以淵行護軍將軍，督朱靈、路招等屯長安，擊破南山賊劉雄，降其眾。圍遂、超余黨梁興於鄠，拔之，斬興，封博昌亭侯。馬超圍涼州刺史韋康於冀，淵救康，未到，康敗。去冀二百餘里，超來逆戰，軍不利。汧氐反，淵引軍還。十九年，趙衢、尹奉等謀討超，姜敘起兵鹵城以應之。衢等譎說超，使出擊敘，於後盡殺超妻子。超奔漢中，還圍祁山。敘等急求救，諸將議者欲須太祖節度。淵曰：「公在鄴，反復四千里，比報，敘等必敗，非救急也。」遂行，使張郃督步騎五千在前，從陳倉狹道入，淵自督糧在後。郃至渭水上，超將氐、羌數千逆合。未戰，超走，郃進軍收超軍器械。淵到，諸縣皆已降。韓遂在顯親，淵欲襲取之，遂走。淵收遂軍糧，追至略陽城，去遂二十餘里，諸將欲攻之，或言當攻興國氐。淵以為遂兵精，興國城固，攻不可卒拔，不如擊長離諸羌。長離諸羌多在遂軍，必歸救其家。若舍羌獨守則孤，救長離則官兵得與野戰，可必虜也。淵乃留督將守輜重，輕兵步騎到長離，攻燒羌屯，斬獲其眾。諸羌在遂軍者，各還種落。遂果救長離，與淵軍對陳。諸將見遂眾，惡之，欲結營作塹乃與戰。淵曰：「我轉鬥千里，今復作營塹，則士眾罷弊，不可久。賊雖眾，易與耳。」乃鼓之，大破遂軍，得其旌麾，還略陽，進軍圍興國。氐王千萬逃奔馬超，餘眾降。轉擊高平、屠各，皆散走，收其糧穀牛馬。乃假淵節。

初，枹罕宋建因涼州亂，自號河首平漢王。太祖使淵帥諸將討建。淵至，圍枹罕，月餘拔之，斬建及所置丞相已下。淵別遣張郃等平河關，渡河入小湟中，河西諸羌盡降，隴右平。太祖下令曰：「宋建造為亂逆三十餘年，淵一舉滅之，虎步關右，所向無前。仲尼有言：『吾與爾不如也。』」二十一年，增封三百戶，并前八百戶。還擊武都、氐、羌、下辯，收氐穀十餘萬斛。太祖西征張魯，淵等將涼州諸將侯王已下，與太祖會休亭。太祖每引見羌、胡，以淵畏之。會魯降，漢中平，以淵行都護將軍，督張郃、徐晃等平巴郡。太祖還鄴，留淵守漢中，即拜淵征西將軍。二十三年，劉備軍陽平關，淵率諸將拒之，相守連年。二十四年正月，備夜燒圍鹿角。淵使張郃護東圍，自將輕兵護南圍。備挑合戰，郃軍不利。淵分所將兵半助郃，為備所襲，淵遂戰死。謚曰愍侯。

初，淵雖數戰勝，太祖常戒曰：「為將當有怯弱時，不可但恃勇也。將當以勇為本，行之以智計；但知任勇，一匹夫敵耳。」

淵妻，太祖內妹。長子衡，尚太祖弟海陽哀侯女，恩寵特隆。衡襲爵，轉封安寧亭侯。

黃初中，賜中子霸，太和中，賜霸四弟，爵皆關內侯。霸，正始中為討蜀護軍右將軍，進封博昌亭侯，素為曹爽所厚。聞爽誅，自疑，亡入蜀。以淵舊勳赦霸子，徙樂浪郡。霸弟威，官至兗州刺史。威弟惠，樂安太守。惠弟和，河南尹。衡薨，子績嗣，為虎賁中郎將。績薨。子褒嗣。

魏書

諸夏侯曹傳・曹仁

曹仁字子孝，曹操的堂弟。曹仁年輕時愛好騎射打獵。後來各路英雄豪傑紛紛起兵，曹仁也暗中召集年輕人，有一千多，在淮河、泗水一帶活動，隨後又跟著曹操，任別部司馬，行厲鋒校尉之職。在曹操大敗袁術一戰中，曹仁殺死和俘獲了許多敵兵。在跟隨曹操征討徐州時，曹仁經常率領騎兵，擔任先鋒。另外他還攻打陶謙的部將呂由，將其擊潰，回師與大軍在彭城會合，大敗陶謙。後來又跟隨曹操進攻費、華、即墨、開陽等縣，陶謙派部將增援這幾個縣，曹仁率領騎兵將其打敗。曹操征討呂布時，曹仁奉命攻打句陽，攻克了城池，生擒呂布的將領劉何。曹操平定黃巾軍，迎接獻帝建都許縣。曹仁因為屢建功勳，被任命為廣陽太守。曹操器重其有勇有謀，不讓他去郡縣就職，又任命他為議郎並督領騎兵。曹操征討張繡，曹仁負責掃清附近的縣城，俘虜了三千多人。曹操攻打張繡不利而回撤，被張繡追趕，曹操軍中士氣低落。曹仁領著一批勇猛的將士奮勇作戰，深得曹操的贊賞，終於一舉擊敗張繡。

曹操與袁紹在官渡相持了許久，袁紹派劉備先去攻打強各縣，各縣紛紛投降了袁紹。自許都以南，官吏、百姓惶恐不安，曹操也很擔憂。曹仁說：「南方因為有大軍壓境，方才導致眼下的危機，這情形很難相救，劉備率領強兵逼迫，其背叛是可以理解的。但劉備新近開始指揮袁紹的軍隊，未必得心應手，我們率先發起攻擊，一定能打敗他。」曹操採納了他的建議，派他率騎兵攻打劉備，果然將其打得落荒而逃，曹仁全部收復了反叛的各縣。袁紹派別將韓荀截斷了曹仁西面的退路，曹仁在雞洛山與韓荀大戰，將韓荀徹底打敗。袁紹從此再也不敢分兵出戰了。曹仁又與史渙等人襲擊了袁紹的運輸隊，將糧草全部燒毀。

河北平定後，曹仁又隨曹操圍攻壺關。曹操下令道：「攻下壺關，將城裡的人全部活埋。」但一連攻了數月，還沒能拿下。曹仁對曹操說：「圍攻城池，必須給城裡的人留一條生路。如今卻宣告城破時將裡面的人全部殺光，他們當然會拼死守城而保全自己。而且壺關城城池堅固，儲糧又多，如果我們強攻必定傷亡慘重，如果圍困又將曠日持久。現在您屯兵於堅固的城池之下，攻打抱有必死決心的敵人，這不是好的選擇啊！」曹操恍然大悟，撤銷了原先的告示，壺關守將便投降了。於是匯總曹仁前後的功勞，曹操封他為都亭侯。

曹仁再次跟隨曹操征討荊州，曹操任命曹仁為征南將軍，駐守江陵，以對抗東吳大將周瑜。周瑜率領數萬人馬來攻，先鋒數千將士抵達城下時，曹仁登上城牆察看，隨後組織了三百名勇士，派部將牛金帶領，上前應戰。東吳兵馬眾多，牛金兵少，落入包圍之中。長史陳矯等人都在城牆上觀戰，望見牛金的士兵被包圍，嚇得面如土色。曹仁怒氣衝天，吩咐左右牽來戰馬，陳矯等人攔住他說：「敵軍眾多，其勢不可當！只能捨棄這幾百名兄弟，將軍您何必投身絕境呢？」曹仁不加理睬，披掛整齊後上馬，帶領手下壯士數十騎衝出城。在離東吳軍百餘步的地方有一條溝，陳矯等人都以為曹仁會在溝旁停住，與東吳軍對峙。曹仁見牛金危急，直接越溝而前，殺入敵軍的重圍中，牛金等人得以脫險。曹仁見還有些士兵困在敵陣裡，再次衝入敵陣，救出那些士兵，還殺死數名敵人，東吳軍開始後退。陳矯等人起初見曹仁執意出城救援，都十分擔憂，等到曹仁得勝歸來，無不驚嘆道：「將軍真是天神啊！」三軍將士都佩服他的勇敢，曹操更是器重他，封他為安平亭侯。

曹操討伐馬超時，任命曹仁為安西將軍，督率諸將駐守潼關，在渭南擊敗了馬超的軍隊。蘇伯、田銀反叛，曹操讓曹仁領驍騎將軍之職，督領七軍討伐田銀等人，大獲全勝。又讓曹仁領征南將軍之職，假以符節，駐紮在樊城，鎮守荊州。侯音占據宛城反叛，抄掠附近郡縣的數千人，曹仁率各路大軍討伐叛軍，斬了侯音，回師樊城，於是被任命為征南將軍。關羽攻打樊城，當時漢水暴漲，于禁等人率領的七路援軍為大水所淹，于禁向關羽投降。曹仁率數千人馬困守樊城，大水幾乎淹沒了整個城池。關羽乘船逼近城牆，圍了好幾層，城內外音訊斷絕，糧草將盡，而救兵沒有趕到。曹仁激勵將士，表達了誓死守城的決心，將士們被他的精神所感動，沒有一人動搖。徐晃帶領援軍趕到，大水也稍稍退去，徐晃在外圍與關羽交戰，曹仁趁機突出重圍，關羽撤兵而去。

曹仁年輕時行為並不檢點，等他長大當了將軍，就嚴格約束自己遵守法令，經常將條律放在身邊，按照條律要求行事。鄢陵侯曹彰北征烏丸，太子曹丕在東宮給他寫信，告誡他說：「擔任將軍應當奉法，難道不該以征南將軍為楷模嗎？」等到曹丕當上魏王，任命曹仁為車騎將軍，都督荊州、揚州、益州的各項軍事，進而封為陳侯，增加封邑二千戶，加上以前的共計三千五百戶。追贈曹仁的父親曹熾謚號為陳穆侯，安排十戶人家看守曹熾的墓地。後來又召曹仁回去駐守宛城。孫權派陳邵據守襄陽，朝廷命曹仁去討伐。曹仁與徐晃一起打敗了陳邵，於是進駐襄陽，派將軍高遷等人將漢南歸附的百姓遷移到漢北，曹丕當即派使者任命曹仁為大將軍。詔令又命曹仁移駐臨潁，任命他為大司馬，再次督領諸軍駐紮烏江，後回合肥屯守。黃初四年（二二三）曹仁逝世，謚號為忠侯。兒子曹泰繼承爵位，官至鎮東將軍，假以符節，又改封為寧陵侯。曹泰死後，兒子曹初繼承爵位。又分封曹泰的弟弟曹楷、曹范為列侯，而牛金官至後將軍。

【原文】

曹仁字子孝，太祖從弟也。少好弓馬弋獵。後豪傑並起，仁亦陰結少年，得千餘人，周旋淮、泗之間，遂從太祖為別部司馬，行厲鋒校尉。太祖之破袁術，仁所斬獲頗多。從征徐州，仁常督騎，為軍前鋒。別攻陶謙將呂由，破之。還與大軍合彭城，大破謙軍。後攻費、華、即墨、開陽，謙遣別將救諸縣，仁以騎擊破之。太祖征呂布，仁別攻句陽，拔之，生獲布將劉何。太祖平黃巾，迎天子都許。仁數有功，拜廣陽太守。太祖器其勇略，不使之郡，以議郎督騎。太祖征張繡，仁別徇旁縣，虜其男女三千餘人。太祖軍還，為繡所追，軍不利，士卒喪氣，仁率厲將士甚奮，太祖壯之，遂破繡。

太祖與袁紹久相持於官渡，紹遣劉備徇強諸縣，多舉眾應之。自許以南，吏民不安，太祖以為憂。仁曰：「南方以大軍方有目前急，其勢不能相救，劉備以強兵臨之，其背叛固宜也。備新將紹兵，未能得其用，擊之可破也。」太祖善其言，遂使將騎擊備，破走之。仁盡復收諸叛縣而還。紹遣別將韓荀抄斷西道，仁擊荀於雞洛山，大破之。由是紹不敢復分兵出。復與史渙等抄紹運車，燒其糧谷。

河北既定，從圍壺關。太祖令曰：「城拔，皆坑之。」連月不下。仁言於太祖曰：「圍城必示之活門，所以開其生路也。今公告之必死，將人自為守。且城固而糧多，攻之則士卒傷，守之則引日久。今屯兵堅城之下，以攻必死之虜，非良計也。」太祖從之，城降。於是彔仁前後功，封都亭侯。

從平荊州，以仁行征南將軍，留屯江陵，拒吳將周瑜。瑜將數萬眾來攻，前鋒數千人始至，仁登城望之，乃募得三百人，遣部曲將牛金逆與挑戰。賊多，金眾少，遂為所圍。長史陳矯俱在城上，望見金等垂沒，左右皆失色。仁意氣奮怒甚，謂左右取馬來。矯等共援持之。謂仁曰：「賊眾盛，不可當也。假使棄數百人何苦，而將軍以身赴之！」仁不應，遂被甲上馬，將其麾下壯士數十騎出城。去賊百餘步，迫溝。矯等以為仁當住溝上，為金形勢也。仁徑渡溝直前，衝入賊圍，金等乃得解。餘眾未盡出，仁復直還突之，拔出金兵，亡其數人，賊眾乃退。矯等初見仁出，皆懼。及見仁還，乃嘆曰：「將軍真天人也！」三軍服其勇。太祖益壯之，轉封安平亭侯。

太祖討馬超，以仁行安西將軍，督諸將拒潼關，破超渭南。蘇伯、田銀反，以仁行驍騎將軍，都督七軍討銀等，破之。復以仁行征南將軍，假節，屯樊，鎮荊州。侯音以宛叛，略傍縣眾數千人，仁率諸軍攻破音，斬其首，還屯樊，即拜征南將軍。關羽攻樊，時漢水暴溢，于禁等七軍皆沒，禁降羽。仁人馬數千人守城，城不沒者數板。羽乘船臨城，圍數重，外內斷絕，糧食欲盡，救兵不至。仁激厲將士，示以必死，將士感之皆無二。徐晃救至，水亦稍減，晃從外擊羽，仁得潰圍出，羽退走。

仁少時不修行檢，及長為將，嚴整奉法令，常置科於左右，案以從事。鄢陵侯彰北征烏丸，文帝在東宮，為書戒彰曰：「為將奉法，不當如征南邪！」及即王位，拜仁車騎將軍，都督荊、揚、益州諸軍事，進封陳侯，增邑二千，並前三千五百戶。追賜仁父熾謚曰陳穆侯，置守冢十家。後召還屯宛。孫權遣將陳邵據襄陽，詔仁討之。仁與徐晃攻破邵，遂入襄陽，使將軍高遷等徙漢南附化民於漢北，文帝遣使即拜仁大將軍。又詔仁移屯臨潁，遷大司馬，復督諸軍據烏江，還屯合肥。黃初四年薨，謚曰忠侯。子泰嗣，官至鎮東將軍，假節，轉封寧陵侯。泰薨，子初嗣。又分封泰弟楷、范，皆為列侯，而牛金官至後將軍。

魏書

諸夏侯曹傳・曹真

曹真字子丹，是曹操的族子。曹操起兵時，曹真的父親曹邵也隨之招兵買馬，卻被州郡中的人殺了。曹操同情曹真從小失去父親，便收養了他，視同親骨肉，讓他與曹丕等共同生活。曾有一次打獵，曹真被一隻猛虎追趕，只見他回身一箭射去，老虎應聲倒地。曹操贊賞他的勇猛強悍，讓他率領精銳的虎豹騎。他曾領兵前去攻打靈丘的叛賊，旗開得勝，因此被封為靈壽亭侯。曹真以偏將軍的身份帶兵去下辯攻打劉備的別將，又獲勝，被任命為中堅將軍。曹真跟隨曹操入長安，擔任中將軍之職。當時，夏侯淵在陽平陣亡，曹操非常擔憂，於是以曹真為征蜀將軍，督領徐晃等將領，在陽平擊敗劉備的別將高詳。曹操到漢中後，撥出一部分軍隊讓曹真率領，去武都迎接曹洪等，返回後駐紮在陳倉。曹丕繼任魏王，任命曹真為鎮西將軍，假以符節，督領雍州、涼州軍事。根據前後的功勞，封曹真為東鄉侯。張進等人在酒泉叛亂，曹真派費曜前去討伐，平定叛亂，殺死了張進。黃初三年（二二二），曹真返回京城，被任命為上軍大將軍，都督內外各項軍事行動，假以符節、斧鉞。與夏侯尚一起征討孫權，襲擊牛渚的東吳駐軍，大獲全勝。又被拜為中軍大將軍，加封給事中。黃初七年（二二六），文帝臥病在床生命垂危，曹真與陳群、司馬懿等人接受遺詔輔佐朝政。明帝即位，晉封曹真為邵陵侯，遷升大將軍。

諸葛亮圍攻祁山，南安、天水、安定三郡的守軍叛魏投降諸葛亮。明帝派曹真率領各路大軍進兵郿縣，曹真派張郃襲擊諸葛亮的將領馬稷，大獲全勝。安定城的楊條等人劫持了一些官吏、百姓，守衛月支城，曹真前去包圍了他們。楊條對手下人說：「大將軍親自來招安，我願意早些投降。」於是將自己捆綁起來，出城投降。南安、天水、安定三郡都平定了。曹真考慮到諸葛亮以後出兵祁山，必定會走陳倉，就派部將郝昭、王生駐守陳倉，修築城池。次年春天，諸葛亮果然率大軍攻打陳倉，因為魏國早有準備，諸葛亮沒能成功。朝廷給曹真增加封邑，連同以前的共二千九百戶。太和四年（二三〇），曹真在洛陽朝見魏明帝，被升為大司馬，明帝賜予他佩劍、穿鞋上殿，入朝參見免跪拜的特權。曹真上書稱：「蜀國經常出兵騷擾邊境，應當給予還擊，可以分兵幾路齊頭並進，一舉將其擊敗。」明帝聽從了他的建議。曹真統率大軍伐蜀，明帝親自為其送行。曹真八月從長安出發，經子午道向南進軍，司馬懿逆漢水而進，約定在南鄭會合。其他幾路人馬，有的從斜谷道進軍，有的從武威進入。不料遭遇三十多天連綿不斷的大雨，入蜀的棧道垮塌無法前進。明帝下詔令曹真等人撤兵。

曹真年輕時與皇族的曹遵、同鄉朱贊一起追隨曹操，曹遵、朱贊早亡，曹真憐憫他們的家人，請求明帝將分封給他的食邑分出一部分給曹遵、朱贊的後代。明帝下詔說：「大司馬有春秋時叔向撫養孤兒一般的仁義之心，像晏子一樣一旦結為好友便始終篤守信義。君子成人之美，那就聽憑大司馬將封邑分給曹遵、朱贊之子，賜予他們關內侯的爵位，封邑各百戶。」曹真每次出征，總是與將士們同甘共苦，軍餉不夠，就將自己的錢財拿出來貼用，所以士卒都願為他效命。曹真因病回到洛陽，明帝親自去他的府上探視他的病情。曹真逝世，謚為元侯。兒子曹爽繼承其爵位。明帝追念曹真的功績，下詔說：「大司馬一生信守忠義，輔佐二祖，對內不因自己是皇族而邀寵，對外不因身為權貴而鄙視貧寒之士，真可謂是注重自我修養，忠於職守，功勳卓著而持謙德的人啊！五個兒子曹羲、曹訓、曹則、曹彥、曹皚都封為列侯。」當初，文帝分封給曹真食邑二百戶，封曹真之弟曹彬為列侯。

【原文】

曹真字子丹，太祖族子也。太祖起兵，真父邵募徒眾，為州郡所殺。太祖哀真少孤，收養與諸子同，使與文帝共止。常獵，為虎所逐。顧射虎，應聲而倒。太祖壯其鷙勇，使將虎豹騎。討靈丘賊，拔之，封靈壽亭侯。以偏將軍將兵擊劉備別將於下辯，破之，拜中堅將軍。從至長安，領中領軍。是時，夏侯淵沒於陽平，太祖憂之。以真為征蜀護軍，督徐晃等破劉備別將高詳於陽平。太祖自至漢中，拔出諸軍，使真至武都迎曹洪等還屯陳倉。文帝即王位，以真為鎮西將軍，假節，都督雍、涼州諸軍事。彔前後功，進封東鄉侯。張進等反於酒泉，真遣費曜討破之，斬進等。黃初三年還京都，以真為上軍大將軍，都督中外諸軍事，假節鉞。與夏侯尚等征孫權，擊牛渚屯，破之。轉拜中軍大將軍，加給事中。七年，文帝寢疾，真與陳群、司馬宣王等受遺詔輔政。明帝即位，進封邵陵侯，遷大將軍。

諸葛亮圍祁山，南安、天水、安定三郡反應亮。帝遣真督諸軍軍郿，遣張郃擊亮將馬謖，大破之。安定民楊條等略吏民保月支城，真進軍圍之。條謂其眾曰：「大將軍自來，吾願早降耳。」遂自縛出，三郡皆平。真以亮懲於祁山，後出必從陳倉，乃使將軍郝昭、王生守陳倉，治其城。明年春，亮果圍陳倉，已有備而不能克。增邑，並前二千九百戶。四年，朝洛陽，遷大司馬，賜劍履上殿，入朝不趨。真以「蜀連出侵邊境，宜遂伐之，數道並入，可大克也。」帝從其計。真當發西討，帝親臨送。真以八月發長安，從子午道南入。司馬宣王溯漢水，當會南鄭。諸軍或從斜谷道，或從武威入。會大霖雨三十餘日，或棧道斷絕，詔真還軍。

真少與宗人曹遵、鄉人朱贊並事太祖。遵、贊早亡，真愍之，乞分所食邑封遵、贊子。詔曰：「大司馬有叔向撫孤之仁，篤晏平久要之分。君子成人之美，聽分真邑賜遵、贊子爵關內侯，各百戶。」真每征行，與將士同勞苦，軍賞不足，輒以家財班賜，士卒皆願為用。真病還洛陽，帝自幸其第省疾。真薨，謚曰元侯。子爽嗣。帝追思真功，詔曰：「大司馬蹈履忠節，佐命二祖，內不恃親戚之寵，外不驕白屋之士，可謂能持盈守位，勞謙其德者也。其悉封真五子羲、訓、則、彥、皚皆為列侯。」初，文帝分真邑二百戶，封真弟彬為列侯。

魏書

諸夏侯曹傳・曹爽

曹爽字昭伯，年輕時因自己皇親的身份而謹慎、持重，明帝曹叡還是太子時，與他關係密切。明帝即位，任命曹爽為散騎侍郎，多次遷升，官至城門校尉，加散騎常侍，又升任武衛將軍，對他格外寵愛。明帝病重之時，將曹爽叫到床前，任命他為大將軍，假以符節、斧鉞，都督內外的一切軍務，錄尚書事總攬朝政，與太尉司馬懿一起接受遺詔輔佐小皇帝。明帝駕崩後，齊王曹芳繼位，任命曹爽為侍中，改封武安侯，封邑一萬二千戶，特賜佩劍穿鞋上殿、入朝不疾走、朝見皇上不唱禮的特權。丁謐為其出謀劃策，讓曹爽出面奏請皇帝，讓皇帝頒詔封司馬懿為太傅，表面上名號更加尊貴，內則由尚書處理一切事務，任何事情都經自己之手，以權衡輕重利弊。曹爽的弟弟曹羲為中領軍，曹訓為武衛將軍，曹彥為散騎常侍侍講，其餘的弟弟也都以列侯的身份在皇帝身邊侍奉，可以出入皇宮禁地，其尊貴恩寵無人能及。南陽人何晏、鄧颺、李勝，沛國人丁謐，東平人畢軌都是當時的名士，他們想入仕途得到重用，明帝卻認為他們過於浮華，不予重用。到了曹爽輔佐少主時，他們都得到了曹爽的重用，成為其心腹。鄧颺等人希望曹爽樹立威望，勸他去討伐蜀國，曹爽聽取了他們的意見，司馬懿想加以阻止，但沒能成功。正始五年（二四四），曹爽向西來到長安，征發六七萬大軍，從駱谷開始伐蜀。當時，關中及氐、羌的軍需供應不上，餓死了無數頭牲畜，沿途都是哀號哭泣的飢民。進入駱谷前行數百里，蜀軍依據山上的險要地勢阻截，魏軍無法前進。曹爽的參軍楊偉分析了面臨的形勢，勸曹爽趕快撤軍，否則將會遭受敗績。鄧颺與楊偉在曹爽面前爭執不下，楊偉說：「鄧颺、李勝這樣做，將會損害國家利益，應將他們殺了。」曹爽很不高興，只得撤軍。

起初，曹爽因司馬懿年紀大了，威望又高，經常像對待父親那樣敬重他，凡事都向他請教，不敢獨斷專行。等到何晏這些人被重用，他們都簇擁在曹爽身邊，唆使他重要職位不能交給外人。於是曹爽任命何晏、鄧颺、丁謐為尚書，何晏主管選舉，畢軌為司隸校尉，李勝為河南令。從那之後，朝中之事很少經過司馬懿了。司馬懿便聲稱有病，以回避咄咄逼人的曹爽。何晏等人把控了朝中大權，他們擅自瓜分了洛陽、野王的桑田，又敗壞皇家湯沐地並據為己有，倚仗權勢攫取公物，用各種理由向州郡索要財物。各處官衙懾於他們的威勢，無人敢違抗。何晏等人與廷尉盧毓向來不和，他們抓住盧毓的一點小過錯，依據嚴苛的法律將盧毓治罪。他們督促主管官員先沒收了盧毓的印綬，然後才上書皇帝。他們就是這樣濫用職權作威作福。曹爽的起居禮儀都效仿皇上，皇宮裡才應有的珍玩，他家隨意擺放；曹爽妻妾成群，還私自取來先帝的才人七八人，又將吏、師工、鼓吹、良家子女三十三人，養在家中作為伎樂。他們還偽造詔書，將五十七名才人送往鄴台，讓先帝的婕妤把她們教習成伎樂。又擅自將宮中太樂樂器、武器庫中的兵器據為己有。挖造一座窟室，用漂亮的絲綢裝飾四壁，經常與何晏等人在裡面宴飲作樂。曹羲對此深為憂慮，多次勸諫。曹羲還寫了三篇文章，闡述了驕奢淫侈所導致的禍害，措辭懇切，但不敢直接指責曹爽，而是借口告誡眾位弟弟，讓曹爽看看。曹爽知道這幾篇文章是針對自己的，很不高興。曹羲有時因勸諫不被接受而哭著離去。司馬懿則在暗中做著準備。正始九年（二四八）冬，李勝出任荊州刺史，前去拜見司馬懿。司馬懿稱自己病入膏肓，裝出一副衰弱不堪的樣子。李勝不能察覺，以為司馬懿真的活不了多久了。

正始十年（二四九）正月，皇帝駕臨高平陵掃墓，曹爽兄弟陪同前往。司馬懿率領自己的人馬搶先占據了武器庫，再出兵駐守洛水浮橋，給皇帝上書說：「從前我從遼東回來時，先帝召陛下、秦王及老臣到床前，拉住老臣的手，對他身後的國家大事深感擔憂。老臣說：『二祖也曾將身後事托付於我，這是陛下您所知道的，所以不必擔憂，萬一發生不如意之事，老臣定當以死報答您對我的信任。』黃門令董箕等人、侍候皇上疾病的才人，都曾聽到過這番話。如今大將軍曹爽背棄先皇的詔命，敗壞國家的法典，在內效仿皇上的飲食起居，在外獨攬大權，破壞軍隊，將宮廷禁兵全部控制在自己手中，各部門要職，都任用親戚朋友；原先宮中的宿衛、侍奉過多位先帝的舊人都貶斥出宮。全部換成新人以樹立其威望，互相勾結，恣意妄為，日甚一日。對外既已如此，他又讓黃門張當為都監，與他勾結在一起，時時監視陛下，企圖謀取皇位。他離間二宮，使皇室互相仇視。如今天下大亂，人人自危，陛下像是客居一般，怎能安穩長久呢？這不是先帝召陛下與老臣到龍床前的本意啊！老臣雖老朽年邁，但豈敢忘記當年對先帝的承諾？當初趙高擅權，導致秦朝覆滅；呂氏、霍氏被及時鏟除，漢朝江山得以永固。這是陛下最好的借鑑，也是我受命的時刻。太尉蔣濟、尚書令司馬孚等人，都認為曹爽有犯上作亂之心，他的兄弟不該掌握兵權，守衛皇宮。我們已將這件事上奏永寧宮皇太后，皇太后敕令我們按奏折所請來行事。老臣已命令主管官員及黃門令罷去曹爽、曹羲、曹訓的兵權，保留侯爵，不得再跟隨陛下左右，如敢逗留，便以軍法從事。老臣支撐病體，率領部隊駐紮在洛水浮橋邊，以防出什麼意外。」

曹爽接到司馬懿的奏章，不敢呈遞皇帝，急得不知如何是好。大司農沛國人桓範聽說司馬懿兵變，不理會司馬懿頒發的皇太后詔告，謊稱奉旨打開了平昌門，手握兵器，劫持看守城門的門候，向南去找曹爽。司馬懿聽說了這件事，淡定地說：「桓範去為曹爽出謀劃策，但曹爽肯定不會用他的計策。」桓範勸曹爽挾持皇上前往許昌，以皇帝的名義招集各地兵馬。曹爽兄弟猶豫不決。桓範又對曹羲說：「到了現在，你們兄弟還有可能求得普通人貧賤而安穩的生活嗎？再說一個普通人手上抓了個人質，尚且希望活命，如今天子在你們手中，你們可以以天子的名義號令天下，哪個敢不響應？」曹羲還是沒有採納他的計策。侍中許允、尚書陳泰勸說曹爽趁早前去請罪，於是曹爽派許允、陳泰去見司馬懿，表示願意受罰；又將司馬懿的奏章交給了皇上。皇上於是免去曹爽兄弟的職位，讓他們以侯爵的身份歸家。

當初，張當私下選取宮女張氏、何氏等送給曹爽。司馬懿懷疑他們有所奸謀，將張當抓起來審訊。張當供出曹爽與何晏等人密謀造反，已經開始操練兵馬，定於三月中旬發難。於是將何晏等人抓起來關進大牢。司馬懿召集朝中公卿聚集在廷上議事，認為：「《春秋》的旨義，『臣子不能凌駕於君主之上，如有這樣的行為則應將其殺了』。曹爽身為皇族，世代蒙受朝廷的殊恩，親手接下先帝的遺詔，受托輔佐天下，卻包藏禍心，不顧先帝輔佐朝政的囑托，與何晏、鄧颺、張當等人陰謀篡奪帝位；桓範與他們勾結在一起，都是大逆不道的罪人。」於是將曹爽、曹羲、曹訓、何晏、鄧颺、丁謐、畢軌、李勝、桓範、張當等人處死，並誅滅三族。嘉平年間（二四九—二五四），為了讓功臣的後人得以延續，天子特冊封曹真的族孫曹熙為新昌亭侯，封邑三百戶，以延續曹真的後嗣。

【原文】

爽字昭伯，少以宗室謹重，明帝在東宮，甚親愛之。及即位，為散騎侍郎，累遷城門校尉，加散騎常侍，轉武衛將軍，寵待有殊。帝寢疾，乃引爽入臥內，拜大將軍，假節鉞，都督中外諸軍事，彔尚書事，與太尉司馬宣王並受遺詔輔少主。明帝崩，齊王即位，加爽侍中，改封武安侯，邑萬二千戶，賜劍履上殿，入朝不趨，贊拜不名。丁謐畫策，使爽白天子，發詔轉宣王為太傅，外以名號尊之，內欲令尚書奏事，先來由己，得制其輕重也。爽弟羲為中領軍，訓武衛將軍，彥散騎常侍侍講，其餘諸弟，皆以列侯侍從，出入禁闥，貴寵莫盛焉。南陽何晏、鄧颺、李勝、沛國丁謐、東平畢軌咸有聲名，進趣於時，明帝以其浮華，皆抑黜之。及爽秉政，乃復進敘，任為腹心。颺等欲令爽立威名於天下，勸使伐蜀，爽從其言。宣王止之不能禁。正始五年，爽乃西至長安，大發卒六七萬人，從駱谷入。是時，關中及氐、羌轉輸不能供，牛馬騾驢多死，民夷號泣道路。入谷行數百里，賊因山為固，兵不得進。爽參軍楊偉為爽陳形勢，宜急還，不然將敗。颺與偉爭於爽前，偉曰：「颺、勝將敗國家事，可斬也。」爽不悅，乃引軍還。

初，爽以宣王年德並高，恆父事之，不敢專行。及晏等進用，咸共推戴，說爽以權重不宜委之於人。乃以晏、颺、謐為尚書，晏典選舉，軌司隸校尉，勝河南尹，諸事希復由宣王。宣王遂稱疾避爽。晏等專政，共分割洛陽、野王典農部桑田數百頃，及壞湯沐地以為產業，承勢竊取官物，因緣求欲州郡。有司望風，莫敢忤旨。晏等與廷尉盧毓素有不平，因毓吏微過，深文致毓法，使主者先收毓印綬，然後奏聞。其作威如此。爽飲食車服，擬於乘輿；尚方珍玩，充牣其家；妻妾盈後庭，又私取先帝才人七八人，及將吏、師工、鼓吹、良家子女三十三人，皆以為伎樂。詐作詔書，發才人五十七人送鄴台，使先帝婕妤教習為伎。擅取太樂樂器、武庫禁兵。作窟室，綺疏四周，數與晏等會其中，縱酒作樂。羲深以為大憂，數諫止之。又著書三篇，陳驕淫盈溢之致禍敗，辭旨甚切，不敢斥爽，托戒諸弟以示爽。爽知其為己發也，甚不悅。羲或時以諫喻不納，涕泣而起。宣王密為之備。九年冬，李勝出為荊州刺史，往詣宣王。宣王稱疾困篤，示以羸形。勝不能覺，謂之信然。

十年正月，車駕朝高平陵，爽兄弟皆從。宣王部勒兵馬，先據武庫，遂出屯洛水浮橋。奏爽曰：「臣昔從遼東還，先帝詔陛下、秦王及臣升御床，把臣臂，深以後事為念。臣言：『二祖亦屬臣以後事，（為念）此自陛下所見，無所憂苦。萬一有不如意，臣當以死奉明詔。』黃門令董箕等，才人侍疾者，皆所聞知。今大將軍爽背棄顧命，敗亂國典，內則僭擬，外專威權；破壞諸營，盡據禁兵，群官要職，皆置所親；殿中宿衛，歷世舊人皆復斥出，欲置新人以樹私計；根據盤互，縱恣日甚。外既如此，又以黃門張當為都監，專共交關，看察至尊，候伺神器，離間二宮，傷害骨肉。天下洶洶，人懷危懼，陛下但為寄坐，豈得久安！此非先帝詔陛下及臣升御床之本意也。臣雖朽邁，敢忘往言？昔趙高極意，秦氏以滅；呂、霍早斷，漢祚永世。此乃陛下之大鑑，臣受命之時也。太尉臣濟、尚書令臣孚等，皆以爽為有無君之心，兄弟不宜典兵宿衛，奏永寧宮。皇太后令敕臣如奏施行。臣輒敕主者及黃門令罷爽、羲、訓吏兵，以侯就第，不得逗留以稽車駕；敢有稽留，便以軍法從事。臣輒力疾將兵屯洛水浮橋，伺察非常。」

爽得宣王奏事，不通，迫窘不知所為。大司農沛國桓範聞兵起，不應太后召，矯詔開平昌門，拔取劍戟，略將門候，南奔爽。宣王知，曰：「範畫策，爽必不能用範計。」範說爽使車駕幸許昌，招外兵。爽兄弟猶豫未決，範重謂義曰：「當今日，卿門戶求貧賤復可得乎？且匹夫持質一人，尚欲望活。今卿與天子相隨，令於天下，誰敢不應者？」義猶不能納。侍中許允、尚書陳泰說爽，使早自歸罪。爽於是遣允、泰詣宣王，歸罪請死，乃通宣王奏事。遂免爽兄弟，以侯還第。

初，張當私以所擇才人張、何等與爽。疑其有奸，收當治罪。當陳爽與晏等陰謀反逆，並先習兵，須三月中欲發，於是收晏等下獄。會公卿朝臣廷議，以為：「《春秋》之義，『君親無將，將而必誅』。爽以支屬，世蒙殊寵，親受先帝握手遺詔，托以天下，而包藏禍心，蔑棄顧命，乃與晏、颺及當等謀圖神器，範黨同罪人，皆為大逆不道。」於是收爽、義、訓、晏、颺、謐、軌、勝、範、當等，皆伏誅，夷三族。嘉平中，紹功臣世，封真族孫熙為新昌亭侯，邑三百戶，以奉真後。

魏書

荀彧攸賈詡傳・荀彧

荀彧字文若，潁川郡潁陰縣人。祖父荀淑，字季和，曾任郎陵縣令。在漢順帝、漢桓帝時期，很有名望。荀淑有八個兒子，號稱「八龍」。荀彧的父親荀緄，曾任濟南國相。叔父荀爽，曾任司空。

荀彧年輕時，南陽人何顒覺得他非同尋常，贊嘆道：「這是個可以輔佐帝王的良才！」永漢元年（一八九），荀彧被舉為孝廉，被任命為守宮令。董卓之亂時，他請求出任地方官。被任命為亢父縣令，荀彧卻又棄官回鄉，他對父老們說：「潁川是四面受敵的戰亂頻發之地，天下一有動亂，便是兵家必爭的要衝，應該趕緊離開，不要在此久留。」鄉人大多留戀故土，猶豫不決，適逢冀州牧同郡人韓馥派騎兵來迎接，無人跟他走，荀彧只好帶上自己的族人遷到冀州。抵達冀州時袁紹已奪了韓馥的地盤，他以上賓之禮待荀彧。荀彧的弟弟荀諶及同郡人辛評、郭圖，都得到袁紹任用。荀彧預料袁紹最終不會成就大業，當時曹操任奮武將軍，駐紮在東郡。初平二年（一九一），荀彧離開袁紹去追隨曹操。曹操非常高興，說：「你就是我的張良啊！」任命他為司馬，當時荀彧二十九歲。那時董卓權勢熏天，曹操以此事詢問荀彧，荀彧說：「董卓暴虐已極，勢必以作亂覆滅，不會成什麼氣候。」董卓派李傕等出關東，一路大肆擄掠，直到潁川、陳留才返回。荀彧留在那裡的鄉人大多遭到殺戮搶掠。第二年，曹操兼任兗州牧，後又任鎮東將軍，荀彧作為司馬常跟隨左右。興平元年（一九四），曹操討伐陶謙，任命荀彧主持留守事宜。正遇上張邈、陳宮在兗州反叛，暗中迎接呂布。呂布到達後，張邈就派劉翊告訴荀彧說：「呂將軍來幫助曹使君攻打陶謙，應該趕快為他提供軍糧。」眾人覺得疑惑。荀彧料到張邈已經反叛，當即整肅軍隊，安排防務，速召東郡太守夏侯惇，而當時兗州各縣已紛紛投向呂布了。當時曹操集中兵力圍攻陶謙，留守的人馬很少，而將領官吏們大多與張邈、陳宮串通一氣。夏侯惇來到後，當夜殺了參與謀反者幾十人，這才讓大家稍稍安定下來。豫州刺史郭貢率領數萬人馬來到城下，有人說他與呂布同謀，大家都很害怕。郭貢要求見荀彧，荀彧準備前往。夏侯惇等人勸道：「您負責鎮守一州，貿然前去必定危險，萬萬不可！」荀彧說：「郭貢與張邈等人，並不是向來就有勾結的，現在他匆匆趕來，還沒有拿定主意。趁他未定之時去遊說他，即使不能拉到我們這邊，也可讓他保持中立；如果先猜疑他，他將會被激怒而真的反叛。」郭貢看到荀彧從容鎮定並不驚慌，以為鄄城防衛森嚴不容易攻下，因此領兵離去。荀彧又與程昱商議，讓他去說服范和東阿二縣，最終保住了三座城，以等待曹操返回。曹操從徐州回師，在濮陽擊敗了呂布，呂布向東逃去。興平二年（一九五）夏天，曹操駐軍乘氏，那裡發生大饑荒，甚至出現了人吃人的事。

後陶謙已死，曹操想趁機奪取徐州，回師再平定呂布。荀彧說：「當初漢高祖確保關中，光武帝占據河內，都是先鞏固自己的根據地然後爭奪天下，這樣順利時可以獲勝，遇到挫折時退回來可以固守，所以雖然經過了無數困難挫折，最終成就大業。將軍原本是以兗州為根基起事的，平定山東禍亂，百姓無不心悅誠服。況且兗州位於黃河、濟水流域，是天下要衝，如今雖因戰亂而殘破，還是容易自保的，這就是將軍您的關中、河內，不可以不先安定它。現在已擊潰了李封、薛蘭，如果分兵東擊陳宮，陳宮必定不敢顧及西邊，我們趁機組織人馬收割成熟的麥子，節約糧食儲備穀物，就能一舉擊敗呂布。然後向南聯合揚州的劉繇，共同討伐袁術，以控制淮水、泗水一帶。如果捨棄呂布而向東攻打徐州，多留守兵則攻城的力量不夠，少留守兵就得征召百姓也來守城，不能打柴勞作。呂布乘虛侵擾殺掠，民心將更恐懼，只有鄄城、范、衛三處可以保全，其他地方都不屬於我們了，這就等於失去了兗州。要是徐州攻不下，將軍將何處安身？何況陶謙雖然死了，但徐州也不易攻破。他們吸取往年失敗的教訓，因為恐懼而更緊密地團結起來，彼此幫助。現在東邊的麥子已經收割了，他們必定會堅壁清野來抵禦將軍。將軍久攻不下，又搶不到東西補充軍用，不出十天，十萬人馬還沒有開打就自己衰敗了。上次討伐徐州，實行嚴苛的殺戮政策，徐州人想到自己的父兄被殺的恥辱，必定會人人誓死奮戰，沒有投降之心，即使攻下了徐州，還是不能占有它。事情確實可以有棄此取彼的選擇，用大的換掉小的是可以的，用平安換掉危險是可以的，權衡當時的形勢，只要不必擔憂根基不穩固也是可以的。如今這三者都沒有好處，希望將軍仔細考慮。」曹操這才打消了攻打徐州的念頭。曹操組織人馬大力收割麥子，然後再次與呂布交戰，分兵平定各縣。呂布戰敗而逃，兗州得以平定。

建安元年（一九六），曹操擊敗黃巾軍。漢獻帝從黃河以東返回洛陽。曹操就迎來獻帝在許縣建都之事召集眾人商議，有人認為山東尚未平定，韓暹、楊奉新近將獻帝迎到洛陽，北面聯合張楊，尚不能很快將他們制伏。荀彧勸太祖說：「從前晉文公迎接周襄王返回都城而使諸侯如影相隨，漢高祖向東討伐項羽，為義帝服喪而天下歸心。自從天子蒙塵，顛沛流離，將軍您首先倡導舉義兵，只是因為山東紛擾戰亂，不能遠赴關右，但還是分派將領，冒險與朝廷聯系，雖身在外抵禦叛亂，而心無時不繫於王室，這是將軍匡正天下的一貫志向。如今天子已返回京城，但洛陽已是一片荒蕪的廢墟，忠義之士想著捍衛朝廷，百姓懷念故舊而更加哀傷。如能趁此機會，擁戴天子以迎合民意，這是順應天下大勢；秉持公正之心以使天下豪傑歸服，這是最高明的策略；主持正義以招納英才，這是最了不起的德行。只要這樣做了，天下即使有叛逆之人，也不會成為我們的憂患，這是確定無疑的。韓暹、楊奉豈敢為害？如不能確定朝廷的地位，各地之人生發叛離之心，以後再來考慮此事，恐怕來不及了。」於是曹操來到洛陽，迎接獻帝到許縣建都。獻帝任命曹操為大將軍，提升荀彧為漢朝的侍中，代理尚書令。荀彧經常居於朝中處理朝政，曹操雖征戰在外，軍國大事都要與荀彧商量。曹操問荀彧：「誰能替代您為我出謀劃策？」荀彧說：「荀攸、鍾繇。」早先荀彧談及出謀劃策的賢才，推薦的是戲志才。戲志才死後，又推薦了郭嘉。曹操認為荀彧看人很準，所推薦的人大多稱職，只有擔任揚州刺史的嚴象，擔任涼州刺史的韋康，後來兵敗身亡。

自從曹操迎奉天子之後，袁紹內心不服。當時袁紹已經兼並了黃河以北各地，天下人都畏懼他的強大。曹操正憂慮東邊的呂布，抵禦南邊的張繡，而張繡在宛縣打敗了曹操的軍隊。袁紹更加驕橫，給曹操寫信，言辭極其傲慢無禮。曹操大怒，出入時神態舉止都異於往常，身邊的人都說是敗於張繡的緣故。鍾繇就此事問荀彧，荀彧說：「曹公是聰明人，一定不會因為過去的事情而悔恨，恐怕是為其他事擔憂。」荀彧去見曹操，詢問緣由，曹操將袁紹的來信拿給荀彧看，說：「我現在想討伐無道不義之人，但兵力比不上他，該怎麼辦呢？」荀彧說：「古來勝負成敗之較量，真正有本事的人，縱然力量弱小，也一定會變得強大；如果是平庸之人，即使再強大，也會變得衰弱。劉邦、項羽之勝負，足以讓人明白這個道理。現在與您爭天下的，只有袁紹了。袁紹這人貌似寬和仁厚而內心狹隘，喜歡猜忌，用人時總懷疑其不忠心，您通達明智而不拘小節，只要才能合適就加以任用，這在度量上勝過袁紹；袁紹遇事遲疑猶豫，不能做出決斷，往往錯失良機，而您能果斷決策，隨機應變，這在謀略上勝過袁紹；袁紹軍紀鬆懈，立法不嚴，士兵雖多，卻不能兵盡其用，您法令嚴明，賞罰必行，士兵雖少，卻都奮戰效死，這在勇武上勝過袁紹。袁紹憑其出身名門世家，裝作從容智慧的模樣，以博取名譽，所以士人中沒有實際才幹而喜好虛名者大多歸附於他，您以仁愛之心待人，坦誠相待而不求虛榮，自己謹慎儉樸，而在獎勵有功之人時毫不吝惜，因此天下忠誠正直、講求實效的人都願為您效勞，這在德行上勝過袁紹。憑著上述四個方面的優勢，加上輔佐天子，代表正義，以朝廷的名義征伐叛逆，誰敢不從？袁紹的強大又有什麼用呢？」曹操聽了很高興。荀彧又說：「不先攻取呂布，黃河以北也很難奪取。」曹操說：「是啊。我所擔憂的，是袁紹侵擾關中，引發羌人、胡人作亂，向南再引誘蜀、漢中二郡與我為敵；那樣我將獨自以兗、豫二州抗擊天下六分之五的勢力。那該怎麼辦呢？」荀彧說：「關中的首領有好幾十個，沒人能統一起來，只有韓遂、馬超最強。他們見崤山以東地區正在爭鬥，必定各自擁兵自保。現在如果以朝廷的恩德招撫他們，派使者與他們通好，維持和好，即使不能長久安定，至少在您平定山東之前，不會生變。關西的事情可以托付給鍾繇，這樣您就可以不必擔憂了。」

建安三年（一九八），曹操打敗了張繡，又向東生擒呂布，平定徐州，進而與袁紹相抗衡。孔融對荀彧說：「袁紹地廣兵強，手下田豐、許攸等，都是足智多謀之人；審配、逢紀等人，都是忠義之人；顏良、文醜勇冠三軍，為他統領軍隊。恐怕很難戰勝啊！」荀彧說：「袁紹兵馬雖多但法令不嚴整。田豐過於剛愎而好犯上，許攸貪婪而不檢束。審配專權而無謀，逢紀果決而剛愎自用，這兩人留守主持後方，如果許攸家人犯了法，一定不會放過；不寬容放過，許攸必然叛變。至於顏良、文醜，不過匹夫之勇罷了，一戰便能將其拿下！」建安五年（二〇〇），曹操與袁紹連續交戰。曹操駐守官渡，被袁紹圍攻。曹操軍中糧草將盡，寫信給荀彧，與他商議退回許都以引開袁紹軍隊。荀彧回信說：「眼下雖然糧草短缺，但還比不上楚、漢在滎陽、成皋一帶對峙時那樣艱難。當時劉邦、項羽雙方都不肯先退，因為先退的一方必定處於被動。您以敵方十分之一的兵力，就地堅守，扼住對方咽喉使之不能前進，已經半年了。眼見敵方已經出現頹勢，局面將發生變化，這正是使用奇謀的良機，不可失去啊！」曹操便打消了撤退的念頭。曹操派奇兵偷襲袁紹屯集糧草的基地，斬殺其大將淳于瓊等，袁紹被迫敗退。審配以許攸有不法行徑為理由，收捕其妻兒，許攸一怒之下背叛了袁紹。顏良、文醜都在陣上被殺。田豐由於勸諫袁紹而被殺。所有這一切都與荀彧事先預料的完全一樣。

建安六年（二〇一），曹操到東平的安民籌糧。糧草缺少，不足以與黃河以北的袁氏相峙，於是想要趁袁紹剛遭受失敗，利用這個空隙討伐劉表。荀彧說：「現在袁紹失敗，他的部眾人心散亂，應趁其困頓的機會，一舉平定河北；如果我們離開兗州、豫州，遠征江、漢之地，這時袁紹要是收其殘部，乘虛攻擊我們的後方，您的大事就完了。」曹操於是再次將重兵駐紮在黃河岸邊。袁紹病死後，曹操率軍渡過黃河，襲擊袁紹之子袁譚、袁尚；而高幹、郭援進犯河東郡，關右為之震動，鍾繇率馬騰等軍擊敗了他們。此事記載於《鍾繇傳》中。建安八年（二〇三），曹操根據荀彧前後的功勞，上表請封荀彧為萬歲亭侯。建安九年（二〇四），曹操攻下鄴城，兼任冀州牧。有人勸曹操道：「應恢復古代建制設立九州，那麼冀州所管轄的地盤大，天下就服從您了。」曹操準備採納這個建議，荀彧說：「如果這樣，冀州應包括河東、馮翊、扶風、西河、幽州、並州的地盤，所奪得的地方很多。此前您打敗袁尚，活捉審配，全國上下為之震驚，人人都害怕不能保住自己的地盤，擁有自己的軍隊；現在讓他們分出地盤歸屬冀州，必將更加惶恐。況且很多人在勸說關右諸將閉關自守；現在聽到這個消息，以為您是要一個一個剝奪他們。一旦關西發生動亂，即使有注重德行之人，在形勢逼迫下也會為非作歹，這樣袁尚延緩了死期，袁譚也會萌生二意，劉表可以保住江、漢之間，天下就不那麼容易平定了。希望您迅速領兵先平定黃河以北，然後修復舊都洛陽，南征荊州，譴責劉表沒有向朝廷進貢，那天下人便都明白您的意圖了，人人安心。天下大局穩定下來後，再計議恢復古制，這是國家長久的利益。」曹操於是擱置了恢復古制的計劃。

這時荀攸是曹操的主要謀士。荀彧的哥哥荀衍任監軍校尉駐守鄴城，統領河北軍事。曹操討伐袁尚時，高幹秘密派人偷襲鄴城。荀衍事先察覺，將其全部斬殺，他因功被封為列侯。曹操將自己的一個女兒嫁給了荀彧的長子荀惲，後稱安陽公主。荀彧、荀攸都位高權重，但他倆都謙虛節儉，得到的賞賜、俸祿經常分發給族人和親朋好友，自家並無餘財。建安十二年（二〇七），朝廷又增加荀彧的封邑一千戶，合計二千戶。

曹操準備討伐劉表，問荀彧該採用什麼計策，荀彧說：「現在中原地區已經平定，南方的劉表已經知道處境困難了。可以表面上大張旗鼓地出兵宛、葉二縣，暗中抄小路輕裝行進，打他個出其不意。」曹操便整軍出發。恰好此時劉表病死，曹操直接進逼宛、葉，正如荀彧所謀劃的，劉表之子劉琮獻出荊州投降。

建安十七年（二一二），董昭等人稱曹操應晉爵為國公，配備九錫的儀仗，以表彰其特殊的功勳，他們就此事私下裡徵詢荀彧的意見。荀彧認為曹操興義兵原本是為了匡正朝廷安定國家，懷著忠誠之心，保持謙恭退讓之行動；君子是按德行的要求愛人，不應該這樣做。曹操從此心中對他產生不滿。正好遇上征討孫權，曹操便上表請派荀彧到譙縣慰勞軍隊，乘機擅自將荀彧留在軍中，讓他擔任侍中、光祿大夫持節，參謀丞相軍事。曹操軍隊到了濡須，荀彧因病留在壽春，憂鬱而死，時年五十歲。諡號敬侯。第二年，曹操晉升為魏公。

【原文】

荀彧字文若，潁川潁陰人也。祖父淑，字季和，朗陵令。當漢順、桓之間，知名當世。有子八人，號曰八龍。彧父緄，濟南相。叔父爽，司空。

彧年少時，南陽何顒異之，曰：「王佐才也。」永漢元年，舉孝廉，拜守宮令。董卓之亂，求出補吏。除亢父令，遂棄官歸，謂父老曰：「潁川，四戰之地也，天下有變，常為兵沖，宜亟去之，無久留。」鄉人多懷土猶豫，會冀州牧同郡韓馥遣騎迎之，莫有隨者，彧獨將宗族至冀州。而袁紹已奪馥位，待彧以上賓之禮。彧弟諶及同郡辛評、郭圖，皆為紹所任。彧度紹終不能成大事，時太祖為奮武將軍，在東郡，初平二年，彧去紹從太祖。太祖大悦曰：「吾之子房也。」以為司馬，時年二十九。是時，董卓威陵天下，太祖以問彧，彧曰：「卓暴虐已甚，必以亂終，無能為也。」卓遣李傕等出關東，所過虜略，至潁川、陳留而還。鄉人留者多見殺略。明年，太祖領兗州牧，後為鎮東將軍，彧常以司馬從。興平元年，太祖征陶謙，任彧留事。會張邈、陳宮以兗州反，潛迎呂布。布既至，邈乃使劉翊告彧曰：「呂將軍來助曹使君擊陶謙，宜亟供其軍食。」眾疑惑。彧知邈為亂，即勒兵設備，馳召東郡太守夏侯惇，而兗州諸城皆應布矣。時太祖悉軍攻謙，留守兵少，而督將大吏多與邈、宮通謀。惇至，其夜誅謀叛者數十人，眾乃定。豫州刺史郭貢帥眾數萬來至城下，或言與呂布同謀，眾甚懼。貢求見彧，彧將往。惇等曰：「君，一州鎮也，往必危，不可。」彧曰：「貢與邈等，分非素結也，今來速，計必未定；及其未定說之，縱不為用，可使中立，若先疑之，彼將怒而成計。」貢見彧無懼意，謂鄄城未易攻，遂引兵去。又與程昱計，使說范、東阿，卒全三城，以待太祖。太祖自徐州還擊布濮陽，布東走。二年夏，太祖軍乘氏，大飢，人相食。

陶謙死，太祖欲遂取徐州，還乃定布。彧曰：「昔高祖保關中，光武據河內，皆深根固本以制天下，進足以勝敵，退足以堅守，故雖有困敗而終濟大業。將軍本以兗州首事，平山東之難，百姓無不歸心悅服。且河、濟，天下之要地也，今雖殘壞，猶易以自保，是亦將軍之關中、河內也，不可以不先定。今以破李封、薛蘭，若分兵東擊陳宮，宮必不敢西顧，以其間勒兵收熟麥，約食畜穀，一舉而布可破也。破布，然後南結揚州，共討袁術，以臨淮、泗。若捨布而東，多留兵則不足用，少留兵則民皆保城，不得樵採。布乘虛寇暴，民心益危，唯鄄城、范、衛可全，其餘非己之有，是無兗州也。若徐州不定，將軍當安所歸乎？且陶謙雖死，徐州未易亡也。彼懲往年之敗，將懼而結親，相為表裡。今東方皆以收麥，必堅壁清野以待將軍。將軍攻之不拔，略之無獲，不出十日，則十萬之眾未戰而自困耳。前討徐州，威罰實行，其子弟念父兄之恥，必人自為守，無降心，就能破之，尚不可有也。夫事固有棄此取彼者，以大易小可也，以安易危可也，權一時之勢，不患本之不固可也。今三者莫利，願將軍熟慮之。」太祖乃止。大收麥，復與布戰，分兵平諸縣。布敗走，兗州遂平。

建安元年，太祖擊破黃巾。漢獻帝自河東還洛陽。太祖議奉迎都許，或以山東未平，韓暹、楊奉新將天子到洛陽，北連張楊，未可卒制。彧勸太祖曰：「昔晉文納周襄王而諸侯景從，高祖東伐為義帝縞素而天下歸心。自天子播越，將軍首唱義兵，徒以山東擾亂，未能遠赴關右，然猶分遣將帥，蒙險通使，雖御難於外，乃心無不在王室，是將軍匡天下之素志也。今車駕旋軫，東京榛蕪，義士有存本之思，百姓感舊而增哀。誠因此時，奉主上以從民望，大順也；秉至公以服雄傑，大略也；扶弘義以致英俊，大德也。天下雖有逆節，必不能為累，明矣。韓暹、楊奉其敢為害！若不時定，四方生心，後雖慮之，無及。」太祖遂至洛陽，奉迎天子都許。天子拜太祖大將軍，進彧為漢侍中，守尚書令。常居中持重，太祖雖征伐在外，軍國事皆與彧籌焉。太祖問彧：「誰能代卿為我謀者？」彧言：「荀攸、鍾繇。」先是，彧言策謀士，進戲志才。志才卒，又進郭嘉。太祖以彧為知人，諸所進達皆稱職，唯嚴象為揚州，韋康為涼州，後敗亡。

自太祖之迎天子也，袁紹內懷不服。紹既並河朔，天下畏其強。太祖方東憂呂布，南拒張繡，而繡敗太祖軍於宛。紹益驕，與太祖書，其辭悖慢。太祖大怒，出入動靜變於常，眾皆謂以失利於張繡故也。鍾繇以問彧，彧曰：「公之聰明，必不追咎往事，殆有他慮。」則見太祖問之，太祖乃以紹書示彧，曰：「今將討不義，而力不敵，何如？」彧曰：「古之成敗者，誠有其才，雖弱必強，苟非其人，雖強易弱，劉、項之存亡，足以觀矣。今與公爭天下者，唯袁紹爾。紹貌外寬而內忌，任人而疑其心，公明達不拘，唯才所宜，此度勝也。紹遲重少決，失在後機，公能斷大事，應變無方，此謀勝也。紹御軍寬緩，法令不立，士卒雖眾，其實難用，公法令既明，賞罰必行，士卒雖寡，皆爭致死，此武勝也。紹憑世資，從容飾智，以收名譽，故士之寡能好問者多歸之，公以至仁待人，推誠心不為虛美，行己謹儉，而與有功者無所吝惜，故天下忠正效實之士咸願為用，此德勝也。夫以四勝輔天子，扶義征伐，誰敢不從？紹之強其何能為！」太祖悅。彧曰：「不先取呂布，河北亦未易圖也。」太祖曰：「然。吾所惑者，又恐紹侵擾關中，亂羌、胡，南誘蜀漢，是我獨以兗、豫抗天下六分之五也。為將奈何？」彧曰：「關中將帥以十數，莫能相一，唯韓遂、馬超最強。彼見山東方爭，必各擁眾自保。今若撫以恩德，遣使連和，相持雖不能久安，比公安定山東，足以不動。鍾繇可屬以西事。則公無憂矣。」

三年，太祖既破張繡，東禽呂布，定徐州，遂與袁紹相拒。孔融謂彧曰：「紹地廣兵強；田豐、許攸，智計之士也，為之謀；審配、逢紀，盡忠之臣也，任其事；顏良、文醜，勇冠三軍，統其兵：殆難克乎！」彧曰：「紹兵雖多而法不整。田豐剛而犯上，許攸貪而不治。審配專而無謀，逢紀果而自用，此二人留知後事，若攸家犯其法，必不能縱也，不縱，攸必為變。顏良、文醜，一夫之勇耳，可一戰而禽也。」五年，與紹連戰。太祖保官渡，紹圍之。太祖軍糧方盡，書與彧，議欲還許以引紹。彧曰：「今軍食雖少，未若楚、漢在滎陽、成皋間也。是時劉、項莫肯先退，先退者勢屈也。公以十分居一之眾，畫地而守之，扼其喉而不得進，已半年矣。情見勢竭，必將有變，此用奇之時，不可失也。」太祖乃住。遂以奇兵襲紹別屯，斬其將淳于瓊等，紹退走。審配以許攸家不法，收其妻子，攸怒叛紹；顏良、文醜臨陣授首；田豐以諫見誅：皆如彧所策。

六年，太祖就谷東平之安民，糧少，不足與河北相支，欲因紹新破，以其間擊討劉表。彧曰：「今紹敗，其眾離心，宜乘其困，遂定之；而背兗、豫，遠師江、漢，若紹收其餘燼，承虛以出人後，則公事去矣。」太祖復次於河上。紹病死。太祖渡河，擊紹子譚、尚，而高干、郭援侵略河東，關右震動，鍾繇帥馬騰等擊破之。語在《鍾繇傳》。八年，太祖彔彧前後功，表封彧為萬歲亭侯。九年，太祖拔鄴，領冀州牧。或說太祖：「宜復古置九州，則冀州所制者廣大，天下服矣。」太祖將從之，彧言曰：「若是，則冀州當得河東、馮翊、扶風、西河、幽、並之地，所奪者眾。前日公破袁尚，禽審配，海內震駭，必人人自恐不得保其土地，守其兵眾也；今使分屬冀州，將皆動心。且人多說關右諸將以閉關之計；今聞此，以為必以次見奪。一旦生變，雖有守善者，轉相脅為非，則袁尚得寬其死，而袁譚懷貳，劉表遂保江、漢之間，天下未易圖也。願公急引兵先定河北，然後修復舊京，南臨荊州，責貢之不入，則天下咸知公意，人人自安。天下大定，乃議古制，此社稷長久之利也。」太祖遂寢九州議。

是時荀攸常為謀主。彧兄衍以監軍校尉守鄴，都督河北事。太祖之征袁尚也，高幹密遣兵謀襲鄴，衍逆覺，盡誅之，以功封列侯。太祖以女妻彧長子惲，後稱安陽公主。彧及攸並貴重，皆謙沖節儉，祿賜散之宗族知舊，家無餘財。十二年，復增彧邑千戶，合二千戶。

太祖將伐劉表，問彧策安出，彧曰：「今華夏已平，南土知困矣。可顯出宛、葉而間行輕進，以掩其不意。」太祖遂行。會表病死，太祖直趨宛、葉如彧計，表子琮以州逆降。

十七年，董昭等謂太祖宜進爵國公，九錫備物，以彰殊勳，密以咨彧。彧以為太祖本興義兵以匡朝寧國，秉忠貞之誠，守退讓之實；君子愛人以德，不宜如此。太祖由是心不能平。會征孫權，表請彧勞軍於譙，因輒留彧，以侍中光祿大夫持節，參丞相軍事。太祖軍至濡須，彧疾留壽春，以憂薨，時年五十。謚曰敬侯。明年，太祖遂為魏公矣。

魏書

荀彧攸賈詡傳・荀攸

荀攸字公達，是荀彧的侄子。荀攸的祖父荀曇，曾任廣陵太守。荀攸早年喪父。荀曇去世時，荀曇早先的部屬張權請求為荀曇看守墓地。當時荀攸十三歲，懷疑張權，對叔父荀衢說：「這人臉色不對，恐怕有著不可告人的事！」荀衢醒悟，於是追查詢問，張權果然是殺人在逃。從此人們對荀攸另眼相待。何進執掌朝政時，征召國內的名士荀攸等二十多人。荀攸來到朝廷，被授予黃門侍郎之職。董卓叛亂後，關東紛紛起兵，董卓遷都長安。荀攸與議郎鄭泰、何顒，侍中种輯，越騎校尉伍瓊等人商議道：「董卓暴虐無道，超過了夏桀、商紂，天下人都怨恨他。他雖然擁有強大的軍隊，其實不過是一介匹夫而已。現在我們乾脆將他殺了，以向天下百姓謝罪，然後占據崤山、函谷關，輔佐君王，號令天下，這正是當年齊桓公、晉文公稱霸的做法。」事情將要成功時被董卓發覺，何顒、荀攸被捕關進大牢，何顒憂慮恐懼，自殺身亡；荀攸該吃則吃該喝則喝，神態舉止毫無異常，等到董卓被殺後，荀攸得以幸免。他棄官返鄉，又被官府征召，考試名列優等，升遷為任城相，但他沒去赴任。荀攸因蜀漢地勢險要，城池堅固，百姓生活殷實，於是請求擔任蜀郡太守，因道路斷絕沒能前去，滯留在荊州。

曹操奉迎天子到許縣建都，給荀攸寫信說：「現今天下大亂，正是智謀之士費心勞神之時，而你卻遠在荊州觀察蜀漢之變化，不是等得太久了嗎？」於是征召荀攸為汝南郡太守，入京任尚書。太祖向來知道荀攸的名聲，與他一番交談後十分高興，對荀彧和鍾繇說：「公達不是平常之人，我能與他商議大事，天下還有什麼可憂慮的！」讓他擔任軍師。建安三年（一九八），荀攸隨曹操討伐張繡。荀攸對曹操說：「張繡與劉表互相援助而強大，但張繡是一支外來的游軍，靠著劉表提供軍需，劉表無力供給時，雙方勢必分裂。我們不如暫緩進軍等待觀望，誘使他們分化瓦解；如果急於進攻，他們勢必齊心協力。」曹操沒有聽從，果然受挫。曹操對荀攸說：「這都是我沒有聽從您的計策的結果啊！」於是曹軍調整策略，用奇兵再次交戰，終於大敗張繡。

這一年，曹操從宛縣發兵討伐呂布，抵達下邳，呂布敗退後在此固守。曹操連續攻城，沒能拿下，將士疲憊不堪，於是曹操起了撤軍的念頭。荀攸和郭嘉勸道：「呂布勇而無謀，如今連敗了三次，他的銳氣已經衰落。軍隊全憑著主將，主將萎靡了，軍隊自然失去鬥志。那個陳宮確實有智謀但反應比較遲鈍，現在趁著呂布銳氣還未恢復，陳宮謀劃還未確定，加緊進攻，呂布就可以被拿下。」於是曹軍引來沂水、泗水灌城，城牆垮塌，呂布被生擒。

荀攸後來隨曹操在白馬救援劉延，設計在陣上斬了顏良，這事記載於《武帝紀》中。曹操攻下白馬後返回，讓運送的軍用物資沿黃河向西而行。袁紹聞訊後渡過黃河追趕，突然間與曹操的人馬相遇。曹軍眾將領都很恐慌，勸曹操回撤堅守營壘。荀攸說：「這些軍用物資正是用來引誘敵人上鉤的誘餌，我們為什麼要退呢？」曹操與荀攸相視而笑。於是曹操讓將士們將輜重丟棄在路上引誘袁軍，袁軍競相搶奪，亂作一團。曹操隨即出動步兵騎兵發起攻擊，大敗袁軍，斬了他的騎兵將領文醜，曹操於是和袁紹在官渡形成對峙。糧草將盡時，荀攸對曹操進言道：「袁紹的運糧車很快就要到達，押車的將領韓雖然勇猛但傲慢輕敵，襲擊他可以獲勝。」曹操問：「可以派誰去？」荀攸說：「徐晃。」於是曹操派徐晃和史渙半路截擊，果然擊潰了韓，燒了他押運的糧草。適逢許攸前來投降，說袁紹派淳于瓊等將領率一萬多士兵押運軍糧，將領驕恣，士兵懈怠，可以襲擊。眾人都懷疑他，只有荀攸和賈詡勸曹操聽從。曹操於是留下荀攸和曹洪守衛營寨，自己率軍攻打運糧的袁軍，將其殲滅，淳于瓊等人全被殺了。負責攻打曹軍營寨的袁軍大將張郃、高覽等人燒掉進攻用的器具，投降了曹軍，袁紹只得丟棄部隊自己逃生。張郃前來投降時，曹洪懷疑他，不敢接受，荀攸對曹洪說：「張郃是自己的計謀不被袁紹採用，一怒之下前來投奔，你還懷疑他什麼？」曹洪這才接受了張郃等人。

建安七年（二〇二），荀攸隨曹操到黎陽討伐袁譚、袁尚。第二年，曹操正在征討劉表時，袁譚、袁尚爭奪冀州。袁譚派辛毗前來乞降，並請求救援，曹操想答應，就此事征詢部下意見。大多數人以為現在劉表強大，應該先平定他，袁譚、袁尚已經不值得擔憂了。荀攸說：「天下正處於大動蕩中，劉表只是守著他的江、漢之地，可見他沒有吞並四方的志向。而袁氏占據四個州的地盤，擁有十萬雄兵，袁紹以其寬厚得眾人之心，如果他的兩個兒子攜手，和睦地保守他留下的基業，那天下的災難就還不會停息。現在袁氏兄弟交惡，雙方不能都得以保全。如果一方被吞並，袁氏又會重新統一而強大起來，那就不容易對付了。趁他們內訌之機各個擊破，天下就平定了，這個機會不能失啊！」曹操說：「對啊。」於是答應與袁譚結親，隨即派兵擊敗袁尚。後來袁譚反叛，荀攸又隨曹操在南皮將袁譚殺了。冀州平定後，曹操上奏為荀攸請求封爵，說：「軍師荀攸，從開始輔佐臣下，每次都隨從出征，前後多次戰勝敵人，都是靠荀攸的謀劃。」於是朝廷封荀攸為陵樹亭侯。建安十二年（二〇七），朝廷頒布命令大張旗鼓論功行賞，曹操說：「忠誠正直、縝密謀劃，安撫內外人心，首推文若（荀彧），其次要數公達（荀攸）。」因此給荀攸增加封邑四百戶，加上原先的共七百戶，改任中軍師。魏國建立之初，荀攸任尚書令。

荀攸老謀深算，足智多謀而能保守機密，自從隨曹操四處征戰，常運籌帷幄，而當時的人甚至他的子弟都很少知道他說了些什麼。曹操經常稱贊他說：「公達外表愚鈍而內心智慧，外表怯懦而內心勇敢，外表軟弱而內心強大；他不炫耀自己的長處，不誇大自己的功勞；雖然他內在的睿智也有人可以達到，而他外表的愚鈍卻是別人達不到的，即使是顏子、寧武這樣的古代先賢也不能超過他。」文帝曹丕還是東宮太子時，曹操對他說：「荀公達，是人之表率，你應當以禮相待，尊敬他。」荀攸有一次生病，曹丕前去探視慰問，獨自在床下禮拜。他所受的尊敬到了這樣的程度。荀攸與鍾繇關係密切，鍾繇說：「我每次有所行動，都要反覆思考，自以為沒有什麼可以更改了；但拿去詢問公達，他說的總是超出我的意料。」荀攸前後籌劃了十二條妙計，只有鍾繇知道。鍾繇把它們編撰成冊，但沒能完成，就去世了，所以後人不知道所有的內容。荀攸跟隨曹操討伐孫權，在途中去世。曹操說起他來就會傷心流淚。

荀攸的大兒子荀緝，頗有荀攸的風範，但也死得早。由二兒子荀適繼承爵位。荀適沒有兒子，爵位中斷。黃初年間（二二〇—二二六），朝廷續封荀攸的孫子荀彪為陵樹亭侯，封邑三百戶，後又改封為丘陽亭侯。正始年間（二四〇—二四八），追謚荀攸為敬侯。

【原文】

荀攸字公達，彧從子也。祖父曇，廣陵太守。攸少孤。及曇卒，故吏張權求守曇墓。攸年十三，疑之，謂叔父衢曰：「此吏有非常之色，殆將有奸！」衢寤，乃推問，果殺人亡命。由是異之。何進秉政，征海內名士攸等二十餘人。攸到，拜黃門侍郎。董卓之亂，關東兵起，卓徙都長安。攸與議郎鄭泰、何顒、侍中种輯、越騎校尉伍瓊等謀曰：「董卓無道，甚於桀紂，天下皆怨之，雖資強兵，實一匹夫耳。今直刺殺之以謝百姓，然後據殽、函，輔王命，以號令天下，此桓文之舉也。」事垂就而覺，收顒、攸繫獄，顒憂懼自殺。攸言語飲食自若，會卓死得免。棄官歸，復辟公府，舉高第，遷任城相，不行。攸以蜀漢險固，人民殷盛，乃求為蜀郡太守，道絕不得至，駐荊州。

太祖迎天子都許，遺攸書曰：「方今天下大亂，智士勞心之時也，而顧觀變蜀漢，不已久乎！」於是征攸為汝南太守，入為尚書。太祖素聞攸名，與語大悅，謂荀彧、鍾繇曰：「公達，非常人也，吾得與之計事，天下當何憂哉！」以為軍師。建安三年，從征張繡。攸言於太祖曰：「繡與劉表相恃為強，然繡以游軍仰食於表，表不能供也，勢必離。不如緩軍以待之，可誘而致也；若急之，其勢必相救。」太祖不從，遂進軍之穰，與戰。繡急，表果救之。軍不利。太祖謂攸曰：「不用君言至是。」乃設奇兵復戰，大破之。

是歲，太祖自宛征呂布，至下邳，布敗退固守，攻之不拔，連戰，士卒疲，太祖欲還。攸與郭嘉說曰：「呂布勇而無謀，今三戰皆北，其銳氣衰矣。三軍以將為主，主衰則軍無奮意。夫陳宮有智而遲，今及布氣之未復，宮謀之未定，進急攻之，布可拔也。」乃引沂、泗灌城，城潰，生禽布。

後從救劉延於白馬，攸畫策斬顏良。語在《武紀》。太祖拔白馬還，遣輜重循河而西。袁紹渡河追，卒與太祖遇。諸將皆恐，說太祖還保營，攸曰：「此所以禽敵，奈何去之！」太祖目攸而笑。遂以輜重餌賊，賊競奔之，陳亂。乃縱步騎擊，大破之，斬其騎將文醜，太祖遂與紹相拒於官渡。軍食方盡，攸言於太祖曰：「紹運車旦暮至，其將韓銳而輕敵，擊可破也。」太祖曰：「誰可使？」攸曰：「徐晃可。」乃遣晃及史渙邀擊破走之，燒其輜重。會許攸來降，言紹遣淳于瓊等將萬餘兵迎運糧，將驕卒惰，可要擊也。眾皆疑，唯攸與賈詡勸太祖。太祖乃留攸及曹洪守。太祖自將攻破之，盡斬瓊等。紹將張郃、高覽燒攻櫓降，紹遂棄軍走。合之來，洪疑不敢受，攸謂洪曰：「合計不用，怒而來，君何疑？」乃受之。

七年，從討袁譚、尚於黎陽。明年，太祖方征劉表，譚、尚爭冀州。譚遣辛毗乞降請救，太祖將許之，以問群下。群下多以為表強，宜先平之，譚、尚不足憂也。攸曰：「天下方有事，而劉表坐保江、漢之間，其無四方志可知矣。袁氏據四州之地，帶甲十萬，紹以寬厚得眾，借使二子和睦以守其成業，則天下之難未息也。今兄弟遘惡，此勢不兩全。若有所並則力專，力專則難圖也。及其亂而取之，天下定矣，此時不可失也。」太祖曰：「善。」乃許譚和親，遂還擊破尚。其後譚叛，從斬譚於南皮。冀州平，太祖表封攸曰：「軍師荀攸，自初佐臣，無征不從，前後克敵，皆攸之謀也。」於是封陵樹亭侯。十二年，下令大論功行封，太祖曰：「忠正密謀，撫寧內外，文若是也。公達其次也。」增邑四百，並前七百戶，轉為中軍師。魏國初建，為尚書令。

攸深密有智防，自從太祖征伐，常謀謨帷幄，時人及子弟莫知其所言。太祖每稱曰：「公達外愚內智，外怯內勇，外弱內強，不伐善，無施勞，智可及，愚不可及，雖顏子、甯武不能過也。」文帝在東宮，太祖謂曰：「荀公達，人之師表也，汝當盡禮敬之。」攸曾病，世子問病，獨拜床下，其見尊異如此。攸與鍾繇善，繇言：「我每有所行，反復思惟，自謂無以易；以咨公達，輒復過人意。」公達前後凡畫奇策十二，唯繇知之。繇撰集未就，會薨，故世不得盡聞也。攸從征孫權，道薨。太祖言則流涕。

長子緝，有攸風，早沒。次子適嗣，無子，絕。黃初中，紹封攸孫彪為陵樹亭侯，邑三百戶，後轉封丘陽亭侯。正始中，追謚攸曰敬侯。

魏書

袁張涼國田王邴管傳・田疇

田疇字子泰，右北平郡無終縣人。他喜好讀書，善於擊劍。初平元年（一九〇），關東義兵興起，董卓挾持漢獻帝遷都長安。幽州牧劉虞嘆息道：「賊臣作亂，朝廷流亡失所，天下傾覆，再也沒有堅定的信念。我身為皇家宗室，不能隨波逐流。現在我想派一位使臣去朝廷表達我作為忠臣的禮節，從哪裡能找到這樣能夠不負使命的人呢？」眾人議論，都說：「田疇雖然年輕，但很多人稱他是個不同尋常的人。」當時田疇年僅二十二歲。劉虞就以隆重的禮節請田疇來相見，一番交談後劉虞對他非常滿意，於是讓他擔任從事，為他配置車馬。田疇將要起程時，對劉虞說：「現在道路阻塞斷絕，賊寇肆意橫行，我如果自稱官員作為使節前去，將會被眾人指名道姓關注。我願以私人身份前往，希望能夠順利到達。」劉虞聽從了他的意見。田疇於是回到家裡，自己挑選了家人和慕名而來願做隨從的健壯年輕人二十多位，一同騎馬前往。劉虞親自祭祀了路神，送田疇上路。起程後，田疇就去居庸關，從那裡出塞，沿著陰山，直奔朔方郡，順著小路一直走，於是到了長安，完成了使命。朝廷任命田疇為騎都尉。田疇認為天子顛沛流離尚未安定，自己不能承受這樣的榮寵，堅持推辭沒有接受。朝廷尊重他的心意。三公府同時征召，田疇都沒有接受。田疇得到報告後，火速驅馬往回趕，但還沒到達，劉虞已被公孫瓚害死了。田疇回來後，到劉虞墓前祭拜，宣讀了章表，然後哭著離去。公孫瓚聞訊大怒，懸賞通緝，捉住了田疇。公孫瓚對他說：「你為什麼到劉虞墓前去哭，而不將章表給我送來？」田疇答道：「漢朝王室衰落，人人懷有異心，只有劉公不失忠臣節操。表章中所說的，對將軍沒什麼好話，恐怕不是您所樂意聽到的，所以沒給你送上。況且將軍正致力於滿足自己的欲求，既已殺死了沒有罪的主君，又仇恨堅守忠義的臣子，如果真的這樣做了，那燕、趙地區的士人都將只能投東海而死，哪還有人願意跟從將軍您呢？」公孫瓚因為田疇這番慷慨激昂的話心生感嘆，給他鬆了綁，沒有殺他。公孫瓚把田疇拘押在軍營中，禁止他的朋友與他往來。有人勸公孫瓚道：「田疇是個義士，您不能對他以禮相待，還把他關押起來，恐怕會失去人心。」公孫瓚於是放了田疇，讓他離去。

田疇得以回到北邊，率領宗族裡的所有人以及來追隨他的人共數百人，為劉虞祭掃盟誓道：「您的仇不報，我就不在這世上為人！」隨後他進入徐無山中，在一處地勢險要而隱蔽的平坦地上建屋居住，親自耕種以供養父母。百姓們都來投奔他，幾年間就聚集了五千多戶人家。田疇對長輩們說：「大家不認為我田疇不賢，從遠處來投靠，眾人聚集形成城鎮，但沒有統一的管理，恐怕不是長久安定的做法，希望能推舉選定賢能而德高望重者做首領。」大家都說：「好！」一起推舉了田疇。田疇說：「現在我們來到這裡，不是只圖眼前的安定，而是要圖謀大事，報仇雪恥。我私下擔心不等實現我們的志向，就有那些輕薄膚淺之人自己先互相爭鬥，圖一時之快，卻不做長久的考慮。我有一個不成熟的計劃，希望和諸位一同施行，可以嗎？」大家都說：「可以。」田疇就提出了約束打架鬥毆、盜竊、訴訟的規定，犯有重罪的人可以處死，罪行較輕的要接受懲罰，共計二十多條。又制定了婚喪嫁娶的禮儀，做出了興辦學校傳授知識的規劃，向大家頒布。眾人加以遵守，出現了路不拾遺的景象。北方邊境地區百姓紛紛前來投奔，服從他的威信。烏丸、鮮卑也各自派遣使者來送貢物，田疇都接納並撫慰他們，讓他們不再侵擾。袁紹幾次派使者前來召請，又立即授予將軍印，以便安撫田疇統治下的百姓，田疇都拒不接受。袁紹去世後，其子袁尚又來征召，田疇始終沒去。

田疇時常為烏丸曾殘殺當地士人而憤恨不已，想出兵討伐卻實力不夠。建安十二年（二〇七），曹操北征討伐烏丸，大軍尚未抵達時，先派使者征召田疇，又命令田豫傳達他的旨意。田疇立即命令門客趕快收拾行裝。門客對他說：「當初袁公仰慕您，禮物和聘書來了多次，您堅守自己的信念毫不動搖；現在曹公使者第一次來，您就迫不及待了，這是為什麼呢？」田疇笑著答道：「這就不是你所能明白的了。」於是田疇跟隨使者來到曹操軍中，任司空戶曹掾，以備咨詢商議。第二天曹操公布詔令說：「田子泰不是我所應該任命為官吏的人。」就舉薦為茂才，朝廷任命為蓨縣縣令。田疇沒去上任，隨著大軍到無終縣。當時正當夏天雨水季節，沿海低窪地區道路泥濘無法通行，賊寇把守險要之處，曹軍不能前進。曹操很是憂慮，以此征詢田疇意見。田疇說：「這條道路夏秋之際經常積水，淺處車馬不能通行，深處又載不起船隻，為害已經很久了。原先的北平郡治在平崗，有道路從盧龍塞直通柳城；從漢光武帝建武年間以來，道路塌陷斷絕近二百年了，但還有隱蔽的小路可以找到。現在敵軍將大隊人馬擺在通向無終的路上，不能前進正要後退，鬆懈沒有準備。如果我們悄悄回撤，再從盧龍口越過白檀的險要，從空曠地區走出，道路又近又好走，乘其不備發動攻擊，蹋頓單于的腦袋就可以不用戰鬥而獲得了。」曹操贊道：「很好！」於是帶領軍隊回撤，還在水邊路旁豎起大木頭，上面寫道：「現在正是暑熱夏季，道路泥濘不通，姑且等到秋冬季天氣乾燥時再出兵。」烏桓的騎兵偵探看到，真的以為曹軍已經撤走。曹操命令田疇帶領他的部下為嚮導，上徐無山，經過盧龍、平崗，登上白狼堆，到離柳城二百多里時，敵軍這才察覺。蹋頓單于親自上陣，曹操與他交戰，大獲全勝，曹軍一路追殺，直到柳城。曹軍凱旋入關，論功行賞，封田疇為亭侯，封邑五百戶。田疇自認為當初為了主君死難，率領眾人逃遁，報仇的志向沒有實現，反而因此獲得利祿，這不是自己本來的想法，堅持推辭。曹操知道他心意至誠，答應尊重他的意願。

遼東殺了袁尚，將其首級送來，曹操下令：「三軍有誰敢為袁尚哭的一律處斬。」田疇因曾被袁尚征召，就前往吊唁祭奠。曹操也不追究。田疇帶著他的家屬及族人三百多戶全部居住在鄴縣。曹操賜給田疇車馬糧谷絲帛，他都分送給了族人和舊友。田疇跟隨曹操討伐荊州回來，曹操追念他功勞巨大，後悔當初聽任田疇拒絕封賞，說：「這是成全了你一個人的志向，而損害了國家的法律制度啊。」於是又用上次的爵位賜封田疇。田疇上疏陳述自己的誠意，以死發誓。曹操還是不答應，想把他招來授予官職，一直堅持了四次，田疇終究還是沒有接受。有關部門彈劾田疇偏狹固執，有違正道，只拘泥於固守小節，應該罷免官職，並加以懲處。曹操尊重田疇的行事準則，將此彈劾壓了好長時間。最後讓世子曹丕與大臣們廣泛討論。曹丕認為田疇的行為與春秋時楚國令尹子文辭讓俸祿、申包胥逃避封賞是相同的，不應該勉強他，應成全他的志節。尚書令荀彧、司隸校尉鍾繇也認為應該尊重他的意願。曹操還是想給田疇封侯。因田疇向來與夏侯惇有交情，曹操對夏侯惇說：「你去用你們的情誼勸勸他，只說是你自己的意思，不要告訴他是我的主意。」夏侯惇來到田疇的住所，按曹操所講的說了。田疇已經猜到了，就閉口不言。夏侯惇臨別時拍著田疇的背說：「田君，主公的心意這般懇切誠摯，你就毫不在意嗎？」田疇答道：「這話說得過分了！田疇，不過是個背負信義逃竄之人，蒙受恩惠得以保全，實在是太幸運了。怎麼可以出賣盧龍要塞以換取利祿賞賜呢？即使整個國家獨加恩寵給我田疇，難道我就能無愧於自己內心嗎？將軍向來是知道田疇的，為什麼還要這樣做？如果一定不得已的話，我情願自刎死在你面前。」話沒說完，就已經淚流滿面了。夏侯惇把這情形都告訴了曹操。曹操慨然嘆息，知道不能勉強了，就任命田疇為議郎。田疇去世時四十六歲。他的兒子也死得早。魏文帝受禪讓即位後，敬重田疇的德行信義，賜給田疇的侄孫田續關內侯的爵位，作為田疇的後嗣。

【原文】

田疇字子泰，右北平無終人也。好讀書，善擊劍。初平元年，義兵起，董卓遷帝於長安。幽州牧劉虞嘆曰：「賊臣作亂，朝廷播蕩，四海俄然，莫有固志。身備宗室遺老，不得自同於眾。今欲奉使展效臣節，安得不辱命之士乎？」眾議咸曰：「田疇雖年少，多稱其奇。」疇時年二十二矣。虞乃備禮請與相見，大悅之，遂署為從事，具其車騎。將行，疇曰：「今道路阻絕，寇虜縱橫，稱官奉使，為眾所指名。願以私行，期於得達而已。」虞從之。疇乃歸，自選其家客與年少之勇壯慕從者二十騎俱往。虞自出祖而遣之。既取道，疇乃更上西關，出塞，傍北山，直趣朔方，循間徑去，遂至長安致命。詔拜騎都尉。疇以為天子方蒙塵未安，不可以荷佩榮寵，固辭不受。朝廷高其義。三府並辟，皆不就。得報，馳還。未至，虞已為公孫瓚所害。疇至，謁祭虞墓，陳發章表，哭泣而去。瓚聞之大怒，購求獲疇，謂曰：「汝何自哭劉虞墓，而不送章報於我也？」疇答曰：「漢室衰頹，人懷異心，唯劉公不失忠節。章報所言，於將軍未美，恐非所樂聞，故不進也。且將軍方舉大事以求所欲，既滅無罪之君，又仇守義之臣，誠行此事，則燕、趙之士將皆蹈東海而死耳，豈忍有從將軍者乎！」瓚壯其對，釋不誅也。拘之軍下，禁其故人莫得與通。或說瓚曰：「田疇義士，君弗能禮，而又囚之，恐失眾心。」瓚乃縱遣疇。

疇得北歸，率舉宗族他附從數百人，掃地而盟曰：「君仇不報，吾不可以立於世！」遂入徐無山中，營深險平敞地而居，躬耕以養父母。百姓歸之，數年間至五千餘家。疇謂其父老曰：「諸君不以疇不肖，遠來相就。眾成都邑，而莫相統一，恐非久安之道，願推擇其賢長者以為之主。」皆曰：「善。」同僉推疇。疇曰：「今來在此，非苟安而已，將圖大事，復怨雪恥。竊恐未得其志，而輕薄之徒自相侵侮，愉快一時，無深計遠慮。疇有愚計，願與諸君共施之，可乎？」皆曰：「可。」疇乃為約束相殺傷、犯盜、諍訟之法，法重者至死，其次抵罪，二十餘條。又制為婚姻嫁娶之禮，興舉學校講授之業，班行其眾，眾皆便之，至道不拾遺。北邊翕然服其威信，烏丸、鮮卑並各遣譯使致貢遺，疇悉撫納，令不為寇。袁紹數遣使招命，又即授將軍印，因安輯所統，疇皆拒不（當）受。紹死，其子尚又辟焉，疇終不行。

疇常忿烏丸昔多賊殺其郡冠蓋，有欲討之意而力未能。建安十二年，太祖北征烏丸。未至，先遣使辟疇，又命田豫喻指。疇戒其門下趣治嚴。門人謂曰：「昔袁公慕君，禮命五至，君義不屈。今曹公使一來而君若恐弗及者，何也？」疇笑而應之曰：「此非君所識也。」遂隨使者到軍，署司空戶曹掾，引見咨議。明日出令曰：「田子泰非吾所宜吏者。」即舉茂才，拜為蓨令，不之官，隨軍次無終。時方夏水雨，而濱海洿下，濘滯不通，虜亦遮守蹊要，軍不得進。太祖患之，以問疇。疇曰：「此道，秋夏每常有水，淺不通車馬，深不載舟船，為難久矣。舊北平郡治在平岡，道出盧龍，達於柳城。自建武以來，陷壞斷絕，垂二百載，而尚有微徑可從。今虜將以大軍當由無終，不得進而退，懈弛無備。若嘿回軍，從盧龍口越白檀之險，出空虛之地，路近而便，掩其不備，蹋頓之首可不戰而禽也。」太祖曰：「善。」乃引軍還，而署大木表於水側路傍曰：「方今暑夏，道路不通，且俟秋冬，乃復進軍。」虜候騎見之，誠以為大軍去也。太祖令疇將其眾為鄉導，上徐無山，出盧龍，歷平岡，登白狼堆，去柳城二百餘里，虜乃驚覺。單于身自臨陳，太祖與交戰，遂大斬獲，追奔逐北，至柳城。軍還入塞，論功行封，封疇亭侯，邑五百戶。疇自以始為居難，率眾遁逃，志義不立，反以為利，非本意也，固讓。太祖知其至心，許而不奪。

遼東斬送袁尚首，令：「三軍敢有哭之者斬。」疇以嘗為尚所辟，乃往弔祭。太祖亦不問。疇盡將其家屬及宗人三百餘家居鄴。太祖賜疇車馬穀帛，皆散之宗族知舊。從征荊州還，太祖追念疇功殊美，恨前聽疇之讓，曰：「是成一人之志，而虧王法大制也。」於是乃復以前爵封疇。疇上疏陳誠，以死自誓。太祖不聽，欲引拜之，至於數四，終不受。有司劾疇狷介違道，苟立小節，宜免官加刑。太祖重其事，依違者久之。乃下世子及大臣博議，世子以疇同於子文辭祿，申胥逃賞，宜勿奪以優其節。尚書令荀彧、司隸校尉鍾繇亦以為可聽。太祖猶欲侯之。疇素與夏侯惇善，太祖語惇曰：「且往以情喻之，自從君所言，無告吾意也。」惇就疇宿，如太祖所戒。疇揣知其指，不復發言。惇臨去，乃拊疇背曰：「田君，主意殷勤，曾不能顧乎！」疇答曰：「是何言之過也！疇，負義逃竄之人耳，蒙恩全活，為幸多矣。豈可賣盧龍之塞，以易賞祿哉？縱國私疇，疇獨不愧於心乎？將軍雅知疇者，猶復如此，若必不得已，請願效死刎首於前。」言未卒，涕泣橫流。惇具答太祖。太祖喟然知不可屈，乃拜為議郎。年四十六卒。子又早死。文帝踐阼，高疇德義，賜疇從孫續爵關內侯，以奉其嗣。

魏書

袁張涼國田王邴管傳・管寧

管寧字幼安，北海朱虛人。他十六歲時父親去世，中表兄弟們憐憫他孤單貧困，紛紛送上辦理喪事的財物，但管寧都沒有接受，盡自己的能力安葬了父親。管寧身高八尺，相貌堂堂。他與平原人華歆、同縣的邴原為好友，都到外地遊歷求學，敬重名士陳寔。漢末天下大亂，管寧聽說公孫度在遼東郡當政，就與邴原及平原人王烈等人前去。公孫度聞訊空出館舍等候他們。拜見公孫度之後，管寧隨即居住在山谷中。當時渡海前來避難者大多住在郡的南部，而管寧卻住在郡的北部，表示再不想搬遷了，後來漸漸有人來追隨他。曹操擔任司空時，曾征召管寧，但公孫度的兒子公孫康扣下了征召令，沒有告訴管寧。

王烈字彥方，當時的名聲還在邴原、管寧之上。王烈辭掉了公孫度手下的長史一職，經商做買賣，毀壞自己的名聲。曹操任命他為丞相掾、征事，還沒等他上任，就死在了遼東。

中原地區稍稍安定下來，逃到遼東的難民陸續返回，只有管寧毫無動靜，像是準備在那裡終老一樣。黃初四年（二二三），朝廷詔令公卿大臣舉薦品德高尚的君子，司徒華歆舉薦了管寧。

魏文帝登基後，征召管寧。管寧於是帶著家眷部屬渡海回到北海郡，公孫恭將他送到南郊，加倍贈給他服飾器物。自從管寧東渡遼東後，公孫度、公孫康、公孫恭先後贈送他的財物，他都接受下來儲藏著。離開遼東返回北海之時，全部封好退還給了公孫氏。魏文帝下詔任命管寧為太中大夫，管寧堅決辭讓沒有接受。魏明帝即位，太尉華歆主動退位讓給管寧，明帝於是下詔書說：「太中大夫管寧，胸懷高尚的道德，熟習六藝，清靜虛心足以媲美古代的高士，廉潔清白足以為當世之楷模。過去遭遇王朝衰落動蕩，渡海隱居他鄉，大魏受命於天，他便攜同兒女歸來，這正是神龍潛伏出升的道理，聖賢用世棄世的准則。黃初年間（二二〇—二二六）以來，征召之令屢次頒布，你卻每次都稱病推辭，拒不接受。難道朝廷的政事，與你志趣不合，你只願意在山林中安逸享樂，一去不返嗎？以周公姬旦的聖明，德高望眾之人不肯降低身段出來做官，鳳凰美妙的鳴叫聲就無法聽到；以秦穆公的賢德，還想著向經驗豐富的老人請教。何況像我這樣缺乏德行的人，怎麼能不希望聆聽先生的教誨呢？現在任命管寧為光祿勳。禮有至高無上的倫常順序，君臣的關係准則不可廢棄。希望你盡快前來，以滿足我的心願。」又詔命青州刺史說：「管寧堅守道德，心懷節操，潛隱海角，接連頒下詔書，違抗命令不來就職，逗留在山野之中，以淡泊脫俗為高尚。雖然有隱士高人的操守，卻失去了考父恭敬地接受君王任命的義蘊，使我翹首企盼了一年多時間，這到底怎樣說呢？他只想自己安然閒適，一定要自己稱心如意，卻不想想古代先賢也有改變自己節操，造福於民的先例嗎？日月如梭，時間一去不回，潔身自好，又用來做什麼呢？孔子說過：『我不與這樣的人結交又會與誰結交呢？』我命令青州的別駕從事，北海郡丞、郡掾：奉詔按禮節送管寧來京城，為他提供舒適的安車、隨從、褥墊和途中的飲食，上路之前先行奏報。」管寧自稱草莽臣上疏道：「臣下是個偏居海邊孤單低微之人，既不會農耕又沒人與我為伍，僥倖享受豐厚的俸祿。幸運地遇到陛下繼承了帝業，您的德行可與三皇媲美，教化超過了唐堯。長久地承蒙陛下的恩澤，即使我用心一生為陛下祈福，也報答不了陛下的恩養之福。但臣下身患重病，生命垂危，違背了君臣之間不能顛倒的職責，因此日夜膽戰心驚，無地自容。臣下於青龍元年（二三三）十一月接到公車司馬令下達州郡的文書，八月甲申日朝廷詔書征召臣下，並賜予安車、衣被、褥墊，並按禮節遣送。榮耀寵幸一同降臨，優厚的任命屢屢下達，使我震驚不已，不知所措。臣想闡述自己的想法，表露自己的心情，但詔書明令禁止臣寫章表上奏推辭，因此遲疑不決，直到今日。本來以為陛下恩澤已到了極點，不料更加巨大的恩澤又來了。今年二月接到州郡頒下青龍三年十二月辛酉日詔書，再次賜予安車、衣服，別駕從事與郡功曹按禮節遣送，又接到朝廷的任命，以臣下為光祿勳，有勞陛下親自謙虛勸喻，引用周公、秦穆公的事例，有損陛下至高無上的身份降恩於臣。受詔之日，臣下魂飛魄散，無地自容。臣自我反省，沒有東園公、綺里季的德行而蒙受賞賜安車之榮耀，沒有竇融的功勞而得到賜爵封官的恩幸；原本是根短小的柱子，才能低下，卻肩負棟梁的責任；行將就木之人，卻獲取九卿高官之位，恐會有朱博鼓妖的災禍。並且我疾病一天比一天重，有加無減，不能乘車上路前來擔當大任。臣仰慕皇宮，徘徊於庭院之中，恭敬呈上章表陳述愚情，請求蒙受哀憐，收回隆恩，聽任臣下留在故裡，別讓我這把老骨頭埋在通往京城的大道旁。」從文帝黃初年間（二二〇—二二六）直到明帝青龍年間（二三三—二三六），朝廷征召管寧的詔令接連不斷，經常在八月賜予牛、酒。明帝還下詔書詢問青州刺史程喜：「管寧究竟是堅守節操以示清高，還是確實衰老病重了？」程喜上報說：「管寧有個族人管貢在州衙門當差，他與管寧是鄰居，臣經常讓他探聽消息。管貢說：『管寧常戴黑色帽子，穿著棉布衣服，隨季節變化或單或夾，出入於庭院居室，能拄著拐杖行走，不需要扶持。一年四季的祭祀，他總是勉力參與，改換衣服，戴上頭巾，穿著過去在遼東時的白布單衣，親自布置食物供品，跪拜行禮。管寧早年喪母，不記清母親的模樣，經常特意加敬一杯，淚流滿面。另外，他的住所離水塘有七八十步遠，夏天時他到水塘邊洗手洗腳，然後在園圃中漫步觀看。』臣揣測管寧之所以前後一再推辭不肯應詔，只在他喜歡隱逸的生活，年事已高，智力衰退，所以要留在故里，每次都謙遜退讓。這是管寧志要保全自己的志向節操，並不是故意矯情以顯示自己的清高。」

正始二年（二四一），太僕陶丘一、永寧衛尉孟觀、侍中孫邕、中書侍郎王基舉薦管寧說：「臣等聽說龍鳳隱藏其光彩，順應聖明之君的德政而出現；有著大智慧的人隱居山野，是等待恰當的時機再行動。因此鳳凰在岐山上鳴叫，周朝興盛繁榮；四皓作為輔佐之臣，漢朝江山穩固。我們看到太中大夫管寧，應合天地的中和，集各種純潔美好的德行於一身，滿腹文采，內質素雅，冰清玉潔，玄虛淡泊，修持正道，逍遙自在；愛好黃老，熟習六藝，達到高深的境界，探究深奧的學問，胸懷古今韜略，包蘊道德機要。中平年間（一八四—一八八），黃巾作亂，天下動蕩，朝廷綱紀廢弛。為躲避當時的戰亂，管寧乘船渡海，客居遼東三十多年。這與《乾》中的《姤》卦相合，藏匿身影，隱匿光輝，退隱而合於正道，頤養浩然之氣，潛心於儒墨之學，對其他流派也能潛移默化，通曉異鄉的風土人情。

「黃初四年（二二三），高祖文帝向群臣咨詢，征求賢俊，當時的司徒華歆舉薦管寧，朝廷以公車特別征召，他從遙遠的遼東返回故里。途中遭遇困厄，不幸患病，於是任命為太中大夫。烈祖明帝欣賞他的德行，任命他為光祿勳。管寧病重久治不愈，未能進京就任。現在管寧舊病痊愈，雖然年將八十，精神並沒有衰敗倦怠。居住在陋巷柴門之中，以粗茶淡飯糊口，兩天才吃一頓，卻誦讀《詩經》《尚書》，不改其樂。在困境時能心胸開闊，遭遇危難也必能安然渡過，歷經艱難困苦，不改變志向，就像洪亮的鐘聲和晶瑩的美玉，時間越久越顯珍貴。觀察其自始至終的行為，可知他可能是上天所賜的賢人，應當輔佐大魏，幫助陛下實現和樂升平。眼下三公之位有空缺，眾人盼望啟用管寧。過去殷高宗畫出賢人畫像，以尋訪其人；周文王用龜骨占卜，以求得良臣。況且管寧為前朝所表彰，名聲德行著稱於世，卻長久滯留民間，沒有及時重用，這算不上遵奉先賢的教誨，繼承先帝的遺志。陛下登基即位，繼承了大業，聖明日益長進，超越了周成王。每次發布詔書，常常向太師、太傅咨詢。如果能延續二祖招賢舊例，禮敬賢哲，以廣攬才俊，盛大的教化將超越前代。

「管寧清高恬淡，仿效前賢，德行卓絕，天下無雙。觀察前代所任命的賢人，如申公、枚乘、周黨、樊英之輩，看他們學識的深淺，看他們品行的清濁，在改良風俗而特立獨行方面沒有人能與管寧比。確實應該以絲帛玉璧，用隆重的禮節征聘管寧，賜予他幾杖，請他登上太學講壇，宣講典籍，坐著談論治國方略，上可以匡正朝廷，協助陛下，下可以使百姓安居樂業，天地人之倫常井然，一定會呈現美好的景象，國家教化也可發揚光大。如果管寧堅持自己的志向，守志箕山，追跡洪崖，仿效巢父、許由，那也證明我朝聖明可與唐堯、虞舜時代媲美，優待賢士傳揚其事跡，足以名垂千古。雖然出仕入隱是不同的道路，入京就任與留在故裡表現不一，但就治理國家，改良風俗，都能起到一樣的作用。」

於是朝廷備好安車，車輪裹上蒲草，備齊禮品前往聘請管寧。不料管寧此時去世，時年八十四歲。朝廷任命他的兒子管邈為郎中，後來又任博士。當初，管寧的妻子先死了，老朋友勸管寧續弦，管寧說：「每次閱讀曾子、王駿有關續弦之言，內心常常贊許，哪裡能自己遇到這種事反而就違背本意呢？」

【原文】

管寧字幼安，北海朱虛人也。年十六喪父，中表愍其孤貧，咸共贈賵，悉辭不受，稱財以送終。長八尺，美鬚眉。與平原華歆、同縣邴原相友，俱遊學於異國，並敬善陳仲弓。天下大亂，聞公孫度令行於海外，遂與原及平原王烈等至於遼東。度虛館以候之。既往見度，乃廬於山谷。時避難者多居郡南，而寧居北，示無遷志，後漸來從之。太祖為司空，辟寧，度子康絕命不宣。

王烈者，字彥方，於時名聞在原、寧之右。辭公孫度長史，商賈自穢。太祖命為丞相掾，征事，未至，卒於海表。

中國少安，客人皆還，唯寧晏然若將終焉。黃初四年，詔公卿舉獨行君子，司徒華歆薦寧。文帝即位，征寧，遂將家屬浮海還郡，公孫恭送之南郊，加贈服物。自寧之東也，度、康、恭前後所資遺，皆受而藏諸。既已西渡，盡封還之。詔以寧為太中大夫，固辭不受。明帝即位，太尉華歆遜位讓寧，遂下詔曰：「太中大夫管寧，耽懷道德，服膺六藝，清虛足以侔古，廉白可以當世。曩遭王道衰缺，浮海遁居，大魏受命，則襁負而至，斯蓋應龍潛升之道，聖賢用舍之義。而黃初以來，征命屢下，每輒辭疾，拒違不至。豈朝廷之政，與生殊趣，將安樂山林，往而不能反乎！夫以姬公之聖，而耇德不降，則鳴鳥弗聞。以秦穆之賢，猶思詢乎黃發。況朕寡德，曷能不願聞道於子大夫哉！今以寧為光祿勳。禮有大倫，君臣之道，不可廢也。望必速至，稱朕意焉。」又詔青州刺史曰：「寧抱道懷貞，潛翳海隅，比下征書，違命不至，盤桓利居，高尚其事。雖有素履幽人之貞，而失考父茲恭之義，使朕虛心引領歷年，其何謂邪？徒欲懷安，必肆其志，不惟古人亦有翻然改節以隆斯民乎！日逝月除，時方已過，澡身浴德，將以曷為？仲尼有言：『吾非斯人之徒與而誰與哉！』其命別駕從事郡丞掾，奉詔以禮發遣寧詣行在所，給安車、吏從、茵蓐、道上廚食，上道先奏。」寧稱草莽臣上疏曰：「臣海濱孤微，罷農無伍，祿運幸厚。橫蒙陛下纂承洪緒，德侔三皇，化溢有唐。久荷渥澤，積祀一紀，不能仰答陛下恩養之福。沉委篤痾，寢疾彌留，逋違臣隸顛倒之節，夙宵戰怖，無地自厝。臣元年十一月被公車司馬令所下州郡，八月甲申詔書征臣，更賜安車、衣被、茵蓐，以禮發遣，光寵並臻，優命屢至，怔營竦息，悼心失圖。思自陳聞，申展愚情，而明詔抑割，不令稍修章表，是以郁滯，訖於今日。誠謂乾覆，恩有紀極，不意靈潤，彌以隆赫。奉今年二月被州郡所下三年十二月辛酉詔書，重賜安車、衣服，別駕從事與郡功曹以禮發遣，又特被璽書，以臣為光祿勳，躬秉勞謙，引喻周、秦，損上益下。受詔之日，精魄飛散，靡所投死。臣重自省揆，德非園、綺而蒙安車之榮，功無竇融而蒙璽封之寵，稟棁駑下，荷棟梁之任，垂沒之命，獲九棘之位，懼有朱博鼓妖之眚。又年疾日侵，有加無損，不任扶輿進路以塞元責。望慕閶闔，徘徊闕庭，謹拜章陳情，乞蒙哀省，抑恩聽放，無令骸骨填於衢路。」自黃初至於青龍，征命相仍，常以八月賜牛酒。詔書問青州刺史程喜：「寧為守節高乎，審老疾尫頓邪？」喜上言：「寧有族人管貢為州吏，與寧鄰比，臣常使經營消息。貢說：『寧常著皀帽、布襦褲、布裙，隨時單復，出入閨庭，能自任杖，不須扶持。四時祠祭，輒自力強，改加衣服，著絮巾，故在遼東所有白布單衣，親薦饌饋，跪拜成禮。寧少而喪母，不識形象，常特加觴，泫然流涕。又居宅離水七八十步，夏時詣水中澡灑手足，窺於園圃。』臣揆寧前後辭讓之意，獨自以生長潛逸，耆艾智衰，是以棲遲，每執謙退。此寧志行所欲必全，不為守高。」

正始二年，太僕陶丘一、永寧衛尉孟觀、侍中孫邕、中書侍郎王基薦寧曰：

「臣聞龍鳳隱耀，應德而臻，明哲潛遁，俟時而動。是以鳴岐，周道隆興，四皓為佐，漢帝用康。伏見太中大夫管寧，應二儀之中和，總九德之純懿，含章素質，冰潔淵清，玄虛淡泊，與道逍遙；娛心黃老，遊志六藝，升堂入室，究其閫奧，韜古今於胸懷，包道德之機要。中平之際，黃巾陸梁，華夏傾蕩，王綱弛頓。遂避時難，乘桴越海，羈旅遼東三十餘年。在乾之姤，匿景藏光，嘉遁養浩，韜韞儒墨，潛化傍流，暢於殊俗。

「黃初四年，高祖文皇帝疇咨群公，思求雋乂，故司徒華歆舉寧應選，公車特征，振翼遐裔，翻然來翔。行遇屯厄，遭罹疾病，即拜太中大夫。烈祖明皇帝嘉美其德，登為光祿勳。寧疾彌留，未能進道。今寧舊疾已瘳，行年八十，志無衰倦。環堵篳門，偃息窮巷，飯鬻糊口，並日而食，吟詠《詩》《書》，不改其樂。困而能通，遭難必濟，經危蹈險，不易其節，金聲玉色，久而彌彰。揆其終始，殆天所祚，當贊大魏，輔亮雍熙。袞職有闕，群下屬望。昔高宗刻象，營求賢哲，周文啟龜，以卜良佐。況寧前朝所表，名德已著，而久棲遲，未時引致，非所以奉遵明訓，繼成前志也。陛下踐阼，纂承洪緒。聖敬日躋，超越周成。每發德音，動咨師傅。若繼二祖招賢故典，賓禮俊邁，以廣緝熙，濟濟之化，侔於前代。

「寧清高恬泊，擬跡前軌，德行卓絕，海內無偶。歷觀前世玉帛所命，申公、枚乘、周黨、樊英之儔，測其淵源，覽其清濁，未有厲俗獨行若寧者也。誠宜束帛加璧，備禮征聘，仍授幾杖，延登東序，敷陳墳素，坐而論道，上正璇璣，協和皇極，下阜群生，彝倫攸敘，必有可觀，光益大化。若寧固執匪石，守志箕山，追跡洪崖，參蹤巢、許。斯亦聖朝同符唐、虞，優賢揚歷，垂聲千載。雖出處殊涂，俯仰異體，至於興治美俗，其揆一也。」

於是特具安車蒲輪，束帛加璧聘焉。會寧卒，時年八十四。拜子邈郎中，後為博士。初，寧妻先卒，知故勸更娶，寧曰：「每省曾子、王駿之言，意常嘉之，豈自遣之而違本心哉？」

魏書
鍾繇華歆王朗傳·華歆

華歆字子魚，平原郡高唐人。高唐是齊地有名的大都，士大夫無不來此遊歷。華歆在衙門做官吏時，到了休息日就離開官府，回家閉門不出。他議事論人公正持平，從來不詆毀他人。同郡的陶丘洪也是知名人士，自認為聰明見識超過華歆。當時冀州刺史王芬與一些豪傑密謀廢掉漢靈帝，這事記載於《武帝紀》中。王芬暗中叫華歆、陶丘洪共同參與謀劃，陶丘洪想要前去，華歆勸阻道：「廢立皇帝是天大的事，當初連伊尹、霍光都感到為難。王芬性格粗疏而又不勇武，這事一定不能成功，災禍必將連累整個家族，你還是不要去！」陶丘洪聽從了華歆的勸告就沒去。後來王芬果然失敗，陶丘洪這才心悅誠服。華歆被舉薦孝廉，任命為郎中，後來因患病而辭官。漢靈帝去世，大將軍何進輔政，征召河南人鄭泰、潁川人荀攸和華歆等人。華歆前去，擔任尚書郎。董卓作亂，挾持漢獻帝遷都長安，華歆請求出京任下邽縣令，因病不能成行，於是從藍田到南陽。當時袁術在穰城，挽留華歆。華歆勸袁術出兵討伐董卓，袁術沒有採納。華歆想要離去，適逢天子派太傅馬日磾安定關東，馬日磾征召華歆為屬官。華歆往東到達徐州，朝廷下詔，任命他為豫章太守。華韻處理政事簡約而不煩擾，受到官吏百姓的感激愛戴。孫策占據了江東，華歆知道孫策善於用兵，就脫去官服，以幅巾束髮前去迎候。孫策因為華歆比自己年長，用上賓之禮接待他。後來孫策死了。曹操正在官渡，上表獻帝，請朝廷征召華歆。孫權不想讓他走，華歆對孫權說：「將軍您奉皇帝之命，開始與曹公交好，但情義尚不牢固，如果我能以此報效將軍，不是很好嗎？現在白白留下我，那是養了個沒用之人，這不是好主意。」孫權聽了很高興，就送走了華歆。賓客舊友為華歆送行人數達一千多，贈送了數百金。起初華歆來者不拒，但都悄悄做好了標記，到了臨別之時，他把所有的禮物都堆在一起，對眾賓客說：「我原本不想拒絕各位的好意，但所接受的終究太多。念我單車遠行，帶上這麼多貴重的東西恐怕會招來災禍，希望諸位替我考慮一下。」眾人便取回了自己的贈品，對華歆的品德由衷佩服。

華歆到了京城，被任命為議郎，參司空軍事，擔任尚書，後來轉為侍中，代替荀彧為尚書令。曹操討伐孫權，上表委任華歆為軍師。魏國建立，華歆為御史大夫。曹丕即位魏王，華歆任相國，封安樂鄉侯。等到曹丕稱帝，華歆改任司徒。華歆平日清貧儉樸，封賜都用來救濟親戚故舊，家裡儲藏的糧食不到一擔。公卿大臣曾一同得到沒入官府的罪人子女作為賞賜，只有華歆把她們放出嫁人。文帝聞訊十分感慨，下詔說道：「司徒是國家的元老，參與朝廷的各大事件。現在的大官都享有豐盛的飲食，可司徒卻只是吃些粗茶淡飯，這實在沒有必要。」於是特別賞賜了御衣，還為其妻子兒女都做了衣服。三府建議：「舉薦孝廉，以德行為根本，不必再考試經書。」華歆認為：「自天下動亂以來，六經毀壞荒廢，應當盡力維護保存，以尊崇王道。制定法令，是用來治理衰敗的。現在聽任舉薦孝廉不經過經學考試，恐怕經學事業就要從此廢棄。如果有特別優秀的人才，可以另行特別征召。擔憂的是沒有這樣的人才，哪裡需要擔心有人才而不能得到呢？」文帝聽從了他的建議。

黃初年間（二二〇—二二六），朝廷下詔命公卿舉薦有獨特操守的君子，華歆舉薦了管寧，文帝用安車征召他。明帝即位，晉封華歆為博平侯，增加封邑五百戶，連同以前的共一千三百戶，轉任太尉。華歆聲稱有病請求辭官，讓位於管寧，明帝沒有答應。明帝大宴群臣，派散騎常侍繆襲奉旨向華歆宣讀詔書：「朕近來處理各種朝廷事務，日理萬機，唯恐聽到的和判斷的不對。希望依賴有德行的大臣，在身邊輔佐我，而您卻多次稱病辭讓職位。選擇考量君主，不在朝中任職，拋棄榮耀利祿，不謀求高官顯位，古代固然有這樣的人，但朕以為周公、伊尹則不是這樣的人。潔身自好，終身保全節操，一般的人可以那樣做，卻不希望您也那樣。您支撐病軀勉力來參加大會吧，就算是施恩於朕。朕將站立於筵席旁，讓百官也都像我一樣，等待您的到來，然後才就座。」又命令繆襲：「等到華歆確定來了，你再回來。」華歆不得已，終於動身。

太和年間（二二七—二三三），明帝派遣曹真從子午道討伐蜀國，明帝車駕向東到了許昌。華歆上疏道：「自戰亂以來，已超過了二十四年。大魏承受天命，陛下憑借聖德成就周成王、周康王那樣的盛世，應該弘揚這個政績，繼承三王的輝煌。雖然還有吳、蜀兩個賊國憑借險阻苟延殘喘，如果聖明的教化日益光大，僻遠地方的百姓感懷德政，也將背負幼兒前來投奔。軍隊只有在不得已的時候才能動用，所以平時刀槍都收入庫，只在確實需要時才可以動用。臣懇切地希望陛下先留心於治理國家的方略，把出兵征伐排在後面。況且從千里之外運送糧草，不是用兵的有利條件；經過險要之地深入敵國，難有克敵制勝的功效。聽說今年征發兵役，已經傷害到農桑業。治理國家要以天下百姓為基礎，百姓則以穿衣吃飯為根本。假如中原沒有飢餓寒冷的憂患，百姓沒有離開故土逃難的心思，那樣就是天下最大的幸運，蜀、吳兩個賊國的紛爭，可以坐視其滅亡。臣占了宰相之位，隨著年老疾病日益加深，如同犬馬一般命數也快到盡頭了，恐怕再不能侍奉陛下了，因此不敢不竭盡臣子之職，希望陛下明察！」明帝答道：「您深入考慮國家大計，朕很是稱贊。賊國憑借山川險要割據一方，先前二祖不辭辛勞，尚且沒能攻克平定，我豈敢自誇，說一定能消滅他們呢？諸將以為如果不嘗試打一下，他們不會主動滅亡，因此出兵以尋找他們的破綻。如果確實不到上天要其滅亡的時候，周武王撤回軍隊，就是前人作為借鑑的事例，朕謹記您的告誡不會忘的。」當時正有秋季大雨，明帝詔令曹真率軍返回。太和五年（二三一），華歆去世，謚號稱敬侯。他的兒子華表繼承爵位。當初，文帝曾分出華歆封邑，封華歆的弟弟華緝為列侯。華表在咸熙年間（二六四—二六五）任尚書。

【原文】

華歆字子魚，平原高唐人也。高唐為齊名都，衣冠無不遊行市裡。歆為吏，休沐出府，則歸家闔門。議論持平，終不毀傷人。同郡陶丘洪亦知名，自以明見過歆。時王芬與豪傑謀廢靈帝。語在《武紀》。芬陰呼歆、洪共定計，洪欲行，歆止之曰：「夫廢立大事，伊、霍之所難。芬性疏而不武，此必無成。而禍將及族。子其無往！」洪從歆言而止。後芬果敗，洪乃服。舉孝廉，除郎中，病，去官。靈帝崩，何進輔政，征河南鄭泰、潁川荀攸及歆等。歆到，為尚書郎。董卓遷天子長安，歆求出為下邽令，病不行，遂從藍田至南陽。時袁術在穰，留歆。歆說術使進軍討卓，術不能用。歆欲棄去，會天子使太傅馬日磾安集關東，日磾辟歆為掾。東至徐州，詔即拜歆豫章太守，以為政清靜不煩，吏民感而愛之。孫策略地江東，歆知策善用兵，乃幅巾奉迎。策以其長者，待以上賓之禮。後策死。太祖在官渡，表天子征歆。孫權欲不遣，歆謂權曰：「將軍奉王命，始交好曹公，分義未固，使僕得為將軍效心，豈不有益乎？今空留僕，是為養無用之物，非將軍之良計也。」權悅，乃遣歆。賓客舊人送之者千餘人，贈遺數百金。歆皆無所拒，密各題識，至臨去，悉聚諸物，謂諸賓客曰：「本無拒諸君之心，而所受遂多。念單車遠行，將以懷璧為罪，願賓客為之計。」眾乃各留所贈，而服其德。

歆至，拜議郎，參司空軍事，入為尚書，轉侍中，代荀彧為尚書令。太祖征孫權，表歆為軍師。魏國既建，為御史大夫。文帝即王位，拜相國，封安樂鄉侯。及踐阼，改為司徒。

歆素清貧，祿賜以振施親戚故人，家無擔石之儲。公卿嘗並賜沒入生口，唯歆出而嫁之。帝嘆息，下詔曰：「司徒，國之俊老，所與和陰陽理庶事也。今大官重膳，而司徒蔬食，甚無謂也。」特賜御衣，及為其妻子男女皆作衣服。三府議：「舉孝廉，本以德行，不復限以試經。」歆以為：「喪亂以來，六籍墮廢，當務存立，以崇王道。夫制法者，所以經盛衰。今聽孝廉不以經試，恐學業遂從此而廢。若有秀異，可特征用。患於無其人，何患不得哉？」帝從其言。

黃初中，詔公卿舉獨行君子，歆舉管寧，帝以安車征之。明帝即位，進封博平侯，增邑五百戶，並前千三百戶，轉拜太尉。歆稱病乞退，讓位於寧。帝不許。臨當大會，乃遣散騎常侍繆襲奉詔喻指曰：「朕新蒞庶事，一日萬幾，懼聽斷之不明。賴有德之臣，左右朕躬，而君屢以疾辭位。夫量主擇君，不居其朝，委榮棄祿，不究其位，古人固有之矣，顧以為周公、伊尹則不然。潔身徇節，常人為之，不望之於君。君其力疾就會，以惠予一人。將立席幾筵，命百官總己，以須君到，朕然後御坐。」又詔襲：「須歆必起，乃還。」歆不得已，乃起。

太和中，遣曹真從子午道伐蜀，車駕東幸許昌。歆上疏曰：「兵亂以來，過逾二紀。大魏承天受命，陛下以聖德當成、康之隆，宜弘一代之治，紹三王之跡。雖有二賊負險延命，苟聖化日躋，遠人懷德，將襁負而至。夫兵不得已而用之，故戢而時動。臣誠願陛下先留心於治道，以征伐為後事。且千里運糧，非用兵之利；越險深入，無獨克之功。如聞今年征役，頗失農桑之業。為國者以民為基，民以衣食為本。使中國無飢寒之患，百姓無離土之心，則天下幸甚，二賊之釁，可坐而待也。臣備位宰相，老病日篤，犬馬之命將盡，恐不復奉望鑾蓋，不敢不竭臣子之懷，唯陛下裁察！」帝報曰：「君深慮國計，朕甚嘉之。賊憑恃山川，二祖勞於前世，猶不克平，朕豈敢自多，謂必滅之哉！諸將以為不一探取，無由自弊，是以觀兵以窺其釁。若天時未至，周武還師，乃前事之鑑，朕敬不忘所戒。」時秋大雨，詔真引軍還。太和五年，歆薨，謚曰敬侯。子表嗣。初，文帝分歆戶邑，封歆弟緝列侯。表，咸熙中為尚書。

魏書

程郭董劉蔣劉傳・郭嘉

郭嘉字奉孝，潁川郡陽翟人。當初，郭嘉曾北上去見袁紹，對袁紹的謀士辛評、郭圖說：「明智的人能審慎地考量選擇他的主人，所以他的謀劃都能收到好的效果，從而可以建立功名。袁公只想仿效周公禮賢下士，卻不知道使用人才的要旨。思慮繁多而不得要領，喜歡謀劃而不能作出決斷，想要追隨他共同拯救國家危難，建立稱王稱霸的大業，實在是難啊！」於是離開了袁紹。在此之前，潁川人戲志才，是個足智多謀之人，曹操器重他。但戲志才死得早。曹操寫信給荀彧說：「自從志才去世後，我就沒有可以與之商議大事的人了。汝川、潁川本來多有奇人異士，有誰可以接替戲志才呢？」荀彧推薦了郭嘉。曹操召見郭嘉，縱論天下大事。曹操說：「能使我成就大業的，一定就是這個人了。」郭嘉出來時也高興地說：「這才是我可以效忠的主公啊。」曹操上表讓郭嘉擔任司空軍祭酒。

曹操征討呂布，三次交手後打敗了呂布。呂布退入城中堅守。這時將士都已疲憊，曹操想率領軍隊回撤。郭嘉勸說曹操加緊攻打呂布，於是將呂布捉住。這事記載於《荀攸傳》中。

孫策轉戰千里，占領了整個江東。他得知曹操與袁紹在官渡相持不下，想渡江向北襲擊許都。曹操手下眾人聞訊都很驚恐，郭嘉推測道：「孫策剛剛吞並了江東，所誅殺的都是些英雄豪傑，那都是能讓人誓死效忠之人。然而孫策輕率隨意不加防備，雖然擁有百萬大軍，卻好比獨自一人行走於中原。如果有刺客伏擊，那只要對付他一人就夠了。在我看來，孫策必定死在一個平常人手中。」孫策來到江邊，尚未渡江，果然被許貢手下的人刺殺了。

郭嘉跟隨曹操大敗袁紹，袁紹死後，又跟隨曹操到黎陽討伐袁譚、袁尚，連戰連捷。眾將領想乘勝攻擊，郭嘉說：「袁紹同等愛他這兩個兒子，一直沒有確定誰做他的繼承人。二人分別有郭圖、逄紀為謀士，一定會互相爭鬥，互相離間。我們攻得太急，他們就會互相扶助，我們緩下來，他們又會生發互相爭鬥的心思。我們不如向南擺出討伐劉表的樣子，以待二袁翻臉交惡，等他們翻臉後，我們再發起攻擊，就可以一舉成功。」曹操說：「太妙了！」於是轉而向南進軍。軍隊剛抵達西平，袁譚、袁尚果然開始爭奪冀州。袁譚被袁尚打敗了，逃至平原困守，派辛毗向曹操請求投降。曹操回師解救袁譚，隨即順勢平定鄴縣。郭嘉後來又跟隨曹操在南皮攻打袁譚，平定了冀州。郭嘉因功被封為洧陽亭侯。

曹操準備討伐袁尚和遼西、上谷、右北平三郡的烏丸人，眾將領大多顧忌劉表會指使劉備襲擊許都討伐曹操。郭嘉說：「主公雖然威勢震撼天下，但烏丸依恃他們地處偏遠，一定不會防備。乘他們沒有防備，突然發動攻擊，就可以徹底打敗他們。況且袁紹不僅對自己統轄之地的百姓有恩，對鄰近的烏丸人也有恩，而袁尚兄弟還活著。現在青、冀、幽、並四州的百姓，只因懾於我們的威勢而歸附，朝廷的德政恩惠尚未施加，如果我們放棄殲滅他們的良機轉而南征劉表，袁尚就會憑借烏丸的資助，糾集誓死效忠的部屬，胡人一有動作，當地的漢人、烏丸人都會響應，就將助長蹋頓的野心，堅定其侵犯中原的非分之想，到那時恐怕青、冀二州就不屬於我們了。劉表不過是坐著清談之人罷了，他知道自己的才能不足以駕馭劉備，要是重用劉備只怕不能控制他，不加重用，劉備則不會為他所用，所以我們雖然大軍遠征，京城空虛，主公也不用憂慮。」曹操這才決定出征。大軍走到易縣時，郭嘉建議道：「兵貴神速。如今我們千里奔波偷襲敵人，軍用物資太多，難以快速前進，並且敵人聽到風聲，一定會作防備。不如留下輜重，輕裝加速前進，打他個措手不及。」曹操便秘密地從盧龍塞出兵，大軍直指烏丸單于的王庭。敵人倉促中聽到曹操大軍到了，驚慌之中召集士兵抵抗。曹操軍大敗烏丸，斬殺了蹋頓單于及許多有名的首領。袁尚和他哥哥袁熙逃往遼東郡。

郭嘉精通謀略，通曉事物情理。曹操曾說：「只有郭奉孝能知道我的心思。」三十八歲時，郭嘉從柳城返回，病得很重，曹操接二連三派人去探問病情。郭嘉去世後，曹操親自前去吊喪，對荀攸等人說：「你們諸位都與我同輩，只有郭奉孝年紀最輕。我原打算天下平定之後，把身後的事務托付給他，不料他卻英年早逝，真是天命啊！」於是上表，稱：「軍師祭酒郭嘉，從跟隨臣征戰開始，已經十一年了。每每有大的會議，敵軍兵臨城下，需要做出應變，臣還拿不定主意，郭嘉總會助臣下定決心。平定天下，郭嘉的謀略所起的作用甚高。可是郭嘉不幸短命，大業未成，就已撒手而去。追思郭嘉功勳，決不能忘記。可以增加郭嘉的封邑八百戶，連同以前的共一千戶。」於是，追謚貞侯，由他的兒子郭奕繼承。

後來曹操征戰荊州返回，在巴丘遇上軍中疾病流行，燒掉了船隻，曹操嘆道：「如果郭奉孝健在，一定不會讓我落到這個地步。」當初，陳群曾批評郭嘉行為不檢點，幾次在朝廷上訴說郭嘉的不是，而郭嘉不以為意，神情自若。曹操更加器重他，同時又因為陳群能秉持公正，對他也很欣賞。郭奕後來任太子文學，早逝。其子郭深繼承。郭深逝世，又由郭深的兒子郭獵繼承。

【原文】

郭嘉字奉孝，潁川陽翟人也。初，北見袁紹，謂紹謀臣辛評、郭圖曰：「夫智者審於量主，故百舉百全而功名可立也。袁公徒欲效周公之下士，而未知用人之機。多端寡要，好謀無決，欲與共濟天下大難，定霸王之業，難矣！」於是遂去之。先是時，潁川戲志才，籌畫士也，太祖甚器之。早卒。太祖與荀彧書曰：「自志才亡後，莫可與計事者。汝、潁固多奇士，誰可以繼之？」彧薦嘉。召見，論天下事。太祖曰：「使孤成大業者，必此人也。」嘉出，亦喜曰：「真吾主也。」表為司空軍祭酒。

征呂布，三戰破之，布退固守。時士卒疲倦，太祖欲引軍還，嘉說太祖急攻之，遂禽布。語在《荀攸傳》。

孫策轉斗千里，盡有江東，聞太祖與袁紹相持於官渡，將渡江北襲許。眾聞皆懼，嘉料之，曰：「策新並江東，所誅皆英豪雄傑，能得人死力者也。然策輕而無備，雖有百萬之眾，無異於獨行中原也。若刺客伏起，一人之敵耳。以吾觀之，必死於匹夫之手。」策臨江未濟，果為許貢客所殺。

從破袁紹，紹死，又從討譚、尚於黎陽，連戰數克。諸將欲乘勝遂攻之，嘉曰：「袁紹愛此二子，莫適立也。有郭圖、逢紀為之謀臣，必交鬥其間，還相離也。急之則相持，緩之而後爭心生。不如南向荊州若征劉表者，以待其變；變成而後擊之，可一舉定也。」太祖曰：「善。」乃南征。軍至西平，譚、尚果爭冀州。譚為尚軍所敗，走保平原，遣辛毗乞降。太祖還救之，遂從定鄴。又從攻譚於南皮，冀州平。封嘉洧陽亭侯。

太祖將征袁尚及三郡烏丸，諸下多懼劉表使劉備襲許以討太祖，嘉曰：「公雖威震天下，胡恃其遠，必不設備。因其無備，卒然擊之，可破滅也。且袁紹有恩於民夷，而尚兄弟生存。今四州之民，徒以威附，德施未加，捨而南征，尚因烏丸之資，招其死主之臣，胡人一動，民夷俱應，以生蹋頓之心，成覬覦之計，恐青、冀非己之有也。表，坐談客耳，自知才不足以御備，重任之則恐不能制，輕任之則備不為用，雖虛國遠征，公無憂矣。」太祖遂行。至易，嘉言曰：「兵貴神速。今千里襲人，輜重多，難以趣利，且彼聞之，必為備；不如留輜重，輕兵兼道以出，掩其不意。」太祖乃密出盧龍塞，直指單于庭。虜卒聞太祖至，惶怖合戰。大破之，斬蹋頓及名王已下。尚及兄熙走遼東。

嘉深通有算略，達於事情。太祖曰：「唯奉孝為能知孤意。」年三十八，自柳城還，疾篤，太祖問疾者交錯。及薨，臨其喪，哀甚，謂荀攸等曰：「諸君年皆孤輩也，唯奉孝最少。天下事竟，欲以後事屬之，而中年夭折，命也夫！」乃表曰：「軍祭酒郭嘉，自從征伐，十有一年。每有大議，臨敵制變。臣策未決，嘉輒成之。平定天下，謀功為高。不幸短命，事業未終。追思嘉勳，實不可忘。可增邑八百戶，並前千戶。」諡曰貞侯。子奕嗣。

後太祖征荊州還，於巴丘遇疾疫，燒船，嘆曰：「郭奉孝在，不使孤至此。」初，陳群非嘉不治行檢，數廷訴嘉，嘉意自若。太祖愈益重之，然以群能持正，亦悅焉。奕為太子文學，早薨。子深嗣。深薨，子獵嗣。

魏書

張樂於張徐傳・張遼

張遼字文遠，雁門郡馬邑人，本是漢武帝時「馬邑之謀」的發動者聶壹的後裔，為躲避仇家追殺而改換了姓氏。張遼年輕時做過郡中小吏。漢朝末年，並州刺史丁原因為張遼武藝高強，膂力過人，召他擔任從事，派他帶兵去京城。大將軍何進派他到河北招募士兵，張遼招到了一千多人。返回京城時，何進已經被宦官所殺，張遼帶著招來的新兵歸附董卓。董卓敗亡後，張遼又帶部屬投靠呂布，升任騎都尉。呂布被李傕打敗，張遼跟著呂布往東逃到徐州，兼任魯相之職，那一年他二十八歲。曹操在下邳大敗呂布，張遼率眾投降，曹操任命他為中郎將，賜予他關內侯的爵位。他屢建戰功，升任裨將軍。曹操打敗袁紹後，另派張遼去平定魯地各縣。張遼與夏侯淵在東海郡包圍了呂布的餘黨昌豨，數月後糧草將盡，眾將商量撤軍，張遼對夏侯淵說：「最近幾天來，我每次巡視營寨，昌豨總是盯著我看，而他們射出的箭也更少了，這一定是昌豨在猶豫是戰是降，所以不拼命抵抗。我想約他談談，或許可以勸他投降。」於是派人對昌豨說：「曹公有命令，派張遼對你宣布。」昌豨果然從城上下來與張遼談，張遼對他說：「曹公神明威武，正用他的仁德感化四方，先歸附的可以受到重賞。」昌豨於是答應投降。張遼單槍匹馬登上三公山，進入昌豨家中，向他妻子致禮。昌豨非常高興，跟隨他去見曹操。曹操讓昌豨先返回原地駐守，責備張遼道：「你獨自一人深入險境，不是大將應該做的事。」張遼謝罪道：「明公的威望遍及天下，我拿著聖旨，昌豨必然不敢加害，所以我才敢這樣做。」後來，張遼跟隨曹操在黎陽征討袁譚、袁尚，立下功勳，代理中堅將軍之職。又跟隨曹操在鄴縣攻打袁尚，袁尚死守城池，一時無法攻破。曹操返回許都，命令張遼同樂進攻克陰安，將當地百姓遷移到黃河以南。後來張遼再次跟隨曹操攻打鄴城，鄴城攻克後，張遼又被派去攻打趙國、常山，招降沿山的各支賊寇以及黑山軍孫輕等人，此後再度跟隨曹操攻打袁譚。袁譚被打敗後，曹操又派張遼率軍奪取海濱地區，擊潰了遼東賊寇柳毅等部。張遼返回鄴城，曹操親自出來迎接，與他同乘一輛車，任命他為蕩寇將軍。張遼又領兵攻打荊州，平定了江夏各縣，回屯駐紮在臨潁，被封為都亭侯。後來張遼又隨曹操在柳城討伐袁尚，突然遭遇烏丸軍，張遼勸曹操開戰，精神振奮，曹操對他的膽魄非常贊賞，將自己手中的指揮旗交給了他。於是張遼奮勇出擊，大敗敵軍，殺死了單于蹋頓。

當時荊州還沒有平定，曹操又派張遼駐紮長社。臨出發時，軍中有人謀反，夜裡驚呼放火，全軍都被擾亂。張遼對左右的衛士說：「不要亂動。絕對不是全營造反，一定是有人制造動亂，在此擾亂人心。」於是傳令軍中，沒有參與造反的人都安靜地坐下。張遼帶著幾十個親兵，站立在軍營正中。頓時全營都安定下來，張遼抓到了帶頭謀反的人，將其處死。陳蘭、梅成煽動六安縣的氐族人叛亂，曹操派于禁、臧霸等討伐梅成，命張遼督率張郃、牛蓋等人討伐陳蘭。梅成裝作投降于禁，等于禁撤軍後，就率部屬與陳蘭合兵，進入灊山。灊山中有座天柱峰，高峻陡峭，方圓二十多里，山道險要狹窄，只能步行勉強通過，陳蘭等在上面築起營壘。張遼想要進軍，眾將說道：「兵力少而道路險，難以向縱深攻擊。」張遼說：「這正是春秋時鮮虞所說的狹路相逢一對一的局勢，勇者方能取勝。」於是進至山腳下紮下營寨，隨即發起攻擊，將陳蘭、梅成斬首，俘虜了全部叛軍。曹操在為眾將論功行賞時說：「登天柱峰，親臨險境，砍下陳蘭、梅成的腦袋，是蕩寇將軍的功績。」為張遼增加了食邑，授予符節。

曹操討伐孫權回師，派張遼與樂進、李典等率領七千多將士駐紮合肥。曹操出征張魯，交給護軍薛悌一份手令，在信封上注明「敵人到了再打開」。不久，孫權率領十萬大軍圍攻合肥，於是諸將一起打開了手令，上面寫道：「如果孫權來犯，張遼、李典二位將軍出戰，樂進守城，護軍薛悌不得參戰。」眾將都疑惑不解。張遼說：「主公率大軍在外遠征，等回救趕到，敵人必定已經攻破城池，所以命令我們趁敵人尚未完成合圍時率先出擊，挫敗其銳氣，以安定軍心，隨後就可以固守了。勝負的關鍵，就在此一戰，諸位有什麼可懷疑的？」李典也贊同張遼的意見。於是張遼連夜招募敢於衝鋒陷陣的勇士，得到八百人。殺牛犒勞將士，決定明日大戰。天亮時，張遼身披鎧甲手執長戟，率先殺入敵陣，連殺幾十名敵兵，斬了兩員敵將。他大聲喊著自己的姓名，衝入敵軍營壘，直至孫權的帥旗之下。孫權大驚，手下將士不知所措，逃上山頂，用長戟護住主公。張遼喝叱孫權來接戰，孫權不敢動。吳軍望見張遼帶的兵少，就漸漸聚攏，將張遼團團圍住。張遼左衝右突，奮勇向前，撕開了一個口子，帶領幾十名將士殺出重圍。餘下的士兵大聲呼喊：「將軍要拋棄我們嗎？」張遼返身殺入重圍，救出其餘的士兵，孫權的人馬紛紛退縮，沒人敢上前阻擋。這一仗從清晨打到中午，吳軍的士氣完全喪失，退回營壘修築防禦工事。曹軍的軍心才安定下來，諸將都很欽佩張遼。孫權包圍合肥十多天，見無法攻破，便領兵撤退。張遼率領各路人馬追擊，差點擒獲孫權。曹操非常贊賞張遼的勇武，任命他為征東將軍。建安二十一年（二一六），曹操再次討伐孫權，來到了合肥，沿著張遼當時作戰的路線巡視一番，感嘆了很久。於是增加了張遼的兵力，留下幾路人馬歸張遼統轄，讓他換到居巢駐紮。

關羽將曹仁圍困在樊城，正趕上孫權向朝廷稱臣。曹操號令張遼等各路人馬都回來救援曹仁。張遼的人馬尚未趕到，徐晃已打敗了關羽，解除了對曹仁的圍困。張遼與曹操在摩陂會合。張遼的部隊到達時，曹操乘車出迎慰問，張遼回軍駐紮陳郡。曹丕繼任魏王後，張遼轉任前將軍。他的哥哥張泛和他的一個兒子被分封為列侯。孫權再次反叛，曹丕派張遼回到合肥駐紮，封張遼為都鄉侯。賜予張遼的母親輿車，派兵馬護送張遼的家眷到駐地，命令張母到達的時候，安排儀仗隊出來迎接，部下各軍的將吏都在道邊跪拜，圍觀者都認為張遼非常榮耀。曹丕做上皇帝後，封張遼為晉陽侯，增加食邑一千戶，連同以前的共二千六百戶。黃初二年（二二一），張遼到洛陽宮上朝，文帝在建始殿會見張遼，親自詢問他當初打敗吳軍的情況。文帝聽後感嘆地對身邊的人說：「張遼也是周代召虎那樣的猛將啊。」文帝為他建造了宅院，又專門為他母親蓋了屋子，將張遼招募的跟隨他打敗吳軍的士兵都作為虎賁。孫權再次向魏國稱臣，張遼返回駐紮在雍丘，這時得了病。文帝派侍中劉曄帶著太醫前來診治。那些虎賁勇士前來詢問病情，路上絡繹不絕。張遼的病情沒有好轉，文帝把他接到自己的行營，親自乘車前去探視，握著他的手，賜給他御衣，太官每天來送御膳。病勢稍有好轉，張遼又返回兵營。孫權再次反叛，文帝派張遼乘船，同曹休抵達海陵，駐紮在長江岸邊。孫權很害怕，告諭眾將：「張遼雖然生病，仍勇不可當，一定要小心啊！」那一年，張遼同各位將軍打敗了孫權的大將呂範。張遼病情加重，最後死於江都。文帝為之落淚，追贈謚號剛侯。他的兒子張虎承襲了爵位。黃初六年（二二五），文帝追懷張遼、李典在合肥之戰立下的功勳，下詔說：「合肥之戰，張遼、李典以八百步兵，打敗了十萬敵軍，自古以來用兵，沒有這樣的戰績，使敵人至今喪氣，真可謂是捍衛國家的利劍啊！分賜給張遼、李典食邑各一百戶，賜他們每人一子關內侯的爵位。」張虎任偏將軍，死後，他的兒子張統繼承爵位。

【原文】

張遼字文遠。雁門馬邑人也。本聶壹之後，以避怨變姓。少為郡吏。漢末，並州刺史丁原以遼武力過人，召為從事，使將兵詣京都。何進遣詣河北募兵，得千餘人。還，進敗，以兵屬董卓。卓敗，以兵屬呂布，遷騎都尉。布為李傕所敗，從布東奔徐州，領魯相，時年二十八。太祖破呂布於下邳，遼將其眾降，拜中郎將，賜爵關內侯。數有戰功，遷裨將軍。袁紹破，別遣遼定魯國諸縣。與夏侯淵圍昌豨於東海，數月糧盡，議引軍還，遼謂淵曰：「數日已來，每行諸圍，豨輒屬目視遼。又其射矢更稀，此必豨計猶豫，故不力戰。遼欲挑與語，儻可誘也？」乃使謂豨曰：「公有命，使遼傳之。」豨果下與遼語，遼為說「太祖神武，方以德懷四方，先附者受大賞」。豨乃許降。遼遂單身上三公山，入豨家，拜妻子。豨歡喜，隨詣太祖。太祖遣豨還，責遼曰：「此非大將法也。」遼謝曰：「以明公威信著於四海，遼奉聖旨，豨必不敢害故也。」從討袁譚、袁尚於黎陽，有功，行中堅將軍。從攻尚於鄴，尚堅守不下。太祖還許，使遼與樂進拔陰安，徙其民河南。復從攻鄴，鄴破，遼別徇趙國、常山，招降緣山諸賊及黑山孫輕等。從攻袁譚，譚破，別將徇海濱，破遼東賊柳毅等。還鄴，太祖自出迎遼，引共載，以遼為蕩寇將軍。復別擊荊州，定江夏諸縣，還屯臨潁，封都亭侯。從征袁尚於柳城，卒與虜遇，遼勸太祖戰，氣甚奮，太祖壯之，自以所持麾授遼。遂擊，大破之，斬單于蹋頓。

時荊州未定，復遣遼屯長社。臨發，軍中有謀反者，夜驚亂起火，一軍盡擾。遼謂左右曰：「勿動。是不一營盡反，必有造變者，欲以動亂人耳。」乃令軍中，其不反者安坐。遼將親兵數十人，中陳而立。有頃定，即得首謀者殺之。陳蘭、梅成以氐六縣叛，太祖遣于禁、臧霸等討成，遼督張郃、牛蓋等討蘭。成偽降禁，禁還。成遂將其眾就蘭，轉入灊山。灊中有天柱山，高峻二十餘里，道險狹，步徑裁通，蘭等壁其上。遼欲進，諸將曰：「兵少道險，難用深入。」遼曰：「此所謂一與一，勇者得前耳。」遂進到山下安營，攻之，斬蘭、成首，盡虜其眾。太祖論諸將功，曰：「登天山，履峻險，以取蘭、成，蕩寇功也。」增邑，假節。

太祖既征孫權還，使遼與樂進、李典等將七千餘人屯合肥。太祖征張魯，教與護軍薛悌，署函邊曰「賊至乃發」。俄而權率十萬眾圍合肥，乃共發教，教曰：「若孫權至者，張、李將軍出戰；樂將軍守，護軍勿得與戰。」諸將皆疑。遼曰：「公遠征在外，比救至，彼破我必矣。是以教指及其未合逆擊之，折其盛勢，以安眾心，然後可守也。成敗之機，在此一戰，諸君何疑？」李典亦與遼同。於是遼夜募敢從之士，得八百人，椎牛饗將士，明日大戰。平旦，遼被甲持戟，先登陷陳，殺數十人，斬二將，大呼自名，衝壘入，至權麾下。權大驚，眾不知所為，走登高冢，以長戟自守。遼叱權下戰，權不敢動，望見遼所將眾少，乃聚圍遼數重。遼左右麾圍，直前急擊，圍開，遼將麾下數十人得出，餘眾號呼曰：「將軍棄我乎！」遼復還突圍，拔出餘眾。權人馬皆披靡，無敢當者。自旦戰至日中，吳人奪氣，還修守備，眾心乃安，諸將咸服。權守合肥十餘日，城不可拔，乃引退。遼率諸軍追擊，幾復獲權。太祖大壯遼，拜征東將軍。建安二十一年，太祖復征孫權，到合肥，循行遼戰處，歎息者良久。乃增遼兵，多留諸軍，徙屯居巢。

關羽圍曹仁於樊，會權稱藩，召遼及諸軍悉還救仁。遼未至，徐晃已破關羽，仁圍解。遼與太祖會摩陂。遼軍至，太祖乘輦出勞之，還屯陳郡。文帝即王位，轉前將軍。分封兄汎及一子列侯。孫權復叛，遣遼還屯合肥，進遼爵都鄉侯。給遼母輿車，及兵馬送遼家詣屯，敕遼母至，導從出迎。所督諸軍將吏皆羅拜道側，觀者榮之。文帝踐阼，封晉陽侯，增邑千戶，並前二千六百戶。黃初二年，遼朝洛陽宮，文帝引遼會建始殿，親問破吳意狀。帝歎息顧左右曰：「此亦古之召虎也。」為起第舍，又特為遼母作殿，以遼所從破吳軍應募步卒，皆為虎賁。孫權復稱藩。遼還屯雍丘，得疾。帝遣侍中劉曄將太醫視疾。虎賁問消息，道路相屬。疾未瘳，帝迎遼就行在所，車駕親臨，執其手，賜以御衣，太官日送御食。疾小差，還屯。孫權復叛，帝遣遼乘舟，與曹休至海陵，臨江。權甚憚焉，敕諸將：「張遼雖病，不可當也，慎之！」是歲，遼與諸將破權將呂範。遼病篤，遂薨於江都。帝為流涕，謚曰剛侯。子虎嗣。六年，帝追念遼、典在合肥之功，詔曰：「合肥之役，遼、典以步卒八百，破賊十萬，自古用兵，未之有也。使賊至今奪氣，可謂國之爪牙矣。其分遼、典邑各百戶，賜一子爵關內侯。」虎為偏將軍，薨。子統嗣。

張郃字儁乂，河間郡鄚縣人。漢朝末年被招募入伍討伐黃巾軍，擔任軍司馬，在韓馥麾下。韓馥失敗後，張郃帶領部屬歸附袁紹，袁紹讓張郃擔任校尉，派他抵禦公孫瓚。公孫瓚被擊敗，張郃由於戰功卓著，升任寧國中郎將。曹操和袁紹在官渡對峙，袁紹派將軍淳于瓊等人督運糧草屯駐烏巢，曹操親自領兵發起猛攻。張郃勸袁紹說：「曹公軍隊精銳，此去一定會擊潰淳于瓊等人；淳于瓊一旦失敗，將軍您的大業就毀了，應該趕快帶兵馳援。」謀士郭圖說：「張郃此計不對，不如乘虛攻打曹操的大本營，曹操聞訊勢必回救，這就叫不救自解。」張郃說：「曹公營壘堅固，一時肯定攻不破。如果淳于瓊等人被俘，我們這些人也都將成為俘虜。」袁紹只派出一支小部隊增援淳于瓊，而用重兵攻打曹操的大本營，果然不能攻破。而曹操大敗淳于瓊，袁紹全軍潰敗。郭圖很羞愧，進一步誣陷張郃道：「張郃為我軍失敗而高興，所以出言不遜。」張郃害怕遭到陷害，便投奔曹操。

曹操得到張郃，非常高興，對他說：「從前伍子胥不能及早覺悟，使自己身陷絕境，哪比得上微子離開殷紂，韓信歸附漢王明智呢？」任命張郃為偏將軍，封為都亭侯。將部隊交給他指揮，讓他隨從自己攻打鄴城，並打下了鄴城。張郃隨後跟著曹操到渤海攻打袁譚，又單獨率軍圍攻雍奴，大敗敵軍。隨同曹操征討柳城時，張郃與張遼同為先鋒，張郃因功升任平狄將軍。又領兵出征東萊郡，討伐管承。又同張遼等人討伐陳蘭、梅成等人，大獲全勝。跟隨曹操出師渭南，擊潰馬超、韓遂。包圍安定，迫使楊秋投降。張郃與夏侯淵一同討伐鄜城的賊寇梁興以及武都郡的氐族叛軍。他又再次打敗馬超，平定了宋建的地盤。曹操討伐張魯，先派張郃督率各軍征剿梁興和氐王竇茂的軍隊。曹操從散關進入漢中，又派張郃率領五千步兵在前面開路，大軍抵達陽平關，張魯就投降了。曹操返回時，留下張郃與夏侯淵等人防守漢中，抵禦劉備的進攻。張郃又率領各軍，降伏了巴東、巴西兩郡，將其百姓遷徙到漢中。張郃進軍宕渠城，遭到劉備手下大將張飛的阻截，退回南鄭，曹操任命張郃為蕩寇將軍。劉備駐紮在陽平關，張郃駐紮在廣石。劉備把一萬多精兵分成十隊，夜裡突然發動急攻。張郃率領親兵奮力迎戰，劉備無法拿下廣石。後來劉備在走馬谷縱火焚燒曹軍的營寨，夏侯淵去救火，在支道上遭遇劉備，雙方短兵相接激戰，夏侯淵被殺。張郃只得退守陽平關。當時，曹軍剛剛失去元帥，將士擔心劉備乘機進攻，都驚慌失措，夏侯淵的司馬郭淮便命令全軍說：「張將軍是國家的名將，連劉備也害怕。現在形勢危急，除了張將軍沒人能安定軍心。」於是推舉張郃為主帥。張郃出面整頓部隊，布置陣勢，眾將都服從張郃的號令，軍心得以安定。曹操在長安，派特使給張郃送來調度軍隊的符節。曹操親自來到漢中，劉備守在高山上不敢出戰。曹操便領著漢中各路人馬撤離。張郃回師駐紮陳倉。

曹丕繼任魏王，任命張郃為左將軍，晉封都鄉侯。曹丕當上皇帝，又加封張郃為鄚侯。文帝下詔命令張郃與曹真討伐安定的盧水胡人和東部羌人，又召張郃與曹真到許都皇宮朝拜，派張郃南下與夏侯尚進攻江陵。張郃單獨率領幾路人馬渡過長江，奪取百里洲上的吳軍營壘。魏明帝即位，派張郃南下駐紮在荊州，與司馬懿攻打孫權手下將領劉阿等人，追到祁口，兩軍交戰，魏軍大敗劉阿。諸葛亮率軍出祁山，明帝提拔張郃為特進，總督各路人馬，在街亭抵擋諸葛亮手下大將馬謖。馬謖在南山上紮寨，沒有在山下占據營壘防守。張郃切斷了山上蜀軍的水源，發動攻擊，大敗馬謖。南安、天水、安定各郡反叛響應諸葛亮，張郃領兵逐一平定。明帝下詔說：「賊人諸葛亮率領巴蜀之地的烏合之眾，號稱虎嘯之師。將軍披堅甲、執利器，所向披靡，朕要特別嘉獎你。增加食邑一千戶，連同以前的共四千三百戶。」司馬懿在荊州訓練水軍，打算沿著沔水進入長江討伐東吳，明帝詔令張郃統率關中的部隊前去聽從司馬懿的統一指揮。部隊到荊州後，時逢冬季，水位下降，大船不能航行，於是駐紮在方城。諸葛亮再次出祁山，急攻陳倉。明帝派驛馬召張郃到京城。明帝親自到河南城，設酒宴為張郃送行，派南北將士三萬人以及武衛、虎賁護衛張郃。明帝問張郃道：「等將軍到那裡，諸葛亮怕是已經占領陳倉了吧？」張郃知道諸葛亮孤軍深入，糧草不足，不能久攻，答道：「不等臣抵達，諸葛亮已經撤走了。屈指計算，諸葛亮軍中糧草支撐不到十天。」張郃晝夜兼程趕到南鄭，諸葛亮果然已經撤軍。明帝詔令張郃返回京城，任命他為征西車騎將軍。

張郃能夠識別事態的變化，善於安營布陣，根據地形布置戰役計劃，沒有不在他預料之中的，蜀國從諸葛亮到各位大將都懼怕他。張郃雖然是武將，卻喜歡與儒士交往，曾經推薦同鄉卑湛，說他學問高深品德端正，明帝下詔說：「從前祭遵擔任將軍，上奏建議設五經大夫。他在軍營之中，與儒生唱和，玩投壺遊戲。現在將軍在外統率大軍，內心還關注朝廷事務。朕非常感激將軍的美意，現在就提拔卑湛為博士。」

諸葛亮再次出兵祁山，明帝詔令張郃統領眾將往西到略陽。諸葛亮後撤駐守祁山，張郃追到木門谷，與蜀軍交戰。張郃的右膝被飛箭射中，不幸陣亡。朝廷賜予他壯侯的謚號。他的兒子張雄繼承爵位。張郃前後征戰建立無數功勳，明帝將其食邑分給他四個兒子，封他們為列侯又賞賜他的小兒子關內侯的爵位。

【原文】

張郃字儁乂，河間鄚人也。漢末應募討黃巾，為軍司馬，屬韓馥。馥敗，以兵歸袁紹。紹以郃為校尉，使拒公孫瓚。瓚破，郃功多，遷寧國中郎將。太祖與袁紹相拒於官渡，紹遣將淳于瓊等督運屯烏巢，太祖自將急擊之。郃說紹曰：「曹公兵精，往必破瓊等；瓊等破，則將軍事去矣，宜急引兵救之。」郭圖曰：「郃計非也。不如攻其本營，勢必還，此為不救而自解也。」郃曰：「曹公營固，攻之必不拔，若瓊等見禽，吾屬盡為虜矣。」紹但遣輕騎救瓊，而以重兵攻太祖營，不能下。太祖果破瓊等，紹軍潰。圖慚，又更譖郃曰：「郃快軍敗，出言不遜。」郃懼，乃歸太祖。

太祖得郃甚喜，謂曰：「昔子胥不早寤，自使身危，豈若微子去殷、韓信歸漢邪？」拜郃偏將軍，封都亭侯。授以眾，從攻鄴，拔之。又從擊袁譚於渤海，別將軍圍雍奴，大破之。從討柳城，與張遼俱為軍鋒，以功遷平狄將軍。別征東萊，討管承，又與張遼討陳蘭、梅成等，破之。從破馬超、韓遂於渭南。圍安定，降楊秋。與夏侯淵討鄜賊梁興及武都氐。又破馬超，平宋建。太祖征張魯，先遣郃督諸軍討興和氐王竇茂。太祖從散關入漢中，又先遣郃督步卒五千於前通路。至陽平，魯降，太祖還，留郃與夏侯淵等守漢中，拒劉備。郃別督諸軍，降巴東、巴西二郡，徙其民於漢中。進軍宕渠，為備將張飛所拒，引還南鄭。拜蕩寇將軍。劉備屯陽平，郃屯廣石。備以精卒萬餘，分為十部，夜急攻郃。郃率親兵搏戰，備不能克。其後備於走馬谷燒都圍，淵救火，從他道與備相遇，交戰，短兵接刃。淵遂沒，郃還陽平。當是時，新失元帥，恐為備所乘，三軍皆失色。淵司馬郭淮乃令眾曰：「張將軍，國家名將，劉備所憚；今日事急，非張將軍不能安也。」遂推郃為軍主。郃出，勒兵安陳，諸將皆受郃節度，眾心乃定。太祖在長安，遣使假郃節。太祖遂自至漢中，劉備保高山不敢戰。太祖乃引出漢中諸軍，郃還屯陳倉。

文帝即王位，以郃為左將軍，進爵都鄉侯。及踐阼，進封鄚侯。詔郃與曹真討安定盧水胡及東羌，召郃與真並朝許宮，遣南與夏侯尚擊江陵。郃別督諸軍渡江，取洲上屯塢。明帝即位，遣南屯荊州，與司馬宣王擊孫權別將劉阿等，追至祁口，交戰，破之。諸葛亮出祁山。加郃位特進，遣督諸軍，拒亮將馬謖於街亭。謖依阻南山，不下據城。郃絕其汲道，擊，大破之。南安、天水、安定郡反應亮，郃皆破平之。詔曰：「賊亮以巴蜀之眾，當虓虎之師。將軍被堅執銳，所向克定，朕甚嘉之。益邑千戶，並前四千三百戶。」司馬宣王治水軍於荊州，欲順沔入江伐吳，詔郃督關中諸軍往受節度。至荊州，會冬水淺，大船不得行，乃還屯方城。諸葛亮復出，急攻陳倉，帝驛馬召郃到京都。帝自幸河南城，置酒送郃，遣南北軍士三萬及分遣武衛、虎賁使衛郃，因問郃曰：「遲將軍到，亮得無已得陳倉乎！」郃知亮縣軍無谷，不能久攻，對曰：「比臣未到，亮已走矣；屈指計亮糧不至十日。」郃晨夜進至南鄭，亮退。詔郃還京都，拜征西車騎將軍。

郃識變數，善處營陳，料戰勢地形，無不如計，自諸葛亮皆憚之。郃雖武將而愛樂儒士，嘗薦同鄉卑湛經明行修，詔曰：「昔祭遵為將，奏置五經大夫，居軍中，與諸生雅歌投壺。今將軍外勒戎旅，內存國朝。朕嘉將軍之意，今擢湛為博士。」

諸葛亮復出祁山，詔郃督諸將西至略陽，亮還保祁山，郃追至木門，與亮軍交戰，飛矢中郃右膝，薨，謚曰壯侯。子雄嗣。郃前後征伐有功，明帝分郃戶，封郃四子列侯。賜小子爵關內侯。

魏書

張樂於張徐傳・徐晃

徐晃字公明，河東郡楊縣人。曾當過郡吏，因跟隨車騎將軍楊奉討伐賊寇有功，被任命為騎都尉。李傕、郭汜在長安作亂，徐晃勸說楊奉，讓他護送皇帝回洛陽，楊奉聽從了他的建議。獻帝渡過黃河到達安邑，封徐晃為都亭侯。到洛陽後，韓暹、董承天天互相爭鬥，徐晃勸楊奉歸附曹操，楊奉起先準備答應，過後又反悔了。曹操到梁地討伐楊奉，徐晃便投奔了曹操。

曹操授予徐晃兵權，派他去攻打卷縣、原武的賊寇。徐晃打敗了他們，因此被任命為裨將軍。徐晃跟隨曹操討伐呂布，單獨領兵迫使呂布的將領趙庶、李鄒等投降，又與史渙在河內郡斬了眭固。徐晃跟隨曹操大敗劉備，又跟隨曹操打敗顏良，攻取了白馬，進軍到延津，大敗文醜，徐晃被任命為偏將軍。之後，徐晃又與曹洪攻打強的賊寇祝臂，獲勝；與史渙在故市襲擊袁紹的運糧車隊。因功勳卓著，徐晃被封為都亭侯。曹操包圍了鄴城，又攻破邯鄲，易陽縣令韓範假裝獻城投降負隅頑抗，曹操命令徐晃攻打易陽。徐晃率軍抵達之後，將一支帶信的箭射入城中，向韓範陳述利害，韓範有所後悔，徐晃便招降了他。徐晃隨即對曹操說：「袁譚、袁尚還沒有鏟除，那些沒有攻取的城池都在觀望。今天要是不接受韓範投降而滅了易陽，明天其他的城池必定拼死抵抗，那黃河以北恐怕就沒有平定之日了。希望您接受易陽投降做出示範，各城就會聞風而降了。」曹操認為徐晃說得很對。徐晃又單獨率兵討伐毛城敵寇，用伏兵大舉襲擊，攻破三處營壘。再次隨曹操在南皮擊敗袁譚，討伐平原郡的叛軍，平定了該地。徐晃隨曹操征討蹋頓，被封為橫野將軍。跟隨曹操討伐荊州，徐晃的人馬單獨駐紮在樊城，又討伐中廬、臨沮、宜城的賊寇。徐晃又與滿寵到漢津征討關羽，與曹仁在江陵攻打周瑜。建安十五年（二一〇），徐晃率領大軍討伐太原郡叛軍，包圍了大陵，攻克城池，殺死敵帥商曜。韓遂、馬超在關右叛亂，曹操派徐晃駐紮汾陰以安撫河東郡，賜給他牛酒，讓他祭掃祖先的墳墓。曹操到達潼關，擔心不能渡過黃河，召徐晃詢問。徐晃說：「主公大兵到此，叛軍沒有另派一支人馬駐守蒲阪，可見他們沒有謀略。現在請您給臣一支精兵，從蒲阪津渡河充當全軍的先頭部隊，截斷敵軍，就可以擒獲敵人了。」曹操說：「好。」於是派徐晃率領騎兵步兵四千人過河。徐晃到了河對岸，就開始挖塹立柵。工事尚未築成，敵將梁興率五千多人馬攻來，被徐晃擊退。曹操大軍得以渡河。曹操打敗了馬超等人後，派徐晃與夏侯淵平定隃麋、汧縣各部落氐人，與曹操在安定會師。曹操回鄴城，派徐晃與夏侯淵平定鄜縣，打敗夏陽的賊寇餘黨，斬了梁興，招降了三千多戶。徐晃隨曹操討伐張魯，另被派去征剿櫝、仇夷各部山氐，都使其歸降。徐晃升任平寇將軍，解救了被圍困的張順將軍，攻破了賊寇陳福等人的三十多個營壘。

曹操返回鄴城，留下徐晃與夏侯淵在陽平關抵禦劉備。劉備派陳式等十多個營的部隊斷絕了馬鳴閣道，徐晃繞道發起攻擊，大敗陳式軍，蜀兵被迫跳入山谷，死傷無數。曹操聞訊非常高興，授予徐晃符節，發令道：「這條閣道是漢中的咽喉險要通道，劉備想斷絕內外聯系，奪取漢中。將軍一舉粉碎了敵人的計謀，真是妙中之妙啊！」曹操於是親自到陽平關，接應出漢中的各路人馬，又派徐晃協助曹仁討伐關羽，駐紮在宛城。正遇上漢水洪水泛濫，于禁的部隊被淹，關羽將曹仁圍困在樊城，又包圍了駐守襄陽的將軍呂常。徐晃率領的部隊大多是新兵，實力難以對抗關羽，便進軍駐紮在陽陵陂。曹操再次返回，派將軍徐商、呂建等人去見徐晃，傳令道：「必須等人馬聚集齊了，再一同向前。」蜀軍駐紮在偃城。徐晃到達後，假裝挖掘塹壕，擺出要截斷敵軍退路的樣子。蜀軍燒毀自己的營寨逃跑了。徐晃占領了偃城，使兩邊的營寨連接起來，又稍稍向前，至距離蜀軍包圍圈三丈左右的地方，但沒發起進攻。曹操先後派殷署、朱蓋等十二營人馬來到徐晃這兒。蜀軍在圍頭有營壘，另外還在四冢駐軍。徐晃揚言要攻打圍頭，卻悄悄地進攻四冢。關羽見四冢將被攻破，親自率領五千步、騎兵出戰，徐晃迎擊，關羽敗退。徐晃乘勝追擊，一舉殺出了蜀軍的包圍圈，大敗蜀軍，很多蜀兵走投無路跳入沔水而被淹死。曹操傳令道：「敵人包圍塹壕鹿角達十重，將軍出戰大獲全勝，攻破了敵軍的圍困，殺死俘虜大批敵寇。我用兵三十多年，加上聽到的古代善於用兵的人，未曾有長驅直入衝進敵人包圍圈的。而且樊城、襄陽被圍困，比戰國時齊國的莒城、即墨被圍還要危急得多，徐將軍的功勳，超過孫武和司馬穰苴。」徐晃整頓部隊回到摩陂，曹操出城七里迎接徐晃，設宴慶賀。曹操親自舉杯向他敬酒，慰勞他說：「保全樊城、襄陽，都是將軍的功勞。」當時各路人馬都集中在一起，曹操巡視各營。其他軍營的士兵聽說曹操來了都離開隊列出來觀看，只有徐晃的軍營秩序井然，全體將士排成隊列紋絲不動。曹操感嘆道：「徐將軍真可以說是有周亞夫的風度啊！」

曹丕繼任魏王後，任命徐晃為右將軍，晉封逯鄉侯。曹丕當上皇帝後，又晉封其為楊侯。徐晃與夏侯尚到上庸討伐劉備，打敗了蜀軍。文帝命徐晃鎮守陽平關，轉封他為陽平侯。魏明帝即位，徐晃在襄陽抵禦吳將諸葛瑾。朝廷為他增加食邑二百戶，連同以前的共三千一百戶。徐晃病重，留下遺囑，用自己平時穿的衣服入殮。

徐晃生活儉樸，性格謹慎，指揮作戰時常常派兵到遠處偵察，先使自己立於不可戰勝之地，然後才開戰。而一旦開戰，就窮追不捨，擴大戰果，將士們常常顧不上吃飯。徐晃常嘆息道：「古人常擔心自己沒能遇上英明的君主，現在有幸讓我遇上了，應該建功效力，哪裡還用誇耀自己呢！」他始終不多交朋友。太和元年（二二七），徐晃去世，謚號為壯侯。他的兒子徐蓋承襲了爵位。徐蓋死後，兒子徐霸襲爵。明帝分出徐晃的食邑，封他兩個兒孫為列侯。

【原文】

徐晃字公明，河東楊人也。為郡吏，從車騎將軍楊奉討賊有功，拜騎都尉。李傕、郭汜之亂長安也，晃說奉，令與天子還洛陽，奉從其計。天子渡河至安邑，封晃都亭侯。及到洛陽，韓暹、董承日爭鬥，晃說奉令歸太祖；奉欲從之，後悔。太祖討奉於梁，晃遂歸太祖。

太祖授晃兵，使擊卷、原武賊，破之，拜裨將軍。從征呂布，別降布將趙庶、李鄒等。與史渙斬眭固於河內。從破劉備，又從破顏良，拔白馬，進至延津，破文醜，拜偏將軍。與曹洪擊強賊祝臂，破之，又與史渙擊袁紹運車於故市，功最多，封都亭侯。太祖既圍鄴，破邯鄲，易陽令韓範偽以城降而拒守，太祖遣晃攻之。晃至，飛矢城中，為陳成敗。範悔，晃輒降之。既而言於太祖曰：「二袁未破，諸城未下者傾耳而聽，今日滅易陽，明日皆以死守，恐河北無定時也。願公降易陽以示諸城，則莫不望風。」太祖善之。別討毛城，設伏兵掩擊，破三屯。從破袁譚於南皮，討平原叛賊，克之。從征蹋頓，拜橫野將軍。從征荊州，別屯樊，討中廬、臨沮、宜城賊。又與滿寵討關羽於漢津，與曹仁擊周瑜於江陵。十五年，討太原反者，圍大陵，拔之，斬賊帥商曜。韓遂、馬超等反關右，遣晃屯汾陰以撫河東，賜牛酒，令上先人墓。太祖至潼關，恐不得渡，召問晃。晃曰：「公盛兵於此，而賊不復別守蒲阪，知其無謀也。今假臣精兵渡蒲阪津，為軍先置，以截其裡，賊可擒也。」太祖曰：「善。」使晃以步騎四千人渡津。作塹柵未成，賊梁興夜將步騎五千餘人攻晃，晃擊走之，太祖軍得渡。遂破超等，使晃與夏侯淵平隃麋、汧諸氐，與太祖會安定。太祖還鄴，使晃與夏侯淵平鄜、夏陽餘賊，斬梁興，降三千餘戶。從征張魯。別遣晃討攻櫝、仇夷諸山氐，皆降之。遷平寇將軍。解將軍張順圍。擊賊陳福等三十餘屯，皆破之。

太祖還鄴，留晃與夏侯淵拒劉備於陽平。備遣陳式等十餘營絕馬鳴閣道，晃別征破之，賊自投山谷，多死者。太祖聞，甚喜，假晃節，令曰：「此閣道，漢中之險要咽喉也。劉備欲斷絕外內，以取漢中。將軍一舉，克奪賊計，善之善者也。」太祖遂自至陽平，引出漢中諸軍。復遣晃助曹仁討關羽，屯宛。會漢水暴隘，于禁等沒。羽圍仁於樊，又圍將軍呂常於襄陽。晃所將多新卒，以羽難與爭鋒，遂前至陽陵陂屯。太祖復還，遣將軍徐商、呂建等詣晃，令曰：「須兵馬集至，乃俱前。」賊屯偃城。晃到，詭道作都塹，示欲截其後，賊燒屯走。晃得偃城，兩面連營，稍前，去賊圍三丈所。未攻，太祖前後遣殷署、朱蓋等凡十二營詣晃。賊圍頭有屯，又別屯四冢。晃揚聲當攻圍頭屯，而密攻四冢。羽見四冢欲壞，自將步騎五千出戰，晃擊之，退走，遂追陷與俱入圍，破之，或自投沔水死。太祖令曰：「賊圍塹鹿角十重，將軍致戰全勝，遂陷賊圍，多斬首虜。吾用兵三十餘年，及所聞古之善用兵者，未有長驅徑入敵圍者也。且樊、襄陽之在圍，過於莒、即墨，將軍之功，逾孫武、穰苴。」晃振旅還摩陂，太祖迎晃七里，置酒大會。太祖舉卮酒勸晃，且勞之曰：「全樊、襄陽，將軍之功也。」時諸軍皆集，太祖案行諸營，士卒咸離陳觀，而晃軍營整齊，將士駐陳不動。太祖嘆曰：「徐將軍可謂有周亞夫之風矣。」

文帝即王位，以晃為右將軍，進封逯鄉侯。及踐阼，進封楊侯。與夏侯尚討劉備於上庸，破之。以晃鎮陽平，徙封陽平侯。明帝即位，拒吳將諸葛瑾於襄陽。增邑二百，並前三千一百戶。病篤，遺令斂以時服。

性儉約畏慎，將軍常遠斥候，先為不可勝，然後戰，追奔爭利，士不暇食。常嘆曰：「古人患不遭明君，今幸遇之，當以功自效，何用私譽為！」終不廣交援。太和元年薨，謚曰壯侯。子蓋嗣。蓋薨，子霸嗣。明帝分晃戶，封晃子孫二人列侯。

魏書

任城陳蕭王傳・曹植

陳思王曹植字子建。他十幾歲就能誦讀《詩經》《論語》以及辭賦數十萬字，寫得一手好文章。曹操曾看到他寫的文章，問他：「你是請人代筆的吧？」曹植跪下答道：「話說出口就是論，下筆就成文章，可以當面考試，怎麼會是請人代筆的呢？」當時鄴城的銅雀台剛建成，曹操帶著幾個兒子登上銅雀台，令各自寫一篇賦。曹植拿起筆一揮而就，內容很精彩，曹操很是驚訝，覺得曹植不同尋常。曹植性情隨和平易，不喜歡擺出威嚴的氣派，車馬服飾，從不追求華麗。每次見曹操，遇上有疑難問題要解答，都能當即說出自己的意見，因此特別受曹操寵愛。建安十六年（二一一），曹植被封為平原侯。十九年（二一四），曹植改封為臨菑侯。曹操出兵討伐孫權時，讓曹植留守鄴縣，告誡他說：「我從前任頓邱縣令時二十三歲。回想當初所做的事，至今沒有後悔的。現在你也二十三歲，難道可以不好好努力嗎？」曹植因為才華橫溢而受到父親特別的寵愛，丁儀、丁廙、楊修等人便都成為了他的幕僚。曹操猶疑不決，好幾次差點就要立曹植為太子，但是曹植任性行事，不懂得維護自身的形象，飲酒不加節制。而曹丕會耍手段，矯揉掩飾，曹操身邊的親信和宮人都替他說話，所以最終確立曹丕為繼承人。建安二十二年（二一七），曹植的食邑增加五千戶，連同以前的共一萬戶。有一次曹植曾乘車在皇帝專用的馳道上行駛，打開司馬門出去。曹操聞訊大怒，處死了公車令。從此加緊了對各諸侯的約束，而對曹植的寵愛日漸減少。曹操擔心自己離世後可能引起權力爭鬥，因為楊修有才智韜略，又是袁氏的外甥，就羅織罪名將楊修殺了。曹植因此內心更加忐忑不安。建安二十四年（二一九），曹仁被關羽圍困，曹操任命曹植為南中郎將，代理征虜將軍之職，準備派他去救曹仁。正要召他來告誡他一番，不料曹植竟喝得酩酊大醉，不能前來接受任命。曹操後悔，罷免了他的職務。

曹丕繼任魏王，誅殺了丁儀、丁廙兄弟以及丁家的全部男子。曹植和諸侯全都前往自己的封國。黃初二年（二二一），監國謁者灌均根據曹丕的旨意上奏：「曹植醉酒傲慢，脅迫使者。」有關部門請求治曹植的罪，曹丕因為考慮到太后，將其貶為安鄉侯，同年又改封鄄城侯。黃初三年（二二二），立曹植為鄄城王，食邑二千五百戶。

黃初四年（二二三），轉封曹植為雍丘王。那一年，曹植奉詔赴京朝見。曹植上疏道：

「臣自從戴罪回到受封之地，刻骨銘心，反省自己的罪孽，白天到中午才吃一頓飯，晚上半夜才就寢。確實因為國家的法度不能一再觸犯，聖上的恩德難以一再依賴。我暗自思考《詩經・相鼠》中『做人不講禮儀，為何不早去死』的道理，形影相吊，羞愧難當。若是因為自己的罪孽而一死了之，則違背了先賢『早上犯了錯誤，晚上就改過來』的教誨；若是忍受恥辱苟且偷生，又觸犯了《詩經》中『還有什麼臉面活在世上』的諷刺。我低頭感念陛下的仁德如此浩大，恩情似父母般深厚，像和煦的春風一般溫暖人心，如及時雨一般滋潤萬物。不對沒有用處的荊棘另眼看待，這是祥雲的恩惠；對七個孩子一視同仁公平撫養，這是布穀鳥的仁慈；赦免罪過令其建功，這是賢明之君的舉動；憐憫愚昧者，愛惜能幹者，是慈父的恩情：所以愚臣流連於陛下的恩澤之中，不忍棄世。

「此前接到詔書，臣等被禁止入朝拜見陛下，心灰意冷，想了結此生，自以為直到垂暮之年都不會有執珪上朝的希望了。不料聖旨下達，征召錄用。在回到京城之時，臣的心已經飛到陛下身邊。如今臣居住在偏僻的西館，未能入朝侍奉陛下，內心非常急切，仰望宮闕，輾轉不安。在此謹呈上奏表，並獻詩兩首，詩的內容是這樣的：『偉大的父親啊，那就是武皇，受命於上天，拯救安定天下。紅旗所到之處，九州大地紛紛歸附，道德教化遍及四方，蠻荒之地也來歸順。功績超過了殷湯周武，可以與唐堯相媲美。上天厚生我皇，累世聰穎承接父王，武功肅穆威烈，文治安定天下。受禪於漢朝，統治整個天下。各地都接受教化，遵循前代的典章制度。廣泛分封親屬子弟，以拱衛朝廷。皇上封我為侯，管轄青州地界，擁有海濱，就像周朝分封的魯國。車馬服飾光鮮靚麗，表示身份的旗幟整齊排列。優秀的人才濟濟一堂，來做我的輔佐之臣。我卻年輕莽撞，倚仗父王的恩寵而傲慢自大，行為觸犯了朝綱，敗壞了國家的王法。遷至藩地思過，違背先王的制度，橫蠻地對待天子的使者，冒犯朝廷的禮儀。國家有法律，將我撤職罷黜，準備投入大牢，作為元凶查辦。聖明的天子，念及骨肉之情，不忍心將我法辦，暴屍於朝市，改變了執法官的判決，憐憫於我。將我改封於兗州的鄄城，在黃河邊上。沒有配備屬官，只有君主而沒有臣子。是我自己荒淫無度，還有誰會來輔佐呢？孤獨的一個人留在了冀州。我這是咎由自取啊，遭此禍殃！英明而偉大的陛下啊，施恩天下不會遺漏，給我戴上玄冕，繫上朱紱。朱紱鮮亮，使我榮耀光彩，剖開符節授予玉珪，封我為王。抬頭接受金璽，俯首捧著策書，皇恩浩蕩無邊，我恭敬地接受，內心戰戰兢兢。可嘆我冥頑不靈，死去愧對先帝的陵墓，活著沒臉見到陛下。我不敢輕視陛下的恩德，確實是倚仗了陛下的厚愛，威嚴的陛下對我改封加爵，令我終身難忘。蒼天無邊無際，個人的生命卻不由自己掌握，經常害怕顛沛流離之際，以戴罪之身死去。我願意冒著飛箭衝鋒陷陣，在東岳樹起戰旗，希望能建立絲毫的功勞，多少贖回自己的罪過。身臨險境獻出生命，只要能免罪便知足了。我願意奔赴長江、湘江，在吳、越之地奮戰。陛下敞開胸懷，讓我入京朝見。我急切盼望拜見並侍奉陛下，如飢似渴。心中思慕，悲愴不已，上天何等崇高，還會聽取微小的聲音，陛下的恩澤，一定也會眷顧卑微的我！』又說：『我恭敬地接受陛下的詔命，前往京城面聖。星夜駕車上路，餵飽了馬，給車軸塗好油脂。命令隨從的主管，整頓好隊伍，早晨從鸞台出發，夜晚在蘭渚住宿。茫茫的原野上，有眾多的男女，經過開墾的公田，莊稼長勢喜人。遇到樹枝下垂的大樹，雖然樹蔭濃密但不敢歇息；雖然帶足了乾糧，但肚子餓了也沒工夫吃。見到城池不進去休息，遇到集鎮不進去觀光。車夫揮動長鞭，在平坦的大道上疾馳。四匹駕車的黑馬步調一致，昂首疾馳累得口吐白沫；疾風在車前的橫木上吹過，輕雲籠罩在車蓋之上。涉過山澗登上彼岸，沿著山腳在曲折的路上奔馳，順著河岸而行，躍上黃土高坡。向西經過關隘山谷，時而向上時而向下；馬兒已經疲憊不堪，數次跌倒又重新起身。因為將要朝拜聖明的陛下，不敢有絲毫的耽擱；駕車一路疾馳，計算著日子馬不停蹄。隊伍的前列舉著火把，隊伍的後面飄著旌旗；車輪轉個不停，車鈴聲響不斷。等到了京城，住在了城西；詔書還沒有下達，我無法前去覲見。抬頭仰望宮門，低頭思念皇上。思念綿延不絕，憂心似醉酒一般昏沉。』」

文帝贊賞其文采飛揚，感情真切，下詔答覆並給予勉勵。

黃初六年（二二五），文帝東征吳國，返回時路過雍丘，親臨曹植的王宮，給他增加了五百戶食邑。明帝太和元年（二二七），改封曹植到浚儀。太和二年（二二八），又回到雍丘。曹植常常感嘆怨憤，空有一身才能卻無處施展，上書請求試用：

「臣聽說士人活在世上，在家就侍奉父親，外出就侍奉君主。侍奉父親崇尚光宗耀祖，侍奉君主要使國家繁榮昌盛。所以慈父不能愛沒用的兒子，仁君不能供養無能的臣子。能夠根據德行授予官職的是能成大事的君主；衡量能力接受爵位的是盡忠的臣子。所以君主不會授職給德才不相稱的人，臣子也不能不考慮自己的德才而接受官位。授職給德才不相稱的人被稱為謬舉，不考慮自己的德才而接受官位被稱為屍祿。《詩經》中『素餐』之言就是針對於此的。從前虢仲、虢叔沒有推辭兩人封國的任命，是因為他們確實有深厚的德行；周公旦、召公奭不推辭燕、魯的封國，是因為他們確實建立了大功。現在臣蒙受國家的大恩，已經三朝了。正遇上陛下的太平盛世，沐浴著陛下的恩澤，感受著仁德的教化，可以說非常幸運了。而我不恰當地占有著東部的藩國，爵位列於上等，身穿輕暖的衣服，嘴巴吃厭了各種美味，眼睛看慣了奢華的景色，耳朵聽倦了絲竹管弦的聲音，都是因為爵位高、俸祿多。轉念想起古代授予爵位的制度，和我這種情況不同，都是授給勤勞為國、輔佐君主、利於百姓之人。現在我沒有德行可以稱述，沒有功勞可以記錄，如果像這樣終此一生，對國家一點用處都沒有，那就應了詩人『彼其之子』的譏刺。所以抬頭有愧於冠冕，低頭有愧於朱紱。

「當今天下一統，九州和睦，但是西邊還有違抗王命的蜀國，東邊還有不肯臣服的吳國。這使得守衛邊境的將士還不能脫去鎧甲，謀士們還不能高枕無憂，那是為了要統一海內，成就太平盛世啊！所以啟滅了有扈氏而使夏朝武功昭彰；成王戰勝商、奄兩國，而使周朝的德政顯著。現在陛下聖明治世，將要完成文王、武王那樣的功業，繼承成王、康王的鼎盛，選賢任能，用方叔、召虎那樣的臣子領守四方邊境，作為捍衛國家的猛將，可以說是非常正確的。然而高飛的鳥沒有被箭射中，深淵中的魚還沒有上鉤，其原因恐怕是釣、射的技藝還沒有用到極致。從前耿弇不等光武帝到達，就加緊攻打張步，聲稱不把賊寇留給君父，讓其憂心。正因為如此，所以齊王的車右因為左輪鳴響而伏劍自刎，雍門狄因為越兵侵犯齊國邊境而自刎。像這兩位士人，難道厭惡活著而喜歡去死嗎？實在是憎惡尋釁、欺凌君主之人的緣故。君主寵愛臣子，是要用他們興利除害；臣子侍奉君主，一定要捨身赴難，立功報答君主。過去賈誼剛剛成人，就要求去屬國任職，要捆住單于的脖子要他的命；終軍十八歲時出使南越，要用長纓牽著南越王來朝拜漢帝。這兩位大臣，難道是要向君主誇口而炫耀於世人嗎？是志向鬱結於心，想要施展才能，奉獻給英明的君主。從前漢武帝要為霍去病營建住宅，霍去病推辭道：『匈奴未滅，沒有臣安家的地方！』憂國忘家，捨身救難，是忠臣的志向。現在臣居住外邊，不是因為俸祿不豐厚而睡不安穩，食不甘味，實在是惦記著吳、蜀還沒有平定啊！

「臣知道先武皇帝的武臣舊將，常有年老而去世者。雖然世代不缺乏能幹的人，但老將舊卒，還是熟悉對陣打仗。臣私下不自量力，有志為國效力，也許能建立微小的功勞，報答所受的大恩。如果陛下頒發不同尋常的詔令，讓臣奉獻出錐刀般微小的力量，讓臣在西邊大將軍的麾下，充當一隊士兵的小校；或者隸屬於東邊的大司馬，統管一隻小船，臣一定會赴湯蹈火，駢船偺馬，衝鋒陷陣，身先士卒。雖然不一定能擒住孫權，割下諸葛亮的耳朵，也要俘虜敵人的將帥，殲滅敵軍。一定要用迅速的勝利，以洗刷終身的恥辱。使名垂史冊，事列朝策。即使在蜀地粉身碎骨，在吳國頭顱高懸，也如同獲得了新生。如果微小的才能不能得以施展，默默無聞地死去，白白地享受榮譽，養肥身軀，活著對朝廷沒有用，死了對國家的氣數無損，徒然占據很高的爵位而享用優厚的待遇，如禽鳥一般活著，直到白頭，這不過是籠中豢養的動物，不是臣所抱的志向。臣聽到傳聞，征東部隊失於防備，吃了小虧，不禁廢寢忘食，摩拳擦掌，撫劍東望，而心早已飛到吳郡會稽了。

「臣從前曾跟隨先武皇帝南到赤岸，東臨滄海，西望玉門，北出玄關，看到武皇帝調兵遣將的策略變化，真可以說是神妙莫測，所以說用兵不能預言，臨敵要根據形勢採取相應的變化。臣很想效力於政治清明之時，立功於聖世。每次閱讀史籍，看到古代的忠臣義士，為了朝廷的使命，以身殉國，身體雖被宰割分裂，但功績銘刻在鼎鐘之上，姓名記載於青史之中，每次都撫心嘆息。臣聽說賢明的君主用人，不排斥曾經犯過罪的。所以秦國、魯國起用打敗仗逃跑的孟明視、曹沫等人，最終成就大功；楚國、趙國赦免了絕纓盜馬的臣子，結果關鍵時刻靠他們解救了危難。臣暗自為先帝早逝而悲傷，任城威王曹彰也去世了，臣算是什麼人，憑什麼能活得長久！臣只擔心突然像朝露般消失，埋在路邊的溝裡，墳上的土還沒有乾，而身和名已經全都沒了。臣聽說駿馬長聲嘶鳴，伯樂就能分辨出它的潛能；盧狗悲聲號叫，韓國就知道它是名犬。所以讓好馬在齊、楚之間的漫長道路上效力，以顯示其日行千里的能力；讓名犬追逐敏捷的狡兔，以檢驗其撲咬的本領。現在臣的志向是建立犬、馬那麼小的功勞。可是暗自忖度，卻沒有伯樂、韓國那樣的人舉薦，所以在封邑之中獨自嘆息感傷。

「遇到博戲而踮起腳尖觀看，聽見音樂而暗自打著節拍的人，其中或許有懂得音樂和擅長棋道的。戰國時期的毛遂，不過是趙國的一名陪送的奴隸，尚且能借著錐和囊的比喻，提醒了平原君，建立功勳，何況偉大的魏國、人才濟濟的朝廷，難道沒有慷慨赴難的大臣嗎！自我誇耀或者自己做媒，是男女的醜惡行徑。迎合時勢而謀求升遷，是道家的忌諱。而臣之所以敢向陛下陳述這些話，實在是因為和國家同氣連枝，憂患與共。希望能以塵土霧氣那樣小的力量填充山海，用螢火蟲、蠟燭那麼微弱的光為日月增輝，所以斗膽冒著蒙受醜惡之名的風險獻上一顆忠心。」

太和三年（二二九），曹植被改封為東阿王。太和五年（二三一），曹植再次上書請求問候親戚，因此而表達心意說：

「臣聽說天被稱為高，是因為沒有什麼不被其覆蓋；地被稱為廣，是因為沒有什麼不被其承載；日月被稱為明，是因為沒有什麼不被其普照；江海被稱為大，是因為沒有什麼不被其包容。所以孔子說：『偉大呀，堯之為君主！只有天可以稱大，只有堯能效法天。』天的恩德對於萬物來說，可算是弘大廣遠了。堯施行教化，是先親後疏，由近及遠。他在《傳》上說：『要選拔任用傑出之人，讓他們和睦九族；九族和睦了，然後再安撫教化百姓。』到了周文王時，也推崇這種教化，《詩經・大雅・思齊》中說：『先對妻子做出示範，然後推廣到兄弟之間，然後治理整個家族乃至國家。』所以能融洽和睦，詩人因此而歌頌。從前周公憂慮於管叔、蔡叔對王室有異心，廣泛地分封至親來拱衛王室。《左傳》上說：『周王室的祭祀會盟，異姓的排在後面。』這的確是骨肉之間的親情有了過失也不分離，親近善待血親的意義在於朴實固守。沒有重視大義卻把君主擺在後面，大談仁德卻遺漏骨肉至親的人。

「臣想到陛下稟賦唐堯聖明的德行，實踐周文王恭敬的仁愛之心，恩惠遍及皇宮，恩情普施九族。王侯百官，輪番休息，依次當值。執政者不荒廢公務，又可在家中體察民情。親戚之間的聯繫很通暢，慶賀吊唁的感情能夠抒發。真可說是恕己治人，廣泛地實施恩惠的人了。至於臣下我，宗親間的聯繫被隔絕，禁錮在這聖明的時代，私下常常自悲自怨。不敢奢望與志氣相投的朋友相交，與親友往來，接敘長幼之情。近來姻親間也不往來，兄弟間音訊隔絕，吉凶的消息閉塞，慶賀吊唁的禮節荒廢，親情的疏絕，比路人還嚴重；隔絕的程度，超過胡、越間的距離。如今臣由於國家的制度，永遠失去入朝覲見的希望。至於內心專注於陛下，情繫於朝廷，只有神靈知道了。但天意如此，臣還能說什麼呢？退一步想，諸王大概都有這種想要親近的心意，希望陛下能盡快下詔，讓各封國能互相慶賀慰問，在四時之節得以歡聚，暢敘骨肉之間的歡情，成全兄弟間和順怡人的深意。妃妾的家庭，互相贈送些小禮品，一年往來兩次，在貴族之家普施仁義，與百官同樣享受恩惠。這樣的話，古人所贊嘆的、古詩中所稱頌的景象，就會再現於當今聖世。

「臣私下自我反省，連錐刀那樣小的作用也沒起到。等看到陛下所提拔任命的官員，臣私下裡忖度，即使將臣當作異姓，也不至於排列在那些朝臣之後。倘若能夠摘下王侯之冠，戴上武將之帽，解下王侯的紅綬帶，佩上朝臣的青綬帶，或駙馬都尉，或奉車都尉，只求得到一個封號，安居京城之中，手持馬鞭，冠帽上插著筆，跟隨陛下的華蓋出行，護衛著陛下的車輦回宮，承答陛下的提問，在陛下身邊拾遺補缺，這是臣赤誠的願望，時刻夢寐以求。臣遠遠地向往著《鹿鳴》所描繪的君臣宴樂，繼而詠頌《常棣》中兄弟不是外人的告誡，低頭思考《伐木》中朋友相親的情義，最終感懷《蓼莪》中父母去世不能奉養的無盡哀思。每逢四時節令該團聚之時，臣孤獨一身，旁邊只有奴僕，面對的只有妻兒，高談闊論但沒有傾聽的對象，闡述見解卻沒有人要聽。沒有一次聽到音樂不是捶胸傷感，面對酒杯不是長聲嘆息。臣自以為狗和馬的忠誠不能動人，就好比人的忠誠不能感動上天。杞梁妻哭倒長城，鄒衍哭而使夏天降霜，臣起初信以為真，但用臣現在的心境考量，不過是編造出來的虛幻之事。葵和豆的花葉朝向太陽，太陽雖不為它們特意回轉光線，但他們卻誠心朝向太陽。臣私下把自己比作葵和豆的花葉，而像天地一樣布施恩澤，像日、月、星辰一樣普降光明的，其實就是陛下。

「臣聽得《文子》上這樣說：『不做福的起始，也不做禍的開端。』現在諸王隔絕，兄弟們都有同樣的憂慮。可只有臣獨自提出來，是因為內心不願意在聖世還有哪個沒有蒙受恩惠，如果有沒受到恩惠者，必定有十分強烈的怨恨。所以《柏舟》中有『我的天哪，為何不相信我』的怨聲，《谷風》中有『如今已經安樂，你卻將我遺棄』的感嘆。所以伊尹對他的君主不效法堯舜感到恥辱。孟子說：『不像舜侍奉堯那樣侍奉自己君主的人，是不尊敬自己的君主。』臣愚蠢蒙昧，固然不是虞舜、伊尹。至於要讓陛下推崇和善親族的美德，宣揚積累光明的德行，那是臣恭謹的誠意，私下所獨守的，實在是懷著仙鶴般獨立企盼的心情。所以敢一再陳述讓陛下能聽到，希望陛下發天聰而降神聽。」

明帝下詔答道：「教化所經由的途徑，各有所興盛和凋敝，並不都由好開始，以惡告終，而是事勢使它成了那個樣子。所以周文王忠厚仁愛，施之於草木，有人吟誦《行葦》加以歌頌；周幽王恩澤衰薄，不親九族，有人作《角弓》加以譏刺。現在讓身處各封國的兄弟情義淡薄，皇宮妃妾的家庭疏於禮尚往來，朕即使不能厚待親戚，使其和睦，也對你援引古代事例所闡述的道理都是知道的，為什麼說你的精誠不足以感動朕呢？判明貴賤等級，崇尚親族和睦，優待賢良之士，理順老少關係，是國家的綱紀。本來就沒有禁止各封國之間相互問候往來的詔令，但矯枉過正，下級官吏害怕受責罰，所以導致如今的情形。朕已經命令有關部門，按照你所陳述的辦理。」

曹植又上書陳述審核選拔官吏的道理，說：

「臣聽說天地陰陽二氣交合而萬物生長，君臣同心同德政事才能處理得好。五帝之時世上並不都是聰明人，夏、商、周三代末年世上也並不都是蠢人，而區別在於使用不使用賢才，能否認識賢才。既然已經有了舉薦賢人的名聲，卻沒有得到賢人的事實，那一定舉薦的都是自己的狐朋狗友。俗話說：『宰相家裡出宰相，將軍家裡出將軍。』宰相，必須文才品德昭著；大將，必須武功顯赫。文才品德昭著，才能輔佐朝廷，使天下太平和睦，稷、契、夔、龍就是這樣的宰相；武功顯赫，才能去討伐那些叛逆者，威服四夷，南仲、方叔就是這樣的大將。從前伊尹作為陪嫁的奴隸，是最低賤的了，姜子牙是屠夫漁民，是最卑微的了。可他們一旦被湯武、周文王提拔重用，那真是志同道合，妙算神通，哪還用得著帝王身邊的人舉薦呢？《尚書》上說：『有非凡的君主，就一定能用非凡的大臣；任用非凡的大臣，就一定能建立非凡的功績。』殷湯、周文王就是這樣的君主。至於那些拘於小節、因循守舊的人，哪裡值得向陛下舉薦呢？所以陰陽不能調和，日月星三光不能普照，官位空缺沒有適當人選，諸多政事得不到處理的責任，應由三司來承擔；邊疆動蕩，領土遭外族入侵，軍隊戰敗，將士傷亡，戰爭不能停止，應由守衛邊疆的將帥來擔憂。難道能白白享受朝廷的恩寵而不承擔自己的職務嗎？所以職務越多負擔越重，官位越高責任越大。《尚書》稱『不要讓官位上缺乏賢人』，《詩經》中有『官員要思慮職責之事』的句子，講的都是這個意思。

「陛下具有天生的善良聖明，登上帝位繼承大統，希望聽到太平安康這樣的贊歌，看到偃武修文的升平盛世。但近幾年來，不時發生旱澇災害，百姓缺衣少食，征召士兵頻繁，賦稅加重。加上東邊有軍隊覆滅，西邊有大將中箭陣亡，以至於蚌蛤在淮河、泗水一帶浮動，黃鼠狼在樹林中喧嘩。臣每當想起這些事，沒有一次不放下碗吃不下飯，面對酒杯扼腕嘆息。當初漢文帝自代郡出發入京繼位，擔憂朝中會發生變故，宋昌說：『朝內有朱虛侯劉章、東牟侯劉興居那樣的皇親，外面有齊、楚、淮南、琅邪四王，這都是磐石一樣堅固的宗親，希望大王不必疑慮。』臣企盼陛下遠觀虢仲、虢叔對周文王的幫助，其次考慮召公、畢公對周成王的輔佐，最後記取宋昌所說的磐石一樣堅固的親族感情。從前騏驥在吳地的山坡上徘徊，可說是困頓不堪。等到被伯樂相中，孫郵駕馭著它，身體一點不累，坐著就能到達千里以外的地方。伯樂善於相馬，聖明的君主善於駕御臣子。伯樂駕馬日行千里，英明的君主造就太平盛世，實際上都是任用賢能所取得的明顯功效。如果朝廷各部門都選用良才，朝中繁雜的政事都能得到處理；武將率領部隊出征，平定叛亂，安定國家。陛下就可以私下自在地在京城中，還有什麼事需要勞駕陛下的車輦，暴露在邊境上呢？

「臣聽說羊披上虎皮，仍見到草就高興，見到豺狼就發抖，忘了身上披的是虎皮。如今任命的將領不適當，和這件事相似。所以俗話說：『擔心做事的人不懂，懂的人又沒機會做。』從前樂毅逃到趙國，心中仍不忘燕國；廉頗身在楚國，一心想著當趙國的大將。臣生於亂世，在軍中長大，又多次承蒙武皇帝的教誨，親身領會行軍用兵的要領，不用看著孫子、吳起的兵書暗中與其相合。臣私下在心裡忖度，總希望能得到侍奉朝見的機會，排列在金馬門前，腳踏著玉階，置身於有職務的大臣行列，賜予臣片刻的時間，讓臣施展一下心中的抱負，抒發一下蘊積的情感，那便死而無憾了。

「接到鴻臚下達的征調士族子弟入伍的通告，集合報到的日期非常緊迫。又聽說天子車駕的旗幟已經樹立，兵車快速地奔馳，陛下將再次勞動玉體，耗費心力。臣實在惶恐不安，不能安心度日。寧願能揚鞭策馬，率先冒著風塵出征，提取風後的奇計妙策，領會孫子、吳起的兵法要領，追慕子夏跟隨孔子啟發身邊之人，效力先驅，在陛下的車輦旁獻出生命，雖不一定能立下大功，希望能有小的補益。但天高距離遠，臣的心意不能通達，只能獨自望著蒼天頓足捶胸，仰望高空長嘆罷了。屈原說：『國家有駿馬而不知道騎乘，何必急急忙忙另去尋覓？』從前管叔、蔡叔或被流放或被處死，其兄弟周公以及召公擔任輔相；晉國大夫叔魚觸犯了法律，其兄叔向判他有罪，然後自己匡扶國家。管叔、蔡叔、霍叔三監的罪孽，由臣一人承當；周公、召公這樣的輔弼，用心尋找一定會在不遠處。宗室貴族、藩王當中，一定有響應這種召喚的。所以《傳》中說：『沒有周公這樣的至親，就不能做出周公那樣的輔政之事。』希望陛下稍稍留意。

「近代的漢朝曾廣泛分封藩王，大的封國幾十座城相連，小的僅僅只夠享用祭祀祖宗的供品，不像周代分封各國，建立五等爵位的制度。像公子扶蘇勸諫秦始皇分封，淳于越拿分封之事質問周青臣，可以說是順應時勢變化的了。能讓天下人豎起耳朵聽，睜大眼睛看的，是朝中的當權者。所以大臣的計謀能夠使君主改變主意，君主的威嚴能夠震懾下民。朝中由豪門大族執掌權柄，權力不在宗親手裡；大權在握，即使關係疏遠也一定顯赫；權勢喪失，即使是宗親也一定被看輕。春秋時期奪取齊國的田氏，不是呂尚的宗親。瓜分晉國的趙、魏，不是姬氏後裔。希望陛下明察。在國泰民安時獨占官位，遇到動蕩危難時逃之夭夭者，都是異姓的大臣。想讓國家安定，祈禱家族富貴，活著時共同享受榮華，死的時候同赴患難的人，都是皇族的大臣。現在皇族的大臣遭到疏遠，異姓的大臣反而親近，臣私下很困惑。

「臣聽說孟子這樣說：『君子身處困境時保持自身的完善，仕途暢通之時讓天下人得到好處。』現在臣與陛下踩著薄冰，踏過炭火，登山涉澗，寒暖燥濕，福禍與共，難道臣能離開陛下嗎？臣滿腔郁悶無法抑制，上表陳述隱情。如有不合陛下之意處，請暫時放在書府，不要立即毀掉，臣死之後，所說的話也許還有供思考的價值。如有絲毫引起陛下留意之處，請求在朝堂上發表，讓通曉古代事理的大臣指摘表文中不合大義處。如果那樣，臣的願望就滿足了。」

明帝下詔用好言作答。

這年冬天，明帝頒布詔書，讓諸王在太和六年（二三二）正月入京朝見。二月，明帝把陳郡的四個縣封給曹植，立他為陳王，食邑三千五百戶。曹植每次想單獨見明帝，討論時政，希望能夠被任用，最終還是沒有機會。返回封國後，他惆悵絕望。當時的法律對待藩國很嚴苛，部屬都是庸俗無能之人，給的士兵都是老弱病殘，總數不過二百人。而曹植因為以前的過失，所有的都減去一半。他十一年中竟然三次搬遷封國，因此總是鬱鬱寡歡，結果得病而亡，死時四十一歲。他在遺囑中要求喪事簡辦。他覺得小兒子曹志能守住家業，便立其為繼承人。當初，曹植曾登上魚山，下臨東阿，喟然嘆息，便有了在那裡終老的願望，於是興建墳墓。兒子曹志承襲了爵位，又改封濟北王。景初年間（二三七—二三九），明帝下詔說：「陳思王過去雖有過失，但已克制自己，謹慎行事，彌補了以前的過失，而且終身手不釋卷，實在難能可貴。收集黃初年間那些奏報曹植罪狀的，公卿以下討論過並保存在尚書、秘書、中書三府和大鴻臚的文件，一律銷毀。記錄曹植前後撰寫的賦、頌、詩、銘、雜論共一百多篇，製成副本，收藏在府內外。」曹志幾次增加食邑，連同從前的共九百九十戶。

【原文】

陳思王植字子建。年十歲餘，誦讀《詩》《論》及辭賦數十萬言，善屬文。太祖嘗視其文，謂植曰：「汝倩人邪？」植跪曰：「言出為論，下筆成章，顧當面試，奈何倩人？」時鄴銅爵台新成，太祖悉將諸子登台，使各為賦。植援筆立成，可觀，太祖甚異之。性簡易，不治威儀。輿馬服飾，不尚華麗。每進見難問，應聲而對，特見寵愛。建安十六年，封平原侯。十九年，徙封臨菑侯。太祖征孫權，使植留守鄴，戒之曰：「吾昔為頓邱令，年二十三。思此時所行，無悔於今。今汝年亦二十三矣，可不勉與！」植既以才見異，而丁儀、丁廙、楊修等為之羽翼。太祖狐疑，幾為太子者數矣。而植任性而行，不自雕勵，飲酒不節。文帝御之以術，矯情自飾，宮人左右，並為之說，故遂定為嗣。二十二年，增植邑五千，並前萬戶。植嘗乘車行馳道中，開司馬門出。太祖大怒，公車令坐死。由是重諸侯科禁，而植寵日衰。太祖既慮終始之變，以楊修頗有才策，而又袁氏之甥也，於是以罪誅修。植益內不自安。二十四年，曹仁為關羽所圍。太祖以植為南中郎將，行征虜將軍，欲遣救仁，呼有所敕戒。植醉不能受命，於是悔而罷之。

文帝即王位，誅丁儀、丁廙並其男口。植與諸侯並就國。黃初二年，監國謁者灌均希指，奏「植醉酒悖慢，劫脅使者」。有司請治罪，帝以太后故，貶爵安鄉侯。其年改封鄄城侯。三年，立為鄄城王，邑二千五百戶。

四年，徙封雍丘王。其年，朝京都。上疏曰：

「臣自抱釁歸藩，刻肌刻骨，追思罪戾，晝分而食，夜分而寢。誠以天罔不可重離，聖恩難可再恃。竊感《相鼠》之篇，無禮遄死之義，形影相吊，五情愧赧。以罪棄生，則違古賢『夕改』之勸；忍活苟全，則犯詩人『胡顏』之譏。伏惟陛下德象天地，恩隆父母，施暢春風，澤如時雨。是以不別荊棘者，慶雲之惠也；七子均養者，鳲鳩之仁也；舍罪責功者，明君之舉也；矜愚愛能者，慈父之恩也：是以愚臣徘徊於恩澤而不能自棄者也。

「前奉詔書，臣等絕朝，心離志絕，自分黃耇無復執珪之望。不圖聖詔猥垂齒召，至止之日，馳心輦轂。僻處西館，未奉闕廷，踴躍之懷，瞻望反仄。謹拜表獻詩二篇，其辭曰：『於穆顯考，時惟武皇，受命於天，寧濟四方。朱旗所拂，九土披攘，玄化滂流，荒服來王。超商越周，與唐比蹤。篤生我皇，奕世載聰，武則肅烈，文則時雍。受禪炎漢，臨君萬邦。萬邦既化，率由舊則；廣命懿親，以藩王國。帝曰爾侯，君茲青土，奄有海濱，方周於魯，車服有輝，旗章有敘，濟濟雋乂，我弼我輔。伊予小子，恃寵驕盈，舉掛時網，動亂國經。作藩作屏，先軌是墮，傲我皇使，犯我朝儀。國有典刑，我削我絀，將置於理，元凶是率。明明天子，時篤同類，不忍我刑，暴之朝肆，違彼執憲，哀予小子。改封兗邑，於河之濱，股肱弗置，有君無臣，荒淫之闕，誰弼予身？煢煢僕夫，於彼冀方，嗟予小子，乃罹斯殃。赫赫天子，恩不遺物，冠我玄冕，要我朱紱。朱紱光大，使我榮華，剖符授玉，王爵是加。仰齒金璽，俯執聖策，皇恩過隆，祇承怵惕。咨我小子，頑凶是嬰，逝慚陵墓，存愧闕廷。匪敢傲德，實恩是恃，威靈改加，足以沒齒。昊天罔極，性命不圖，常懼顛沛，抱罪黃壚。願蒙矢石，建旗東岳，庶立豪釐，微功自贖。危軀授命，知足免戾，甘赴江、湘，奮戈吳、越。天啟其衷，得會京畿，遲奉聖顏，如渴如飢。心之雲慕，愴矣其悲，天高聽卑，皇肯照微。』又曰：『肅承明詔，應會皇都，星陳夙駕，秣馬脂車。命彼掌徒，肅我征旅，朝發鸞台，夕宿蘭渚。芒芒原隰，祁祁士女，經彼公田，樂我稷黍。爰有樛木，重陰匪息；雖有餱糧，飢不遑食。望城不過，面邑匪游，僕夫警策，平路是由。玄駟藹藹，揚鑣漂沫；流風翼衡，輕雲承蓋。涉澗之濱，緣山之隈，遵彼河滸，黃阪是階。西濟關谷，或降或升；騑驂倦路，再寢再興。將朝聖皇，匪敢晏寧；弭節長騖，指日遄征。前驅舉燧，後乘抗旌；輪不輟運，鸞無廢聲。爰暨帝室，稅此西墉；嘉詔未賜，朝覲莫從。仰瞻城闕，俯惟闕廷；長懷永慕，憂心如酲。』」

帝嘉其辭義，優詔答勉之。

六年，帝東征，還過雍丘，幸植宮，增戶五百。太和元年，徙封浚儀。二年，復還雍丘。植常自憤怨，抱利器而無所施，上疏求自試曰：

「臣聞士之生世，入則事父，出則事君；事父尚於榮親，事君貴於興國。故慈父不能愛無益之子，仁君不能畜無用之臣。夫論德而授官者，成功之君也；量能而受爵者，畢命之臣也。故君無虛授，臣無虛受；虛授謂之謬舉，虛受謂之屍祿，《詩》之『素餐』所由作也。昔二號不辭兩國之任，其德厚也；旦、奭不讓燕、魯之封，其功大也。今臣蒙國重恩，三世於今矣。正值陛下升平之際，沐浴聖澤，潛潤德教，可謂厚幸矣。而竊位東藩，爵在上列，身被輕煖，口厭百味，目極華靡，耳倦絲竹者，爵重祿厚之所致也。退念古之授爵祿者，有異於此，皆以功勤濟國，輔主惠民。今臣無德可述，無功可紀。若此終年無益國朝，將掛風人『彼其』之譏。是以上慚玄冕，俯愧朱紱。

「方今天下一統，九州晏如，而顧西有違命之蜀，東有不臣之吳，使邊境未得脫甲，謀士未得高枕者，誠欲混同宇內以致太和也。故啟滅有扈而夏功昭，成克商、奄而周德著。今陛下以聖明統世，將欲卒文、武之功，繼成、康之隆，簡賢授能，以方叔、召虎之臣鎮御四境，為國爪牙者，可謂當矣。然而高鳥未掛於輕繳，淵魚未懸於鉤餌者，恐鉤射之術或未盡也。昔耿弇不俟光武，亟擊張步，言不以賊遺於君父。故車右伏劍於鳴轂，雍門刎首於齊境，若此二士，豈惡生而尚死哉？誠忿其慢主而陵君也。夫君之寵臣，欲以除患興利；臣之事君，必以殺身靖亂，以功報主也。昔賈誼弱冠，求試屬國，請系單于之頸而制其命；終軍以妙年使越，欲得長纓纓其王，羈致北闕。此二臣，豈好為誇主而耀世哉？志或郁結，欲逞其才力，輸能於明君也。昔漢武為霍去病治第，辭曰：『匈奴未滅，臣無以家為。』（固）夫憂國忘家，捐軀濟難，忠臣之志也。今臣居外，非不厚也，而寢不安席，食不遑味者，伏以二方未克為念。

「伏見先武皇帝武臣宿將，年耆即世者有聞矣。雖賢不乏世，宿將舊卒，猶習戰陳，竊不自量，志在效命，庶立毛髮之功，以報所受之恩。若使陛下出不世之詔，效臣錐刀之用，使得西屬大將軍，當一校之隊，若東屬大司馬，統偏舟之任，必乘危蹈險，騁舟奮驪，突刃觸鋒，為士卒先。雖未能禽權馘亮，庶將虜其雄率，殲其丑類，必效須臾之捷，以滅終身之愧，使名掛史筆，事列朝策。雖身分蜀境，首縣吳闕，猶生之年也。如微才弗試，沒世無聞，徒榮其軀而豐其體，生無益於事，死無損於數，虛荷上位而忝重祿，禽息鳥視，終於白首，此徒圈牢之養物，非臣之所志也。流聞東軍失備，師徒小衄，輟食棄餐，奮袂攘衽，撫劍東顧，而心已馳於吳會矣。

「臣昔從先武皇帝南極赤岸，東臨滄海，西望玉門，北出玄塞，伏見所以行軍用兵之勢，可謂神妙矣。故兵者不可豫言，臨難而制變者也。志欲自效於明時，立功於聖世。每覽史籍，觀古忠臣義士，出一朝之命，以徇國家之難，身雖屠裂，而功銘著於鼎鐘，名稱垂於竹帛，未嘗不拊心而嘆息也。臣聞明主使臣，不廢有罪。故奔北敗軍之將用，秦、魯以成其功；絕纓盜馬之臣赦，楚、趙以濟其難。臣竊感先帝早崩，威王棄世，臣獨何人，以堪長久！常恐先朝露，填溝壑，墳土未干，而身名並滅。臣聞騏驥長鳴，則伯樂照其能；盧狗悲號，則韓國知其才。是以效之齊、楚之路，以逞千里之任；試之狡兔之捷，以驗搏噬之用。今臣志狗馬之微功，竊自惟度，終無伯樂、韓國之舉，是以於邑而竊自痛者也。

「夫臨博而企竦，聞樂而竊抃者，或有賞音而識道也。昔毛遂，趙之陪隸，猶假錐囊之喻，以寤主立功，何況巍巍大魏多士之朝，而無慷慨死難之臣乎！夫自炫自媒者，士女之丑行也。干時求進者，道家之明忌也。而臣敢陳聞於陛下者，誠與國分形同氣，憂患共之者也。冀以塵霧之微補益山海，熒燭末光增輝日月，是以敢冒其丑而獻其忠。」

三年，徙封東阿。五年，復上疏求存問親戚，因致其意曰：

「臣聞天稱其高者，以無不覆；地稱其廣者，以無不載；日月稱其明者，以無不照；江海稱其大者，以無不容。故孔子曰：『大哉堯之為君！惟天為大，惟堯則之。』夫天德之於萬物，可謂弘廣矣。蓋堯之為教，先親後疏，自近及遠。其《傳》曰：『克明峻德，以親九族；九族既睦，平章百姓。』及周之文王亦崇厥化，其《詩》曰：『刑於寡妻，至於兄弟，以御於家邦。』是以雍雍穆穆，風人詠之。昔周公弔管、蔡之不咸，廣封懿親以藩屏王室，《傳》曰：『周之宗盟，異姓為後。』誠骨肉之恩爽而不離，親親之義實在敦固，未有義而後其君，仁而遺其親者也。

「伏惟陛下資帝唐欽明之德，體文王翼翼之仁，惠洽椒房，恩昭九族，群後百寮，番休遞上，執政不廢於公朝，下情得展於私室，親理之路通，慶弔之情展，誠可謂恕己治人，推惠施恩者矣。至於臣者，人道絕緒，禁錮明時，臣竊自傷也。不敢過望交氣類，修人事，敘人倫。近且婚媾不通，兄弟乖絕，吉凶之問塞，慶弔之禮廢，恩紀之違，甚於路人，隔閡之異，殊於胡越。今臣以一切之制，永無朝覲之望，至於注心皇極，結情紫闥，神明知之矣。然天實為之，謂之何哉！退唯諸王常有戚戚具爾之心，願陛下沛然垂詔，使諸國慶問，四節得展，以敘骨肉之歡恩，全怡怡之篤義。妃妾之家，膏沐之遺，歲得再通，齊義於貴宗，等惠於百司，如此，則古人之所嘆，風雅之所詠，復存於聖世矣。

「臣伏自惟省，無錐刀之用。及觀陛下之所拔授，若以臣為異姓，竊自料度，不後於朝士矣。若得辭遠游，戴武弁，解朱組，佩青紱，駙馬、奉車，趣得一號，安宅京室，執鞭珥筆，出從華蓋，入侍輦轂，承答聖問，拾遺左右，乃臣丹誠之至願，不離於夢想者也。遠慕《鹿鳴》君臣之宴，中詠《常棣》匪他之誡，下思《伐木》友生之義，終懷《蓼莪》罔極之哀；每四節之會，塊然獨處，左右惟僕隸，所對惟妻子，高談無所與陳，發義無所與展，未嘗不聞樂而拊心，臨觴而嘆息也。臣伏以為犬馬之誠不能動人，譬人之誠不能動天。崩城、隕霜，臣初信之，以臣心況，徒虛語耳。若葵藿之傾葉，太陽雖不為之回光，然向之者誠也。竊自比於葵藿，若降天地之施，垂三光之明者，實在陛下。

「臣聞《文子》曰：『不為福始，不為禍先。』今之否隔，友於同憂，而臣獨倡言者，竊不願於聖世使有不蒙施之物。有不蒙施之物，必有慘毒之懷。故《柏舟》有『天只』之怨，《谷風》有『棄予』之嘆。故伊尹恥其君不為堯、舜，孟子曰：「不以舜之所以事堯事其君者，不敬其君者也。」臣之愚蔽，固非虞、伊。至於欲使陛下崇光被時雍之美，宣緝熙章明之德者，是臣悽悽之誠，竊所獨守，實懷鶴立企佇之心。敢復陳聞者，冀陛下儻發天聽而垂神聽也。」

詔報曰：「蓋教化所由，各有隆弊，非皆善始而惡終也，事使之然。故夫忠厚仁極草木，則《行葦》之詩作；恩澤衰薄，不親九族，則《角弓》之章刺。今令諸國兄弟，情理簡怠，妃妾之家，膏沐疏略，朕縱不能敦而睦之，王援古喻義備悉矣，何言精誠不足以感通哉？夫明貴賤，崇親親，禮賢良，順少長，國之綱紀，本無禁固諸國通問之詔也，矯枉過正，下吏懼譴，以至於此耳。已敕有司，如王所訴。」

植復上疏陳審舉之義，曰：

「臣聞天地協氣而萬物生，君臣合德而庶政成；五帝之世非皆智，三季之末非皆愚，用與不用，知與不知也。既時有舉賢之名，而無得賢之實，必各援其類而進矣。諺曰：『相門有相，將門有將。』夫相者，文德昭者也；將者，武功烈者也。文德昭，則可以匡國朝，致雍熙，稷、契、夔、龍是也；武功烈，則可以征不庭，威四夷，南仲、方叔是矣。昔伊尹之為媵臣，至賤也，呂尚之處屠釣，至陋也，及其見舉於湯武、周文，誠道合志同，玄謨神通，豈復假近習之薦，因左右之介哉。《書》曰：『有不世之君，必能用不世之臣；用不世之臣，必能立不世之功。』殷周二王是矣。若夫齷齪近步，遵常守故，安足為陛下言哉？故陰陽不和，三光不暢，官曠無人，庶政不整者，三司之責也。疆埸騷動，方隅內侵，沒軍喪眾，干戈不息者，邊將之憂也。豈可虛荷國寵而不稱其任哉？故任益隆者負益重，位益高者責益深，《書》稱『無曠庶官』，《詩》有『職思其憂』，此其義也。

「陛下體天真之淑聖，登神機以繼統，冀聞《康哉》之歌，偃武行文之美。而數年以來，水旱不時，民困衣食，師徒之發，歲歲增調，加東有覆敗之軍，西有殪沒之將，至使蚌蛤浮翔於淮、泗，鼬嘩於林木。臣每念之，未嘗不輟食而揮餐，臨觴而扼腕矣。昔漢文發代，疑朝有變，宋昌曰：「內有朱虛、東牟之親，外有齊、楚、淮南、琅邪，此則磐石之宗，願王勿疑。」臣伏惟陛下遠覽姬文二虢之援，中慮周成召、畢之輔，下存宋昌磐石之固。昔騏驥之於吳阪，可謂困矣，及其伯樂相之，孫郵御之，形體不勞而坐取千里。蓋伯樂善御馬，明君善御臣；伯樂馳千里，明君致太平；誠任賢使能之明效也。若朝司惟良，萬機內理，武將行師，方難克弭。陛下可得雍容都城，何事勞動鑾駕，暴露於邊境哉？

「臣聞羊質虎皮，見草則悅，見豺則戰，忘其皮之虎也。今置將不良，有似於此。故語曰：「患為之者不知，知之者不得為也。」昔樂毅奔趙，心不忘燕；廉頗在楚，思為趙將。臣生乎亂，長乎軍，又數承教於武皇帝，優見行師用兵之要，不必取孫、吳而暗與之合。竊揆之於心，常願得一奉朝覲，排金門，蹈玉陛，列有職之臣，賜須臾之間，使臣得一散所懷，舒蘊積，死不恨矣。

「被鴻臚所下發士息書，期會甚急。又聞豹尾已建，戎軒鶩駕，陛下將復勞玉躬，擾掛神思。臣誠竦息，不遑寧處。願得策馬執鞭，首當塵露，撮風後之奇，接孫、吳之要，追慕卜商起予左右，效命先驅，畢命輪轂，雖無大益，冀有小補。然天高聽遠，情不上通，徒獨望青雲而拊心，仰高天而嘆息耳。屈平曰：『國有驥而不知乘，焉皇皇而更索！』昔管、蔡放誅，周、召作弼；叔魚陷刑，叔向匡國。三監之釁，臣自當之；二南之輔，求必不遠。華宗貴族，藩王之中，必有應斯舉者。故《傳》曰：『無周公之親，不得行周公之事。』唯陛下少留意焉。

「近者漢氏廣建藩王，豐則連城數十，約則饗食祖祭而已，未若姬周之樹國，五等之品制也。若扶蘇之諫始皇，淳于越之難周青臣，可謂知時變矣。夫能使天下傾耳注目者，當權者是矣，故謀能移主，威能懾下。豪右執政，不在親戚；權之所在，雖疏必重，勢之所去，雖親必輕，蓋取齊者田族，非呂宗也。分晉者趙、魏，非姬姓也。唯陛下察之。苟吉專其位，凶離其患者，異姓之臣也。欲國之安，祈家之貴，存共其榮，沒同其禍者，公族之臣也。今反公族疏而異姓親，臣竊惑焉。

「臣聞孟子曰：『君子窮則獨善其身，達則兼善天下。』今臣與陛下踐冰履炭，登山浮澗，寒溫燥濕，高下共之，豈得離陛下哉？不勝憤懣，拜表陳情。若有不合，乞且藏之書府，不便滅棄，臣死之後，事或可思。若有豪釐少掛聖意者，乞出之朝堂，使夫博古之士，糾臣表之不合義者。如是，則臣願足矣。」

帝輒優文答報。

其年冬，詔諸王朝六年正月。其二月，以陳四縣封植為陳王，邑三千五百戶。植每欲求別見獨談，論及時政，幸冀試用，終不能得。既還，悵然絕望。時法制，待藩國既自峻迫，寮屬皆賈豎下才，兵人給其殘老，大數不過二百人。又植以前過，事事復減半，十一年中而三徙都，常汲汲無歡，遂發疾薨，時年四十一。遺令薄葬。以小子志，保家之主也，欲立之。初，植登魚山，臨東阿，喟然有終焉之心，遂營為墓。子志嗣，徙封濟北王。景初中詔曰：「陳思王昔雖有過失，既克己慎行，以補前闕，且自少至終，篇籍不離於手，誠難能也。其收黃初中諸奏植罪狀，公卿已下議尚書、秘書、中書三府、大鴻臚者皆削除之。撰彔植前後所著賦頌詩銘雜論凡百餘篇，副藏內外。」志累增邑，並前九百九十戶。

魏書

王毌丘諸葛鄧鍾傳・鄧艾

鄧艾字士載，義陽棘陽人。他從小就失去父親，曹操攻破荊州後，鄧艾遷居汝南，為當地農戶放牛。十二歲那年，鄧艾隨著母親來到潁川，讀到已故太丘長陳寔的碑文，其中說道：「寫的文章成為世人所推崇的典範，品行為士大夫所效仿的楷模。」鄧艾深受感動，將自己的名字改為範，字士則。後來他的宗親中有同名者，所以他又改回原名。他曾任都尉學士，因為有口吃的毛病，不適宜擔任掌管文書的官吏，於是擔任稻田守叢草吏。同郡一個官吏的父親可憐他家境貧寒，資助了他許多財物。鄧艾起初沒有道謝。鄧艾每當見到高山大湖，就謀劃著可以設置軍營的位置，當時的人常常嘲笑他。後來任典農綱紀、上計吏，因有機會派往朝廷，得以結識太尉司馬懿。司馬懿認為鄧艾有奇才，於是將他招入太尉府任屬官，隨後遷任尚書郎。

當時朝廷要大面積開墾田地，儲備糧草，為征討敵人做物資準備，派鄧艾到陳、項以東直到壽春一帶巡視。鄧艾認為：「這一帶土地肥沃，可惜水源不足，不能夠充分利用土地。應當開挖河渠，引水灌溉，才能廣積軍糧，又開通漕運的水路。」於是撰寫了《濟河論》來闡明他的想法。他又認為：「從前為剿滅黃巾軍，因此大規模屯田，在許都儲藏了大量糧食，以控制整個天下。而今三面已平定，淮河以南還有戰事，每當大軍南征，用於運輸的兵力就占去一半，耗資很大，成為繁重的勞役。陳、蔡之間，地勢低窪，土地肥沃，可以減少許昌周圍的稻田，引水東下。可以在淮河以北屯兵兩萬，淮河以南屯兵三萬，按十分之二的比例輪休，能保持四萬人，邊種田邊戍守。風調雨順時，年收成常常是西部的三倍。估計扣除各項費用，每年積蓄五百萬斛軍糧。用上六七年時間，可以在淮河一帶積蓄三千萬斛糧食。這就夠十萬大軍五年的口糧了。憑著這些物資去攻打東吳，無往而不勝啊！」司馬懿贊同鄧艾的意見，就照著他所說的實施。正始二年（二四一），開鑿拓寬水道，每當東南有戰事發生，曹魏大軍乘船而下，到達江、淮之間，軍糧儲備充足而無水害。這正是鄧艾獻策的功勞。

後來鄧艾出任征西將軍參軍，升為南安太守。嘉平元年（二四九），與征西將軍郭淮一起抵禦蜀國偏將軍姜維。姜維敗退後，郭淮準備乘機西進攻打羌人。鄧艾說：「敵兵撤離不遠，或許還會打回來，應當分兵防備，以免發生不測。」於是留下鄧艾駐紮在白水之北。三天後，姜維派廖化從白水南而來面對鄧艾營寨紮營。鄧艾對眾將領說：「姜維如今突然殺回來，我軍人少，按常理他們應立即渡河而不是架橋。所以這是姜維想用廖化來牽制我軍，不讓我們行動。而姜維一定是從東邊襲擊洮城。」洮城在白水以北，距鄧艾營寨六十里。鄧艾當晚派部隊悄悄潛往洮城，姜維果然渡河偷襲洮城，而鄧艾已經搶先占據洮城，使其不失。鄧艾因此被賜關內侯爵位，並加封討寇將軍，後遷升城陽太守。

當時並州一帶匈奴右賢王劉豹將各部糾集在一起。鄧艾上書朝廷說：「戎狄是野獸心腸，不能以仁義之心親近他們。他們一旦強盛就大舉入侵施行暴力，一旦衰弱就順附朝廷。正因為如此，周宣王時有狁的入侵，漢高祖劉邦曾在平城遭匈奴冒頓單于四十萬大軍的圍困。每當匈奴強盛，以前各個朝代都認為這是最大的憂患。單于遠居塞外，朝廷對匈奴單于及其部屬不能控制。誘導單于前來，讓他入朝歸順。這樣羌夷失去統帥，群龍無首。因為單于在朝廷中，萬里疆域各部落都遵循朝廷法度。如今單于雖留在京城，威望卻下降，與其部屬關係日益疏遠。而右賢王劉豹居守邊外，威望日益上升，因此我們不能不嚴加防備。聽說劉豹手下有人叛變，應當趁勢將其分割成兩個王國，以削弱其勢力。右賢王去卑曾在前朝功勳顯赫，但他的後代未能繼承他的功業，應當給其兒子加封顯赫的名號，讓他們居守雁門，分離匈奴的王國，削弱敵寇的勢力，追記封賞先輩的功勳，這是治理邊疆的長遠大計。」又說：「凡是羌胡與漢民同居一處的，應當漸漸將其分離，使胡人居住在編民之外，以推崇禮義廉恥的教化，堵塞犯法作亂的路徑。」大將軍司馬師剛剛輔佐朝政，多採納鄧艾的計謀。後鄧艾升為汝南太守。他到任後，就尋找從前接濟自己的那位官吏的父親，但此人早就死了，於是鄧艾派人祭祀他，並贈予其老母厚禮，又薦舉他的兒子為計吏。鄧艾在任期間，開辟荒地，使得軍民都很富裕。

諸葛恪圍攻合肥新城，但沒能攻下來，於是後退。鄧艾對司馬師說：「孫權已經死了，東吳的老臣尚未歸附新主。東吳著名的豪門世族都有自己的私人武裝，憑借武力，倚仗權勢，足以抗拒朝廷命令。諸葛恪剛執掌朝政大權，內不將新主孫亮放在眼裡，不安撫上上下下以穩定自己的根基，卻競相對外用武，殘忍地驅使百姓，用舉國之兵，攻打防守堅固的城池，造成數萬人傷亡。諸葛恪帶著戰敗之禍返回，這便是獲罪之日。從前，伍子胥、吳起、商鞅、樂毅都曾得到各自國君的重用。國君死了，他們自己也就敗亡了。更何況諸葛恪的才能遠及不上這四位賢士，他卻不憂慮自己巨大的危險，其滅亡指日可待了。」諸葛恪回去之後，果然被殺了。鄧艾升遷兗州刺史，加封振威將軍。他又上書說道：「國家最重要的事情，當數農業和戰備。國家富裕了軍隊才強大，軍隊強大了才能戰無不勝。而農業，是取得勝利的根本。孔子說過：『糧食豐足，兵力強大。』糧食排列在軍事前面。如果朝廷不設置爵位的獎勵，下面就不會有百姓努力積儲財富的成效。現在如果將考核官吏的獎賞，放在鼓勵百姓多生產多積蓄，生活富裕上，那熱衷於游說鑽營之路就可斷絕，浮華不實的風尚便能得以根治。」

魏高貴鄉公曹髦即皇帝位，晉封鄧艾為方城亭侯。毌丘儉叛亂時，曾派跑得快的人送信，想迷惑眾人耳目。鄧艾殺了信使，日夜兼程，搶先趕到樂嘉城，架好浮橋。司馬師率大軍趕到，於是占據此地。文欽因為遲了一步，被大軍擊敗於城下。鄧艾乘勝追至丘頭。文欽倉皇逃到東吳。東吳大將軍孫峻等率領大軍，號稱十萬，將要渡江。鎮東將軍諸葛誕派鄧艾據守肥陽。鄧艾認為此地距敵軍很遠，不是要害之地，於是移兵至附亭，派泰山太守諸葛緒等在黎漿阻擊東吳軍，將其擊退。這一年，鄧艾被任命為長水校尉。又因為打敗文欽等功勞，被封為方城鄉侯，代理安西將軍職。雍州刺史王經被蜀軍圍困於狄道，鄧艾前往解圍，迫使蜀將姜維退守在鍾提，朝廷任命鄧艾為安西將軍、持符節，兼任護東羌校尉。當時議事者以為姜維已兵力衰竭，沒有能力再出擊了。鄧艾說：「我軍洮西之敗，不可謂不慘重，損兵折將，糧草耗盡，百姓流離失所，幾乎一敗塗地。現在就形勢而言，敵人有乘勝追擊的勢頭，而我軍實質上虛弱不堪，這是其一。敵軍將士相互熟悉，兵器銳利，而我軍走馬換將，士兵大多是新補充的，武裝裝備沒有補充，這是其二。

敵人乘船行進，而我們靠步行，敵逸我勞，這是其三。狄道、隴西、南安、祁山，各自都需要防守，他們可以集中兵力攻打一處，而我軍要分為四部，這是其四。敵軍從南安、隴西進來，可以征用羌人的糧食，如果向祁山進軍，那裡千頃麥地，很容易弄到糧食，這是其五。敵人有狡詐的計謀，一定還會來犯。」不久，姜維果然向祁山進攻。聽說鄧艾已有防備，於是撤退，從董亭直逼南安。鄧艾占據武城山與姜維對峙，姜維與鄧艾爭奪險要之地，未能得手，當天夜裡，渡過渭水向東進發，沿著山道前往上邽。鄧艾在段谷與姜維展開激戰，將其殺得大敗。甘露元年（二五六），皇帝下詔說：「逆賊姜維連年用狡詐手段犯邊，漢地百姓和胡人驚恐騷動，西部不得安寧。鄧艾策劃有方，英勇頑強，斬殺敵人將領十餘名，斬殺敵兵數以千計。國家的聲威震動巴、蜀，神武的名聲傳遍長江、岷江。現在任命鄧艾為鎮西將軍，都督隴右諸軍事，晉封鄧侯。分出食邑五百戶封其子鄧忠為亭侯。」甘露二年（二五七），鄧艾在長城抵禦姜維，姜維退回。鄧艾升任征西將軍，前後增加的封邑共六千六百戶。景元三年（二六二），又在侯和擊敗姜維，姜維回撤據守沓中。景元四年（二六三）秋，朝廷下令各路大軍攻打蜀國，由大將軍司馬昭為統帥，派鄧艾牽制姜維；雍州刺史諸葛緒截擊姜維，使其無法撤退。鄧艾派天水太守王頎等部徑直進攻姜維營寨，隴西太守牽弘等在前面截擊，金城太守楊欣等趕到甘松布陣。姜維聽說鍾會率領的諸軍已進入漢中，便率兵撤退。楊欣等一路追至強川口，展開大戰，姜維敗逃。聽說雍州刺史諸葛緒已攔截道路，屯兵於橋頭，於是姜維從孔函谷進入北道，想繞到雍州刺史諸葛緒的後面出逃。諸葛緒聞訊，後退三十里。姜維進入北道走了三十餘里，聽說諸葛緒已後撤，立即返回，從橋頭闖過去，諸葛緒趕來攔截姜維，可惜晚了一天。姜維於是率軍東去，守衛劍閣。鍾會攻打姜維防守的劍閣，沒能得手。鄧艾上書說：「現在敵軍遭到挫敗，應乘勝追擊。可以從陰平抄小路經漢德陽亭直奔涪縣。那裡在劍閣以西百餘里，距成都三百餘里，出奇兵攻擊敵方的心腹之地。防守劍閣的姜維必定派兵返回救援涪縣，這樣鍾會正好乘虛而入奪得劍閣。如果姜維死守劍閣而不救涪縣，那救涪縣的兵力極少。兵法說道：『攻其不備，出其不意。』今進攻其空虛之地，一定能打敗敵人。」

這年十月，鄧艾從陰平小道行七百餘里，全是無人之地，鑿山開路，架設棧道。一路山高谷深，極為艱險，而且糧食將要吃完，處於十分險惡的境地。鄧艾用毛氈裹住身體，從山坡上翻滾而下。眾將士攀著樹枝順著山崖，一個接一個前行。他們先到達江由，蜀國守將馬邈投降。蜀國衛將軍諸葛瞻從涪縣退至綿竹，排開陣勢，迎戰鄧艾。鄧艾派他的兒子鄧忠等人從右邊包抄，司馬師纂等從左邊包抄。但鄧忠、師纂出戰都失利了，敗退回來，說：「敵軍強大，很難擊破。」鄧艾大怒道：「生死存亡的關鍵，就在此一舉，還有什麼做不到的！」大罵鄧忠和師纂，要將其斬首示眾。二人馬上返回戰場，再次激戰，終於大敗蜀軍，斬下諸葛瞻及尚書張遵等人的頭，魏軍挺進至洛縣。劉禪派使者奉著皇帝的玉璽綬帶，寫下降書去鄧艾大營請求投降。

鄧艾率大軍進入成都，劉禪領著太子、諸王及大臣六十餘人雙手反綁，拉著棺材到鄧艾軍門前。鄧艾手執符節解開其繩索，燒掉棺材，接受其投降並安撫他們。鄧艾巡視管束其將士，沒有發生搶掠之事。接納並安撫蜀國的降臣，讓他們各自負責原本的職務。蜀地的百姓都稱贊鄧艾。他仿效當初鄧禹的做法，以奉魏帝的名義任命劉禪代理驃騎大將軍，其太子為奉車都尉，諸王為駙馬都尉。原蜀國的官吏都根據原有的官職重新任命為魏國官吏，或兼任鄧艾的屬官。又任命師篡為益州刺史，隴西太守牽弘等人分別為蜀中各郡太守。他派人在綿竹堆積陣亡者屍體，封土成高土冢，以炫耀戰功，叫作京觀。陣亡的魏國將士也與蜀兵共同埋葬。鄧艾非常自負，曾對蜀地士大夫說：「諸位幸虧遇上我，所以才有今日。如果遇上像吳漢那樣的人，早已被殺光了。」又說：「姜維也算得上是當下的英雄，可惜遇到了我，所以窮途末路。」有見識的人聽了都暗自嘲笑他。

十二月，皇帝下詔說：「鄧艾張揚武力，振奮國威，深入敵寇腹地，斬將拔旗，殺死敵軍首領，使得篡奪帝王稱號者脖子套上繩索來俯首請降，潛逃數代的罪人，一個早上就給平定了。出兵不到一季，決戰沒用一整天，就風捲殘雲一般，平定了巴蜀。即使白起攻破強大的楚國，韓信力克強勁的趙國，吳漢活捉割據巴蜀的公孫述，周亞夫平定七國之亂，若論功績，都還比不上鄧艾建立的功勳。因此任命鄧艾為太尉，增加食邑二萬戶。封其兩個兒子為亭侯，各得食邑千戶。」鄧艾上書司馬昭說：「兵家講究先壯大聲勢，然後採取實際行動。如今借助平定西蜀的聲威，乘勢伐吳，吳人正震驚惶恐，正是蕩平天下的有利時機。但大舉用兵之後，將士都已十分疲勞，不能立即再戰，所以暫且延緩一段時間。留下隴右兵二萬人，巴蜀兵二萬人，煮鹽煉鐵，為軍隊和農業提供物資保障。同時打造艦船，為日後順流而下討伐東吳做好準備。然後派使者去東吳曉以利害，東吳一定會乖乖地投降歸順。這樣不用征討就可以平定東吳了。現在應該厚待劉禪以招降吳主孫休，安撫蜀地的官吏百姓而讓遠方的人歸順。如果馬上將劉禪送到京城，吳人會認為是流放，這對勸說他們歸順不利。所以應暫且將劉禪留下，等明年秋冬，那時東吳完全可以平定了。可以封劉禪為扶風王，賜給他財物，派人在他身邊服侍。扶風郡有董卓塢，可作為他的宮室。封他的兒子為公侯，分郡中一縣作為其食邑，以顯示朝廷對歸順者的恩寵。設置廣陵、城陽為王國，以等待吳主孫休投降。這樣，東吳就會畏懼朝廷的威勢，感念朝廷的恩德，望風歸順了。」司馬昭派監軍衛瓘告誡鄧艾：「凡事得上報朝廷，不能擅自行動。」鄧艾又說：「我受命征討，奉有朝廷的命令。敵寇首領已經降伏，應當按照舊制予以官職，以便安撫剛歸順的人，這是符合時宜的。如今蜀國全部歸順，疆域已經到了最南端。東邊與吳會接壤，應當早日平定。如果凡事等待朝廷指令，途中往返，必然耽誤時間。《春秋》中這樣說，大夫出征，凡是有利於國家的事，可以自行做出決斷。現在東吳尚未歸順，地勢與巴蜀相連，不應當拘泥於常法而錯過時機。《孫子兵法》上說：『向前不是為了個人功名，後退不怕承擔罪責。』我鄧艾雖比不上古代賢人的節操，但還是不想為個人避嫌而損害國家的利益。」鍾會、胡烈、師纂等都說鄧艾狂傲抗命，叛逆的跡象已經顯現。皇帝下詔書將鄧艾用囚車押送京城。

鄧艾父子被囚禁後，鍾會來到成都，先遣送了鄧艾，然後舉兵反叛。鍾會被殺後，鄧艾手下的將士追上鄧艾的囚車，將他接回。衛瓘派田續等截殺鄧艾，雙方在綿竹西相遇，鄧艾被斬殺。鄧艾的兒子鄧忠也同時被殺。鄧艾其餘的兒子均在洛陽也被殺。鄧艾的妻子及孫子被流放到西域。

當初，鄧艾將出兵攻打蜀國時，夢見自己坐在山上，山上有流水。他問殄虜護軍爰邵，爰邵說：「按《易經》的卦辭，山上有水稱《蹇》。《蹇》繇說：『《蹇》有利西南，不利東北。』孔子說：『《蹇》利西南，前去能建立功勳；不利東北，前去窮途末路。』將軍此番出征，一定能平定蜀國，但恐怕是回不來了！」鄧艾聽了若有所思，悶悶不樂。

泰始元年（二六五），晉朝建立。晉武帝司馬炎下詔說：「從前太尉王凌陰謀廢齊王曹芳，而曹芳果然沒能保住帝位。征西將軍鄧艾，居功自傲，失去為臣之節，理應處死。但接到詔書時，鄧艾遣散部屬，束手接受懲罰，與那些為求生而作惡之人，確有不同。今大赦讓其家屬返回內地。如果沒有嫡傳子孫的可以聽任家屬立其後嗣，使其祭祀不絕。」泰始三年（二六七），議郎段灼上疏為鄧艾鳴冤：「鄧艾忠心耿耿，但至今仍背負叛逆的罪名，平定巴蜀卻遭受滅族之罪，我實在為他傷悼。可惜呵！竟說鄧艾是反叛。鄧艾性情剛直急躁，容易得罪人，不能與人處好關係，所以沒有人替他申冤。我敢說鄧艾沒有謀反。從前，姜維有獨占隴右的念頭，幸而鄧艾治理當地，加強守備，積蓄糧食，操練兵馬。當時正值乾旱，鄧艾為推行區種法，身穿粗衣，手執農具，率領將士墾田。上行下效，大家都很盡力。鄧艾持節守衛邊疆，統轄萬餘人，不以奴僕俘虜或下屬士兵所幹的苦力活為下賤勞累。如果不是忠心盡節，怎麼能這樣做呢？所以落門、段谷的兩次戰役，鄧艾能以少勝多，擊敗強敵。先帝知道鄧艾可以委以重任，召他在朝廷制定戰勝敵人的策略，並將最重要的任務交給他。鄧艾接受任務後捨生忘死，束馬懸車，深入險境，壯志凌雲，將士乘勝追擊，迫使劉禪及眾大臣反綁雙手俯首屈膝投降。鄧艾功成名就，本應該載之史冊，流傳千古。七十歲的老人，反叛圖什麼呢？鄧艾確實是憑著聖上養育的恩德，從未想過會受到懷疑，假裝秉承皇帝旨意，依照舊制行事，其實是為了捍衛國家。雖然這樣做違背一般常理，但也與古義相吻合。根據其動機考量，還是可以原諒的。鍾會妒嫉鄧艾的威名，捏造罪名，使得鄧艾忠心耿耿而遭到殺害，一心為國而受到懷疑，腦袋懸掛於馬市，兒子都遭殺害。看見這種情狀的人無不流涕，聽到這樁悲劇的人無不嘆息。陛下即位，發揚光大寬宏的氣度，盡棄前嫌，遭到誅殺的人家的後嗣，也應予以錄用。從前，秦國百姓同情白起無罪被殺，吳國人傷悼伍子胥蒙冤而死，都為他們立祠廟。現在天下百姓都為鄧艾的冤死痛心疾首，也是這種情形。臣以為，鄧艾當初身首異地，葬在田野，現在應當為他收屍，歸還他的田產住宅。鄧艾有平定巴蜀的功業，應當封賜他的孫子，蓋棺後給予謚號，讓死者無所遺恨。讓九泉之下的冤魂得以赦免，讓後世人看到朝廷的信義。安葬一人而使天下欽慕朝廷的德行，安撫一魂使天下歸順其心。這樣做不費多少力卻能取悅天下人。」泰始九年（二七三），晉武帝下詔說：「鄧艾立下功勳，束手受罪而不逃脫處罰，他的子孫淪為奴隸，我常常同情他們，任命他的嫡孫鄧朗為郎中。」

鄧艾鎮守西部時，修築要塞。泰始年間，羌人叛亂，數次殺死刺史，涼州通道斷絕。那些活下來的官兵百姓，全得益於鄧艾修築的要塞。

【原文】

鄧艾字士載，義陽棘陽人也。少孤，太祖破荊州，徙汝南，為農民養犢。年十二，隨母至潁川，讀故太丘長陳寔碑文，言「文為世範，行為士則」，艾遂自名範，字士則。後宗族有與同者，故改焉。為都尉學士，以口吃，不得作干佐。為稻田守叢草吏。同郡吏父憐其家貧，資給甚厚，艾初不稱謝。每見高山大澤，輒規度指畫軍營處所，時人多笑焉。後為典農綱紀，上計吏，因使見太尉司馬宣王。宣王奇之，辟之為掾，遷尚書郎。

時欲廣田畜谷，為滅賊資，使艾行陳、項已東至壽春。艾以為「田良水少，不足以盡地利，宜開河渠，可以引水澆溉，大積軍糧，又通運漕之道」。乃著《濟河論》以喻其指。又以為「昔破黃巾，因為屯田，積谷於許都以制四方。今三隅已定，事在淮南，每大軍征舉，運兵過半，功費巨億，以為大役。陳、蔡之間，土下田良，可省許昌左右諸稻田，並水東下。令淮北屯二萬人，淮南三萬人，十二分休，常有四萬人，且田且守。水豐常收三倍於西，計除眾費，歲完五百萬斛以為軍資。六七年間，可積三千萬斛於淮上，此則十萬之眾五年食也。以此乘吳，無往而不克矣。」宣王善之，事皆施行。正始二年，乃開廣漕渠，每東南有事，大軍興眾，泛舟而下，達於江、淮，資食有儲而無水害，艾所建也。

出參征西軍事，遷南安太守。嘉平元年，與征西將軍郭淮拒蜀偏將軍姜維。維退，淮因西擊羌。艾曰：「賊去未遠，或能復還，宜分諸軍以備不虞。」於是留艾屯白水北。三日，維遣廖化自白水南向艾結營。艾謂諸將曰：「維今卒還，吾軍人少，法當來渡而不作橋。此維使化持吾，令不得還。維必自東襲取洮城。」洮城在水北，去艾屯六十里。艾即夜潛軍徑到，維果來渡，而艾先至據城，得以不敗。賜爵關內侯，加討寇將軍，後遷城陽太守。

是時並州右賢王劉豹並為一部。艾上言曰：「戎狄獸心，不以義親，強則侵暴，弱則內附，故周宣有狁之寇，漢祖有平城之圍。每匈奴一盛，為前代重患，自單于在外，莫能牽制長卑。誘而致之，使來入侍。由是羌夷失統，合散無主。以單于在內，萬里順軌。今單于之尊日疏，外士之威浸重，則胡虜不可不深備也。聞劉豹部有叛胡，可因叛割為二國，以分其勢。去卑功顯前朝，而子不繼業，宜加其子顯號，使居雁門。離國弱寇，追彔舊勳，此御邊長計也。」又陳：「羌胡與民同處者，宜以漸出之，使居民表崇廉恥之教，塞奸宄之路。」大將軍司馬景王新輔政，多納用焉。遷汝南太守，至則尋求昔所厚己吏父，久已死，遣吏祭之，重遺其母，舉其子與計吏。艾所在，荒野開辟，軍民並豐。

諸葛恪圍合肥新城，不克，退歸。艾言景王曰：「孫權已沒，大臣未附，吳名宗大族，皆有部曲，阻兵仗勢，足以建命。恪新秉國政，而內無其主，不念撫恤上下以立根基，競於外事，虐用其民，悉國之眾，頓於堅城，死者萬數，載禍而歸，此恪獲罪之日也。昔子胥、吳起、商鞅、樂毅皆見任時君，主沒而敗。況恪才非四賢，而不慮大患，其亡可待也。」恪歸，果見誅。遷兗州刺史，加振威將軍。上言曰：「國之所急，惟農與戰，國富則兵強，兵強則戰勝。然農者，勝之本也。孔子曰『足食足兵』，食在兵前也。上無設爵之勸，則下無財畜之功。今使考績之賞，在於積粟富民，則交游之路絕，浮華之原塞矣。」

高貴鄉公即尊位，進封方城亭侯。毌丘儉作亂，遣健步齎書，欲疑惑大眾，艾斬之，兼道進軍，先趣樂嘉城，作浮橋。司馬景王至，遂據之。文欽以後大軍破敗於城下，艾追之至丘頭。欽奔吳。吳大將軍孫峻等號十萬眾，將渡江，鎮東將軍諸葛誕遣艾據肥陽，艾以與賊勢相遠，非要害之地，輒移屯附亭，遣泰山太守諸葛緒等於黎槳拒戰，遂走之。其年征拜長水校尉。以破欽等功，進封方城鄉侯，行安西將軍。解雍州刺史王經圍於狄道，姜維退駐鍾提，乃以艾為安西將軍，假節、領護東羌校尉。議者多以為維力已竭，未能更出。艾曰：「洮西之敗，非小失也。破軍殺將，倉廩空虛，百姓流離，幾於危亡。今以策言之，彼有乘勝之勢，我有虛弱之實，一也。彼上下相習，五兵犀利，我將易兵新，器杖未復，二也。彼以船行，吾以陸軍，勞逸不同，三也。狄道、隴西、南安、祁山，各當有守，彼專為一，我分為四，四也。從南安、隴西，因食羌谷，若趨祁山，熟麥千頃，為之縣餌，五也。賊有黠數，其來必矣。」頃之，維果向祁山，聞艾已有備，乃回從董亭趣南安，艾據武城山以相持。維與艾爭險，不克。其夜，渡渭東行，緣山趣上邽，艾與戰於段谷，大破之。甘露元年詔曰：「逆賊姜維連年狡黠，民夷騷動，西土不寧。艾籌畫有方，忠勇奮發，斬將十數，馘首千計；國威震於巴、蜀，武聲揚於江、岷。今以艾為鎮西將軍、都督隴右諸軍事，進封鄧侯，分五百戶封子忠為亭侯。」二年，拒姜維於長城，維退還。遷征西將軍，前後增邑凡六千六百戶。景元三年，又破維於侯和，維卻保沓中。四年秋，詔諸軍征蜀，大將軍司馬文王皆指授節度，使艾與維相綴連。雍州刺史諸葛緒要維，令不得歸。艾遣天水太守王頎等直攻維營，隴西太守牽弘等邀其前，金城太守楊欣等詣甘松。維聞鍾會諸軍已入漢中，引退還。欣等追躡於強川口，大戰，維敗走。聞雍州已塞道，屯橋頭，從孔函谷入北道，欲出雍州後。諸葛緒聞之，卻還三十里。維入北道三十餘里，聞緒軍卻，尋還，從橋頭過，緒趣截維，較一日不及。維遂東引，還守劍閣。鍾會攻維未能克。艾上言：「今賊摧折，宜遂乘之，從陰平由邪徑經漢德陽亭趣涪，出劍閣西百里，去成都三百餘里，奇兵沖其腹心。劍閣之守必還赴涪，則會方軌而進。劍閣之軍不還，則應涪之兵寡矣。軍志有之曰：『攻其無備，出其不意。』今掩其空虛，破之必矣。」

冬十月，艾自陰平道行無人之地七百餘里，鑿山通道，造作橋閣。山高谷深，至為艱險，又糧運將匱，頻於危殆。艾以氈自裹，推轉而下。將士皆攀木緣崖，魚貫而進。先登至江由，蜀守將馬邈降。蜀衛將軍諸葛瞻自涪還綿竹，列陳待艾。艾遣子惠唐亭侯忠等出其右，司馬師纂等出其左。忠、纂戰不利，並退還。曰：「賊未可擊。」艾怒曰：「存亡之分，在此一舉，何不可之有？」乃叱忠、纂等，將斬之。忠、纂馳還更戰，大破之，斬瞻及尚書張遵等首，進軍到洛。劉禪遣使奉皇帝璽綬，為箋詣艾請降。

艾至成都，禪率太子諸王及群臣六十餘人面縛輿櫬詣軍門。艾執節解縛焚櫬，受而宥之。檢御將士，無所虜略，綏納降附，使復舊業，蜀人稱焉。輒依鄧禹故事，承制拜禪行驃騎將軍，太子奉車、諸王駙馬都尉。蜀群司各隨高下拜為王官，或領艾官屬。以師纂領益州刺史，隴西大守牽弘等領蜀中諸郡。使於綿竹築台以為京觀，用彰戰功。士卒死事者，皆與蜀兵同共埋藏。艾深自矜伐。謂蜀士大夫曰：「諸君賴遭某，故得有今日耳。若遇吳漢之徒，已殄滅矣。」又曰：「姜維自一時雄兒也，與某相值，故窮耳。」有識者笑之。

十二月，詔曰：「艾曜威奮武，深入虜庭，斬將搴旗，梟其鯨鯢，使僭號之主，稽首繫頸，歷世逋誅，一朝而平。兵不逾時，戰不終日，雲徹席捲，蕩定巴蜀。雖白起破強楚，韓信克勁趙，吳漢禽子陽，亞夫滅七國，計功論美，不足比勳也。其以艾為太尉，增邑二萬戶，封子二人亭侯，各食邑千戶。」艾言司馬文王曰：「兵有先聲而後實者，今因平蜀之勢以乘吳，吳人震恐，席捲之時也。然大舉之後，將士疲勞，不可便用，且徐緩之；留隴右兵二萬人，蜀兵二萬人，煮鹽興冶，為軍農要用，並作舟船，豫順流之事，然後發使告以利害，吳必歸化，可不征而定也。今宜厚劉禪以致孫休，安士民以來遠人，若便送禪於京都，吳以為流徙，則於向化之心不勸。宜權停留，須來年秋冬，比爾吳亦足平。以為可封禪為扶風王，錫其資財，供其左右。郡有董卓塢，為之宮舍。爵其子為公侯，食郡內縣，以顯歸命之寵。開廣陵、城陽以待吳人，則畏威懷德，望風而從矣。」文王使監軍衛瓘喻艾：「事當須報。不宜輒行。」艾重言曰：「銜命征行，奉指授之策，元惡既服；至於承制拜假，以安初附，謂合權宜。今蜀舉眾歸命，地盡南海，東接吳會，宜早鎮定。若待國命，往復道途，延引日月。《春秋》之義，大夫出疆，有可以安社稷，利國家，專之可也。今吳未賓，勢與蜀連，不可拘常以失事機，兵法，進不求名，退不避罪，艾雖無古人之節，終不自嫌以損於國也。」鍾會、胡烈、師纂等皆白艾所作悖逆，變釁已結。詔書檻車征艾。

艾父子既囚，鍾會至成都，先送艾，然後作亂。會已死。艾本營將士追出艾檻車，迎還。瓘遣田續等討艾，遇於綿竹西，斬之。子忠與艾懼死，余子在洛陽者悉誅，徙艾妻子及孫於西域。

初，艾當伐蜀，夢坐山上而有流水，以問殄虜護軍爰邵，邵曰：「按《易》卦，山上有水曰《蹇》。《蹇》繇曰：『《蹇》利西南，不利東北。』孔子曰：『蹇利西南，往有功也；不利東北，其道窮也。』往必克蜀，殆不還乎！」艾憮然不樂。

泰始元年，晉室踐阼，詔曰：「昔太尉王凌謀廢齊王，而王竟不足以守位。征西將軍鄧艾，矜功失節，實應大辟。然被書之日，罷遣人眾，束手受罪，比于求生遂為惡者，誠復不同。今大赦得還，若無子孫者聽使立後，令祭祀不絕。」三年，議郎段灼上疏理艾曰：「艾心懷至忠而荷反逆之名，平定巴蜀而受夷滅之誅，臣竊悼之。惜哉，言艾之反也！艾性剛急，輕犯雅俗，不能協同朋類，故莫肯理之。臣敢言艾不反之狀。昔姜維有斷隴右之志，艾修治備守，積谷強兵。值歲凶旱，艾為區種，身被烏衣，手執耒耜，以率將士。上下相感，莫不盡力。艾持節守邊，所統萬數，而不難僕虜之勞，士民之役，非執節忠勤，孰能若此？故落門、段谷之戰，以少擊多，摧破強賊。先帝知其可任，委艾廟勝，授以長策。艾受命忘身，束馬懸車，自投死地，勇氣陵雲，士眾乘勢，使劉禪君臣面縛，叉手屈膝。艾功名以成，當書之竹帛，傳祚萬世。七十老公，反欲何求。艾誠恃養育之恩，心不自疑，矯命承制，權安社稷；雖違常科，有合古義，原心定罪，本在可論。鍾會忌艾威名，構成其事。忠而受誅，信而見疑，頭懸馬市，諸子並斬，見之者垂泣，聞之者嘆息。陛下龍興，闡弘大度，釋諸嫌忌，受誅之家，不拘敘用。昔秦民憐白起之無罪，吳人傷子胥之冤酷，皆為立祠。今天下民人為艾悼心痛恨，亦猶是也。臣以為艾身首分離，捐棄草土，宜收屍喪，還其田宅。以平蜀之功，紹封其孫，使闔棺定謚，死無余恨。赦冤魂於黃泉，收信義於後世，葬一人而天下慕其行，埋一魂而天下歸其義，所為者寡而悅者眾矣。」九年，詔曰：「艾有功動，受罪不逃刑，而子孫為民隸，朕常憫之。其以嫡孫朗為郎中。」

艾在西時，修治障塞，築起城塢。泰始中，羌虜大叛，頻殺刺史，涼州道斷。吏民安全者，皆保艾所築塢焉。

魏書

王毌丘諸葛鄧鐘傳・鍾會

鍾會字士季，潁川長社人，太傅鍾繇的小兒子。他小時候就非常聰明伶俐。中護軍蔣濟曾寫文章說：「觀察人的瞳仁，完全可以知道他的為人。」鍾會五歲時，鍾繇讓他去拜見蔣濟，蔣濟見了鍾會之後，認為他很不一般，說：「這孩子非同尋常。」鍾會成年後，能文能武，博學多才，還精通玄學，夜以繼日地研讀，因此獲得很高的聲譽。正始年間（二四〇—二四八），鍾會任秘書郎，升任尚書中書侍郎。高貴鄉公曹髦稱帝，封鍾會為關內侯。

毌丘儉叛亂時，大將軍司馬師率兵東征，鍾會隨從，掌管機密事宜。衛將軍司馬昭作為大軍的後軍。司馬師死於許昌後，司馬昭統率六軍。鍾會在其帳中出謀劃策。當時皇帝發詔書給尚書傅嘏，因為東南剛剛平定，暫且留下衛將軍司馬昭駐紮許昌，以便於裡應外合，令傅嘏率各路人馬返回洛陽。鍾會與傅嘏密謀，讓傅嘏上表，隨即與司馬昭一同出發，退回到洛水南駐紮。於是朝廷不得不任命司馬昭為大將軍，讓他輔佐朝政，鍾會升任黃門侍郎，被封為東武亭侯，食邑三百戶。

甘露二年（二五七），諸葛誕被任命為司空。當時鍾會在家中服喪，推測諸葛誕一定不會聽從任命，於是快馬報告司馬昭。司馬昭認為詔令已經發布，不能再追回更改。等諸葛誕反叛，皇帝正在項縣。司馬昭抵達壽春，鍾會再次隨行。

起初，東吳大將全琮，是孫權的姻親，又是朝中重臣。全琮的兒子全懌，孫子全靜，侄子全端、全翩、全緝等，都率兵前來解救諸葛誕。全懌哥哥的兒子全輝、全儀留在建業，與家裡人爭吵，攜老母及家丁數十人渡過長江，投奔司馬昭。鍾會定下計謀，秘密代全輝、全儀寫信，派全輝、全儀的親信攜信到城內報告全懌等，說吳國對全懌等不能將被困在壽春的諸葛誕等人解救出來，很是憤怒，要將各位將領的家屬全殺死，所以他們逃出來投奔魏國。全懌等非常恐懼，於是將其把守的東城門打開，出城投降。他們都受到了魏國的封賞優待。而困守城中的諸葛誕更加沮喪。攻破壽春，鍾會貢獻的計謀最多，他因此越來越得到司馬昭的寵信，當時人稱他為「張良」。大軍班師後，朝廷提拔鍾會為太僕，但他堅決推辭沒去赴任。後以中郎官一職在大將軍府任記室，這是大將軍心腹擔任的職位。因為討伐諸葛誕有功，鍾會被封為陳侯，但他也多次辭讓。皇帝下詔說：「鍾會總管軍事，共同參與出謀劃策，料敵制勝，有貢獻謀略的功績，但執意推辭封賞，言辭意旨，懇切誠實，前後多次推讓，志向不能改變。建立功業而不因此自傲的人，是古人所推崇的。現在尊重鍾會的意志，成全他的美德。」升遷鍾會為司隸校尉。鍾會雖然在宮廷外任職，但朝廷政事，官吏任免，沒有不是他總管的。嵇康等人被殺，都是鍾會策劃的。

司馬昭因為蜀國大將姜維不斷侵擾邊境，料想他們國土狹小，百姓疲憊，物資兵力短缺，想發兵大舉攻打蜀國。鍾會也認為蜀國是可以攻取的，預先共同策劃謀略，勘察地形，商討局勢的發展。景元三年（二六二）冬，朝廷任命鍾會為鎮西將軍，授予符節，都督關中諸軍事。司馬昭下令青州、徐州、兗州、豫州、荊州、揚州等地建造戰船，又命令唐咨建造航海大船，擺出將征討東吳的樣子。景元四年（二六三）秋，朝廷命令鄧艾、諸葛緒各統率三萬多人，由鄧艾進軍甘松、沓中等地，牽制姜維，而諸葛緒進軍武街、橋頭等地，切斷姜維的退路。鍾會統率十幾萬大軍，分路從斜谷、駱谷等地進入蜀國。鍾會先派牙門將許儀在前面築路，自己率大軍隨後跟進。過橋時，因新築的橋有漏洞，馬腿陷了進去，鍾會為此而殺了許儀。許儀是許褚的兒子，為朝廷立下諸多功勳，鍾會卻沒有因此赦免其子。各路軍隊聽得此事，無不驚恐畏懼。蜀國命令各個要塞都不要交戰，退至漢、樂二城固守。魏興太守劉欽直奔子午谷，各路大軍分道齊頭並進，來到漢中。蜀國監軍王含守樂城，護軍蔣斌守漢城，各領兵五千。鍾會派護軍荀愷、前將軍李輔各率領萬餘人馬。荀愷圍攻漢城，李輔圍攻樂城。鍾會率軍直接通過，西出陽安口，派人祭掃諸葛亮的墓。派護軍胡烈等為先鋒，攻破關城，獲得倉庫中的糧食。姜維聞訊從沓中撤回，到達陰平，集結人馬，想趕往關城。姜維尚未到達，聽說關城已陷落，於是退到白水，與蜀將張翼、廖化等會合守衛劍閣，抵擋鍾會。鍾會向蜀國官兵百姓發布文告，說：

「從前漢朝國勢衰落，國家分崩離析，百姓朝不保夕，掙扎在生死線上，太祖武皇帝曹操英明神武，撥亂反正，拯救瀕臨滅亡的國家，恢復天下安寧。高祖文皇帝曹丕順應天意，順乎民心，登基稱帝。烈祖明皇帝繼續先王偉業而發揚光大，拓展功績。但我朝疆域之外，仍在不同的統治下流行不一樣的風俗，天下的百姓沒能全都沐浴到天子浩蕩的恩澤。這是三位先帝念念不忘、深為遺憾的。而今皇上聖德浩蕩、睿智寬宏，繼承發揚前代的偉業；朝中輔佐大臣忠誠恭敬、賢明公正，辛勤地為朝廷效勞。皇上行仁政施恩惠，天下和睦融洽。對少數民族也施以聖德，肅慎因此前來進貢。可憐啊巴蜀的百姓，難道你們不是上天的子民嗎？可悲啊巴蜀的百姓，仍然無休止地服勞役。因此命令六師，奉行天意進行懲處。征西將軍、雍州刺史、鎮西將軍等人馬，分五路齊頭並進。古代出征，以仁義作根本，以仁義治理軍隊。天子的軍隊，有須出征而不必實戰。所以，虞舜持盾和戈舞蹈而有苗歸順；周武王滅商朝，分發錢財，開倉濟民，表彰民間的義舉。而今鎮西將軍奉命征討，統率大軍，是光大皇上文告中的精神，以拯救百姓性命，並不是炫耀武力，好大喜功，以求得一朝之快。所以在此向你們大略陳述安危存亡之關鍵，希望你們能仔細聆聽。

「益州先主劉備以著稱於世的雄才大略，興兵於北方原野，在冀州、徐州等地受挫，被袁紹、呂布所脅迫，太祖武皇帝曹操為他解圍，對他非常友善。可劉備中途背叛，與太祖分道揚鑣。諸葛孔明覬覦秦川，姜維不斷進犯隴右，侵擾我邊境，侵害氐、羌民眾。當時國家事情繁多，沒有來得及討伐。而今邊境安寧，國內無事，積蓄力量等待時機，集中兵力朝一個方向進攻。而巴蜀不過是一個州的人馬，又得分散防守，難以抵擋朝廷大軍。在段谷、侯和，蜀軍遭受失敗，士氣大挫，難以抵禦我軍堂堂正義之師。近年來，巴蜀不曾安寧，將士連年作戰，疲憊不堪，難以阻擋百姓歸順朝廷。這些都是你們親眼目睹的。古蜀國的丞相陳壯被秦國捉拿，公孫述被漢朝所殺。九州中的險要之地，並不是某一姓的統治者所能長久占據的。這些事你們也聽說過。聰明的人能在危險尚未顯現時就發現，睿智的人能在禍患尚未萌芽時就看到。因此微子及時離開商朝，長期作為周朝的賓客；陳平背棄項羽，為漢朝立下功勳。怎麼能貪圖一時安逸而自飲毒酒，留戀原有的俸祿而不顧時勢變化？而今大魏天子降下恩澤如同上天覆蓋大地萬物一般，執掌朝政的大臣懷有寬恕的恩德，先施以恩德，後消滅有罪者，這是因為愛惜生命厭惡殺戮。從前東吳將領孫壹率眾歸順，得到顯赫的地位，受到特殊的恩寵。文欽、唐咨曾為國家大害，背叛君主成為仇敵，歸順之後仍為主將。唐咨是在走投無路時被擒的，文欽的兩個兒子投降後，都升任將軍，被封為侯。唐咨還參與國家重要事務決策。孫壹等困頓時歸順朝廷，皇帝還是給予很大的寵信，何況蜀中能認清形勢做出正確選擇的賢者呢？如果能明察成敗的教訓，遠離險境，跟隨微子的足跡，效仿陳平的做法，那麼你們也會得到同樣的福分，造福於後人。讓天下百姓安守舊業，農田不荒廢，市場照樣繁榮，消除危險，達到幸福安康，這不是一件美事嗎？如果苟且偷安於一時，迷途不返，大軍壓境之際，玉石俱碎，到那時再後悔就晚了。請仔細考慮利害得失，自求多福，並請相互轉告，讓大家明白朝廷的態度。」

鄧艾追擊姜維直至陰平，挑選精銳將士，想從漢德陽走江由、左儋道，到達綿竹，直逼成都，與諸葛緒一起前進。諸葛緒本來奉命攔截姜維，但朝廷沒有給他西進的命令，於是進軍白水，與鍾會會合。鍾會派將軍田章等從劍閣西直出江由。行進不到百里，田章首先攻破蜀國三處伏兵。鄧艾讓田章為前鋒，長驅直入。鍾會與諸葛緒的部隊直奔劍閣。鍾會想獨攬軍權，向朝廷告密，說諸葛緒畏縮不敢前進，朝廷下令將諸葛緒用囚車押回京城。諸葛緒的軍隊都歸鍾會統領，進攻劍閣，沒有打下來，便回撤。蜀軍占據險要地勢死守。鄧艾進軍綿竹，與蜀軍大戰，斬殺蜀軍主將諸葛瞻。姜維等人聽說諸葛瞻已戰敗，率軍向東進入巴郡。鍾會於是進軍抵達涪縣，派胡烈、田續、龐會等追擊姜維。鄧艾率兵逼向成都，劉禪向鄧艾投降，又派使者命令姜維放下武器，向鍾會投降。姜維行至廣漢郪縣，下令手下將士都放下武器，將自己的符節送給胡烈，又從東道向鍾會投降。鍾會上書朝廷說：「逆賊姜維、張翼、廖化、董厥等人拼死逃命，想跑到成都。臣便派司馬夏侯咸、護軍胡烈等，經過劍閣，出新都、大渡等地加以攔截，參軍爰、將軍句安等在後面追趕，參軍皇甫闓、將軍王買等從涪縣南攻打其腹部。臣則占據涪縣作為東西兩路後援。姜維等統領步兵、騎兵四五萬人，裝備精良，漫山遍野，綿延數百里。他們仗著人多勢眾，沿大路西進。臣命令夏侯咸、皇甫闓等分兵幾路，各占據有利地勢，張開羅網，南邊堵住通往吳地的去路，西邊堵住撤回成都的退路，北面斷絕各條流竄的小路，四面團團包圍，首尾並進，所有道路都斷絕，使其無路可走，無地可藏。臣又親自發布告示，指明其生還之路。敵寇被圍困緊逼，知道氣數已盡，只得脫去鎧甲放下兵器，反綁雙手投降。收繳印綬上萬，兵器裝備堆積如山。從前虞舜持盾、戈舞蹈，有苗氏便臣服；武王牧野伐紂，紂兵反戈一擊。有征討之勢而不必動用武力，這是帝王最大的功業。不戰而降保全整個國家是上策，用武力攻破敵國為下策；迫使敵軍全部投降是上策，徹底擊敗敵軍為下策，這是用兵的道理。陛下聖德，堪與前代聖王媲美，宰輔忠心輔佐，賢明如同周公旦。陛下以仁德哺育百姓，用大義討伐不肯歸順的叛逆者，不同風俗之地的百姓傾慕朝廷的教化，沒有不想歸順的。王師出征不超過期限，兵不血刃；萬里疆域風俗相同，九州大地連成一片。臣等奉詔，宣揚王道教化，恢復蜀地的社稷，安撫當地的百姓，免去他們的租賦，減少他們的勞役，以道德和禮制改變其風俗，用法律制度規範其行為，百姓歡欣鼓舞，人人向往安居樂業。陛下收復了此地，百姓獲得新生，恩澤無人可及。」鍾會下令禁止將士搶掠，自己禮賢下士，以安撫蜀地官吏，與姜維的關係特別好。十二月，朝廷下詔：「鍾會所向披靡，無人能擋，控制了各個城池，布下天羅地網，全殲敵人。蜀國大將，束手投降。鍾會的謀略沒有失算，出戰均建功勞。被他俘獲殲滅之敵，動輒達萬人，大獲全勝，克敵制勝，大軍出征而不必實戰。開拓平定西部，使得邊疆和平安定。封鍾會為司徒，晉封縣侯，增加食邑萬戶。封他的兩個兒子為亭侯，食邑各一千戶。」

鍾會內心有反叛的念頭，因為鄧艾受朝廷的旨意，獨斷專行，他於是告密狀，聲稱鄧艾有謀反之罪。於是朝廷下詔用囚車押鄧艾回京城。司馬昭怕鄧艾不服命令，命令鍾會同時進軍成都，監軍衛瓘先於鍾會而行。衛瓘拿著司馬昭親筆書寫的命令通告鄧艾的部下，鄧艾的部下都放下武器，於是押鄧艾關進囚車。鍾會所懼怕的只有鄧艾，鄧艾被拿下後，鍾會立即進入成都，獨自統率所有大軍，威震西部。他自以為功名蓋世，不願再屈居人下，加上猛將精兵皆由他統轄，於是舉兵反叛。他想派姜維等統率原蜀軍出斜谷，自己統率大軍隨後跟進，抵達長安後，令騎兵走陸道，步兵走水道，順著渭水入黃河，估計五天就可以抵達孟津，與騎兵在洛陽會師，一天時間就可以奪得天下。鍾會收到司馬昭的信，說：「我擔心鄧艾不服命令，已派中護軍賈充率步兵和騎兵萬餘人經過斜谷，駐紮在樂城。我親自率十萬大軍駐紮在長安。我們不久就可以相見了。」鍾會看完信，大驚失色，召來親信說：「如果只是抓獲鄧艾，相國知道我完全能應對此事，現在興師動眾，一定是察覺我有反叛之心。我們應當馬上行動！如果大功告成，可以得天下；如果不順利，退保西蜀，至少能像劉備一樣稱霸一方。自淮南平叛以來，我從未失策，天下人所共知。我怎麼能擁有這般盛名而退縮呢？」鍾會在景元五年（二六四）正月十五來到成都，第二天召請護軍、郡守、牙門騎督以上將領及原蜀國的官員，在蜀國朝堂為魏明帝郭皇后發喪。並假傳皇太后遺詔，說是讓鍾會起兵鏟除司馬昭。鍾會把假詔書拿給在座的人傳閱，要求每人表示意見。他同時在木板上書寫任命書，委派親信率領各路軍隊。鍾會把請來的各位官員都關在益州各官府中，城門、宮門都關死，派兵嚴加看守。鍾會的帳下督丘建原本是胡烈的屬下，當初胡烈把他推薦給司馬昭。鍾會召他跟隨自己伐蜀，對他很器重。丘建同情胡烈獨自被囚禁，對鍾會說應派一名親信為胡烈端飯倒水，其餘諸將也應按例備一員侍從。胡烈對侍候他的親兵編造謊言，並托他帶一封信給兒子說：「丘建秘密傳遞消息說，鍾會已挖好大坑，準備了幾千根白棒，準備將外面的兵士都叫進來，每人戴一頂白官帽，任命為散將官，然後一個個用大棒打死，埋在坑中。」各牙門將的親兵都傳說此事，一夜之間傳遍軍營，大家都知道了。有人對鍾會說：「應把牙門騎督以上的將領全部殺死。」鍾會猶豫不決。十八日中午，胡烈的部下與胡烈的兒子擂鼓衝出營寨，各路官兵不約而同地擂鼓吶喊衝出來，雖沒人統領，但都爭先恐後地湧向關押將領的宮城。當時鍾會剛給姜維鎧甲兵器，有人報告外面有喧擾之聲，好像失火了。沒過多久，說有士兵湧向城門。鍾會很吃驚，問姜維：「這些兵看來是要鬧事，該怎麼辦？」姜維說：「只有趕緊把他們都殺了。」鍾會便派兵把關押在屋內的牙門將、郡守全部殺死。屋內的人一同扛來桌子把門死死頂住。士兵撞門，但沒能打開。過了不久，大門外的人架梯登上城牆，有的點火燒屋子，秩序混亂不堪，箭如雨下。那些被關著的牙門將、郡守衝出屋子，與其部下會合。姜維領著鍾會的親兵奮戰，殺死五六人。眾人圍著姜維格鬥，將他殺了，又爭相上前殺了鍾會。鍾會時年四十歲，這場動亂死了好幾百名將士。

當初，鄧艾為太尉，鍾會為司徒，兩人仍然都持節、都督諸軍事，而又都沒能得到朝廷正式授命而死於非命。鍾會的哥哥鍾毓死於景元四年（二六三），鍾會竟然不知不問。鍾毓兒子鍾邕與鍾會一同被殺。鍾會的侄子鍾毅、鍾峻、鍾辿等被捕入獄，理當處死。司馬昭奏請皇帝下詔說：「鍾峻等的祖父鍾繇，在先帝三朝中任三公，輔佐王命，創立功勳，在祖廟中有其牌位。其父鍾毓，歷任京官、外職，頗有政績。從前楚國顧念子文的功績，不把他的後代斬盡殺絕。晉國念及趙衰、趙盾的忠貞，而保全了趙氏後代。因為鍾會、鍾邕的罪孽而斷盡鍾繇的子孫，我覺得太可憐了。因此，赦免鍾峻、鍾辿兄弟，有官爵的予以保留。只是鍾毅、鍾邕的子孫應伏法。」也有人說，因為鍾毓曾向司馬昭告密，說鍾會使用權術，不可授予專斷的大權，司馬昭因此才赦免了鍾峻兄弟。

當初，司馬昭想派鍾會攻打蜀國，西曹屬邵悌求見，說：「現在派鍾會率十萬大軍攻打蜀國，我以為鍾會單身一人，沒有家室子弟留著做人質，不如派其他人去。」司馬昭笑道：「我難道連這個道理都不懂嗎？蜀國為我朝之大患，使得百姓不得安寧。我今出兵討伐，易如反掌，但眾人卻都說不能討伐蜀國。如果人的內心怯懦，則智慧與英勇都會消失。智慧和勇氣都沒了，卻強迫他們去打仗，那只會被敵人打敗。只有鍾會與我想法一致，如今派他攻打蜀國，一定能將蜀國滅了。至於平蜀之後，即使像你所顧慮的那樣，鍾會哪能一下子就成事呢？敗軍之將不能與其談論勇敢，亡國的官員不能與其討論救亡存國，因為他們已經嚇破了膽。如果蜀國國滅，活下來的人一定驚恐萬狀，無法與他們舉事。至於魏軍將士，都盼著返回家鄉，不會願意跟著鍾會反叛。如果鍾會作亂，只能自取滅亡。你不要擔憂，但也不要對任何人說起此事。」等到鍾會告發鄧艾圖謀不軌，司馬昭要率兵西行，邵悌又說：「鍾會統率的兵力比鄧艾的人馬多五六倍，只須下令讓他抓住鄧艾就行，您不必親自遠征。」司馬昭說：「你難道忘了之前說過的話了嗎？怎麼又說我不必前去呢？雖然如此，我們所談論的話千萬不要洩露。我應當憑信義對待別人，只要別人沒有辜負我。我怎麼能先起疑心呢？近日賈充問我：『很懷疑鍾會嗎？』我答道：『如果今天派你出征，難道我也懷疑你嗎？』賈充無言以對。等我到了長安，事情就該解決了。」等司馬昭大軍到長安，鍾會果然已死，與設想的完全一樣。

【原文】

鍾會字士季，潁川長社人，太傅繇小子也。少敏惠夙成。中護軍蔣濟著論，謂「觀其眸子，足以知人」。會年五歲，繇遣見濟，濟甚異之，曰：「非常人也。」及壯，有才數技藝，而博學精練名理，以夜續晝，由是獲聲譽。正始中，以為秘書郎，遷尚書中書侍郎。高貴鄉公即尊位，賜爵關內侯。

毌丘儉作亂，大將軍司馬景王東征，會從，典知密事，衛將軍司馬文王為大軍後繼。景王薨於許昌，文王總統六軍，會謀謨帷幄。時中詔敕尚書傅嘏，以東南新定，權留衛將軍屯許昌為內外之援，令嘏率諸軍還。會與嘏謀，使嘏表上，輒與衛將軍俱發，還到洛水南屯住。於是朝廷拜文王為大將軍、輔政，會遷黃門侍郎，封東武亭侯，邑三百戶。

甘露二年，征諸葛誕為司空，時會喪寧在家，策誕必不從命，馳白文王。文王以事已施行，不復追改。及誕反，車駕住項，文王至壽春，會復從行。

初，吳大將全琮，孔權之婚親重臣也。琮子懌、孫靜、從子端、翩、緝等，皆將兵來救誕。懌兄子輝、儀留建業，與其家內爭訟，攜其母，將部曲數十家渡江，自歸文王。會建策，密為輝、儀作書，使輝、儀所親信齎入城告懌等，說吳中怒懌等不能拔壽春，欲盡誅諸將家，故逃來歸命。懌等恐懼，遂將所領開東城門出降，皆蒙封寵，城中由是乖離。壽春之破，會謀居多，親待日隆，時人謂之子房。軍還，遷為太僕，固辭不就。以中郎在大將軍府管記室事，為腹心之任。以討諸葛誕功，進爵陳侯，屢讓不受。詔曰：「會典綜軍事，參同計策，料敵制勝，有謀謨之勳，而推寵固讓，辭指款實，前後累重，志不可奪。夫成功不處，古人所重，其聽會所執，以成其美。」遷司隸校尉。雖在外司，時政損益，當世與奪，無不綜典。嵇康等見誅，皆會謀也。

文王以蜀大將姜維屢擾邊陲，料蜀國小民疲，資力單竭，欲大舉圖蜀。惟會亦以為蜀可取，豫共籌度地形，考論事勢。景元三年冬，以會為鎮西將軍、假節都督關中諸軍事。文王敕青、徐、兗、豫、荊、揚諸州，並使作船，又令唐咨作浮海大船，外為將伐吳者。四年秋，乃下詔使鄧艾、諸葛緒各統諸軍三萬餘人。艾趣甘松、沓中連綴維，緒趣武街、橋頭絕維歸路，會統十餘萬眾，分從斜谷、駱谷入。先命牙門將許儀在前治道，會在後行。而橋穿，馬足陷，於是斬儀。儀者，許褚之子，有功王室，猶不原貸。諸軍聞之，莫不震竦。蜀令諸圍皆不得戰，退還漢、樂二城守。魏興太守劉欽趣子午谷，諸軍數道平行，至漢中。蜀監軍王含守樂城，護軍蔣斌守漢城，兵各五千。會使護軍荀愷、前將軍李輔各統萬人，愷圍漢城，輔圍樂城。會徑過，西出陽安口，遣人祭諸葛亮之墓。使護軍胡烈等行前，攻破關城，得庫藏積谷。姜維自沓中還，至陰平，合集士眾，欲赴關城。未到，聞其已破，退趣白水，與蜀將張翼、廖化等合守劍閣拒會。會移檄蜀將吏士民曰：

「往者漢祚衰微，率土分崩，生民之命，幾於泯滅。太祖武皇帝神武聖哲，撥亂反正，拯其將墜，造我區夏。高祖文皇帝應天順民，受命踐阼。烈祖明皇帝奕世重光，恢拓洪業。然江山之外，異政殊俗，率土齊民未蒙王化，此三祖所以顧懷遺恨也。今主上聖德欽明，紹隆前緒，宰輔忠肅明允，劬勞王室，布政垂惠而萬邦協和，施德百蠻而肅慎致貢。悼彼巴蜀，獨為匪民，憫此百姓，勞役未已。是以命授六師，龔行天罰，征西、雍州、鎮西諸軍，五道並進。古之行軍，以仁為本，以義治之。王者之師，有征無戰。故虞舜舞干戚而服有苗，周武有散財、發廩、表閭之義。今鎮西奉辭銜命，攝統戎重，庶弘文告之訓，以濟元元之命，非欲窮武極戰，以快一朝之政，故略陳安危之要，其敬聽話言。

「益州先主以命世英才，興兵朔野，困躓冀、徐之郊，制命紹、布之手，太祖拯而濟之，與隆大好。中更背違，棄同即異，諸葛孔明仍規秦川，姜伯約屢出隴右，勞動我邊境，侵擾我氐、羌，方國家多故，未遑修九伐之征也。今邊境乂清，方內無事，畜力待時，並兵一向，而巴蜀一州之眾，分張守備，難以御天下之師。段谷、侯和沮傷之氣，難以敵堂堂之陳。比年以來，曾無寧歲，征夫勤瘁，難以當子來之民。此皆諸賢所親見也。蜀相壯見禽於秦，公孫述授首於漢，九州之險，是非一姓。此皆諸賢所備聞也。明者見危於無形，智者規禍於未萌，是以微子去商，長為周賓，陳平背項，立功於漢。豈晏安鴆毒，懷祿而不變哉？今國朝隆天覆之恩，宰輔弘寬恕之德，先惠後誅，好生惡殺。往者吳將孫壹舉眾內附，位為上司，寵秩殊異。文欽、唐咨為國大害，叛主仇賊，還為戎首。咨困逼禽獲，欽二子還降，皆將軍，封侯。咨與聞國事。壹等窮踧歸命，猶加盛寵，況巴蜀賢知見機而作者哉！誠能深鑑成敗，邈然高蹈，投跡微子之蹤，錯身陳平之軌，則福同古人，慶流來裔，百姓士民，安堵舊業，農不易畝，市不回肆，去累卵之危，就永安之福，豈不美與？若偷安旦夕，迷而不反，大兵一發，玉石皆碎，雖欲悔之，亦無及已。其詳擇利害，自求多福，各具宣布，咸使聞知。」

鄧艾追姜維到陰平，簡選精銳，欲從漢德陽入江由、左儋道詣綿竹，趣成都，與諸葛緒共行。緒以本受節度邀姜維，西行非本詔，遂進軍前向白水，與會合。會遣將軍田章等從劍閣西，徑出江由。未至百里，章先破蜀伏兵三校，艾使章先登。遂長驅而前。會與緒軍向劍閣，會欲專軍勢，密白緒畏懦不進，檻車征還。軍悉屬會，進攻劍閣，不克，引退，蜀軍保險拒守。艾遂至綿竹，大戰，斬諸葛瞻。維等聞瞻已破，率其眾東入於巴，會乃進軍至涪，遣胡烈、田續、龐會等追維。艾進軍向成都，劉禪詣艾降，遣使敕維等令降於會。維至廣漢郪縣，令兵悉放器仗，送節傳於胡烈，便從東道詣會降。會上言曰：「賊姜維、張翼、廖化、董厥等逃死遁走，欲趣成都。臣輒遣司馬夏侯咸、護軍胡烈等，徑從劍閣，出新都、大渡截其前，參軍爰、將軍句安等躡其後，參軍皇甫闓、將軍王買等從涪南出沖其腹。臣據涪縣為東西勢援。維等所統步騎四五萬人，擐甲厲兵，塞川填谷，數百里中首尾相繼，憑恃其眾，方軌而西。臣敕咸、闓等令分兵據勢，廣張羅網，南杜走吳之道，西塞成都之路，北絕越逸之徑，四面雲集，首尾並進，蹊路斷絕，走伏無地。臣又手書申喻，開示生路，群寇困逼，知命窮數盡，解甲投戈，面縛委質，印綬萬數，資器山積。昔舜舞干戚，有苗自服；牧野之師，商旅倒戈：有征無戰，帝王之盛業。全國為上，破國次之；全軍為上，破軍次之：用兵之令典。陛下聖德，侔蹤前代，翼輔忠明，齊軌公旦，仁育群生，義征不，殊俗向化，無思不服，師不逾時，兵不血刃，萬里同風，九州共貫。臣輒奉宣詔命，導揚恩化，復其社稷，安其閭伍，舍其賦調，弛其征役，訓之德禮以移其風，示之軌儀以易其俗，百姓欣欣，人懷逸豫，後來其蘇，義無以過。」會於是禁檢士眾不得鈔略，虛己誘納，以接蜀之群司，與維情好歡甚。十二月詔曰：「會所向摧弊，前無強敵，緘制眾城，網羅迸逸。蜀之豪帥，面縛歸命，謀無遺策，舉無廢功。凡所降誅，動以萬計，全勝獨克，有征無戰。拓平西夏，方隅清晏。其以會為司徒，進封縣侯。增邑萬戶。封子二人亭侯，邑各千戶。」

會內有異志，因鄧艾承制專事，密白艾有反狀，於是詔書檻車征艾。司馬文王懼艾或不從命，敕會並進軍成都，監軍衛瓘在會前行，以文王手筆令宣喻艾軍，艾軍皆釋仗，遂收艾入檻車。會所憚惟艾，艾既禽而會尋至，獨統大眾，威震西土。自謂功名蓋世，不可復為人下，加猛將銳卒皆在己手，遂謀反。欲使姜維等皆將蜀兵出斜谷，會自將大眾隨其後。既至長安，令騎士從陸道，步兵從水道順流浮渭入河，以為五日可到孟津，與騎會洛陽，一旦天下可定也。會得文王書雲：「恐鄧艾或不就征，今遣中護軍賈充將步騎萬人徑入斜谷，屯樂城，吾自將十萬屯長安，相見在近。」會得書，驚呼所親語之曰：「但取鄧艾，相國知我能獨辦之。今來大重，必覺我異矣。便當速發。事成，可得天下；不成，退保蜀漢，不失作劉備也。我自淮南以來，畫無遺策，四海所共知也。我欲持此安歸乎！」會以五年正月十五日至，其明日，悉請護軍、郡守、牙門騎督以上及蜀之故官，為太后發喪於蜀朝堂。矯太后遺詔，使會起兵廢文王，皆班示坐上人，使下議訖，書版署置，更使所親信代領諸軍。所請群官，悉閉著益州諸曹屋中，城門宮門皆閉，嚴兵圍守。會帳下督丘建本屬胡烈，烈薦之文王，會請以自隨，任愛之。建愍烈獨坐，啟會，使聽內一親兵出取飲食，諸牙門隨例各內一人。烈紿語親兵及疏與其子曰：「丘建密說消息，會已作大坑，白棒數千，欲悉呼外兵入，人賜白帢，拜為散將，以次棒殺坑中。」諸牙門親兵亦咸說此語，一夜傳相告，皆遍。或渭會：「可盡殺牙門騎督以上。」會猶豫未決。十八日日中，烈軍兵與烈兒雷鼓出門，諸軍兵不期皆鼓譟出，曾無督促之者，而爭先赴城。時方給與姜維鎧杖，白外有匈匈聲，似失火，有頃，白兵走向城。會驚。謂維曰：「兵來似欲作惡，當雲何？」維曰：「但當擊之耳。」會遣兵悉殺所閉諸牙門、郡守，內人共舉機以柱門，兵斫門，不能破。斯須，門外倚梯登城，或燒城屋，蟻附亂進，矢下如雨，牙門、郡守各緣屋出，與其卒兵相得。姜維率會左右戰，手殺五六人，眾既格斬維，爭赴殺會。會時年四十，將士死者數百人。

初，艾為太尉，會為司徒，皆持節、都督諸軍如故，咸未受命而斃。會兄毓，以四年冬薨，會竟未知問。會兄子邕，隨會與俱死。會所養兄子毅及峻、辿等下獄，當伏誅。司馬文王表天子下詔，曰：「峻等祖父繇，三祖之世，極位台司，佐命立勳，饗食廟庭。父毓，歷職內外，幹事有績。昔楚思子文之治，不滅斗氏之祀。晉彔成宣之忠，用存趙氏之後。以會、邕之罪，而絕繇、毓之類，吾有憫然！峻、辿兄弟特原，有官爵者如故。惟毅及邕息伏法。」或曰，毓曾密啟司馬文王，言會挾術難保，不可專任，故宥峻等雲。

初，文王欲遣會伐蜀，西曹屬邵悌求見曰：「今遣鍾會率十餘萬眾伐蜀，愚謂會單身無重任，不若使餘人行。」文王笑曰：「我寧當復不知此耶？蜀為天下作患，使民不得安息，我今伐之如指掌耳，而眾人皆言蜀不可伐。夫人心豫怯則智勇並竭，智勇並竭而強使之，適為敵禽耳。惟鍾會與人意同，今遣會伐蜀，必可滅蜀。滅蜀之後，就如卿所慮，當何所能一辦耶？凡敗軍之將不可以語勇，亡國之大夫不可與圖存，心膽已破故也。若蜀以破，遺民震恐，不足與圖事。中國將士各自思歸，不肯與同也。若作惡，只自滅族耳。卿不須憂此，慎莫使人聞也。」及會白鄧艾不軌，文王將西，悌復曰：「鍾會所統，五六倍於鄧艾，但可敕會取艾，不足自行。」文王曰：「卿忘前時所言邪，而更雲可不須行乎？雖爾，此言不可宣也。我要自當以信義待人，但人不當負我，我豈可先人生心哉！近日賈護軍問我，言：『頗疑鍾會不？』我答言：『如今遣卿行，寧可復疑卿邪？』賈亦無以易我語也。我到長安，則自了矣。」軍至長安，會果已死，咸如所策。

蜀書

先主傳・劉備

先主姓劉，名備，字玄德，涿郡涿縣人，是漢景帝之子中山靖王劉勝的後裔。劉勝的兒子劉貞，元狩六年（前一一七七）被封為涿縣陸城亭侯，因宗廟祭祀時所獻祭金違反禮制而被削去爵位，因此在涿縣安家。劉備的祖父劉雄、父親劉弘，都曾在州郡做官。劉雄被舉薦孝廉，官至東郡范縣縣令。

劉備早年喪父，與母親靠販草鞋、織蘆席維持生計。他家庭院東南角的籬笆牆邊上長有一棵桑樹，高達五丈有餘，遠遠望去，枝繁葉茂形似車蓋，往來的行人都覺得此樹長得非同尋常，有人預言這戶人家一定會出貴人。劉備小時候與族中的孩子在樹下玩耍，曾說：「我長大了一定會乘坐這種羽葆蓋車。」叔父劉子敬聽到後嚇得訓斥道：「你不要胡說八道，這要招致滅門之災的！」劉備十五歲時，母親讓他外出遊學，他與同族的劉德然、遼西人公孫瓚一道侍奉前九江太守同郡人盧植。劉德然的父親劉元起經常資助劉備，將他與劉德然同等看待。元起的妻子說：「各人都有自己的家，怎麼能經常這樣資助他呢？」劉元起說：「我族中有這樣的孩子，不是等閒之人！」公孫瓚與劉備交情很好，因為他年長，劉備以兄長之禮對待他。劉備不太喜歡讀書，倒喜歡走狗跑馬，聽音樂，穿戴漂亮的服飾。他身高七尺五寸，雙手垂下超過膝蓋，眼睛朝後能看到自己的耳朵。他平時話語不多，對下人和善，不輕易表現出喜怒的情緒。喜歡結交豪俠之士，年輕人都爭著跟隨他。中山的富商張世平、蘇雙等積蓄千金家財，在涿郡一帶往返販馬。他們見到劉備，認為他是個傑出的人，於是送給他許多錢財。劉備就用這筆錢組織起了一支人馬。

漢靈帝末年，黃巾起義爆發，各州郡紛紛組織義兵對付黃巾軍。劉備帶領自己的人馬跟隨校尉鄒靖征討黃巾軍有功，被任命為安喜縣縣尉。督郵巡視來到安喜，劉備上門求見，被擋在門外。劉備徑直闖入，將督郵捆起，打了二百杖，當即解下印綬套住他脖子，綁在拴馬樁上，然後棄官而逃。不久，大將軍何進派都尉毋丘毅前往丹楊招兵，劉備與他同行，到下邳時遇上起義軍，劉備奮戰立功，被任命為下密縣縣丞。不久，他又放棄了這一官職。此後劉備被任命為高唐縣縣尉，並升任縣令。高唐被黃巾軍攻破後，他投奔中郎將公孫瓚，公孫瓚上書朝廷舉薦他為別部司馬，派他與青州刺史田楷一同抵禦冀州牧袁紹。劉備多次立有戰功，故朝廷讓他代理平原縣縣令，後來又兼任平原相。當地人劉平一向瞧不起劉備，以受其管轄為恥辱，竟派刺客行刺劉備。但刺客不忍心下手，向劉備說明了情況後自己離去了。他就是這樣深得人心！

袁紹攻打公孫瓚，劉備與田楷向東駐紮在齊地。曹操征討徐州，徐州牧陶謙派使者向田楷告急，田楷與劉備一同率兵救援。當時劉備自己有一千多人馬，加上幽州烏丸各少數民族的騎兵，以及從飢民中抓來的數千人。抵達徐州後，陶謙將四千丹楊兵給了劉備。劉備因此離開田楷，歸附陶謙。陶謙上表舉薦劉備為豫州刺史，駐紮在小沛。陶謙患重病，對別駕糜竺說：「除了劉備，沒有人能安定徐州。」陶謙死後，糜竺隨即率州中之人迎請劉備。劉備謙讓不肯接受，下邳人陳登對他說：「當今漢朝漸趨衰敗，天下大亂，建功立業，就在當下。徐州殷實富庶，有人口百萬，希望您能屈尊掌管州中事務。」劉備說：「袁術近在壽春，他家四代五公卿，天下人心歸附，您可以把州事托付他。」陳登說：「袁術驕橫自負，不是治理亂世之人。現在我們想為您募集十萬人馬，這樣進可匡扶朝廷、拯救百姓，成就春秋五霸那樣的事業；退可割地稱雄，功垂青史。如果您不答應我的請求，那我陳登也不敢聽從您了。」北海國相孔融也對劉備說：「袁術難道是憂國忘家的人嗎？他不過是墳墓中的枯骨，不足掛齒。當今的局勢，百姓擁戴賢能者，對天賜良機推辭不接受，將來後悔可就來不及了。」劉備於是接受了。袁術前來攻打，劉備在盱眙、淮陰一帶組織抵抗。曹操上表舉薦劉備為鎮東將軍，封宜城亭侯，這年是漢獻帝建安元年（一九六）。劉備與袁術對抗了一個多月，呂布乘虛襲擊下邳。下邳守將曹豹反叛，暗中獻城投靠呂布。呂布抓獲了劉備的妻子兒女，劉備率軍轉往海西。楊奉、韓暹侵擾徐州、揚州一帶，劉備率軍攔擊，將其所部全都消滅了。劉備請求與呂布和解，呂布放還了他的家眷。劉備派關羽鎮守下邳。

劉備回到小沛，又招集了一萬多人馬。呂布非常惱火，親自率兵前來攻打，劉備兵敗投奔曹操。曹操厚待劉備，任命他為豫州牧。劉備準備回小沛收集失散的士卒，曹操資助其軍糧，並增補兵馬，派他東進攻打呂布。呂布派高順迎戰，曹操派夏侯惇前往救援。但沒能救得劉備，為高順所擊敗。高順又俘獲了劉備的妻子兒女，送交呂布。曹操親自率軍東征，幫助劉備將呂布包圍在下邳，並活捉了呂布。劉備重新得到妻子兒女，隨曹操返回許都。曹操上表舉薦劉備為左將軍，對其禮節更加隆重，外出同乘一車，就座同在一席。袁術打算取道徐州北上投奔袁紹，曹操派劉備督率朱靈、路招攔截袁術。袁術的人馬還沒到達，他本人就病死了。

劉備出兵之前，漢獻帝的岳父、車騎將軍董承收到了獻帝寫在衣帶上的密詔，要求誅殺曹操。劉備尚未動手。當時，曹操曾在閒聊時對劉備說：「當今天下英雄，只有你我二人。袁紹之流，根本不值一提。」劉備正在進食，聞言大驚，手中的筷子失落於地。於是他與董承及長水校尉种輯、將軍吳子蘭、王子服等人密謀。正巧這時劉備被派遣出征，未能及時動手。後來事情敗露，董承等人均被殺。

劉備占據了下邳。朱靈等人回師，劉備便殺了徐州刺史車冑，留關羽鎮守下邳，自己回到小沛。東海郡的昌霸反叛朝廷，郡縣大多叛離曹操而歸順劉備，隊伍增加到數萬人。劉備派孫乾去與袁紹結盟，曹操派劉岱、王忠前來攻打，沒能成功。建安五年（二〇〇），曹操親自東征劉備，劉備被打敗。曹操全部收編了劉備的人馬，俘獲了他的妻子兒女，並生擒關羽，凱旋而歸。

劉備逃到了青州。青州刺史袁譚，曾被劉備舉薦為茂才，因此率領人馬迎接劉備。劉備隨袁譚來到平原縣，袁譚派人騎快馬向其父袁紹報告。袁紹派部將沿途迎接，自己親自出鄴城二百里，與劉備相會。劉備在袁紹處留駐一個多月，他被打散的將士陸續聚集起來。曹操與袁紹在官渡對峙，汝南郡黃巾軍首領劉辟等人反叛曹操，響應袁紹。袁紹派劉備率軍與劉辟等人進攻許都。關羽逃離曹操回歸劉備。曹操派曹仁率軍攻打劉備，劉備歸還了袁紹的人馬，暗中打算脫離袁紹，於是勸袁紹與南面的荊州牧劉表結盟。袁紹派劉備率領本部兵馬再去汝南，與原黃巾軍龔都部會合，達數千人之眾。曹操派蔡陽前來攻打，被劉備殺了。

曹操打敗袁紹後，率軍南下攻打劉備。劉備派糜竺、孫乾與劉表聯絡，劉表親自出城來迎接，以上賓之禮接待劉備，並給他補充兵員，讓他駐紮在新野。荊州有才能的人紛紛投奔劉備，劉表猜疑劉備的用意，對他暗加防備。劉表派劉備開赴博望抵禦曹操派來的夏侯惇、于禁等人。兩軍相持一陣後，劉備設下伏兵，在一天早晨燒毀自己的營寨假裝逃跑，夏侯惇等率軍追擊，結果被伏兵打敗。

建安十二年（二〇七），曹操北征烏丸，劉備勸劉表乘虛襲擊許都，劉表沒有聽從。曹操南征劉表，正逢劉表病逝。劉表之子劉琮繼承其位，派使者向曹操求降。劉備的人馬駐紮在樊城，沒想到曹操軍隊突然南下，直到曹軍到了宛城時才得知消息，於是率領人馬撤離樊城。路過襄陽時，諸葛亮勸劉備攻打劉琮以奪得荊州。劉備說：「我不忍心這樣做啊！」於是停下馬招呼劉琮，劉琮怕得不敢起身。劉琮的下屬及不少荊州人投奔劉備。到當陽縣時，追隨的人數已達十多萬，軍需物資裝了幾千車，每天只能走十幾里，於是劉備另派關羽率幾百艘船走水路，約定在江陵會合。有人勸劉備：「應加速前進保住江陵，現在雖說人很多，但真正能身披鎧甲作戰的人很少，如果曹操的大軍趕上來，拿什麼抵擋呢？」劉備說：「成就大業者必須以人為根本，現在人們主動追隨我，我怎麼忍心拋下他們！」

曹操因為江陵儲存有大批軍用物資，唯恐被劉備占據，便放棄糧草輜重，輕裝急速趕到襄陽。得知劉備已經通過，曹操親自率領五千精銳騎兵急速追擊，一晝夜行進三百餘里，在當陽的長阪追上劉備。劉備丟下妻子兒女，與諸葛亮、張飛、趙雲等數十人騎馬逃脫，曹操奪得了他的大批人馬輜重。劉備抄近路趕到漢津，恰好與關羽的船隊相遇，因此得以渡過沔水，路上又遇到劉表長子江夏太守劉琦率領的一萬多人馬，大家一起來到夏口。劉備派諸葛亮去與孫權商談結盟，孫權派周瑜、程普等率領數萬水軍，與劉備會合，在赤壁與曹操決戰，大敗曹軍，燒毀其戰船。劉備與東吳軍隊水陸並進，一直追擊到南郡。當時正流行瘟疫，曹軍死亡很多，曹操只得撤軍。

劉備上表舉薦封劉琦為荊州刺史，又率軍征討南方四郡。武陵太守金旋、長沙太守韓玄、桂陽太守趙範、零陵太守劉度都投降了。廬江的雷緒率領數萬人馬虔誠地歸降。劉琦病死後，其下屬推舉劉備為荊州牧，治所設在公安。孫權對劉備勢力擴張感到畏懼，於是將妹妹嫁給劉備以鞏固雙方關係。劉備前往京口拜見孫權，二人相處非常親密融洽。孫權派人告知劉備，想雙方聯手攻取蜀地。有人建議不妨先答應孫權，東吳畢竟不能跨越荊州占據蜀郡，這樣蜀郡自然為己所有。荊州主簿殷觀獻計：「如果替東吳打先鋒，向前未必能攻下蜀郡，敗退必然被東吳乘虛而入，那就完了。眼下只能口頭贊同伐蜀，但告訴對方，我們剛剛占取南方四郡，不便再大舉用兵。東吳必定不敢貿然跨越我們的地盤獨自去攻打蜀地。這種可進可退之計，能使我們坐收吳、蜀兩方的好處。」劉備採納殷觀的意見，孫權果然放棄了進取蜀郡的計劃。劉備提拔殷觀為別駕從事。

建安十六年（二一一），益州牧劉璋聽說曹操將派鍾繇等率軍前往漢中討伐張魯，心中十分恐懼。別駕從事蜀郡人張松勸劉璋說：「曹操兵強馬壯天下無敵，如果他打下張魯的地盤並利用其資源來攻打蜀地，誰能抵禦呢？」劉璋說：「我正為此擔憂，沒有對策。」張松說：「劉豫州與您同為宗室，又是曹操的仇敵。他善於用兵，如果請他來攻打張魯，張魯必敗。張魯敗了，益州的實力就增強了，即使曹操來了，也無能為力了。」劉璋認為很對，於是派法正領四千人馬迎請劉備，前後送上的禮物以億計數。法正借機向劉備講述了奪取益州的辦法。劉備留下諸葛亮、關羽等鎮守荊州，自己率領步兵數萬人進入益州。到達涪縣時，劉璋親自出城迎接，兩人相見十分高興。張松讓法正稟告劉備，謀士龐統也進言獻策，可以在相會時襲殺劉璋。劉備說：「這是大事，不可操之過急。」劉璋推舉劉備代理大司馬，兼任司隸校尉；劉備也推舉劉璋代理鎮西大將軍，兼任益州牧。劉璋為劉備補充兵員，讓他攻打張魯，並讓他督領白水關的軍隊。劉備合並各路人馬共計三萬多人，車輛武器裝備糧草都很充裕。這一年，劉璋返回成都。劉備北上葭萌，但沒有馬上攻伐張魯，而是廣施恩德，籠絡人心。

第二年，曹操征討孫權，孫權叫劉備前往救援。劉備派人告知劉璋：「曹操出兵東吳，東吳十分危急。孫氏與我原本唇齒相依，而且樂進在青泥與關羽相持，眼下若不前去救援關羽，樂進定獲全勝，回頭就會侵犯益州，其憂患可比張魯大多了。張魯不過是個割據一方的草寇，不必擔憂。」於是請求劉璋撥給一萬人馬和糧草物資，準備東歸。劉璋只答應給四千人馬，其他要求的物資也減半。張松寫信給劉備和法正說：「現在大事眼看要成功，怎麼可以棄之而去呢？」張松的哥哥廣漢太守張肅，害怕連累了自己，向劉璋告發了張松的密謀。於是劉璋逮捕張松並將其殺害，從此劉璋與劉備結下仇怨。劉璋命令守關將領，不再給劉備通關文書。劉備大怒，召來劉璋的白水關督軍楊懷，斥責其無禮，將他斬首。又令黃忠、卓膺領兵攻打劉璋。劉備率軍直奔白水關中，扣押益州將士的妻子兒女為人質，然後領兵與黃忠、卓膺等一同向涪縣進發，占據其城池。劉璋派劉、冷苞、張任、鄧賢等在涪縣抵禦劉備，全被打敗了，只得退守綿竹。劉璋又派李嚴統率綿竹各軍，李嚴卻率眾投降了劉備。劉備兵力更為強大，分派各將平定下屬各縣，諸葛亮、張飛、趙雲等領兵溯江而上，平定白帝、江州、江陽，只留關羽鎮守荊州。劉備進軍圍攻洛縣，當時劉璋之子劉循守城，被圍攻將近一年。

建安十九年（二一四）夏，洛城被攻破，劉備進軍圍攻成都數十日，劉璋出城投降。蜀地物產豐富，百姓富庶，劉備大擺筵席犒賞將士，拿出城中的金銀分賜給將士，而將穀物、布帛發還原主。劉備兼任益州牧，以諸葛亮為首輔，法正為謀士，關羽、張飛、馬超為大將，許靖、麋竺、簡雍為幕僚，其他如董和、黃權、李嚴等原是劉璋授用的官員，吳壹、費觀等又是劉璋的姻親，彭羕又為劉璋所排擠，劉巴為過去遭忌恨之人，都安排在顯要的職位上，使他們充分發揮才能。於是有志之士，無不競相勉勵。

建安二十年（二一五），孫權因劉備已經取得益州，派使者前來接洽要求收回荊州。劉備說：「等我得到涼州後，定將荊州奉上。」孫權非常氣憤，便派呂蒙奪得長沙、零陵、桂陽三郡。劉備率領五萬大軍順流而下抵達公安，命令關羽進駐益陽。這一年，曹操平定漢中，張魯逃往巴西。劉備聞訊，與孫權和解結盟，將荊州平分，江夏、長沙、桂陽歸東吳，南郡、零陵、武陵歸西蜀，然後領兵返回江州。劉備派黃權率軍迎戰張魯，但張魯已投降曹操。曹操派夏侯淵、張郃駐紮在漢中，曹軍屢次侵犯騷擾巴西邊界。劉備命令張飛領兵進軍宕渠，與張郃等在瓦口激戰，擊敗了張郃等。張郃收兵退還南鄭。劉備也回到成都。

建安二十三年（二一八），劉備率領眾將進軍漢中。另派將軍吳蘭、雷銅等進入武都，但他們都被曹軍殲滅。劉備駐紮在陽平關，與夏侯淵、張郃等相持對抗。

建安二十四年（二一九）春，劉備自陽平關南下渡過沔水，沿山逐漸推進，在定軍山、興勢山安營紮寨。夏侯淵率軍前來爭奪要地。劉備令黃忠居高臨下擊鼓吶喊發起沖擊，將夏侯淵軍打得大敗，殺了夏侯淵以及曹操委任的益州刺史趙顒等人。曹操從長安親自率領大軍南征。劉備預測道：「曹操雖然親自前來，也無力回天，我們必定能占領漢中。」等曹操大軍到達，劉備收縮戰線據守險要之地，始終不與曹軍正面交鋒。曹軍數月不能攻克，開小差逃跑的軍卒日益增多。到了夏天，曹操果然撤軍，劉備於是占有漢中。劉備派劉封、孟達、李平等前往上庸攻打申耽。

這年秋天，群臣擁立劉備為漢中王，上表獻帝說：「平西將軍都亭侯臣馬超、左將軍長史兼鎮軍將軍臣許靖、營司馬臣龐羲、議曹從事中郎軍議中郎將臣射援、軍師將軍臣諸葛亮、蕩寇將軍漢壽亭侯臣關羽、征虜將軍新亭侯臣張飛、征西將軍臣黃忠、鎮遠將軍臣賴恭、揚武將軍臣法正、興業將軍臣李嚴等一百二十人上奏：古代唐堯聖明至極而朝中有四凶，周成王仁愛賢明而境內四個屬國作亂，高祖的皇后呂雉臨朝聽政而諸呂竊取權柄，漢昭帝年幼登基而上官桀陰謀反叛。這些人都是憑借世代恩寵而篡奪國家權力，窮凶極惡，危害江山社稷。除了舜、周公旦、朱虛侯劉章、博陸侯霍光這樣的人，就不能將這些元凶驅逐或剿滅，使國家轉危為安。如今陛下以偉人之身和聖明的德行治理天下，卻遭遇噩運多災多難。前有董卓發難，京畿遭受塗炭；繼而曹操為害，竊取朝廷權柄。他殘忍地殺害皇后、太子，禍亂天下，殘害百姓，毀壞財物，使得陛下長時間顛沛流離，飽受憂患，困居於荒蕪之地。宗廟無人祭祀，臣民不得皇恩，曹賊截斷陛下的詔命，覬覦帝位，妄圖篡權。左將軍兼司隸校尉，豫、荊、益三州牧，宜城亭侯劉備，享受朝廷爵位俸祿，時刻想著效忠漢室，為國獻身。劉備窺破曹賊謀逆的先兆，憤然而起，與車騎將軍董承共謀誅殺曹操，安定國家，恢復原有京城。不料董承謀事不夠慎密，讓曹操苟延殘喘繼續作惡天下。臣等常常擔心朝廷發生災禍，大如趙高指使閻樂殺害秦二世，小如王莽廢孺子嬰為安定公，日夜擔憂不安，戰戰兢兢，不敢喘氣。過去的《虞書》這樣記載，按親疏次序厚待自己親族，周朝借鑑夏、商二代的經驗，分封建立同姓諸侯國，《詩經》闡揚其中義理，周朝延續久遠。漢朝建立之初，國土實行分封，王室子弟受到尊重建立諸侯國，因此能挫敗諸呂的叛亂，使高祖建立的基業得以穩固。臣等認為，劉備是皇族後裔，捍衛朝廷的重臣，一心為國，志在平定叛亂。自從曹操在漢中遭受挫敗後，天下英雄豪傑紛紛聚集在劉備身邊。但是他爵位名號不顯赫，未被天子賜予九錫，這不是捍衛國家、光耀萬世的做法。臣等奉詔在外，朝廷按禮法提拔官員的詔令被阻隔。從前河西太守梁統等人，在漢室中興之時，因山水隔阻，幾位郡守的地位和權勢相當，彼此不能統率，便共推竇融為元帥，終於建立功業，平息了隗囂的叛亂。現在國家面臨的危難，比隗囂割據隴、公孫述割據蜀更嚴峻。曹操在外並吞天下，在朝中殘害群臣，朝廷內有大災難，而抵禦曹賊的戰線卻沒能建立起來，實在令人寒心。臣等擅自根據傳統典章，加封劉備為漢中王，任命為大司馬，督統六軍，號召建立同盟，掃滅叛賊，以漢中、巴、蜀、廣漢、犍為等郡疆域建立封國，按照漢初諸侯王的先例設官置府。這種因時變通之舉，如果是有利於國家，專權行事是可以的。等待將來功業告成，臣等將辭職領受假托詔命之罪，雖死而無怨。」於是在沔陽設立壇場，將士列隊，官員陪位，奏章宣讀完畢，將王冠戴在劉備頭上。

劉備上表漢獻帝說：「臣以占位充數之才，承擔上將的重任，督領三軍，奉旨於外，卻未能滅寇除害，匡扶王室，長期讓陛下神聖的教化衰微，天下不得太平，對此臣憂心如焚，輾轉難眠，痛心疾首。以前董卓開始作亂，從那以後，亂臣賊子橫行，殘害天下。仰仗著陛下的聖德神威，人神響應，或忠勇志士奮起討賊，或上天降罪懲罰頑凶，群丑被掃蕩一空，如同冰雪融化。唯獨曹操，長久未被除掉。他篡奪朝政大權，肆意擾亂天下。臣當初曾與車騎將軍董承策劃鏟除曹操，因機密洩露，董承被害，臣顛沛流離，無處立足，難以盡忠義之心，反倒讓曹操窮凶極惡，皇後被殺害，皇子遭毒死。臣雖召集結盟，一心奮發努力，卻因秉性懦弱武力不足，多年不能成功。臣常常擔心自己早逝，辜負了國家的恩德，日夜嘆息不已，朝夕戒懼，如臨危境，不敢稍懈。現在屬僚認為從前《虞書》有記載，要厚待宗族，起用其中眾多賢明之士盡力輔佐治理國家，五帝對此有增刪，但其義理經久不衰。周朝借鑑夏、商的經驗，分封姬姓諸侯國，後來確實也得到晉、鄭兩同姓諸侯國輔佐之福。漢高祖創立漢朝，尊崇王室子弟，分封建立諸侯九國，最終憑借他們誅滅諸呂，安定了劉氏社稷。現在曹操厭惡直臣、仇視忠良，其追隨之徒眾多，包藏禍心，篡權竊國之狼子野心已暴露無遺。考慮到宗室衰微，皇族中無人掌握重權，斟酌古代的禮制，以權宜之計，推舉臣為大司馬漢中王。臣退而再三反省，受國家厚恩，擔當一方重任，出力而未得實效，所得到的已經太多了，不應再愧居高位而招致更多的非議。但眾僚屬以大義逼迫臣。臣退而考慮到賊寇不滅，國難不已，朝廷將傾，國家將亡，這些都成為臣憂慮自責但求以死報國的負擔。如果因時通變，以此安定朝廷，即使赴湯蹈火，臣在所不辭，又豈敢只為自己考慮不逾越常規從而無所作為，致使將來後悔。因此暫且順從眾議，拜受印璽，以提高朝廷聲威。臣抬頭想到爵位名號，位尊而寵厚，低頭思考報效朝廷，憂深而任重，驚恐惶惶，喘息不已，如臨萬丈深淵。臣將竭力效忠朝廷，努力激勵六軍將士，率領天下各路義軍，順應天時，剿滅逆賊，安定社稷，以報陛下恩德的萬分之一。謹拜上奏章，由驛使交還原授予的左將軍、宜城亭侯印綬。」於是劉備返回成都，以成都作為自己的治所。提拔魏延為都督，鎮守漢中。當時關羽正在圍攻曹操的大將曹仁，並在樊城生擒于禁。不久孫權襲殺關羽，奪取了荊州。

建安二十五年（二二〇），魏文帝曹丕稱帝，改年號為黃初。有傳言說漢獻帝已遇害，於是劉備向全國發出訃告，穿上喪服為其發喪，追封謚號孝愍皇帝。此後各地紛紛報告祥瑞現象，每天每月都有。原議郎陽泉侯劉豹、青衣侯向舉、偏將軍張裔、黃權、大司馬屬官殷純、益州別駕從事趙莋、治中從事楊洪、從事祭酒何宗、議曹從事杜瓊、勸學從事張爽、尹默、譙周等上奏道：「臣等聽說《河圖》《洛書》，五經讖、緯，經孔子闡釋驗應而流傳久遠。謹按《洛書甄曜度》說：『尚赤的第三位人主出現而德運昌盛，歷代名備的人出現，當為稱帝之時。』《洛書寶號命》說：『上天把握皇帝之道，應該由名備的人做皇帝。以正統得到皇位，一定成功不會失敗。』《洛書彔運期》說：『九侯七傑爭奪天下，百姓的屍骨當柴燒，道路上堆著遭踐踏的人頭。誰是真正的君主？名叫玄的馬上出現。』《孝經鉤命決彔》說：『帝王三人建九世遇到備。』臣下之父群在世時，說西南多次出現黃氣，筆直向上足有數丈高，出現了好幾年，經常有祥雲瑞氣，從北斗璇璣星下來與之相會，此為特別吉祥的預兆。還有，建安二十二年（二一七），多次有像旌旗一樣的雲氣，從西向東，在天上穿行，《河圖》《洛書》說：『在那個方位一定有天子誕生。』加上那一年太白、熒惑、填星，經常跟隨歲星移動。漢朝剛興起時，五星也曾追隨過歲星。歲星主義，漢在西面興起，正是義的方位，所以漢朝法典通常用歲星占卜君主。定當有聖明之君從該州興起，成就中興大業。當時許都的獻帝還健在，所以群臣不敢言語。近來熒惑又追隨歲星，出現在胃、昴、畢之間。昴、畢是天體的中樞，《星經》說：『帝星出現在這個方位，一切邪惡將被掃除乾淨。』陛下的大名在讖緯已預見，推算應驗的時間，與天降的符命相合，中興的時機來臨，這樣的徵兆不只是一件。臣聽說聖明的君王在天命之前行事，上天不會違背他；在天命之後遵循天意，能順應天命而出現，與神相合。願大王順應天意，依從民心，速登帝位，以安定天下。」

太傅許靖、安漢將軍糜竺、軍師將軍諸葛亮、太常賴恭、光祿勳黃柱、少府王謀等上奏說：「曹丕篡奪皇位殺死國君，毀滅了漢朝，竊取了皇權，脅迫忠良之士，殘忍無道，人神共憤，百姓都思念劉氏。現在沒有天子，全國百姓人心惶惶，沒有能跟隨的人。群臣先後有八百多人上書，都述說見到祥瑞的征象，緯圖、讖語也明確應驗。最近武陽赤水出現黃龍，徘徊九日才離去。《孝經援神契》說：『德行達到極高的境界，黃龍才出現。』龍是天子的象征。《易經》乾卦九五爻辭『飛龍在天』，大王應該像龍一樣騰飛，登上帝位。另外，先前關羽圍攻樊城、襄陽時，襄陽男子張嘉、王休進獻玉璽，玉璽掉入漢水，潛伏於深處，卻見光輝燦爛，靈光照徹天空。漢，是高祖當初起兵得天下而確立的國號，大王跟隨先帝的軌跡，也興起於漢中。如今天子玉璽的神光出現，玉璽出自襄陽，那是漢水的下游，表明大王是大漢的繼承者，授予大王天子之位，是祥瑞吉兆和天降符命所規定的，並非人為所致。當初周朝有赤烏、白魚的祥瑞，大家都說是美好的徵兆。高祖和世祖受天命，在《河圖》《洛書》中早已有記載，可以證明徵兆應驗。如今上天降下吉兆，博古通今的儒士，聰慧能幹的英才紛紛闡發《河圖》《洛書》之義，及孔子闡釋的圖讖真義，應驗的徵兆全都出現。大王是孝景皇帝之子中山靖王的後裔，嫡系庶出百代相傳，天地降福，姿容偉岸，神明英武，仁德遍及天下，愛惜人才結交賢士，因此贏得天下歸心。考察《靈圖》，闡發讖、緯，神明的記載，明確有您的名號。應當立即登上皇位，繼承高祖、世祖創下的偉業，延續傳宗廟位秩，那就是天下最好的事情。臣等謹與博士許慈、議郎孟光，擬定登基禮儀，選擇吉日良辰，為您奉上尊號。」於是劉備在成都武擔山之南即位登基。祭告天地的表文為：「建安二十六年（二二一）四月初六，皇帝劉備恭謹奉獻黑牛祭品，告示天地神靈：漢朝得到天下，世代相傳不絕。當初王莽篡位，光武皇帝震怒而起，將其誅滅，使社稷又得以安定。現在曹操倚仗武力暴虐凶殘，戮殺皇后太子，罪惡滔天，無視上天昭告。曹操之子曹丕，繼承其父凶殘悖逆，篡奪皇位。群臣將士認為國家毀滅了，劉備應當站出來重整江山，承嗣高祖、世祖大業，代表上天實施刑罰。劉備自知德行淺陋，擔心不能擔起重任。征詢國內百姓以及藩屬部落首領，他們都認為：『天命不可違，祖宗基業不可長期廢置，天下不能沒有君主。』天下祈盼，在劉備一人。劉備敬畏天命，又擔心漢朝皇統中斷無繼，因此謹慎選吉日，與百官登壇祭告，領受皇帝印璽，準備了祭祀天地之禮，將登基之事告示神靈，望神賜福於漢朝，使天下永遠安定！」

章武元年（二二一）夏四月，劉備大赦天下，更改年號。任命諸葛亮為丞相，許靖為司徒。設置百官，建立宗廟，合祭漢高祖及以下列祖列宗。五月，立吳氏為皇后，立兒子劉禪為皇太子。六月，封兒子劉永為魯王，劉理為梁王。車騎將軍張飛被身邊的部將殺害。當初，劉備對孫權襲擊並殺害關羽非常氣憤，準備東征，七月，他親自率領各路軍馬討伐東吳。孫權派使者送來書信請求和解，劉備怒不可遏，執意不答允。吳將陸議、李異、劉阿等駐紮巫縣、秭歸，蜀將吳班、馮習自巫縣擊敗李異等人，進軍秭歸，武陵郡五溪少數民族部落派使者前來請求出兵。

章武二年（二二二）正月，劉備率大軍返還秭歸，將軍吳班、陳式領水軍駐紮夷陵，沿長江兩岸安營紮寨。二月，劉備自秭歸率領眾將進軍，翻山越嶺，至夷道猇亭扎營，開通從佷山至武陵的道路，劉備派侍中馬良安撫五溪各部落，各部落都相繼響應劉備。鎮北將軍黃權率領長江以北各軍，在夷陵道與吳軍交戰。六月，離秭歸十餘里處黃氣彌漫，寬達幾十丈。十幾天後，陸議在猇亭大敗劉備的軍隊，將軍馮習、張南等人陣亡。劉備從猇亭退還秭歸，收攏戰鬥中打散的士卒，丟棄船艦，走陸路退至魚復，將魚復改名永安。吳國派將軍李異、劉阿等追擊劉備的部隊，駐紮在南山。八月，劉備後撤退至巫縣。司徒許靖去世。十月，下詔命丞相諸葛亮在成都營修南郊、北郊祭壇。孫權聽說劉備留駐白帝城，非常懼怕，派使者前來求和。劉備答應了，派太中大夫宗瑋前去復命。十二月，漢嘉郡太守黃元聽說劉備病重，擁兵抗命拒守。

章武三年（二二三）二月，丞相諸葛亮從成都來到永安。三月，黃元進兵攻打臨邛縣。劉備派將軍陳曶討伐黃元。黃元兵敗順長江而下逃跑，被他的親兵捉住，綁縛押送成都，被處斬。劉備病危，將太子劉禪托付給丞相諸葛亮，命尚書令李嚴為副手。四月二十四日，劉備病逝於永安宮，享年六十三歲。

【原文】

先主姓劉，諱備，字玄德，涿郡涿縣人，漢景帝子中山靖王勝之後也。勝子貞，元狩六年封涿縣陸城亭侯，坐酎金失侯，因家焉。先主祖雄，父弘，世仕州郡。雄舉孝廉，官至東郡范令。

先主少孤，與母販履織席為業。舍東南角籬上有桑樹生高五丈餘，遙望見童童如小車蓋，往來者皆怪此樹非凡，或謂當出貴人。先主少時，與宗中諸小兒於樹下戲，言：「吾必當乘此羽葆蓋車。」叔父子敬謂曰：「汝勿妄語，滅吾門也！」年十五，母使行學，與同宗劉德然、遼西公孫瓚俱事故九江太守同郡盧植。德然父元起常資給先主，與德然等。元起妻曰：「各自一家，何能常爾邪！」起曰：「吾宗中有此兒，非常人也。」而瓚深與先主相友。瓚年長，先主以兄事之。先主不甚樂讀書，喜狗馬、音樂、美衣服。身長七尺五寸，垂手下膝，顧自見其耳。少語言，善下人，喜怒不形於色。好交結豪俠，年少爭附之。中山大商張世平、蘇雙等貲累千金，販馬周旋於涿郡，見而異之，乃多與之金財。先主由是得用合徒眾。

靈帝末，黃巾起，州郡各舉義兵，先主率其屬從校尉鄒靖討黃巾賊有功，除安喜尉。督郵以公事到縣，先主求謁，不通，直入縛督郵，杖二百，解綬繫其頸著馬　，棄官亡命。頃之，大將軍何進遣都尉毋丘毅詣丹楊募兵，先主與俱行，至下邳遇賊，力戰有功，除為下密丞。復去官。後為高唐尉，遷為令。為賊所破，往奔中郎將公孫瓚，瓚表為別部司馬，使與青州刺史田楷以拒冀州牧袁紹。數有戰功，試守平原令，後領平原相。郡民劉平素輕先主，恥為之下，使客刺之。客不忍刺，語之而去。其得人心如此。

袁紹攻公孫瓚，先主與田楷東屯齊。曹公征徐州，徐州牧陶謙遣使告急於田楷，楷與先主俱救之。時先主自有兵千餘人及幽州烏丸雜胡騎，又略得飢民數千人。既到，謙以丹楊兵四千益先主，先主遂去楷歸謙。謙表先主為豫州刺史，屯小沛。謙病篤，謂別駕麋竺曰：「非劉備不能安此州也。」謙死，竺率州人迎先主，先主未敢當。下邳陳登謂先主曰：「今漢室陵遲，海內傾覆，立功立事，在於今日。彼州殷富，戶口百萬，欲屈使君撫臨州事。」先主曰：「袁公路近在壽春，此君四世五公，海內所歸，君可以州與之。」登曰：「公路驕豪，非治亂之主。今欲為使君合步騎十萬，上可以匡主濟民，成五霸之業，下可以割地守境，書功於竹帛。若使君不見聽許，登亦未敢聽使君也。」北海相孔融謂先主曰：「袁公路豈憂國忘家者邪？家中枯骨，何足介意。今日之事，百姓與能，天與不取，悔不可追。」先主遂領徐州。袁術來攻先主，先主拒之於盱眙、淮陰。曹公表先主為鎮東將軍，封宜城亭侯，是歲建安元年也。先主與術相持經月，呂布乘虛襲下邳。下邳守將曹豹反，間迎布。布虜先主妻子，先主轉軍海西。楊奉、韓暹寇徐、揚間，先主邀擊，盡斬之。先主求和於呂布，布還其妻子。先主遣關羽守下邳。

先主還小沛，復合兵得萬餘人。呂布惡之，自出兵攻先主，先主敗走歸曹公。曹公厚遇之，以為豫州牧。將至沛收散卒，給其軍糧，益與兵使東擊布。布遣高順攻之，曹公遣夏侯惇往，不能救，為順所敗，復虜先主妻子送布。曹公自出東征，助先主圍布於下邳，生禽布。先主復得妻子，從曹公還許。表先主為左將軍，禮之愈重，出則同輿，坐則同席。袁術欲經徐州北就袁紹，曹公遣先主督朱靈、路招要擊術。未至，術病死。

先主未出時，獻帝舅車騎將軍董承辭受帝衣帶中密詔，當誅曹公。先主未發。是時曹公從容謂先主曰：「今天下英雄，唯使君與操耳。本初之徒，不足數也。」先主方食，失匕箸。遂與承及長水校尉种輯、將軍吳子蘭、王子服等同謀。會見使，未發。事覺，承等皆伏誅。

先主據下邳。靈等還，先主乃殺徐州刺史車冑，留關羽守下邳，而身還小沛。東海昌霸反，郡縣多叛曹公為先主，眾數萬人，遣孫乾與袁紹連和，曹公遣劉岱、王忠擊之，不克。五年，曹公東征先主，先主敗績。曹公盡收其眾，虜先主妻子，並禽關羽以歸。

先主走青州。青州刺史袁譚，先主故茂才也，將步騎迎先主。先主隨譚到平原，譚馳使白紹。紹遣將道路奉迎，身去鄴二百里，與先主相見。駐月余日，所失亡士卒稍稍來集。曹公與袁紹相拒於官渡，汝南黃巾劉辟等叛曹公應紹。紹遣先主將兵與辟等略許下。關羽亡歸先主。曹公遣曹仁將兵擊先主，先主還紹軍，陰欲離紹，乃說紹南連荊州牧劉表。紹遣先主將本兵復至汝南，與賊龔都等合，眾數千人。曹公遣蔡陽擊之，為先主所殺。

曹公既破紹，自南擊先主。先主遣麋竺、孫乾與劉表相聞，表自郊迎，以上賓禮待之，益其兵，使屯新野。荊州豪傑歸先主者日益多，表疑其心，陰禦之。使拒夏侯惇、于禁等於博望。久之，先主設伏兵，一旦自燒屯偽遁，惇等追之，為伏兵所破。

十二年，曹公北征烏丸，先主說表襲許，表不能用。曹公南征表，會表卒，子琮代立，遣使請降。先主屯樊，不知曹公卒至，至宛乃聞之，遂將其眾去。過襄陽，諸葛亮說先主攻琮，荊州可有。先主曰：「吾不忍也。」乃駐馬呼琮，琮懼不能起。琮左右及荊州人多歸先主。比到當陽，眾十餘萬，輜重數千兩，日行十餘里，別遣關羽乘船數百艘，使會江陵。或謂先主曰：「宜速行保江陵，今雖擁大眾，被甲者少，若曹公兵至，何以拒之？」先主曰：「夫濟大事必以人為本，今人歸吾，吾何忍棄去！」

曹公以江陵有軍實，恐先主據之，乃釋輜重，輕軍到襄陽。聞先主已過，曹公將精騎五千急追之，一日一夜行三百餘里，及於當陽之長阪。先主棄妻子，與諸葛亮、張飛、趙雲等數十騎走，曹公大獲其人眾輜重。先主斜趨漢津，適與羽船會，得濟沔，遇表長子江夏太守琦眾萬餘人，與俱到夏口。先主遣諸葛亮自結於孫權，權遣周瑜、程普等水軍數萬，與先主並力，與曹公戰於赤壁，大破之，焚其舟船。先主與吳軍水陸並進，追到南郡，時又疾疫，北軍多死，曹公引歸。

先主表琦為荊州刺史，又南征四郡，武陵太守金旋、長沙太守韓玄、桂陽太守趙範、零陵太守劉度皆降。廬江雷緒率部曲數萬口稽顙。琦病死，群下推先主為荊州牧，治公安。權稍畏之，進妹固好。先主至京見權，綢繆恩紀。權遣使雲欲共取蜀，或以為宜報聽許，吳終不能越荊有蜀，蜀地可為己有。荊州主簿殷觀進曰：「若為吳先驅，進未能克蜀，退為吳所乘，即事去矣。今但可然贊其伐蜀，而自說新據諸郡，未可興動，吳必不敢越我而獨取蜀。如此進退之計，可以收吳、蜀之利。」先主從之，權果輟計。遷觀為別駕從事。

十六年，益州牧劉璋遙聞曹公將遣鍾繇等向漢中討張魯，內懷恐懼。別駕從事蜀郡張松說璋曰：「曹公兵強無敵於天下，若因張魯之資以取蜀土，誰能御之者乎？」璋曰：「吾固憂之而未有計。」松曰：「劉豫州，使君之宗室而曹公之深仇也，善用兵，若使之討魯，魯必破。魯破，則益州強，曹公雖來，無能為也。」璋然之，遣法正將四千人迎先主，前後賂遺以巨億計，正因陳益州可取之策。先主留諸葛亮、關羽等據荊州，將步卒數萬人入益州。至涪，璋自出迎，相見甚歡。張松令法正白先主，及謀臣龐統進說，便可於會所襲璋。先主曰：「此大事也，不可倉卒。」璋推先主行大司馬，領司隸校尉；先主亦推璋行鎮西大將軍，領益州牧。璋增先主兵，使擊張魯，又令督白水軍。先主並軍三萬餘人，車甲器械資貨甚盛。是歲，璋還成都。先主北到葭萌，未即討魯，厚樹恩德，以收眾心。

明年，曹公征孫權，權呼先主自救。先主遣使告璋，曰：「曹公征吳，吳憂危急。孫氏與孤本為唇齒，又樂進在青泥與關羽相拒，今不往救羽，進必大克，轉侵州界，其憂有甚於魯。魯自守之賊，不足慮也。」乃從璋求萬兵及資實，欲以東行。璋但許兵四千，其餘皆給半。張松書與先主及法正曰：「今大事垂可立，如何釋此去乎！」松兄廣漢太守肅，懼禍逮己，白璋發其謀。於是璋收斬松，嫌隙始構矣。璋敕關戍諸將文書勿復關通先主。先主大怒，召璋白水軍督楊懷，責以無禮，斬之。乃使黃忠、卓膺勒兵向璋。先主徑至關中，質諸將並士卒妻子，引兵與忠、膺等進到涪，據其城。璋遣劉、冷苞、張任、鄧賢等拒先主於涪，皆破敗，退保綿竹。璋復遣李嚴督綿竹諸軍，嚴率眾降先主。先主軍益強，分遣諸將平下屬縣。諸葛亮、張飛、趙雲等將兵溯流定白帝、江州、江陽，惟關羽留鎮荊州。先主進軍圍洛。時璋子循守城，被攻且一年。

十九年夏，洛城破，進圍成都數十日，璋出降。蜀中殷盛豐樂，先主置領酒大饗士卒，取蜀城中金銀分賜將士，還其穀帛。先主復領益州牧，諸葛亮為股肱，法正為謀主，關羽、張飛、馬超為爪牙，許靖、麋竺、簡雍為賓友。及董和、黃權、李嚴等本璋之所授用也，吳壹、費觀等又璋之婚親也，彭羕又璋之所排擯也，劉巴者宿昔之所忌恨也，皆處之顯任，盡其器能。有志之士，無不競勸。

二十年，孫權以先主已得益州，使使報欲得荊州。先主言：「須得涼州，當以荊州相與。」權忿之，乃遣呂蒙襲奪長沙、零陵、桂陽三郡。先主引兵五萬下公安，令關羽入益陽。是歲，曹公定漢中，張魯遁走巴西。先主聞之，與權連和，分荊州江夏、長沙、桂陽東屬；南郡、零陵、武陵西屬，引軍還江州。遣黃權將兵迎張魯，張魯已降曹公。曹公使夏侯淵、張郃屯漢中，數數犯暴巴界。先主令張飛進兵宕渠，與郃等戰於瓦口，破郃等，郃收兵還南鄭。先主亦還成都。

二十三年，先主率諸將進兵漢中。分遣將軍吳蘭、雷銅等入武都，皆為曹公軍所沒。先主次於陽平關，與淵、郃等相拒。

二十四年春，自陽平南渡沔水，緣山稍前，於定軍興勢作營。淵將兵來爭其地。先主命黃忠乘高鼓噪攻之，大破淵軍，斬淵及曹公所署益州刺史趙顒等。曹公自長安舉眾南征。先主遙策之曰：「曹公雖來，無能為也，我必有漢川矣。」及曹公至，先主斂眾拒險，終不交鋒，積月不拔，亡者日多。夏，曹公果引軍還，先主遂有漢中。遣劉封、孟達、李平等攻申耽於上庸。

秋，群下上先主為漢中王，表於漢帝曰：「平西將軍都亭侯臣馬超、左將軍長史領鎮軍將軍臣許靖、營司馬臣龐羲、議曹從事中郎軍議中郎將臣射援、軍師將軍臣諸葛亮、蕩寇將軍漢壽亭侯臣關羽、征虜將軍新亭侯臣張飛、征西將軍臣黃忠、鎮遠將軍臣賴恭、揚武將軍臣法正、興業將軍臣李嚴等一百二十人，上言曰：昔唐堯至聖而四凶在朝，周成仁賢而四國作難，高后稱制而諸呂竊命，孝昭幼衝而上官逆謀，皆馮世寵，藉履國權，窮凶極亂，社稷幾危。非大舜、周公、朱虛、博陸，則不能流放禽討，安危定傾。伏惟陛下誕姿聖德，統理萬邦，而遭厄運不造之艱。董卓首難，蕩覆京畿，曹操階禍，竊執天衡。皇后太子，鴆殺見害，剝亂天下，殘毀民物。久令陛下蒙塵憂厄，幽處虛邑。人神無主，遏絕王命，厭昧皇極，欲盜神器。左將軍領司隸校尉豫、荊、益三州牧宜城亭侯備，受朝爵秩，念在輸力，以殉國難。睹其機兆，赫然憤發，與車騎將軍董承同謀誅操，將安國家，克寧舊都。會承機事不密，令操游魂得遂長惡，殘泯海內。臣等每懼王室大有閻樂之禍，小有定安之變，夙夜惴惴，戰栗累息。昔在《虞書》，敦序九族，周監二代，封建同姓，《詩》著其義，歷載長久。漢興之初，割裂疆土，尊王子弟，是以卒折諸呂之難，而成太宗之基。臣等以備肺腑枝葉，宗子藩翰，心存國家，念在弭亂。自操破於漢中，海內英雄望風蟻附，而爵號不顯，九錫未加，非所以鎮衛社稷，光昭萬世也。奉辭在外，禮命斷絕。昔河西太守梁統等值漢中興，限於山河，位同權均，不能相率，咸推竇融以為元帥，卒立效績，摧破隗囂。今社稷之難，急於隴、蜀，操外吞天下，內殘群寮，朝廷有蕭牆之危，而禦侮未建，可為寒心。臣等輒依舊典，封備漢中王，拜大司馬，董齊六軍，糾合同盟，掃滅凶逆。以漢中、巴、蜀、廣漢、犍為為國，所署置依漢初諸侯王故典。夫權宜之制，苟利社稷，專之可也。然後功成事立，臣等退伏矯罪，雖死無恨。」遂於沔陽設壇場，陳兵列眾，群臣陪位，讀奏訖，御王冠於先主。

先主上言漢帝，曰：「臣以具臣之才，荷上將之任，董督三軍，奉辭於外，不得掃除寇難，靖匡王室，久使陛下聖教陵遲，六合之內，否而未泰，惟憂反側，疢如疾首。曩者董卓造為亂階，自是之後，群凶縱橫，殘剝海內。賴陛下聖德威靈，人神同應，或忠義奮討，或上天降罰，暴逆並殪，以漸冰消。惟獨曹操，久未梟除，侵擅國權，恣心極亂。臣昔與車騎將軍董承圖謀討操，機事不密，承見陷害，臣播越失據，忠義不果。遂得使操窮凶極逆，主後戮殺，皇子鴆害。雖糾合同盟，念在奮力，懦弱不武，歷年未效。常恐殞沒，孤負國恩，寤寐永嘆，夕惕若厲。今臣群寮以為在昔《虞書》敦敘九族，庶明勵翼，五帝損益，此道不廢。周監二代，並建諸姬，實賴晉、鄭夾輔之福。高祖龍興，尊王子弟，大啟九國，卒斬諸呂，以安大宗。今操惡直丑正，寔繁有徒，包藏禍心，篡盜已顯。既宗室微弱，帝族無位，斟酌古式，依假權宜，上臣大司馬漢中王。臣伏自三省，受國厚恩，荷任一方，陳力未效，所獲已過，不宜復忝高位以重罪謗。群寮見逼，迫臣以義。臣退惟寇賊不梟，國難未已，宗廟傾危，社稷將墜，成臣憂責碎首之負。若應權通變，以寧靖聖朝，雖赴水火，所不得辭，敢慮常宜，以防後悔。輒順眾議，拜受印璽，以崇國威。仰惟爵號，位高寵厚，俯思報效，憂深責重，驚怖累息，如臨於谷。盡力輸誠，獎厲六師，率齊群義，應天順時，撲討凶逆，以寧社稷，以報萬分。謹拜章因驛上還所假左將軍、宜城亭侯印綬。」於是還治成都。拔魏延為都督，鎮漢中。時關羽攻曹公將曹仁，禽于禁於樊。俄而孫權襲殺羽，取荊州。

二十五年，魏文帝稱尊號，改年曰黃初。或傳聞漢帝見害，先主乃發喪制服，追謚曰孝愍皇帝。是後在所並言眾瑞，日月相屬，故議郎陽泉侯劉豹、青衣侯向舉、偏將軍張裔、黃權、大司馬屬殷純、益州別駕從事趙莋、治中從事楊洪、從事祭酒何宗、議曹從事杜瓊、勸學從事張爽、尹默、譙周等上言：「臣聞《河圖》《洛書》，五經讖、緯，孔子所甄，驗應自遠。謹案《洛書甄曜度》曰：『赤三日德昌，九世會備，合為帝際。』《洛書寶號命》曰：『天度帝道備稱皇，以統握契，百成不敗。』《洛書彔運期》曰：『九侯七傑爭命民炊骸，道路籍籍履人頭，誰使主者玄且來。』《孝經鉤命決彔》曰：『帝三建九會備。』臣父群未亡時，言西南數有黃氣，直立數丈，見來積年，時時有景雲祥風，從璇璣下來應之，此為異瑞。又二十二年中，數有氣如旗，從西竟東，中天而行，《圖》《書》曰：『必有天子出其方。』加是年太白、熒惑、填星，常從歲星相追。近漢初興，五星從歲星謀；歲星主義，漢位在西，義之上方，故漢法常以歲星候人主。當有聖主起於此州，以致中興。時許帝尚存，故群下不敢漏言。頃者熒惑復追歲星，見在胃昴畢；昴畢為天綱，《經》曰：『帝星處之，眾邪消亡。』聖諱豫睹，推揆期驗，符合數至，若此非一。臣聞聖王先天而天不違，後天而奉天時，故應際而生，與神合契。願大王應天順民，速即洪業，以寧海內。」

太傅許靖、安漢將軍麋竺、軍師將軍諸葛亮、太常賴恭、光祿勳黃柱、少府王謀等上言：「曹丕篡弒，湮滅漢室，竊據神器，劫迫忠良，酷烈無道。人鬼忿毒，咸思劉氏。今上無天子，海內惶惶，靡所式仰。群下前後上書者八百餘人，咸稱述符瑞，圖、讖明征。間黃龍見武陽赤水，九日乃去。《孝經援神契》曰：『德至淵泉則黃龍見。』龍者，君之象也。《易》乾九五『飛龍在天』，大王當龍升，登帝位也。又前關羽圍樊、襄陽，襄陽男子張嘉、王休獻玉璽，璽潛漢水，伏於淵泉，暉景燭耀，靈光徹天。夫漢者，高祖本所起定天下之國號也，大王襲先帝軌跡，亦興於漢中也。今天子玉璽神光先見，璽出襄陽，漢水之末，明大王承其下流，授與大王以天子之位，瑞命符應，非人力所致。昔周有烏魚之瑞，咸曰休哉。二祖受命，《圖》《書》先著，以為征驗。今上天告祥，群儒英俊，並起《河》《洛》，孔子讖、記，咸悉具至。伏惟大王出自孝景皇帝中山靖王之胄，本支百世，乾祇降祚，聖姿碩茂，神武在躬，仁覆積德，愛人好士，是以四方歸心焉。考省《靈圖》，啟發讖、緯，神明之表，名諱昭著。宜即帝位，以纂二祖，紹嗣昭穆，天下幸甚。臣等謹與博士許慈、議郎孟光，建立禮儀，擇令辰，上尊號。」即皇帝位於成都武擔之南。為文曰：「惟建安二十六年四月丙午，皇帝備敢用玄牡，昭告皇天上帝後土神祇：漢有天下，歷數無疆。曩者王莽篡盜，光武皇帝震怒致誅，社稷復存。今曹操阻兵安忍，戮殺主后，滔天泯夏，罔顧天顯。操子丕，載其凶逆，竊居神器。群臣將士以為社稷墮廢，備宜修之，嗣武二祖，龔行天罰。備惟否德，懼忝帝位。詢於庶民，外及蠻夷君長，僉曰：『天命不可以不答，祖業不可以久替，四海不可以無主。』率土式望，在備一人。備畏天明命，又懼漢阼將湮於地，謹擇元日，與百寮登壇，受皇帝璽綬。修燔瘞，告類於天神，惟神饗祚於漢家，永綏四海！」

章武元年夏四月，大赦，改年。以諸葛亮為丞相，許靖為司徒。置百官，立宗廟，袷祭高皇帝以下。五月，立皇后吳氏，子禪為皇太子。六月，以子永為魯王，理為梁王。車騎將軍張飛為其左右所害。初，先主忿孫權之襲關羽，將東征，秋七月，遂帥諸軍伐吳。孫權遣書請和，先主盛怒不許，吳將陸議、李異、劉阿等屯巫、秭歸；將軍吳班、馮習自巫攻破異等，軍次秭歸，武陵五溪蠻夷遣使請兵。

二年春正月，先主軍還秭歸，將軍吳班、陳式水軍屯夷陵，夾江東西岸。二月，先主自秭歸率諸將進軍，緣山截嶺，於夷道猇亭駐營，自佷山通武陵，遣侍中馬良安慰五溪蠻夷，咸相率響應。鎮北將軍黃權督江北諸軍，與吳軍相拒於夷陵道。夏六月，黃氣見自秭歸十餘里中，廣數十丈。後十餘日，陸議大破先主軍於猇亭，將軍馮習、張南等皆沒。先主自猇亭還秭歸，收合離散兵，遂棄船舫，由步道還魚復，改魚復縣曰永安。吳遣將軍李異、劉阿等踵躡先主軍，屯駐南山。秋八月，收兵還巫。司徒許靖卒。冬十月，詔丞相亮營南北郊於成都。孫權聞先主住白帝，甚懼，遣使請和。先主許之，遣太中大夫宗瑋報命。冬十二月，漢嘉太守黃元聞先主疾不豫，舉兵拒守。

三年春二月，丞相亮自成都到永安。三月，黃元進兵攻臨邛縣。遣將軍陳曶討元，元軍敗，順流下江，為其親兵所縛，生致成都，斬之。先主病篤，托孤於丞相亮，尚書令李嚴為副。夏四月癸巳，先主殂於永安宮，時年六十三。

蜀書

諸葛亮傳

諸葛亮字孔明，琅邪郡陽都人。他是漢朝司隸校尉諸葛豐的後裔。諸葛亮的父親諸葛珪，字君貢，漢朝末年為太山郡郡丞。諸葛亮早年喪父，叔父諸葛玄受袁術委任為豫章郡太守，諸葛玄帶著諸葛亮及諸葛亮的弟弟諸葛均前去赴任。恰逢東漢朝廷另派朱皓替代諸葛玄。諸葛玄向來與荊州牧劉表很有交情，因此前去投奔劉表。諸葛玄去世後，諸葛亮就以耕田種地為業，喜歡吟誦《梁父吟》。諸葛亮身高八尺，經常以管仲、樂毅自喻，當時沒有人認同。唯有博陵人崔州平、潁川人徐庶與諸葛亮交情篤厚，認為他確實具有管、樂的才能。

當時劉備駐軍新野。徐庶謁見劉備，劉備對他非常器重。徐庶對劉備說：「諸葛孔明是臥龍啊！將軍願意見見他嗎？」劉備說：「你陪他來吧！」徐庶說：「此人只能前去拜訪，不可隨便召他來。您應該屈尊去看望他。」於是劉備前去拜訪諸葛亮，一連去了三次，才得以相見。劉備屏退隨從，對諸葛亮說：「漢室衰微，奸臣竊權，皇上顛沛流離。我沒考慮自己的德行才能，一心只想為天下伸張正義，但苦於智謀不足、才幹短缺，因而屢遭挫折，以致落到今日的地步。但我志向不會改變，您說我該怎麼辦才好？」諸葛亮答道：「自董卓篡權作亂以來，天下豪傑紛起，割據州郡者難以計數。曹操與袁紹相比，名望低而兵力弱，但曹操卻能打敗袁紹，轉弱為強，這並非只是得益於天時，更是靠了人的謀略。現在曹操已擁兵百萬，挾持天子而號令諸侯，確實不能與其爭勝。孫權占據江東，已經營了三代，那裡地勢險要，民心歸附，賢能之士願為其效力，與他只能作為同盟，不能企圖吞並。荊州北有漢、沔二水為屏障，南有南海所有豐富的物產，東向相連吳郡、會稽，西面通向巴、蜀之地，這是兵家必爭之地，而荊州牧卻不能守住它，這大概是上天特意為您準備的禮物，將軍有這個想法嗎？益州地勢險要，沃野千里，乃天府之國，從前漢高祖就是憑著它成就帝業的。劉璋懦弱昏庸，北面張魯形成威脅，雖說民豐國富，但他不知愛護體恤臣民，有才能的人都希望有一位賢明的君主。將軍您不僅是漢朝皇室的後裔，又以信義聞名天下，廣納天下英雄，如飢似渴地盼有賢能人才，如果占據荊、益二州，憑險據守，西面與戎族和好，南面安撫夷越，對外與孫權和好結盟，對內革新政治，天下一旦發生變故，即派一員上將統率荊州士卒挺進宛城、洛陽，而您則親自率領益州軍馬出兵秦川，百姓豈會不帶上食物美酒前來迎接將軍呢？若真是這樣，那霸業便可成就，漢室可得以復興。」劉備說：「太好了！」於是劉備與諸葛亮的情誼與日俱增。關羽、張飛等有些不高興，劉備向他們解釋道：「我得到了孔明，就像魚兒有了水。請你們不要再說了。」關羽、張飛這才不再議論。

劉表的長子劉琦，也十分敬重諸葛亮。劉表聽信後妻之言，偏愛小兒子劉琮，不喜歡劉琦。劉琦常常想與諸葛亮商議保全自己的辦法，但諸葛亮總是搪塞拒絕，不替他出主意。劉琦請諸葛亮遊覽自家的後花園，一同登上高樓，飲酒之時，讓人將樓梯抽走，然後對諸葛亮說：「現在上不著天，下不著地，話從您嘴裡說出，只入我的耳中，您可以指教了吧？」諸葛亮說：「您難道沒看到晉公子申生留在國內遇害，重耳逃亡在外得以保全嗎？」劉琦頓時醒悟，於是暗中謀劃外出。恰逢黃祖死了，劉琦借機離身，出任江夏太守。不久劉表去世，劉琮聽說曹操前來征伐，便派使者向曹操請求投降。劉備在樊城聽得這一消息，趕忙帶上眾人南逃，諸葛亮與徐庶跟隨而行。曹軍追上來，打敗了劉備，俘獲了徐庶的母親。徐庶向劉備辭行，以手指心說：「我本想助將軍成就稱霸的大業，憑的就是這顆心。現在失去了老母，心也亂了，再也幫不了將軍了，請允許我就此別過。」於是去了曹操那裡。

劉備行至夏口，諸葛亮說：「情況危急，請將軍派我去孫權將軍處求援吧。」當時孫權正屯兵於柴桑，觀望曹操、劉備對決之勝負，諸葛亮遊說孫權說：「天下大亂，將軍您起兵占據江東，劉豫州也在漢南招集兵馬，與曹操爭奪天下。當今曹操已平定剿滅群雄，基本平定了北方，隨即奪得荊州，威勢震懾天下。英雄無用武之地，因此劉豫州逃到這裡。將軍您得根據自己的力量來考慮對策：若憑著東吳的軍隊與中原抗衡，就應該及早與曹操斷絕關係；若不能抵擋，何不就此放下武器、解除盔甲，向朝廷俯首稱臣！現在您表面上說服從曹操，內心卻猶豫不決，事態危急而不能當機立斷，大禍旋即而至啊！」孫權說：「要是真像你說的這樣，那劉豫州怎麼不投降曹操？」諸葛亮說：「田橫不過是齊國的一個壯士，尚且堅守節操而不投降受辱，何況劉豫州乃大漢皇室的後裔，英才蓋世，群士仰慕，都像江河歸海一般歸附於他。如果功業不能成就，那是天意，怎麼能再屈居曹操之下！」孫權勃然大怒道：「我不能拿著整個東吳的疆域和十萬的軍隊受他人控制。我的主意已定！你說除劉豫州再無人能抵擋曹操，但劉豫州剛被曹操打敗，又怎能抵擋住如此強敵呢？」諸葛亮說：「劉豫州的軍隊雖在長阪戰敗，但眼下陸續返回的兵卒加上關羽的水軍仍有上萬人；劉琦召集江夏的兵卒亦不下萬人。曹操的人馬長途跋涉，疲憊不堪，聽說他們追趕劉豫州，輕騎一個晝夜趕了三百多里，這就是常言所道『強弩之末，連魯地的薄絹都不能穿透』。所以這是兵法之大忌，並且這樣『必定會折損大將』。況且北方的士卒不適應水戰；而荊州民眾歸附曹操，實在是受到武力逼迫，並非心甘情願。現在將軍若真的能派猛將統率數萬兵馬，與劉豫州齊心協力，一定能擊敗曹軍。曹軍敗了，必然退回北方，這樣荊州、東吳的勢力就強大起來，三足鼎立的局面就形成了。成敗的關鍵，就在於今日的選擇。」孫權聽了大喜，立即派周瑜、程普、魯肅等率水軍三萬，隨諸葛亮與劉備會合，協力抗擊曹操。曹操在赤壁慘遭失敗，領軍退歸鄴城。劉備於是占有江南之地，任命諸葛亮為軍師中郎將，派他督守零陵、桂陽、長沙三郡，征調三郡的賦稅，以充實軍需。

漢獻帝建安十六年（二一一），益州牧劉璋派法正迎請劉備，讓劉備攻打張魯。諸葛亮與關羽鎮守荊州。劉備從葭萌返回攻打劉璋，諸葛亮與張飛、趙雲等率軍逆長江而上，先後平定沿江各郡、縣，與劉備一同圍攻成都。平定成都後，劉備任命諸葛亮為軍師將軍，代理左將軍府事項。劉備領兵外出征戰，諸葛亮常鎮守成都，保證兵力糧草充足。建安二十六年（二二一），眾人勸劉備稱帝，劉備沒有答應，諸葛亮勸道：「從前吳漢、耿弇等人勸光武皇帝劉秀稱帝，劉秀起初推辭拒絕，先後有四次，隨後耿純進言道：『天下英雄對您十分景仰，希望追隨您能得到各人想要得到的東西。如果您不聽從眾人的建議，各位能人就會各擇新主，沒人再跟隨您了。』光武帝覺得耿純的話非常精辟，於是答應了眾人的請求。如今曹氏篡奪劉漢江山，天下百姓無主，大王是劉氏皇族後裔，繼承了漢室世系，即位登基，名正言順。賢能之士長期追隨大王，歷經艱辛困苦，也是希望創立耿純所說的尺寸之功啊！」劉備於是即位稱帝，任命諸葛亮為丞相，說：「朕遭遇家國不幸，恭敬地登上帝位，一定兢兢業業，不敢貪圖安康享樂，一心為著百姓平安，只擔心他們得不到安撫。嗚呼！丞相諸葛亮要詳盡地體察朕的心意，不倦地幫助朕彌補疏漏缺失，協助布施君王的恩澤，讓日月的光輝普照天下，請盡心竭力啊！」諸葛亮以丞相身份總理尚書事務，並賜予符節。張飛死後，諸葛亮又兼任司隸校尉。

章武三年（二二三）春，劉備在永安病危，將諸葛亮從成都召來，托付後事。劉備對諸葛亮說：「你的才華十倍於曹丕，一定能安定國家，完成統一天下的大業。如果劉禪可以輔佐，請盡力輔佐他；如果他確實沒有才幹，你就取而代之。」諸葛亮流著淚說：「臣竭盡全力輔佐後主，獻上忠誠節操，鞠躬盡瘁，死而後已！」劉備又詔告劉禪：「你與丞相共掌國事，要像對待父親那樣對待他。」建興元年（二二三），劉禪封諸葛亮為武鄉侯，設立丞相府，處理國事。不久，又讓諸葛亮兼任益州牧。朝中大小政事，都由諸葛亮決斷。當時南方諸郡同時發生叛亂，諸葛亮考慮到新遭國喪，不便立即派兵鎮壓，因此且派遣使者出訪吳國，加強與吳國的友好關係，結為盟國。

建興三年（二二五）春，諸葛亮率軍南征，當年秋天，南方叛亂都被平息。軍需物資都由新平定的地方承擔，國家由此富庶起來，於是諸葛亮整頓訓練軍隊，等待大規模出征的時機。建興五年（二二七），諸葛亮統率各軍北上駐紮漢中，臨行之前，他上奏劉禪說：

「先帝開創帝業尚未完成一半就中途駕崩。現在天下三足鼎立，而蜀漢國力弱小，確實處在生死存亡的危急時刻。然而朝中侍奉輔佐陛下的大臣沒有絲毫懈怠，前方忠誠勇敢的將士奮不顧身，都是因為追念先帝所賜予的恩寵，想報答於陛下啊！陛下確實應該廣開言路，兼聽各方意見，以繼承光大先帝的美德，振奮志士的精神，不可妄自菲薄，言談訓諭有失大義，以致阻塞臣民忠心勸諫的言路。宮廷與相府是一個整體，對其官員的賞罰褒貶不應有差異。若有作惡犯法或行善盡忠者，都應該交給主管官員判定對他們的懲處或嘉賞，以顯示陛下的公正嚴明，不可有所偏袒，不可使宮中、相府的法度不一。侍中、侍郎郭攸之、費禕、董允等，都是忠良誠實純正之人，所以先帝加以選拔，留給陛下任用。臣認為宮中的事情，無論大小，都可以先與他們商議，然後施行，這樣定能補救疏漏，集思廣益。將軍向寵，善良公正，精曉軍事，先帝當初曾試用過，稱贊他的才能，因此大家商議推舉他擔任中都督。臣認為，軍中之事，都可先與他商議，一定能使軍內和睦，做到人盡其才。親近賢臣、疏遠小人，這就是前漢興盛強大的原因；親近小人，疏遠賢臣，這就是後漢衰弱乃至覆滅的禍根。先帝在世時，常與臣談論此事，沒有一次不為桓、靈二帝嘆息痛心。侍中郭攸之、費禕，尚書陳震，長史張裔，參軍蔣琬，都是忠誠可靠、能以死報國的忠臣，希望陛下親近他們，信任他們，這樣興盛漢室就指日可待了。

「臣原本是普通百姓，在南陽以耕種謀生，只求在亂世中苟全性命，沒打算在諸侯手下做官揚名。先帝不嫌臣卑賤淺陋，屈尊尋訪，三顧茅廬，向臣詢問天下大事，臣因此感激不已，於是答應為先帝奔走效勞。後來遇上軍事失利，臣在敗亡之際接受任命，擔負起挽救危局的重任，至今已有二十一年了！先帝知道臣做事謹慎，所以在臨終前將輔助陛下興復漢室的大事托付給我。臣自接受遺命以來，日夜憂慮嘆息，唯恐先帝所托之事不能收到成效，以致有損先帝知人之明，因而五月渡過瀘水，率軍深入不毛之地。如今南方已被平定，兵員裝備已充足，應該激勵並率領三軍將士，北定中原。臣竭盡自己平庸的才能，鏟除凶險奸惡的敵人，興復漢室，使國都遷回洛陽。這是臣用來報答先帝、效忠陛下的職責！

「至於權衡朝政的輕重得失，進獻忠言，那是郭攸之、費禕、董允的責任。希望陛下將討伐奸賊、復興漢室的任務交給臣，若是出征無功，則治臣之罪，以告先帝在天之靈。如果沒有勸勉陛下發揚德行的忠言，則追究郭攸之、費禕、董允等人的怠惰之罪，並公布他們的過失。陛下也應當自我考慮，向群臣征詢治國良策，明鑑並採納正確的意見，牢記先帝在遺詔中的告誡。臣接受恩德，感激至深。如今即將遠征，書寫此表時熱淚盈眶，不知自己都說了什麼。」

於是，諸葛亮率軍啟程，在沔陽扎營。

建興六年（二二八）春，諸葛亮揚言要從斜谷道攻取郿縣，並派趙雲、鄧芝作為疑兵，占據了箕谷，魏國大將軍曹真領兵前來抵擋。諸葛亮親自統率各路大軍攻打祁山，蜀軍隊伍整齊，賞懲嚴明，號令清晰，南安、天水、安定三郡背叛魏國，以響應諸葛亮，一時間關中大震。魏明帝御駕西進坐鎮長安，命令張郃率軍抵禦諸葛亮。諸葛亮派馬謖率各軍為先鋒，與張郃大戰於街亭。馬謖違背了諸葛亮的部署，排兵布防失策，被張郃打得大敗。諸葛亮遷移西縣百姓千餘戶，退回漢中，處死馬謖以向大家謝罪，並向後主上奏說：「臣才疏學淺，擔當不能勝任的職務，親自執掌令旗以激勵三軍，卻未能按照規章、嚴明軍紀，面臨大事而猶豫決策，以致發生了街亭違背軍令的錯誤、箕谷戒備不嚴的過失，其責任都在於臣用人不當。臣既無知人之明，處理事務多有失策，依據《春秋》之義軍事失利先罰主帥，臣當接受責罰。自請降職三級，以罰過錯。」因此改任右將軍，代行丞相職責，仍總管全國軍政。

同年冬天，諸葛亮再次出兵散關，圍攻陳倉，魏將曹真率軍抵擋，諸葛亮糧草耗盡而回撤。魏將王雙率領騎兵追擊諸葛亮，諸葛亮與之交手，擊敗魏軍，斬殺王雙。建興七年（二二九），諸葛亮派陳式領兵攻打武都、陰平。魏國雍州刺史郭淮率軍準備攻打陳式，諸葛亮親自領兵進取建威，郭淮只得退回，蜀軍於是拿下武都、陰平二郡。後主劉禪下詔諸葛亮說：「街亭一仗，主要是馬謖的過失，而您引咎自責，深深貶抑自己，朕不能違背您的意願，只好聽任您自貶三級。去年您率兵揚我軍威，斬殺王雙；今年再次領兵出征，逼迫郭淮逃遁；招降安撫氐、羌各部，收復武都、陰平二郡，威風震懾凶敵，功勳昭著天下。現在天下仍動蕩不安，元凶首惡仍未鏟除，您肩負重任，主持軍國大政，若是長期自我貶抑，不利於弘揚先帝的偉大事業。現恢復您丞相職務，請您不要推辭。」

建興九年（二三一），諸葛亮再次出征祁山，用木牛運送糧草物資，糧草耗盡而退兵。與魏將張郃交戰，射殺魏軍大將張郃。建興十二年（二三四）春，諸葛亮率大軍從斜谷出征，用流馬運送糧草，占領了武功縣五丈原，與魏軍主將司馬懿相持於渭南。諸葛亮經常擔心糧草接濟不上，使自己一統天下的志願不能實現，便分出一部分人馬開墾耕種，為長期駐紮奠定基礎。屯墾的兵卒與渭水旁的百姓混雜在一起，百姓生活安定，士兵沒有謀取私利。兩軍對峙了一百多天。當年八月，諸葛亮患病，死於軍中，時年五十四歲。等蜀軍撤走後，司馬懿巡視蜀軍營地，嘆道：「諸葛亮真是天下奇才啊！」

諸葛亮留下遺言，命令部下將自己葬在漢中定軍山，依山勢修建墳墓，墓穴僅能容納棺材，穿平時的衣服入殮，不用殉葬品。後主劉禪頒發詔書：「您天生文武兼備，聰穎睿智，忠厚誠實，受先帝托孤遺命，盡力輔佐朕，使得瀕臨絕境的漢室得以復興，立志平定天下戰亂；於是整治全軍，每年出征，英武顯赫，威鎮天下，為蜀漢建成偉大功業，功勳可與伊尹、周公媲美。蒼天為何這般不仁慈，大功即將告成之際，您卻染疾歸天！朕悲傷痛悼，心肝欲裂。推崇您的德行，評定您的功勳，根據您生前事跡追封謚號，讓您的精神傳揚天下，英名永垂史冊。現特派使者持節左中郎將杜瓊，贈給您丞相武鄉侯印綬，追謚您為忠武侯。英魂有知，也會對此榮耀而高興。悲痛啊！悲痛啊！」

當初，諸葛亮曾上表後主說：「臣在成都有桑樹八百棵，薄田十五頃，子孫們的日常開銷，已經綽綽有餘。至於臣在外任職，沒有額外的開支，吃穿之類，都有官府俸祿，不再治其他產業來增添家財。待臣去世之時，不讓家有多餘物品，外有多餘錢財，而辜負陛下的恩寵和信任。」到了他去世時，果真如他所言。

諸葛亮天生擅長巧思，改進弓弩使之連射，製造運送糧草的木牛流馬，都出自他的奇思妙想；推演兵法，設計八卦陣，都深得用兵要旨。他留世的議論、教令、書信、奏章都很值得一讀，另編成書。

景耀六年（二六三）春，後主劉禪下詔在沔陽為諸葛亮建立祠廟。當年秋天，魏國鎮西將軍鍾會伐蜀，到漢川時，祭掃諸葛亮祠廟，下令士卒不得在諸葛亮墓附近牧馬砍柴。諸葛亮的弟弟諸葛均，官至蜀長水校尉。諸葛亮的兒子諸葛瞻，繼承父親的爵位。

【原文】

諸葛亮字孔明，琅邪陽都人也。漢司隸校尉諸葛豐後也。父珪，字君貢，漢末為太山郡丞。亮早孤，從父玄為袁術所署豫章太守，玄將亮及亮弟均之官。會漢朝更選朱皓代玄。玄素與荊州牧劉表有舊，往依之。玄卒，亮躬耕隴畝，好為《梁父吟》。身長八尺，每自比於管仲、樂毅，時人莫之許也。惟博陵崔州平、潁川徐庶元直與亮友善，謂為信然。

時先主屯新野。徐庶見先主，先主器之，謂先主曰：「諸葛孔明者，臥龍也，將軍豈願見之乎？」先主曰：「君與俱來。」庶曰：「此人可就見，不可屈致也。將軍宜枉駕顧之。」由是先主遂詣亮，凡三往，乃見。因屏人曰：「漢室傾頹，奸臣竊命，主上蒙塵。孤不度德量力，欲信大義於天下，而智術短淺，遂用猖獗，至於今日。然志猶未已，君謂計將安出？」亮答曰：「自董卓已來，豪傑並起，跨州連郡者不可勝數。曹操比於袁紹，則名微而眾寡，然操遂能克紹，以弱為強者，非惟天時，抑亦人謀也。今操已擁百萬之眾，挾天子而令諸侯，此誠不可與爭鋒。孫權據有江東，已歷三世，國險而民附，賢能為之用，此可以為援而不可圖也。荊州北據漢、沔，利盡南海，東連吳會，西通巴、蜀，此用武之國，而其主不能守，此殆天所以資將軍，將軍豈有意乎？益州險塞，沃野千里，天府之土，高祖因之以成帝業。劉璋暗弱，張魯在北，民殷國富而不知存恤，智能之士思得明君。將軍既帝室之胄，信義著於四海，總攬英雄，思賢如渴，若跨有荊、益，保其岩阻，西和諸戎，南撫夷越，外結好孫權，內修政理；天下有變，則命一上將將荊州之軍以向宛、洛，將軍身率益州之眾出於秦川，百姓孰敢不簞食壺漿以迎將軍者乎？誠如是，則霸業可成，漢室可興矣。」先主曰：「善！」於是與亮情好日密。關羽、張飛等不悅，先主解之曰：「孤之有孔明，猶魚之有水也。願諸君勿復言。」羽、飛乃止。

劉表長子琦，亦深器亮。表受後妻之言，愛少子琮，不悅於琦。琦每欲與亮謀自安之術，亮輒拒塞，未與處畫。琦乃將亮遊觀後園，共上高樓，飲宴之間，令人去梯，因謂亮曰：「今日上不至天，下不至地，言出子口，入於吾耳，可以言未？」亮答曰：「君不見申生在內而危，重耳在外而安乎？」琦意感悟，陰規出計。會黃祖死，得出，遂為江夏太守。俄而表卒，琮聞曹公來征，遣使請降。先主在樊聞之，率其眾南行，亮與徐庶並從，為曹公所追破，獲庶母。庶辭先主而指其心曰：「本欲與將軍共圖霸王之業者，以此方寸之地也。今已失老母，方寸亂矣，無益於事，請從此別。」遂詣曹公。

先主至於夏口，亮曰：「事急矣，請奉命求救於孫將軍。」時權擁軍在柴桑，觀望成敗。亮說權曰：「海內大亂，將軍起兵據有江東，劉豫州亦收眾漢南，與曹操並爭天下。今操芟夷大難，略已平矣，遂破荊州，威震四海。英雄無所用武，故豫州遁逃至此。將軍量力而處之：若能以吳、越之眾與中國抗衡，不如早與之絕；若不能當，何不案兵束甲，北面而事之！今將軍外托服從之名，而內懷猶豫之計，事急而不斷，禍至無日矣！」權曰：「苟如君言，劉豫州何不遂事之乎？」亮曰：「田橫，齊之壯士耳，猶守義不辱，況劉豫州王室之胄，英才蓋世，眾士慕仰，若水之歸海，若事之不濟，此乃天也，安能復為之下乎！」權勃然曰：「吾不能舉全吳之地，十萬之眾，受制於人。吾計決矣！非劉豫州莫可以當曹操者，然豫州新敗之後，安能抗此難乎？」亮曰：「豫州軍雖敗於長阪，今戰士還者及關羽水軍精甲萬人，劉琦合江夏戰士亦不下萬人。曹操之眾，遠來疲弊，聞追豫州，輕騎一日一夜行三百餘里，此所謂『強弩之末，勢不能穿魯縞』者也。故兵法忌之，曰『必蹶上將軍』。且北方之人，不習水戰；又荊州之民附操者，逼兵勢耳，非心服也。今將軍誠能命猛將統兵數萬，與豫州協規同力，破操軍必矣。操軍破，必北還，如此則荊、吳之勢強，鼎足之形成矣。成敗之機，在於今日。」權大悅，即遣周瑜、程普、魯肅等水軍三萬，隨亮詣先主，並力拒曹公。曹公敗於赤壁，引軍歸鄴。先主遂收江南，以亮為軍師中郎將，使督零陵、桂陽、長沙三郡，調其賦稅，以充軍實。

建安十六年，益州牧劉璋遣法正迎先主，使擊張魯。亮與關羽鎮荊州。先主自葭萌還攻璋，亮與張飛、趙雲等率眾溯江，分定郡縣，與先主共圍成都。成都平，以亮為軍師將軍，署左將軍府事。先主外出，亮常鎮守成都，足食足兵。二十六年，群下勸先主稱尊號，先主未許，亮說曰：「昔吳漢、耿弇等初勸世祖即帝位，世祖辭讓，前後數四，耿純進言曰：『天下英雄喁喁，冀有所望。如不從議者，士大夫各歸求主，無為從公也。』世祖感純言深至，遂然諾之。今曹氏篡漢，天下無主，大王劉氏苗族，紹世而起，今即帝位，乃其宜也。士大夫隨大王久勤苦者，亦欲望尺寸之功如純言耳。」先主於是即帝位，策亮為丞相曰：「朕遭家不造，奉承大統，兢兢業業，不敢康寧，思靖百姓，懼未能綏。於戲！丞相亮其悉朕意，無怠輔朕之闕，助宣重光，以照明天下，君其勖哉！」亮以丞相彔尚書事，假節。張飛卒後，領司隸校尉。

章武三年春，先主於永安病篤，召亮於成都，屬以後事，謂亮曰：「君才十倍曹丕，必能安國，終定大事。若嗣子可輔，輔之；如其不才，君可自取。」亮涕泣曰：「臣敢竭股肱之力，效忠貞之節，繼之以死！」先主又為詔敕後主曰：「汝與丞相從事，事之如父。」建興元年，封亮武鄉侯，開府治事。頃之，又領益州牧。政事無巨細，咸決於亮。南中諸郡，並皆叛亂，亮以新遭大喪，故未便加兵，且遣使聘吳，因結和親，遂為與國。

三年春，亮率眾南征，其秋悉平。軍資所出，國以富饒，乃治戎講武，以俟大舉。五年，率諸軍北駐漢中，臨發，上疏曰：

「先帝創業未半而中道崩殂，今天下三分，益州疲弊，此誠危急存亡之秋也。然侍衛之臣不懈於內，忠志之士忘身於外者，蓋追先帝之殊遇，欲報之於陛下也。誠宜開張聖聽，以光先帝遺德，恢弘志士之氣，不宜妄自菲薄，引喻失義，以塞忠諫之路也。宮中府中俱為一體，陟罰臧否，不宜異同。若有作奸犯科及為忠善者，宜付有司論其刑賞，以昭陛下平明之理，不宜偏私，使內外異法也。侍中、侍郎郭攸之、費禕、董允等，此皆良實，志慮忠純，是以先帝簡拔以遺陛下。愚以為宮中之事，事無大小，悉以咨之，然後施行，必能裨補闕漏，有所廣益。將軍向寵，性行淑均，曉暢軍事，試用於昔日，先帝稱之曰能，是以眾議舉寵為督。愚以為營中之事，悉以咨之，必能使行陳和睦，優劣得所。親賢臣，遠小人，此先漢所以興隆也；親小人，遠賢臣，此後漢所以傾頹也。先帝在時，每與臣論此事，未嘗不嘆息痛恨於桓、靈也。侍中、尚書、長史、參軍，此悉貞良死節之臣，願陛下親之信之，則漢室之隆，可計日而待也。

「臣本布衣，躬耕於南陽，苟全性命於亂世，不求聞達於諸侯。先帝不以臣卑鄙，猥自枉屈，三顧臣於草廬之中，咨臣以當世之事，由是感激，遂許先帝以驅馳。後值傾覆，受任於敗軍之際，奉命於危難之間，爾來二十有一年矣。先帝知臣謹慎，故臨崩寄臣以大事也。受命以來，夙夜憂嘆，恐托付不效，以傷先帝之明，故五月渡瀘，深入不毛。今南方已定，兵甲已足，當獎率三軍，北定中原，庶竭駑鈍，攘除奸凶，興復漢室，還於舊都。此臣所以報先帝，而忠陛下之職分也。

「至於斟酌損益，進盡忠言，敗攸之、禕、允之任也。願陛下托臣以討賊興復之效；不效，敗治臣之罪，以告先帝之靈。若無興德之言，則責攸之、禕、允等之慢，以彰其咎。陛下亦宜自謀，以咨諏善道，察納雅言，深追先帝遺詔。臣不勝受恩感激，今當遠離，臨表涕零，不知所言。」

遂行，屯於沔陽。

六年春，揚聲由斜谷道取郿，使趙雲、鄧芝為疑軍，據箕谷，魏大將軍曹真舉眾拒之。亮身率諸軍攻祁山，戎陳整齊，賞罰肅而號令明，南安、天水、安定三郡叛魏應亮，關中響震。魏明帝西鎮長安，命張郃拒亮，亮使馬謖督諸軍在前，與郃戰於街亭。謖違亮節度，舉動失宜，大為張郃所破。亮拔西縣千餘家，還於漢中，戮謖以謝眾。上疏曰：「臣以弱才，叨竊非據，親秉旄鉞以厲三軍，不能訓章明法，臨事而懼，至有街亭違命之闕，箕谷不戒之失，咎皆在臣授任無方。臣明不知人，恤事多暗，《春秋》責帥，臣職是當。請自貶三等，以督厥咎。」於是以亮為右將軍，行丞相事，所總統如前。

冬，亮復出散關，圍陳倉，曹真拒之，亮糧盡而還。魏將王雙率騎追亮，亮與戰，破之，斬雙。七年，亮遣陳式攻武都、陰平。魏雍州刺史郭淮率眾欲擊式，亮自出至建威，淮退還，遂平二郡。詔策亮曰：「街亭之役，咎由馬謖，而君引愆，深自貶抑，重違君意，聽順所守。前年耀師，馘斬王雙；今歲爰征，郭淮遁走；降集氐、羌，興復二郡，威鎮凶暴，功勳顯然。方今天下騷擾，元惡未梟，君受大任，干國之重，而久自挹損，非所以光揚洪烈矣。今復君丞相，君其勿辭。」

九年，亮復出祁山，以木牛運，糧盡退軍，與魏將張郃交戰，射殺郃。十二年春，亮悉大眾由斜谷出，以流馬運，據武功五丈原，與司馬宣王對於渭南。亮每患糧不繼，使己志不申，是以分兵屯田，為久駐之基。耕者雜於渭濱居民之間，而百姓安堵，軍無私焉。相持百餘日。其年八月，亮疾病，卒於軍，時年五十四。及軍退，宣王案行其營壘處所，曰：「天下奇才也！」

亮遺命葬漢中定軍山，因山為墳，冢足容棺，斂以時服，不須器物。詔策曰：「惟君體資文武，明睿篤誠，受遺託孤，匡輔聯躬，繼絕興微，志存靖亂；爰整六師，無歲不征，神武赫然，威震八荒，將建殊功於季漢，參伊、周之巨勳。如何不吊，事臨垂克，遘疾隕喪！朕用傷悼，肝心若裂。夫崇德序功，紀行命謚，所以光昭將來，刊載不朽。今使使持節左中郎將杜瓊，贈君丞相武鄉侯印綬，謚君為忠武侯。魂而有靈，嘉茲寵榮。嗚呼哀哉！嗚呼哀哉！」

初，亮自表後主曰：「成都有桑八百株，薄田十五頃，子弟衣食，自有餘饒。至於臣在外任，無別調度，隨身衣食，悉仰於官，不別治生，以長尺寸。若臣死之日，不使內有餘帛，外有贏財，以負陛下。」及卒，如其所言。

亮性長於巧思，損益連弩，木牛流馬，皆出其意；推演兵法，作八陳圖，咸得其要云。亮言教書奏多可觀，別為一集。

景耀六年春，詔為亮立廟於沔陽。秋，魏鎮西將軍鍾會征蜀，至漢川，祭亮之廟，令軍士不得於亮墓所左右芻牧樵采。亮弟均，官至長水校尉。亮子瞻，嗣爵。

蜀書

關張馬黃趙傳・關羽

關羽字雲長，原字長生，河東郡解縣人。因殺了人逃亡到涿郡。劉備在家鄉招集兵馬，關羽和張飛擔任他的護衛。劉備出任平原相時，以關羽、張飛為別部司馬，分別統率兵馬。劉備與他二人同睡一張床，親如同胞兄弟。在大庭廣眾之中，關、張二人整天侍立在劉備身旁，跟隨劉備出戰，從不懼怕躲避危險。劉備殺了徐州刺史車胄後，派關羽鎮守下邳城，代理太守職責，自己則率軍返回小沛。

漢獻帝建安五年（二〇〇），曹操東征徐州，劉備戰敗投奔袁紹。曹操擒獲關羽返回，任命關羽為偏將軍，以很高的禮節對待他。袁紹派大將顏良在白馬攻打東郡太守劉延，曹操派張遼和關羽為先鋒迎擊顏良。關羽遠遠望見顏良的旗號車蓋，拍馬上前刺殺顏良於萬人軍陣中，並斬下顏良首級帶回，袁紹軍中將領沒人敢抵擋，於是白馬之圍解除。曹操當即上奏朝廷封關羽為漢壽亭侯。起初，曹操欽佩關羽的為人，因此留意觀察，發現關羽並無久留曹營之意，於是對張遼說：「你憑著與關羽的交情去探問探問他。」不久，張遼借機詢問關羽，關羽感慨道：「我深知曹公待我特別好，但我已受劉將軍的厚恩，發誓同生共死，不可背棄。我最終不會留在此地，但我一定要立下大功報答曹公的恩情後再離開。」張遼將關羽這番話回報了曹操，曹操認為他很講義氣。等到關羽殺死顏良後，曹操知道他一定要離去了，加重了賞賜。關羽將曹操的賞賜全部封好，留下書信告辭，徑直趕往袁紹軍營找劉備。曹操手下人想要追趕，曹操說：「各為其主，不必追了。」

關羽跟隨劉備依附劉表。劉表死後，曹操奪得了荊州，劉備從樊城準備渡長江南下，另派關羽率領數百艘船走水路，在江陵會合。曹操追至當陽長阪坡，劉備抄小路逃往漢津，正遇上關羽的船隊，於是一同去了夏口。孫權派人馬幫助劉備抵禦曹操，曹操兵敗退回北方。劉備乘機占領江南數郡，就對有功將士封官行賞，任命關羽為襄陽太守、蕩寇將軍，駐紮在江北。劉備西進占有益州，委任關羽督掌荊州大政。關羽聽說馬超歸降劉備，因過去與馬超毫無交情，於是寫信給諸葛亮，詢問馬超的人品武藝與誰人可以相比。諸葛亮知道關羽心高氣傲，便回信答道：「馬超文武兼備，勇猛過人，不愧一代人傑，與英布、彭越類似，可與張飛並駕齊驅，一爭高下，但趕不上超群絕倫的美髯公您。」關羽蓄有一副漂亮的長鬚，所以諸葛亮稱他美髯公。關羽看了諸葛亮的回信，非常開心，讓賓客幕僚傳閱。

關羽曾被亂箭射中，箭頭穿透左臂，後來傷口雖然愈合，但每逢陰雨天，臂骨常會疼痛。醫生說：「箭頭有毒，其毒已滲入骨中，需要重新剖開傷口，刮去骨中之毒，才能徹底治愈這一創傷。」關羽當即伸出手臂讓醫生把傷口剖開。當時關羽正請眾將聚餐，手臂上鮮血淋漓，流滿了接在下面的盤子，而關羽依然割肉飲酒，談笑自若。

建安二十四年（二一九），劉備自立為漢中王，任命關羽為前將軍，授予符節和斧鉞。同年，關羽率軍圍攻駐守樊城的曹仁。曹操派于禁領兵救援曹仁。秋天，大雨連綿，漢水泛濫，于禁率領的七軍都被大水所淹。于禁投降了關羽，關羽還斬殺魏軍大將龐德。梁、郟、陸渾一帶的豪強武裝，遙受關羽的官印、封號，歸於關羽麾下，關羽威名震撼中原。曹操因此商議遷離許都以避開關羽的鋒芒。司馬懿、蔣濟則認為，關羽得志，孫權一定不會高興，可派人前去勸說孫權，派兵偷襲關羽背後，答應事成之後割讓東南諸郡給孫權，這樣樊城之圍自然而解。曹操聽從了這一意見。之前，孫權曾派人為自己的兒子向關羽的女兒求婚，關羽辱罵來使，拒絕結親，孫權因此十分惱恨。另外，南郡太守糜芳駐守江陵，將軍傅士仁鎮守公安，二人向來怨恨關羽輕視自己。關羽領兵出征，由糜芳、傅士仁負責糧草供應，兩人沒有盡力相助。關羽聲稱：「回去後就懲處他們。」糜、傅二人都恐懼不安。於是孫權暗中派人誘降糜芳、傅士仁，二人即派人迎接孫權。而曹操又派徐晃率軍救援曹仁，關羽沒能攻下樊城，只好領兵退還。這時孫權已占據江陵，將關羽及其將士的家眷全部俘獲，關羽的軍隊因此潰散。孫權派將領迎擊關羽，在臨沮殺了關羽及其兒子關平。

關羽死後被追謚為壯繆侯。他的兒子關興繼承了爵位。關興字安國，年少時就有聲名，丞相諸葛亮很器重他，認為他不同常人。關興二十歲擔任侍中、中監軍，幾年後去世。兒子關統繼承爵位，娶公主為妻，官至虎賁中郎將。關統去世，沒有兒子，由關興的庶子關彝續承爵位。

【原文】

關羽字雲長，本字長生，河東解人也。亡命奔涿郡。先主於鄉里合徒眾，而羽與張飛為之禦侮。先主為平原相，以羽、飛為別部司馬，分統部曲。先主與二人寢則同床，恩若兄弟。而稠人廣坐，侍立終日，隨先主周旋，不避艱險。先主之襲殺徐州刺史車冑，使羽守下邳城，行太守事，而身還小沛。

建安五年，曹公東征，先主奔袁紹。曹公禽羽以歸，拜為偏將軍，禮之甚厚。紹遣大將（軍）顏良攻東郡太守劉延於白馬，曹公使張遼及羽為先鋒擊之。羽望見良麾蓋，策馬刺良於萬眾之中，斬其首還，紹諸將莫能當者，遂解白馬圍。曹公即表封羽為漢壽亭侯。初，曹公壯羽為人，而察其心神無久留之意，謂張遼曰：「卿試以情問之。」既而遼以問羽，羽嘆曰：「吾極知曹公待我厚，然吾受劉將軍厚恩，誓以共死，不可背之。吾終不留，吾要當立效以報曹公乃去。」遼以羽言報曹公，曹公義之。及羽殺顏良，曹公知其必去，重加賞賜。羽盡封其所賜，拜書告辭，而奔先主於袁軍。左右欲追之，曹公曰：「彼各為其主，勿追也。」

從先主就劉表。表卒，曹公定荊州，先主自樊將南渡江，別遣羽乘船數百艘會江陵。曹公追至當陽長阪，先主斜趣漢津，適與羽船相值，共至夏口。孫權遣兵佐先主拒曹公，曹公引軍退歸。先主收江南諸郡，乃封拜元勳，以羽為襄陽太守、蕩寇將軍，駐江北。先主西定益州，拜羽董督荊州事。羽聞馬超來降，舊非故人，羽書與諸葛亮，問超人才可比誰類。亮知羽護前，乃答之曰：「孟起兼資文武，雄烈過人，一世之傑，黥、彭之徒，當與益德並驅爭先，猶未及髯之絕倫逸群也。」羽美須髯，故亮謂之髯。羽省書大悅，以示賓客。

羽嘗為流矢所中，貫其左臂，後創雖愈，每至陰雨，骨常疼痛，醫曰：「矢鏃有毒，毒入於骨，當破臂作創，刮骨去毒，然後此患乃除耳。」羽便伸臂令醫劈之。時羽適請諸將飲食相對，臂血流離，盈於盤器，而羽割炙引酒，言笑自若。

二十四年，先主為漢中王，拜羽為前將軍，假節鉞。是歲，羽率眾攻曹仁於樊。曹公遣于禁助仁。秋，大霖雨，漢水泛溢，禁所督七軍皆沒。禁降羽，羽又斬將軍龐德。梁、郟、陸渾群盜或遙受羽印號，為之支黨，羽威震華夏。曹公議徙許都以避其銳，司馬宣王、蔣濟以為關羽得志，孫權必不願也。可遣人勸權躡其後，許割江南以封權，則樊圍自解。曹公從之。先是，權遣使為子索羽女，羽罵辱其使，不許婚，權大怒。又南郡太守麋芳在江陵，將軍（傅）士仁屯公安，素皆嫌羽（自）輕己。自羽之出軍，芳、仁供給軍資，不悉相救。羽言「還當治之」，芳、仁咸懷懼不安。於是權陰誘芳、仁，芳、仁使人迎權。而曹公遣徐晃救曹仁，羽不能克，引軍退還。權已據江陵，盡虜羽士眾妻子，羽軍遂散。權遣將逆擊羽，斬羽及子平於臨沮。

追謚羽曰壯繆侯。子興嗣。興字安國，少有令問，丞相諸葛亮深器異之。弱冠為侍中、中監軍，數歲卒。子統嗣，尚公主，官至虎賁中郎將。卒，無子，以興庶子彝續封。

蜀書

關張馬黃趙傳 • 張飛

張飛字益德，涿郡人，年輕時與關羽一起追隨劉備。關羽比張飛年長幾歲，張飛把關羽當作哥哥對待。劉備隨曹操擊敗呂布後，跟著曹操回到許都，曹操任命張飛為中郎將。劉備背棄曹操，先後投靠袁紹、劉表。劉表死後，曹操占有荊州，劉備逃往江南。曹操緊追不舍，一日一夜，在當陽長阪坡追上了他們。劉備得知曹操突然趕到，拋妻棄子逃跑，派張飛率領二十名騎兵斷後。張飛占據河岸，拆毀河上的橋梁，怒目圓睜，橫握長矛大叫：「我就是張飛，誰敢上前決一死戰！」曹軍沒人敢上前靠近，劉備等人因此得以逃脫。劉備平定江南各郡，任命張飛為宜都太守、征虜將軍，封新亭侯，後又調任南郡。劉備西進益州，後回頭攻打劉璋，張飛與諸葛亮等溯江而上，分兵平定沿江各郡、縣。張飛抵達江州，擊敗巴郡太守嚴顏，並將其活捉。張飛怒斥道：「我率大軍前來，你為何不早早投降，還敢頑抗？」嚴顏答道：「你們不講道理，侵奪我益州地盤，我益州只有斷頭將軍，沒有投降將軍！」張飛大怒，喝令侍衛將嚴顏推出去斬首。嚴顏面色不變，說：「斬首便斬首，發什麼火呢！」張飛敬佩嚴顏的凜然之氣，當即將其釋放，奉為賓客禮待。張飛攻城拔寨，與劉備在成都會合。劉備平定益州後，賞賜諸葛亮、法正、張飛和關羽每人五百斤黃金、一千斤白銀、五千萬銅錢、一千匹蜀錦，對其他將士也給以數量不等的獎賞，任命張飛兼任巴西太守。

曹操打敗了張魯，留下夏侯淵、張郃鎮守漢川。張郃另外率幾支人馬南下巴西，想將那裡的百姓遷往漢中。張郃進至宕渠、蒙頭、蕩石，與張飛對峙五十多天。張飛率領一萬多精兵，從別的道路將張郃軍截斷，與之交戰。因山路狹窄，首尾不能呼應救援，張飛大敗張郃。張郃只好丟棄戰馬攀爬山崖，只帶著十多人從小路逃脫，領兵退至南鄭，巴西一帶得以安寧。劉備稱漢中王後，任命張飛為右將軍，賜予符節。章武元年（二二一），張飛被提升為車騎將軍，兼任司隸校尉，晉封西鄉侯，策書說道：「朕承應天命，續嗣漢室大業，掃除殘暴平定禍亂，但仍未使天下大治。如今賊寇肆虐，百姓蒙受苦難，思念漢朝的人，都引頸翹首盼望國家復興。朕憂慮悲傷，坐不安席，食不甘味，整頓軍隊，宣布誓言，準備奉承天命，懲罰亂臣賊子。因為您忠誠果毅，像西周的名臣召伯虎，聞名遐邇，所以特頒布詔命，給您加官晉爵，並由您兼管京城治安。您應弘揚皇天恩威，以仁德安撫百姓，用威刑討伐叛逆，以滿足朕的心願。《詩經》不正是這樣說的嗎？『不能侵害百姓，不能急於求成，一切都以國家的禮法為准則』。『迅速完成偉大的功業，我賞賜福祉給你。』難道能不努力嗎？」

當初，張飛雄武威猛，僅次於關羽，魏國謀臣程昱等稱贊關羽、張飛均為萬人敵的猛將。關羽善待手下的士卒，而對士大夫卻很傲慢；張飛敬重有名望的士人君子，而不體恤士卒下人。劉備常常告誡張飛：「你行刑殺人過多，又經常鞭打手下將士，還把這些被打的人留在身邊，這會給你招致禍害的！」張飛並沒有悔改。劉備討伐東吳，張飛奉命要率領一萬人馬，從閬中趕往江州與劉備會合。臨出發前，張飛帳下部將張達、范強殺害了張飛，拿著他的首級，順江而下投奔孫權。張飛營中都督上表飛報劉備，劉備聽說張飛的都督有奏表送來，就哀嘆道：「唉！張飛死了。」追謚張飛為桓侯。張飛的長子張苞早年夭折。次子張紹繼承張飛的爵位，官至侍中、尚書僕射。張苞之子張遵任尚書，隨諸葛瞻駐守綿竹，與鄧艾作戰時戰死。

【原文】

張飛字益德，涿郡人也，少與關羽俱事先主。羽年長數歲，飛兄事之。先主從曹公破呂布，隨還許，曹公拜飛為中郎將。先主背曹公依袁紹、劉表。表卒，曹公入荊州，先主奔江南。曹公追之，一日一夜，及於當陽之長阪。先主聞曹公卒至，棄妻子走，使飛將二十騎拒後。飛據水斷橋，瞋目橫矛曰：「身是張益德也，可來共決死！」敵皆無敢近者，故遂得免。先主既定江南，以飛為宜都太守、征虜將軍，封新亭侯，後轉在南郡。先主入益州，還攻劉璋，飛與諸葛亮等溯流而上，分定郡縣。至江州，破璋將巴郡太守嚴顏，生獲顏。飛呵顏曰：「大軍至，何以不降而敢拒戰？」顏答曰：「卿等無狀，侵奪我州，我州但有斷頭將軍，無有降將軍也。」飛怒，令左右牽去斫頭，顏色不變，曰：「斫頭便斫頭，何為怒邪！」飛壯而釋之，引為賓客。飛所過戰克，與先主會於成都。益州既平，賜諸葛亮、法正、飛及關羽金各五百斤，銀千斤，錢五千萬，錦千匹，其餘頒賜各有差，以飛領巴西太守。

曹公破張魯，留夏侯淵、張郃守漢川。郃別督諸軍下巴西，欲徙其民於漢中，進軍宕渠、蒙頭、蕩石，與飛相拒五十餘日。飛率精卒萬餘人，從他道邀郃軍交戰，山道迮狹，前後不得相救，飛遂破郃。郃棄馬緣山，獨與麾下十餘人從間道退，引軍還南鄭，巴土獲安。先主為漢中王，拜飛為右將軍，假節。章武元年，遷車騎將軍，領司隸校尉，進封西鄉侯，策曰：「朕承天序，嗣奉洪業，除殘靖亂，未燭厥理。今寇虜作害，民被荼毒，思漢之士，延頸鶴望。朕用怛然，坐不安席，食不甘味，整軍誥誓，將行天罰。以君忠毅，侔蹤召虎，名宣遐邇，故特顯命，高墉進爵，兼司於京。其誕將天威，柔服以德，伐叛以刑，稱朕意焉。《詩》不雲乎，『匪疚匪棘，王國來極。肇敏戎功，用錫爾祉』。可不勉歟！」

初，飛雄壯威猛，亞於關羽，魏謀臣程昱等咸稱羽、飛萬人之敵也。羽善待卒伍而驕於士大夫，飛愛敬君子而不恤小人。先主常戒之曰：「卿刑殺既過差，又日鞭撾健兒，而令在左右，此取禍之道也。」飛猶不悛。先主伐吳，飛當率兵萬人，自閬中會江州。臨發，其帳下將張達、范強殺飛，持其首，順流而奔孫權。飛營都督表報先主，先主聞飛都督之有表也，曰：「噫！飛死矣。」追謚飛曰桓侯。長子苞，早夭。次子紹嗣，官至侍中、尚書僕射。苞子遵為尚書，隨諸葛瞻於綿竹，與鄧艾戰，死。

蜀書

關張馬黃趙傳・馬超

馬超字孟起，扶風郡茂陵人。其父馬騰，漢靈帝末年與邊章、韓遂等一同在西州舉兵起事。靈帝初平三年（一九二），韓遂、馬騰率領人馬前往長安。漢朝廷任命韓遂為鎮西將軍，派他領兵返回金城；任命馬騰為征西將軍，派他領兵駐紮郿縣。後來馬騰領兵襲擊長安，兵敗逃走，退回涼州。司隸校尉鍾繇鎮守關中，派人送信給韓遂、馬騰，為他們陳說利害關係。馬騰派馬超跟隨鍾繇前往平陽討伐郭援、高幹，馬超部將龐德親手砍下郭援的腦袋。後來馬騰與韓遂起了衝突，馬騰請求調還京城附近。於是朝廷召回馬騰，讓他擔任衛尉，任命馬超為偏將軍，封都亭侯，統率馬騰的兵馬。

馬超統領大軍後，便與韓遂聯合，又與楊秋、李堪、成宜等結盟，進兵逼近潼關。曹操與韓遂、馬超單獨在陣前會談，馬超仗著身強力壯，暗中打算突然衝上前活捉曹操，曹操身邊護衛許褚瞪眼怒視馬超，馬超才不敢輕舉妄動。曹操采納賈詡的計策，離間馬超、韓遂關係，使其互相猜疑，導致一敗涂地。馬超逃亡西戎少數民族部落，曹操追擊到安定，正趕上北方又起戰事，只得領兵東還。楊阜勸曹操說：「馬超有韓信、英布之勇，深得羌人、胡人的擁戴；如果大軍退還，不對他嚴加防備，那隴上各郡將不歸朝廷所有了。」後來馬超果然率領西戎各部襲擊隴上郡縣，隴上郡縣紛紛響應，殺死了涼州刺史韋康，占領冀城，占有當地的兵馬和民眾。馬超自稱征西將軍，兼任並州牧，執掌涼州軍事大權。韋康的部屬和當地人楊阜、姜敘、梁寬、趙衢等，合謀襲擊馬超。楊阜、姜敘先在鹵城發難，馬超離開冀城前去攻打，一時不能攻下；梁寬、趙衢乘機緊閉冀城城門，馬超無法進城，進退兩難，只得逃往漢中依附張魯。張魯不足以共謀大事，馬超因此抑鬱不樂，當聽說劉備在成都圍攻劉璋時，便派人暗中送去密信請求投降劉備。

劉備派人迎接馬超，馬超領兵徑直抵達成都城下。城中震恐不安，劉璋便投降了。劉備任命馬超為平西將軍，統轄臨沮，保持原都亭侯封號。劉備稱漢中王後，任命馬超為左將軍，並授予符節。章武元年（二二一），馬超被晉升為驃騎將軍，兼涼州牧，晉爵為鄉侯，策書上說：「朕德行淺薄，繼承了皇位，承上天之命接掌漢室社稷。曹操父子，罪惡滔天，朕憂憤傷悲，痛心疾首。天下怨恨曹氏，盼望復興漢室，乃至氐、羌歸順，獯鬻傾慕正義。由於您的信義聞名於北部，威望、武藝極為顯赫，因此朕將重任托付於您，望您威武昭示，守衛萬里之疆，消除百姓的疾苦。希望您弘揚朝廷的仁義教化，招撫安定遠近各方，慎重施行賞罰，以加固漢朝福祉，無愧於天下百姓。」章武二年（二二二），馬超去世，時年四十七歲。馬超臨終前上奏，說：「臣宗族二百餘人，幾乎被曹操殺光了，只有堂弟馬岱，是衰敗的馬氏血脈，當為宗廟祭祀。僅此拜托陛下，再無他言。」劉備追謚馬超為威侯，其子馬承繼承他的爵位。馬岱官至平北將軍，晉爵陳倉侯。馬超的女兒嫁給了安平王劉理。

【原文】

馬超字孟起，扶風茂陵人也。父騰，靈帝末與邊章、韓遂等俱起事於西州。初平三年，遂、騰率眾詣長安。漢朝以遂為鎮西將軍，遣還金城，騰為征西將軍，遣屯郿。後騰襲長安，敗走，退還涼州。司隸校尉鍾繇鎮關中，移書遂、騰，為陳禍福。騰遣超隨繇討郭援、高幹於平陽，超將龐德親斬援首。後騰與韓遂不和，求還京畿。於是征為衛尉，以超為偏將軍，封都亭侯，領騰部曲。

超既統眾，遂與韓遂合從，及楊秋、李堪、成宜等相結，進軍至潼關。曹公與遂、超單馬會語，超負其多力，陰欲突前捉曹公，曹公左右將許褚瞋目之，超乃不敢動。曹公用賈詡謀，離間超、遂，更相猜疑，軍以大敗。超走保諸戎，曹公追至安定，會北方有事，引軍東還。楊阜說曹公曰：「超有信、布之勇，甚得羌、胡心。若大軍還，不嚴為其備，隴上諸郡非國家之有也。」超果率諸戎以擊隴上郡縣，隴上郡縣皆應之，殺涼州刺史韋康，據冀城，有其眾。超自稱征西將軍，領並州牧，督涼州軍事。康故吏民楊阜、姜敘、梁寬、趙衢等，合謀擊超。阜、敘起於鹵城，超出攻之，不能下；寬、衢閉冀城門，超不得入。進退狼狽，乃奔漢中依張魯。魯不足與計事，內懷於邑，聞先主圍劉璋於成都，密書請降。

先主遣人迎超，超將兵徑到城下。城中震怖，璋即稽首，以超為平西將軍，督臨沮，因為前都亭侯。先主為漢中王，拜超為左將軍，假節。章武元年，遷驃騎將軍，領涼州牧，進封斄鄉侯，策曰：「朕以不德，獲繼至尊，奉承宗廟。曹操父子，世載其罪，朕用慘怛，疢如疾首。海內怨憤，歸正反本，暨於氐、羌率服，獯鬻慕義。以君信著北土，威武並昭，是以委任授君，抗颺虓虎，兼董萬里，求民之瘼。其明宣朝化，懷保遠邇，肅慎賞罰，以篤漢祜，以對於天下。」二年卒，時年四十七。臨沒上疏曰：「臣門宗二百餘口，為孟德所誅略盡，惟有從弟岱，當為微宗血食之繼，深托陛下，余無復言。」追謚超曰威侯，子承嗣。岱位至平北將軍，進爵陳倉侯。超女配安平王理。

蜀書

關張馬黃趙傳・黃忠

黃忠字漢升，南陽郡人。荊州牧劉表任命他為中郎將，黃忠與劉表的侄子劉磐共同鎮守長沙郡攸縣。曹操奪得荊州後，黃忠代行裨將軍之職，仍留在原來任所，歸長沙太守韓玄統轄。劉備平定江南各郡，黃忠歸順劉備，跟隨劉備進入蜀地。黃忠在葭萌接受劉備命令，回頭攻打劉璋。黃忠作戰時常身先士卒，勇猛果毅為三軍之首。平定益州後，黃忠被任命為討虜將軍。建安二十四年（二一九），黃忠在漢中定軍山攻打夏侯淵。夏侯淵所率領的是精銳之師，黃忠奮力向前推進，激勵士卒，戰鼓震天，吶喊聲響徹山谷，一戰便斬殺夏侯淵，夏侯淵的部隊潰不成軍。黃忠因此被提拔為征西將軍。同年，劉備稱漢中王，打算任命黃忠為後將軍，諸葛亮勸劉備道：「黃忠的名望向來不能與關羽、馬超等人相提並論，如今讓他們平起平坐，馬超、張飛就在附近，親聞目睹黃忠的功勳，還可以理解您的意思，遠在荊州的關羽聽說這件事，恐怕會不高興，這樣做不太好吧？」劉備說：「我自會給關羽解釋的！」於是黃忠得到與關羽等人相等的職位，被封為關內侯。第二年黃忠去世，被追謚為剛侯。他的兒子黃敘早死，沒有後代。

【原文】

黃忠字漢升，南陽人也。荊州牧劉表以為中郎將，與表從子磐共守長沙攸縣。及曹公克荊州，假行裨將軍，仍就故任，統屬長沙太守韓玄。先主南定諸郡，忠遂委質，隨從入蜀。自葭萌受任，還攻劉璋，忠常先登陷陣，勇毅冠三軍。益州既定，拜為討虜將軍。建安二十四年，於漢中定軍山擊夏侯淵。淵眾甚精，忠推鋒必進，勸率士卒，金鼓振天，歡聲動谷，一戰斬淵，淵軍大敗。遷征西將軍。是歲，先主為漢中王，欲用忠為後將軍，諸葛亮說先主曰：「忠之名望，素非關、馬之倫也，而今便令同列。馬、張在近，親見其功，尚可喻指；關遙聞之，恐必不悅，得無不可乎！」先主曰：「吾自當解之。」遂與羽等齊位，賜爵關內侯。明年卒，追謚剛侯。子敘，早沒，無後。

蜀書

關張馬黃趙傳・趙雲

趙雲字子龍，常山郡真定人。他本屬公孫瓚，公孫瓚派劉備援助田楷共同抗擊袁紹，趙雲隨同前往，為劉備指揮騎兵。當劉備被曹操追擊退至當陽長阪，拋妻棄子向南逃時，趙雲懷抱劉備幼年的兒子，也就是後主劉禪，保護著甘夫人，也就是劉禪的母親，使母子二人幸免於難。後趙雲升任為牙門將軍。劉備率軍入蜀時，趙雲留守荊州。

劉備從葭萌回師攻打劉璋，召諸葛亮入蜀。諸葛亮率領趙雲、張飛等沿長江逆流而上，平定沿途郡、縣。到達江州後，諸葛亮分出一支人馬由趙雲率領，沿岷江直上江陽，與諸葛亮會合於成都。成都平定後，劉備任命趙雲為翊軍將軍。建興元年（二二三），趙雲任中護軍、征南將軍，獲封永昌亭侯，後又升任鎮東將軍。建興五年（二二七），趙雲跟隨諸葛亮駐守漢中。第二年，諸葛亮出兵伐魏，聲稱從斜谷道出兵，魏大將曹真派大軍抵擋。諸葛亮命令趙雲與鄧芝前去迎戰曹軍，自己則率領大軍進攻祁山。趙雲、鄧芝兵力弱小而魏軍勢力強大，因此在箕谷受挫，但他們收整人馬固守險要，避免遭受慘敗。軍隊回撤後，趙雲被貶為鎮軍將軍。

建興七年（二二九），趙雲去世，被追謚為順平侯。

當初，劉備在位時，只有法正被追封謚號。後主劉禪在位時，諸葛亮功勳德行蓋世，蔣琬、費禕擔負國家重任，也加了謚號。陳祇受到寵幸，給予特別的獎勵，夏侯霸自遠方來歸順，所以也得到謚號；於是關羽、張飛、馬超、龐統、黃忠和趙雲都追加謚號，當時被認為是特別榮耀的事。趙雲之子趙統繼承了父親的爵位，官至虎賁中郎，代理領軍之職。次子趙廣，官至牙門將，隨姜維駐守沓中，臨陣戰死。

【原文】

趙雲字子龍，常山真定人也。本屬公孫瓚，瓚遣先主為田楷拒袁紹，雲遂隨從，為先主主騎。及先主為曹公所追於當陽長阪，棄妻子南走，雲身抱弱子，即後主也，保護甘夫人，即後主母也，皆得免難。遷為牙門將軍。先主入蜀，雲留荊州。

先主自葭萌還攻劉璋，召諸葛亮。亮率雲與張飛等俱泝江西上，平定郡縣。至江州，分遣雲從外水上江陽，與亮會於成都。成都既定，以雲為翊軍將軍。建興元年，為中護軍、征南將軍，封永昌亭侯，遷鎮東將軍。五年，隨諸葛亮駐漢中。明年，亮出軍，揚聲由斜谷道，曹真遣大眾當之。亮令雲與鄧芝往拒，而身攻祁山。雲、芝兵弱敵強，失利於箕谷，然斂眾固守，不至大敗。軍退，貶為鎮軍將軍。

七年卒，追謚順平侯。

初，先主時，惟法正見謚。後主時，諸葛亮功德蓋世，蔣琬、費禕荷國之重，亦見謚；陳祗寵待，特加殊獎，夏侯霸遠來歸國，故復得謚；於是關羽、張飛、馬超、龐統、黃忠及雲乃追謚，時論以為榮。雲子統嗣，官至虎賁中郎，督行領軍。次子廣，牙門將，隨姜維沓中，臨陣戰死。

蜀書
龐統法正傳・龐統

龐統字士元，襄陽郡人。早年為人純樸，不露才智，當時沒有人認識到他的才華。潁川名士司馬徽清高儒雅，善於鑑識人才，龐統二十歲時前去拜訪司馬徽，司馬徽正從樹上採桑葉，讓龐統坐在樹下，兩人交談從白天一直到夜晚。司馬徽對龐統的才華深感驚訝，稱贊他是南方讀書人中出類拔萃者，龐統的名聲從此漸漸傳開了。之後龐統被郡守任命為功曹。龐統生性注重人倫道德，盡心盡力於贍養老人、撫育子女。他每次贊揚誇獎他人這方面做得好時，總是言過其實。當時的人覺得奇怪而向他詢問，龐統答道：「如今天下大亂，人倫道德淪喪，好人少而壞人多。要想復興良好的風俗，增強人的道德觀念，不將值得贊譽的人盡量說得更完美些，他們的名聲就不足以讓他人仰慕效仿，不能讓人們仰慕效仿好的行為，那做好事的人將會更少。現在我贊揚十個人而有五個是不夠格的，那還有一半是合格的。用這合格的一半向社會宣傳教化，使有志於行善之人自我勉勵，不是也挺好的嗎？」東吳大將周瑜協助劉備奪得荊州，因此兼任南郡太守。周瑜去世後，龐統護送周瑜的靈柩回東吳，東吳很多人士都聽說過龐統的盛名。當龐統辭別西歸時，東吳名士聚集在昌門為其送行，陸、顧劭、全琮都來了。龐統說：「陸先生稱得上是匹駑馬，奔馳的能力卻綽綽有餘；顧先生稱得上是頭駑牛，能拉著重車去很遠的地方。」又對全琮說：「您樂善好施而喜好名聲，有些像汝南的樊子昭。雖然才能一般，也稱得上一時傑出的人才！」陸、顧劭對龐統說：「到天下太平之時，再與您一起品評天下名士。」他們與龐統結為至交，送他歸返。

劉備兼任荊州牧後，龐統以荊州從事的身份代理耒陽縣令。他在任上不理政務，被免除官職。東吳將領魯肅寫信對劉備說：「龐士元不是治理百里小縣之人，讓他擔任治中、別駕之類的職務，他才能施展傑出的才能。」諸葛亮也對劉備說過類似的話，於是劉備召見龐統深談了一番，從此對他非常器重，任命他為治中從事。劉備對龐統的親近信任僅次於對諸葛亮，龐統從此與諸葛亮一同擔任軍師中郎將。諸葛亮留守荊州，龐統隨從劉備進入蜀地。

益州牧劉璋與劉備在涪城相會，龐統向劉備獻策道：「趁今日會面之機，就可將劉璋拿下，這樣將軍不需要勞師動眾就可以坐得益州。」劉備說：「剛進入別人的地盤，恩德信義尚未建立，這是不可行的。」劉璋返回了成都，劉備準備替劉璋北上征討漢中的張魯，龐統再次勸劉備道：「暗中選派精兵，晝夜兼程，抄小道襲擊成都。劉璋既沒有統率兵馬之才，又向來沒有戒備，我大軍突然殺到，一舉便能奪得成都，這是上策。楊懷、高沛，是劉璋手下的名將，各自倚仗手中強大的兵力，據守要害關隘，聽說他們曾多次寫信勸諫劉璋，要劉璋打發將軍您回荊州。您未到白水關時，先派人去告知他們，就說荊州遇到緊急情況，準備回軍救援，同時讓我軍將士整理行裝，裝作將回撤的樣子。這二人既欽佩將軍的英名，又高興您撤走，估計一定會輕裝前來拜送將軍，將軍可趁機將他們捉拿，隨即收編他們的軍隊，然後回頭揮師攻打成都，這是中策。先退至白帝城，會合荊州的兵馬，再慢慢設法奪得益州，這是下策。如果猶豫不決滯留此地，定會陷入極大的困境，切不可長久拖延啊。」劉備採用了中策，隨即殺了楊懷、高沛，回師攻打成都，沿途郡縣都被攻克。劉備在涪城聚集眾將士，大擺筵席奏樂慶賀，席間對龐統說：「今日盛大宴會，真是大快人心。」龐統說：「攻占了別人的地盤而以之為快樂，這不是仁義之師所為！」這時劉備已有醉意，怒斥道：「武王伐紂，前歌後舞，難道不是仁義之師嗎？你胡言亂語，應該馬上給我出去！」龐統猶疑了一會兒便退下了。劉備很快就後悔了，派人將龐統請了回來。龐統回到原來的座位上，沒有看劉備，也不道歉，只管自己吃喝。劉備問他：「剛才的爭論，究竟錯在誰？」龐統答道：「君臣都有錯。」劉備大笑，宴席又恢復歡樂的氣氛。

進軍圍攻洛縣時，龐統率軍攻城，被亂箭射中，陣亡，年僅三十六歲。劉備十分痛惜，提及此事便會流淚。龐統的父親被任命為議郎，後升任諫議大夫，諸葛亮親自主持了授官儀式。追封龐統為關內侯，追加謚號靖侯。龐統的兒子龐宏，字巨師，為人剛正，喜歡品評人物，因瞧不起尚書令陳祗，遭到陳祗的排擠壓制，死於涪陵太守任上。龐統的弟弟龐林，以參軍身份隨荊州治中從事、鎮北將軍黃權攻打吳國，遇上蜀軍兵敗，隨黃權投降魏國，受到魏國封侯，官至巨鹿太守。

【原文】

龐統字士元，襄陽人也。少時樸鈍，未有識者。潁川司馬徽清雅有知人鑑，統弱冠往見徽，徽採桑於樹上，坐統在樹下，共語自晝至夜。徽甚異之，稱統當為南州士之冠冕，由是漸顯。後郡命為功曹。性好人倫，勤於長養。每所稱述，多過其才，時人怪而問之，統答曰：「當今天下大亂，雅道陵遲，善人少而惡人多。方欲興風俗，長道業，不美其譚即聲名不足慕企，不足慕企而為善者少矣。今拔十失五，猶得其半，而可以崇邁世教，使有志者自勵，不亦可乎？」吳將周瑜助先主取荊州，因領南郡太守。瑜卒，統送喪至吳，吳人多聞其名。及當西還，並會昌門，陸、顧劭、全琮皆往。統曰：「陸子可謂駑馬有逸足之力，顧子可謂駑牛能負重致遠也。」謂全琮曰：「卿好施慕名，有似汝南樊子昭。雖智力不多，亦一時之佳也。」、劭謂統曰：「使天下太平，當與卿共料四海之士。」深與統相結而還。

先主領荊州，統以從事守耒陽令，在縣不治，免官。吳將魯肅遺先主書曰：「龐士元非百里才也，使處治中、別駕之任，始當展其驥足耳。」諸葛亮亦言之於先主，先主見與善譚，大器之，以為治中從事。親待亞於諸葛亮，遂與亮並為軍師中郎將。亮留鎮荊州。統隨從入蜀。

益州牧劉璋與先主會涪，統進策曰：「今因此會，便可執之，則將軍無用兵之勞而坐定一州也。」先主曰：「初入他國，恩信未著，此不可也。」璋既還成都，先主當為璋北征漢中，統復說曰：「陰選精兵，晝夜兼道，徑襲成都，璋既不武，又素無預備，大軍卒至，一舉便定，此上計也。楊懷、高沛，璋之名將，各仗強兵，據守關頭，聞數有箋諫璋，使發遣將軍還荊州。將軍未至，遣與相聞，說荊州有急，欲還救之，並使裝束，外作歸形；此二子既服將軍英名，又喜將軍之去，計必乘輕騎來見，將軍因此執之，進取其兵，乃向成都，此中計也。退還白帝，連引荊州，徐還圖之，此下計也。若沉吟不去，將致大困，不可久矣。」先主然其中計，即斬懷、沛，還向成都，所過輒克。於涪大會，置酒作樂，謂統曰：「今日之會，可謂樂矣。」統曰：「伐人之國而以為歡，非仁者之兵也。」先主醉，怒曰：「武王伐紂，前歌後舞，非仁者邪？卿言不當，宜速起出！」於是統逡巡引退。先主尋悔，請還。統復故位，初不顧謝，飲食自若。先主謂曰：「向者之論，阿誰為失？」統對曰：「君臣俱失。」先主大笑，宴樂如初。

進圍洛縣，統率眾攻城，為流矢所中，卒，時年三十六。先主痛惜，言則流涕。拜統父為議郎，遷諫議大夫，諸葛亮親為之拜。追賜統爵關內侯，謚曰靖侯。統子宏，字巨師，剛簡有臧否，輕傲尚書令陳祗，為祗所抑，卒於涪陵太守。統弟林，以荊州治中從事參鎮北將軍黃權征吳，值軍敗，隨權入魏，魏封列侯，至巨鹿太守。

蜀書

劉彭廖李劉魏楊傳・魏延

魏延字文長，義陽人。他率領自己的一支武裝隨劉備入蜀，屢立戰功，被提拔為牙門將軍。劉備自立為漢中王，遷治所至成都，需要一位有分量的大將鎮守漢川，大家議論都認為會是張飛，張飛也心想必定是自己。劉備卻讓魏延掌管漢中，提拔他為鎮遠將軍，兼任漢中太守，全軍上下無不驚訝。劉備大宴群臣，問魏延道：「現在對你委以重任，你受命後有何打算？」魏延答道：「若是曹操率領全天下的兵馬打過來，請讓我為大王您抗擊他；如果是派將領率十萬人馬來犯，請讓我為大王您吃掉他們。」劉備聽了連連稱贊，眾人也都敬佩他的豪言。劉備稱帝後，又提拔魏延為鎮北將軍。建興元年（二二三），魏延被封為都亭侯。建興五年（二二七），諸葛亮駐軍漢中，更是以魏延統率前軍，兼任丞相府司馬、涼州刺史。建興八年（二三〇），派魏延率軍往西進入羌中，魏國後將軍費瑤、雍州刺史郭淮與魏延大戰於陽溪，魏延將郭淮等殺得大敗，因此升任前軍師、征西大將軍，授予符節，晉封南鄭侯。

魏延每次隨諸葛亮出征，都希望獨自率領一萬人馬，與諸葛亮分兵兩路進發，會師潼關，像韓信當初那樣，諸葛亮總是拒絕沒有答應。魏延常以為諸葛亮膽小，感嘆自己的才能沒能得到充分發揮。魏延善待士卒，勇猛過人，又性格驕矜高傲，當時大家都對他敬而遠之。唯獨楊儀對他毫不謙讓，魏延因此懷恨在心，兩人水火不容。建興十二年（二三四），諸葛亮出兵北谷口，以魏延為先鋒。魏延在距諸葛亮大營十里處駐紮，晚上夢見自己頭上長角，於是詢問善於占卜圓夢的趙直，趙直騙他說：「麟麒有角而不用角，這是未戰而敵人自敗的征兆。」退下後，趙直對別人說：「角這個字，上刀下用；頭上用刀，這是最凶險的！」

當年秋天，諸葛亮病重，秘密地與長史楊儀、司馬費禕、護軍姜維等交代他去世後退軍的安排。讓魏延斷後，然後是姜維；如果魏延不服從軍令，大軍便自己回撤。諸葛亮病逝後，秘不發喪，楊儀派費禕前去打探魏延態度。魏延說：「丞相雖然死了，我還在呢，丞相府中的親信屬官可護送靈柩回去辦喪事，我自然應當率領各軍進擊賊軍，怎麼可以因為一人死了而耽誤討伐敵人的大業呢？再說我魏延是何等人，豈能受楊儀的指派，去做斷後的將軍！」因此要同費禕一同商議人員去留的安排，要求費禕寫成文書由他們共同署名，告訴手下各位將領。費禕騙他說：「我應該回去向楊儀解釋您的意見，他是個文官，不太懂軍事，一定不會違抗您的意見。」費禕一出魏延營門就縱馬而去，魏延隨即後悔了，要追也來不及了。魏延派人去察看楊儀等人的動靜，這才知道他們準備按諸葛亮生前的布置，各營依次撤退。魏延大怒，趕在楊儀尚未撤軍之時，率先帶著自己的部隊徑直南下，沿途焚毀所經過的棧道。魏延、楊儀各自上表控告對方叛變，一日之內告急文書都送到朝廷。劉禪就此事詢問侍中董允、留府長史蔣琬，蔣、董二人都保證楊儀不會叛變而懷疑魏延。楊儀等劈山開道，晝夜兼行，也跟隨魏延之後而歸。魏延先到達，占據南谷口，派兵阻擊楊儀等。楊儀等命令何平率軍在前抵禦魏延。何平斥責魏延搶先撤退的行徑：「丞相剛去世，屍骨未寒，你們這些人竟敢如此妄為！」魏延的部下知道魏延理虧，不肯為他賣命，全部潰散。魏延只與他兒子帶著數人逃往漢中。楊儀派馬岱追趕將其斬殺。馬岱將魏延的腦袋交給楊儀，楊儀起身用腳踏著魏延的頭說：「庸奴！還能作惡嗎？」於是誅滅了魏延三族。當初，蔣琬得知魏延搶先回撤，便率領禁衛軍北上阻截。走了數十里，魏延被殺的消息傳來，他又返回了。原先魏延沒有北去投降魏國，而是南下返回，應該只是為了殺楊儀等人。諸位將領向來不和睦，當時時論認為一定是魏延接替諸葛亮。魏延也是這樣想，而並非想背叛蜀國。

【原文】

魏延字文長，義陽人也。以部曲隨先主入蜀，數有戰功，遷牙門將軍。先主為漢中王，遷治成都，當得重將以鎮漢川，眾論以為必在張飛，飛亦以心自許。先主乃拔延為督漢中鎮遠將軍，領漢中太守，一軍盡驚。先主大會群臣，問延曰：「今委卿以重任，卿居之欲云何？」延對曰：「若曹操舉天下而來，請為大王拒之；偏將十萬之眾至，請為大王吞之。」先主稱善，眾咸壯其言。先主踐尊號，進拜鎮北將軍。建興元年，封都亭侯。五年，請諸葛亮駐漢中，更以延為督前部，領丞相司馬、涼州刺史。八年，使延西入羌中，魏後將軍費瑤、雍州刺史郭淮與延戰於陽溪，延大破淮等，遷為前軍師、征西大將軍，假節，進封南鄭侯。

延每隨亮出，輒欲請兵萬人，與亮異道會於潼關，如韓信故事，亮制而不許。延常謂亮為怯，嘆恨己才用之不盡。延既善養士卒，勇猛過人，又性矜高，當時皆避下之。唯楊儀不假借延，延以為至忿，有如水火。十二年，亮出北谷口，延為前鋒。出亮營十里，延夢頭上生角，以問占夢趙直，直詐延曰：「夫麒麟有角而不用，此不戰而賊欲自破之象也。」退而告人曰：「角之為字，刀下用也；頭上用刀，其凶甚矣。」

秋，亮病困，密與長史楊儀、司馬費禕、護軍姜維等作身歿之後退軍節度，令延斷後，姜維次之；若延或不從命，軍便自發。亮適卒，秘不發喪，儀令禕往揣延意指。延曰：「丞相雖亡，吾自見在。府親官屬便可將喪還葬，吾自當率諸軍擊賊，雲何以一人死廢天下之事邪?且魏延何人,當為楊儀所部勒,作斷後將乎!」因與禕共作行留部分,令禕手書與己連名,告下諸將。禕紿延曰:「當為君還解楊長史,長史文吏,稀更軍事,必不違命也。」禕出門馳馬而去,延尋悔,追之已不及矣。延遣人覘儀等,遂使欲案亮成規,諸營相次引軍還。延大怒,攙儀未發,率所領徑先南歸,所過燒絕閣道。延、儀各相表叛逆,一日之中,羽檄交至。後主以問侍中董允、留府長史蔣琬,琬、允咸保儀疑延。儀等槎山通道,晝夜兼行,亦繼延後。延先至,據南谷口,遣兵逆擊儀等,儀等令何平在前御延。平叱延先登曰:「公亡,身尚未寒,汝輩何敢乃爾!」延士眾知曲在延,莫為用命,軍皆散。延獨與其子數人逃亡,奔漢中。儀遣馬岱追斬之,致首於儀,儀起自踏之,曰:「庸奴!復能作惡不?」遂夷延三族。初,蔣琬率宿衛諸營赴難北行,行數十里,延死問至,乃旋。原延意不北降魏而南還者,但欲除殺儀等。平日諸將素不同,冀時論必當以代亮。本指如此。不便背叛。

蜀書

蔣琬費禕姜維傳・姜維

姜維字伯約，天水郡冀縣人。他幼年喪父，與母親一起生活。姜維喜好鄭玄的經學。他出仕後在郡府任上計掾，州府征召他為從事。姜維的父親姜冏曾任天水郡功曹，當時正遇上羌人、戎人叛亂，他挺身護衛郡守，死在戰場，因此朝廷任命姜維為中郎，參與天水郡軍事事務。建興六年（二二八），蜀相諸葛亮出師祁山，當時魏國天水太守外出巡視，姜維和功曹梁緒、主簿尹賞、主記梁虔等隨行。太守聽說蜀軍將至，各縣紛紛響應，懷疑姜維等人也懷有背叛之心，因此當夜逃到上邽固守。姜維等發覺太守跑了，追趕不及，至上邽城下，城門已經關死，不讓他們進城。姜維等一同返回冀縣，冀縣也不讓他們進去。姜維等人只得去拜見諸葛亮。當時正趕上馬謖敗於街亭，諸葛亮帶領西縣一千多戶百姓和姜維等回撤，因而姜維與母親失散。諸葛亮任命姜維為倉曹掾，加授奉義將軍，封當陽亭侯，當時他二十七歲。諸葛亮在給留府長史張裔、參軍蔣琬的信中說：「姜伯約忠於職守，勤於事務，思考問題精細周密，考察他的德行，即便永南、季常等人也不及他。此人確實是涼州傑出的人才。」又說：「應先把五六千禁衛軍交給他訓練。姜伯約非常精通軍事，既有膽略義氣，又熟知用兵韜略。此人忠於漢朝，而又才能出眾，等訓練軍隊之後，應該送他入京，朝拜天子。」後來姜維升任中監軍、征西將軍。

建興十二年（二三四），諸葛亮病逝，姜維回到成都，任右監軍、輔漢將軍，統率各路人馬，加封平襄侯。延熙元年（二三八），姜維隨大將軍蔣琬駐守漢中，蔣琬升任大司馬後，姜維任司馬，多次率領一部分軍隊西進。延熙六年（二四三），姜維被提升為鎮西大將軍，兼涼州刺史。延熙十年（二四七），又升為衛將軍，與大將軍費禕一起彔尚書事。同年，汶山平康少數民族叛亂，姜維率軍討伐，平息了反叛。又出兵隴西、南安、金城地區，在洮西與魏國大將軍郭淮、夏侯霸等交戰。胡王治無戴等帶領自己整個部族歸降，姜維送他們返回原地並安頓好。延熙十二年（二四九），後主劉禪授予姜維符節，又派他出兵西平，但沒能獲勝，姜維返回。姜維自以為熟悉西部地區的風俗民情，又對自己的才能武藝自負，想要誘使各羌人、胡人的部落歸附，認為這樣隴西之地可以絕對屬於蜀國。姜維每次想大舉興兵，費禕常常不聽其謀而加以限制，撥給他的兵馬不超過一萬人。

延熙十六年（二五三）春，費禕死了。當年夏天，姜維率領數萬人馬出石營，經過董亭，包圍了南安，魏國雍州刺史陳泰來解圍到達了洛門。姜維因糧草耗盡而退兵。次年，朝廷提拔姜維掌管中外軍事。姜維再次出兵隴西，魏國狄道代理縣令李簡獻城投降。姜維進兵包圍襄武縣，與魏國將軍徐質交戰，將其殺於陣上，魏軍大敗而退。姜維乘勝追擊，許多地方投降歸順，他將河關、狄道、臨洮三縣的百姓遷徙後引兵返還。後來延熙十八年（二五五），又與車騎將軍夏侯霸等一道攻打狄道，在洮西大敗魏國雍州刺史王經，王經的部隊死了幾萬人。王經退守狄道城，姜維將其團團包圍。魏國征西將軍陳泰率大軍前來解圍，姜維退兵駐紮鍾題。

延熙十九年（二五六）春，朝廷派人來到姜維駐地任命他為大將軍。於是姜維又整頓軍馬，與鎮西大將軍胡濟約定在上邽會師，胡濟失約沒能趕到，使得姜維在段谷被魏國大將鄧艾打敗，將士潰散，傷亡慘重。大家由此產生怨言，而隴西地區也因此動蕩不寧。姜維引咎自責，自請削職貶官，被降為後將軍，代理大將軍職務。

延熙二十年（二五七），魏國征東大將軍諸葛誕在淮南反叛，魏國分出部分關中的軍隊東下對付諸葛誕。姜維想趁其兵力空虛進襲秦川，便再次率領數萬人馬出駱谷，徑直前往沈嶺。當時魏國在長城積囤的糧食多而守兵很少，得知姜維率軍將至，都十分恐慌。魏國大將軍司馬望帶兵抵禦，鄧艾也從隴右趕來相救，都駐軍長城。姜維前進駐紮在芒水，都倚山紮營。司馬望、鄧艾靠近渭水修築堅固的營壘駐守，姜維多次下戰書，司馬望、鄧艾置之不應。景耀元年（二五八），姜維得知諸葛誕城破兵敗，率軍返回成都，重新被任命為大將軍。

當初，劉備派魏延鎮守漢中，要求各營寨都加強兵力以抵禦外敵。敵人若是來攻，皆固守陣地，使其無法逾越。到了興勢之戰，王平抵禦曹爽，仍是沿襲這種戰術。姜維認為，交錯防守各營寨雖合於《周易》「重門」的道理，但只能被動地防禦，卻不能獲得更大的好處。不如探聽到敵軍出動，各營寨就收攏人馬聚集糧草，退守漢、樂二城，使敵軍不能進入平川，並且層層關隘設防以抵禦敵人。出現敵情時，讓游擊部隊一同前進探其虛實。敵軍攻克要塞，四處又找不到散失的糧草，軍糧遠在千里之外，自然疲乏不堪。待其回撤之時，各城人馬一齊出動，與游擊部隊合力奮戰，這是殲滅敵人的好辦法。於是命令督守漢中的胡濟退守漢壽，監軍王含守樂城，護軍蔣斌守漢城，又在西安、建威、武衛、石門、武城、建昌、臨遠等處都建立營壘駐守。

景耀五年（二六二），姜維率軍出兵漢城、侯和，被鄧艾擊敗，回撤駐守沓中。姜維本是客居異國他鄉，連年征戰而沒能建立功勳，而宦官黃皓等在朝廷玩弄權術，右大將軍閻宇與其狼狽為奸，黃皓暗中圖謀廢除姜維讓閻宇替代姜維。姜維也猜到了黃皓的圖謀，因此擔心害怕，不再返還成都。景耀六年（二六三），姜維上表後主劉禪說：「聽說鍾會在關中整軍練兵，企圖進犯我國，應該同時派張翼、廖化統率各軍，分別把守陽安關口、陰平橋頭，以防患於未然。」黃皓迷信鬼神巫術，聲稱敵人最終不能打進來，啟奏後主不要按姜維說的做，而朝中大臣全然不知道此事。等到鍾會即將進攻駱谷，鄧艾即將進入沓中，朝廷才派右車騎將軍廖化前往沓中援助姜維，派左車騎將軍張翼、輔國大將軍董厥等前往陽安關口，作為各邊防營寨的外援。等蜀軍到陰平時，聽說魏將諸葛緒正向建威進軍，便駐紮下來等待敵人。一個多月後，姜維被鄧艾擊敗，退守陰平。鍾會圍攻漢、樂二城，另派將領進攻陽安關口，蔣舒開城投降，傅僉奮戰陣亡。鍾會攻打樂城不能得手，聽說陽安關口已經攻下，便率軍長驅直入。張翼、董厥剛到漢壽，姜維、廖化也放棄陰平後撤，恰好與張翼、董厥會合，一同退保劍閣抵抗鍾會。鍾會寫信對姜維說：「公侯您文武全才，懷蓋世謀略，在巴、蜀建立功勳，聲名傳遍華夏，遠近無不推崇。每每思念以往，我們曾共沐大魏教化，吳季札、鄭子產的友誼，可用來譬喻我們之間的關係。」姜維沒有回覆，布置各軍據守險要。鍾會攻不下來，糧草運輸路程遙遠，便計劃撤軍。

而鄧艾從陰平由景谷道小路進入蜀境，在綿竹擊敗諸葛瞻。後主劉禪向鄧艾請降，鄧艾進駐成都。姜維等當初聽說諸葛瞻戰敗，又有傳說後主準備死守成都，也有傳說後主打算東去投奔吳國，還有傳說後主要南下去建寧，於是姜維率領軍隊退至廣漢、郪縣一帶，一路上探查虛實。不久接到後主詔命，於是放下武器，解除鎧甲，到涪縣鍾會軍前投降。將士們都怒不可遏，拔刀砍石。

鍾會厚待姜維等人，把印璽、令號、符節、車蓋暫且還給姜維。鍾會與姜維出則同車，坐則同席。鍾會對長史杜預說：「用姜伯約來比中原的名士，即使諸葛誕、夏侯玄也趕不上啊。」鍾會誣陷鄧艾後，鄧艾被關進囚車押送魏都。鍾會帶著姜維等進入成都，自稱益州牧而反叛。鍾會要給姜維五萬人馬，作為先鋒部隊。魏國將士十分憤怒，殺死了鍾會和姜維，姜維的妻子兒女都被殺了。

郤正撰文評論姜維：「姜伯約居上將之位，處群臣之首，居室簡陋，家無餘財，側室無侍妾之歡，後庭無音樂之娛，衣服僅求夠穿，車馬僅求能乘，節儉飲食，不華不奢，公家所給費用，隨手散於他人。觀察他這樣做的原因，並非為了激勵貪濁者抑制情欲，限制自己，只是滿足於已有的，而無過多要求。人們談論古今人物，常常贊揚成功者而貶低失敗者，贊譽得勢者而貶抑失勢者，都認為姜維錯投蜀國，死無葬身之地，還連累滅族，因此貶損他，而不加具體分析，這與《春秋》褒貶人物的宗旨大不相同。像姜維這樣好學不倦、清廉樸素，應為一代之楷模。」

【原文】

姜維字伯約，天水冀人也。少孤，與母居。好鄭氏學。仕郡上計掾，州辟為從事。以父冏昔為郡功曹，值羌、戎叛亂，身衛郡將，沒於戰場，賜維官中郎，參本郡軍事。建興六年，丞相諸葛亮軍向祁山，時天水太守適出案行，維及功曹梁緒、主簿尹賞、主記梁虔等從行。太守聞蜀軍垂至，而諸縣響應，疑維等皆有異心，於是夜亡保上邽。維等覺太守去，追遲，至城門，城門已閉，不納。維等相率還冀，冀亦不入維。維等乃俱詣諸葛亮。會馬謖敗於街亭，亮拔將西縣千餘家及維等還，故維遂與母相失。亮辟維為倉曹掾，加奉義將軍，封當陽亭侯，時年二十七。亮與留府長史張裔、參軍蔣琬書曰：「姜伯約忠勤時事，思慮精密，考其所有，永南、季常諸人不如也。其人，涼州上士也。」又曰：「須先教中虎步兵五六千人。姜伯約甚敏於軍事，既有膽義，深解兵意。此人心存漢室，而才兼於人，畢教軍事，當遣詣宮，覲見主上。」後遷中監軍、征西將軍。

十二年，亮卒，維還成都，為右監軍、輔漢將軍，統諸軍，進封平襄侯。延熙元年，隨大將軍蔣琬住漢中。琬既遷大司馬，以維為司馬，數率偏軍西入。六年，遷鎮西大將軍，領涼州刺史。十年，遷衛將軍，與大將軍費禕共衆尚書事。是歲，汶山平康夷反，維率眾討定之。又出隴西、南安、金城界，與魏大將軍郭淮、夏侯霸等戰於洮西。胡王治無戴等舉部落降，維將還安處之。十二年，假維節，復出西平，不克而還。維自以練西方風俗，兼負其才武，欲誘諸羌、胡以為羽翼，謂自隴以西可斷而有也。每欲興軍大舉，費禕常裁制不從，與其兵不過萬人。

十六年春，禕卒。夏，維率數萬人出石營，經董亭，圍南安。魏雍州刺史陳泰解圍至洛門，維糧盡退還。明年，加督中外軍事。復出隴西，守狄道長李簡舉城降。進圍襄武，與魏將徐質交鋒，斬首破敵，魏軍敗退。維乘勝多所降下，拔河關、狄道、臨洮三縣民還。後十八年，復與車騎將軍夏侯霸等俱出狄道，大破魏雍州刺史王經於洮西，經眾死者數萬人。經退保狄道城，維圍之。魏征西將軍陳泰進兵解圍，維卻住鐘題。

十九年春，就遷維為大將軍。更整勒戎馬，與鎮西大將軍胡濟期會上邽。濟失誓不至，故維為魏大將鄧艾所破於段谷，星散流離，死者甚眾。眾庶由是怨，而隴已西亦騷動不寧。維謝過引負，求自貶削。為後將軍，行大將軍事。

二十年，魏征東大將軍諸葛誕反於淮南，分關中兵東下。維欲乘虛向秦川，復率數萬人出駱谷，徑至沈嶺。時長城積谷甚多而守兵乃少，聞維方到，眾皆惶懼。魏大將軍司馬望拒之，鄧艾亦自隴右，皆軍於長城。維前住芒水，皆倚山為營。望、艾傍渭堅圍，維數下挑戰，望、艾不應。景耀元年，維聞誕破敗，乃還成都。復拜大將軍。

初，先主留魏延鎮漢中，皆實兵諸圍以禦外敵。敵若來攻，使不得入。及興勢之役，王平捍拒曹爽，皆承此制。維建議，以為錯守諸圍，雖合《周易》「重門」之義，然適可御敵，不獲大利。不若使聞敵至，諸圍皆斂兵聚谷，退就漢、樂二城，使敵不得入平，且重關鎮守以捍之。有事之日，令游軍並進以伺其虛。敵攻關不克，野無散谷，千里縣糧，自然疲乏。引退之日，然後諸城並出，與游軍並力搏之，此殄敵之術也。於是令督漢中胡濟卻住漢壽，監軍王含守樂城，護軍蔣斌守漢城，又於西安、建威、武衛、石門、武城、建昌、臨遠皆立圍守。

五年，維率眾出漢、侯和，為鄧艾所破，還住沓中。維本羈旅托國，累年攻戰，功績不立，而宦官黃皓等弄權於內，右大將軍閻宇與皓協比，而皓陰欲廢維樹宇。維亦疑之，故自危懼，不復還成都。六年，維表後主：「聞鍾會治兵關中，欲規進取，宜並遣張翼、廖化督諸軍分護陽安關口、陰平橋頭，以防未然。」皓征信鬼巫，謂敵終不自致，啟後主寢其事，而群臣不知。及鍾會將向駱谷，鄧艾將入沓中，然後乃遣右車騎廖化詣沓中為維援，左車騎張翼、輔國大將軍董厥等詣陽安關口以為諸圍外助。比至陰平，聞魏將諸葛緒向建威，故住待之。月餘，維為鄧艾所摧，還住陰平。鍾會攻圍漢、樂二城，遣別將進攻關口，蔣舒開城出降，傅僉格鬥而死。會攻樂城，不能克，聞關口已下，長驅而前。翼、厥甫至漢壽，維、化亦舍陰平而退。適與翼、厥合，皆退保劍閣以拒會。會與維書曰：「公侯以文武之德，懷邁世之略，功濟巴、漢，聲暢華夏，遠近莫不歸名。每惟疇昔，嘗同大化，吳札、鄭喬，能喻斯好。」維不答書，列營守險。會不能克，糧運縣遠，將議還歸。

而鄧艾自陰平由景谷道傍入，遂破諸葛瞻於綿竹。後主請降於艾，艾前據成都。維等初聞瞻破，或聞後主欲固守成都，或聞欲東入吳，或聞欲南入建寧，於是引軍由廣漢、郪道以審虛實。尋被後主敕令，乃投戈放甲，詣會於涪軍前，將士咸怒，拔刀砍石。

會厚待維等，皆權還其印號節蓋。會與維出則同輿，坐則同席，謂長史杜預曰：「以伯約比中土名士，公休、太初不能勝也。」會既構鄧艾，艾檻車征，因將維等詣成都，自稱益州牧以叛。欲授維兵五萬人，使為前驅。魏將士憤怒，殺會及維，維妻子皆伏誅。

郤正著論論維曰：「姜伯約據上將之重，處群臣之右，宅舍弊薄，資財無餘，側室無妾媵之褻，後庭無聲樂之娛。衣服取供，輿馬取備，飲食節制，不奢不約，官給費用，隨手消盡；察其所以然者，非以激貪厲濁，抑情自割也，直謂如是為足，不在多求。凡人之談，常譽成毀敗，扶高抑下，咸以姜維投厝無所，身死宗滅，以是貶削，不復料擿，異乎《春秋》褒貶之義矣。如姜維之樂學不倦，清素節約，自一時之儀表也。」

吳書

孫破虜討逆傳‧孫堅

孫堅字文台，吳郡富春人，據稱是孫武的後代。他年輕時做過縣吏。十七歲那年，他與父親一同乘船到錢塘，遇上海盜胡玉等從匏裡上岸搶掠了商人錢財，正在岸上分贓，行人都不敢靠近，過往船隻也不敢前行。孫堅對父親說：「這些強盜可予以打擊，請讓我去會會他們。」父親說：「這不是你所能對付的。」孫堅已持刀上岸，用手指東指西，像是在分派人馬包抄海盜的樣子。那些海盜見狀，以為是官兵來捉捕他們，嚇得趕緊扔棄搶來的錢財逃之夭夭。孫堅上前追趕，砍下一個強盜的腦袋帶了回來。他的父親見狀大為驚訝。自此孫堅聲名大振，郡府征召他為代理校尉。會稽郡強盜許昌在句章作亂，自稱是陽明皇帝，與他的兒子許韶煽動周圍各縣，招集了幾萬人。孫堅以郡司馬的身份招募精兵，得千餘人。與州郡合力征剿，打敗了他們。這一年是漢熹平元年（一七二）。刺史臧旻向朝廷呈報了孫堅的功績，皇帝下詔任命孫堅為鹽瀆縣丞，幾年後改任盱眙縣丞，後又改任下邳縣丞。

中平元年（一八四），黃巾軍首領張角興起於魏郡，假托神靈，派八人前往青、徐、幽、冀、荊、揚、兗、豫八州宣揚太平道，以教化民眾，而暗中互相串連，自稱黃天泰平。三月初五，三十六方一同舉兵，天下百姓紛紛響應，焚燒郡縣官府，斬殺官吏。朝廷派車騎將軍皇甫嵩、中郎將朱俊領兵征討。朱俊上表請求讓孫堅出任佐軍司馬。在家鄉就跟隨孫堅的一批當時在下邳的青年都自願追隨他。孫堅又從往來的商人及淮河、泗水一帶招募精兵，共一千多名。孫堅與朱俊合力奮戰，所向披靡。汝、潁一帶的黃巾軍潰敗，逃至宛城堅守。孫堅獨當一面，率先登上城牆，眾兵卒蜂擁而上，大敗黃巾軍。朱俊將所有的情況奏明朝廷，詔命孫堅為別部司馬。

邊章、韓遂在涼州作亂，中郎將董卓征討無功。中平三年（一八六），朝廷派司空張溫代理車騎將軍，西進討伐邊章等。張溫上表請求派孫堅參與軍事，駐紮長安。張溫以詔書召見董卓，董卓過了好久才來拜見張溫。張溫斥責董卓，董卓回話卻蠻橫無理。孫堅當時也在座，向前悄悄對張溫說：「董卓不但不擔心被治罪反而出言狂妄，應當以未按時應召前來之罪，按軍法殺了他。」張溫說：「董卓向來在隴、蜀一帶享有威名，現在將他殺了，西征就沒有依靠了。」孫堅說：「明公率領天子的兵馬，威震天下，為什麼還要依賴董卓？聽董卓今日所言，根本不將您放在眼裡，輕上無禮，這是第一條罪狀。邊章、韓遂為非作歹已一年多，本當及時剿滅，董卓卻百般推托，使軍心沮喪，將士疑惑，這是第二條罪狀。董卓擔負重任而毫無戰功，召其前來又拖延耽擱，而且狂妄自傲，這是第三條罪狀。古代名將，受帝王之命統率大軍，無不果斷地斬處違犯軍紀者來顯示威嚴，因此有了穰苴斬莊賈、魏絳殺楊幹之事。現在您對董卓留情，不立即斬殺，使得軍威軍法受損，就在這裡了。」張溫不忍心執行軍法，於是說：「你暫且回營，免得董卓會懷疑你。」孫堅於是起身離去。邊章、韓遂得知大兵壓境，其黨徒紛紛離散，都請求投降。大軍班師，朝廷大臣議事，認為軍隊並未與敵交戰，不能論功論賞，然而他們聽說孫堅列舉董卓三大罪狀，勸張溫將其斬殺，無不嘆息。孫堅被任為議郎。其時長沙賊寇區星自稱將軍，聚眾萬餘人，圍攻城邑，朝廷就任命孫堅為長沙太守。孫堅到任後親率將士，擬定作戰方案，不到一月，就擊敗了區星等。周朝、郭石也糾集眾徒在零陵、桂陽起事，與區星遙相呼應。於是孫堅越境討伐，使得三郡都得以安定。朝廷根據孫堅前後建立的功績，封他為烏程侯。

漢靈帝駕崩後，董卓把持朝政，在京城橫行霸道。各州郡紛紛興起義兵，準備討伐董卓。孫堅也舉兵響應。荊州刺史王睿向來對孫堅無禮，孫堅順道將他殺了。孫堅的隊伍到南陽時，已有數萬人。南陽太守張咨聽說孫堅軍到，不以為意。孫堅以牛、酒為禮獻給張咨，張咨次日也回訪酬謝。飲酒正酣暢時，長沙主簿進來稟報孫堅：「日前有文書傳給南陽，但至今道路尚未修整，軍用錢糧沒準備好，請逮捕南陽主簿審訊原因。」張咨大為驚慌，起身想要離開，但四周已有士卒圍著，走不了。過了一會兒，長沙主簿又進來稟報孫堅：「南陽太守故意延誤義兵，使之不能及時討伐賊寇，請將其逮捕，按軍法處置。」隨即軍士將張咨拖往營門斬首。南陽郡中震驚萬分，孫堅部隊的任何要求都得到滿足。孫堅進軍魯陽，與袁術相見。袁術上表推薦孫堅為破虜將軍，兼豫州刺史。於是孫堅駐守魯陽城整頓軍隊。要進軍討伐董卓時，孫堅派長史公仇稱領兵回州督辦軍糧。孫堅在城東門外布置帳幔，設宴給公仇稱餞行，手下部屬都參與宴會。董卓派步兵、騎兵數萬人來迎擊孫堅，數十名輕騎兵先到達。孫堅正勸酒談笑，聞訊命令部隊整頓軍陣，不得妄動。董卓的騎兵漸漸多起來，孫堅這才慢慢起身，帶領大家入城，向身邊人解釋道：「剛才我之所以不急於起身，是擔心士兵混亂擁擠，大家都不能進城。」董卓的人馬見孫堅將士隊伍嚴整，不敢攻城，就退去了。孫堅將部隊轉移到梁城東邊駐紮，受到董卓軍隊的猛烈攻擊，孫堅只帶領幾十個騎兵突出重圍而去，孫堅時常戴紅色包頭巾，這時脫下頭巾令親信將領祖茂戴上。董卓的騎兵爭著追趕祖茂，孫堅因此得以從小路脫身。祖茂被追得走投無路，於是下馬，把頭巾放在墳地間的燒柱上，自己潛伏在草叢中。董卓騎兵望見，便將燒柱團團包住，等靠近才發現竟然是根柱子，於是敗興而去。孫堅又聚攏散失的人馬，在陽人與董卓軍交戰，將董卓軍打得大敗，斬了對方都督華雄的腦袋示眾。這時，有人在袁術面前離間他與孫堅的關係，袁術起了疑心，不再運送軍糧。陽人距魯陽一百多里地，孫堅連夜馳見袁術，畫圖示意，並說：「我之所以如此奮不顧身，上為國家討伐逆賊，下為將軍報家門私仇。我孫堅與董卓並沒有刻骨仇恨，而將軍您卻聽信小人讒言，對我起了疑心！」袁術面色尷尬，當即給孫堅調撥軍糧。孫堅返回駐地。董卓懼怕孫堅的勇猛強悍，於是派將軍李傕等前來請求與孫堅和親，讓孫堅列出想要擔任刺史、郡守的家族子弟名單，許諾上表任用他們。孫堅說：「董卓大逆不道，顛覆王室，如今不誅滅其三族，示眾全國，我死也不能瞑目，難道還會與這樣的人和親嗎？」孫堅又挺進大谷關，抵達距洛陽九十里的地方。董卓立即遷都，往西入函谷關，放火焚燒洛陽。孫堅向前進入洛陽，修繕各座皇陵，將被董卓掘開的陵墓填好。做完這些事之後，率軍回撤，駐紮在魯陽。

初平三年（一九二），袁術派孫堅出征荊州，攻打劉表。劉表派黃祖在樊、鄧一帶迎戰。孫堅打敗了黃祖，追過漢水，包圍了襄陽。孫堅獨自騎馬巡視峴山，被黃祖的軍士射死。孫堅的侄子孫賁率領將士投奔袁術，袁術又上表舉薦孫賁為豫州刺史。

孫堅有四個兒子：孫策、孫權、孫翊、孫匡。孫權稱帝登基後，追謚孫堅為武烈皇帝。

【原文】

孫堅字文台，吳郡富春人，蓋孫武之後也。少為縣吏。年十七，與父共載船至錢唐，會海賊胡玉等從匏裡上掠取賈人財物，方於岸上分之，行旅皆住，船不敢進。堅謂父曰：「此賊可擊，請討之。」父曰：「非爾所圖也。」堅行操刀上岸，以手東西指麾，若分部人兵以羅遮賊狀。賊望見，以為官兵捕之，即委財物散走。堅追，斬得一級以還。父大驚。由是顯聞，府召署假尉。會稽妖賊許昌起於句章，自稱陽明皇帝，與其子韶扇動諸縣，眾以萬數。堅以郡司馬募召精勇，得千餘人，與州郡合討破之。是歲，熹平元年也。刺史臧旻列上功狀，詔書除堅鹽瀆丞，數歲徙盱眙丞，又徙下邳丞。

中平元年，黃巾賊帥張角起於魏郡，托有神靈，遣八使以善道教化天下，而潛相連結，自稱黃天泰平。三月甲子，三十六方一旦俱發，天下響應，燔燒郡縣，殺害長吏。漢遣車騎將軍皇甫嵩、中郎將朱俊將兵討擊之。俊表請堅為佐軍司馬，鄉裡少年隨在下邳者皆願從。堅又募諸商旅及淮、泗精兵，合千許人，與俊並力奮擊，所向無前。汝、潁賊困迫，走保宛城。堅身當一面，登城先入，眾乃蟻附，遂大破之。俊具以狀聞上，拜堅別部司馬。

邊章、韓遂作亂涼州，中郎將董卓拒討無功。中平三年，遣司空張溫行車騎將軍，西討章等。溫表請堅與參軍事，屯長安。溫以詔書召卓，卓良久乃詣溫。溫責讓卓，卓應對不順。堅時在坐，前耳語謂溫曰：「卓不怖罪而鴟張大語，宜以召不時至，陳軍法斬之。」溫曰：「卓素著威名於隴蜀之間，今日殺之，西行無依。」堅曰：「明公親率王兵，威震天下，何賴於卓？觀卓所言，不假明公，輕上無禮，一罪也。章、遂跋扈經年，當以時進討，而卓雲未可，沮軍疑眾，二罪也。卓受任無功，應召稽留，而軒昂自高，三罪也。古之名將，仗鉞臨眾，未有不斷斬以示威者也，是以穰苴斬莊賈，魏絳戮楊幹。今明公垂意於卓，不即加誅，虧損威刑，於是在矣。」溫不忍發舉，乃曰：「君且還，卓將疑人。」堅因起出。章、遂聞大兵向至，黨眾離散，皆乞降。軍還，議者以軍未臨敵，不斷功賞。然聞堅數卓三罪，勸溫斬之，無不嘆息。拜堅議郎。時長沙賊區星自稱將軍，眾萬餘人，攻圍城邑，乃以堅為長沙太守。到郡親率將士，施設方略，旬月之間，克破星等。周朝、郭石亦帥徒眾起於零、桂，與星相應。遂越境尋討，三郡肅然。漢朝彔前後功，封堅烏程侯。

靈帝崩，卓擅朝政，橫恣京城。諸州郡並興義兵，欲以討卓。堅亦舉兵。荊州刺史王睿素遇堅無禮，堅過殺之。比至南陽，眾數萬人。南陽太守張咨聞軍至，晏然自若。堅以牛酒禮咨，咨明日亦答詣堅。酒酣，長沙主簿入白堅：「前移南陽，而道路不治，軍資不具，請收主簿推問意故。」咨大懼欲去，兵陳四周不得出。有頃，主簿復入白堅：「南陽太守稽停義兵，使賊不時討，請收出案軍法從事。」便牽咨於軍門斬之。郡中震栗，無求不獲。前到魯陽，與袁術相見。術表堅行破虜將軍，領豫州刺史。遂治兵於魯陽城。當進軍討卓，遣長史公仇稱將兵從事還州督促軍糧。施帳幔於城東門外，祖道送稱，官屬並會。卓遣步騎數萬人逆堅，輕騎數十先到。堅方行酒談笑，敕部曲整頓行陳，無得妄動。後騎漸益，堅徐罷坐，導引入城，乃謂左右曰：「向堅所以不即起者，恐兵相蹈藉，諸君不得入耳。」卓兵見堅士眾甚整，不敢攻城，乃引還。堅移屯梁東，大為卓軍所攻，堅與數十騎潰圍而出。堅常著赤罽幘，乃脫幘令親近將祖茂著之。卓騎爭逐茂，故堅從間道得免。茂困迫，下馬，以幘冠冢間燒柱，因伏草中。卓騎望見，圍繞數重，定近覺是柱，乃去。堅復相收兵，合戰於陽人，大破卓軍，梟其都督華雄等。是時，或間堅於術，術懷疑，不運軍糧。陽人去魯陽百餘里，堅夜馳見術，畫地計校，曰：「所以出身不顧，上為國家討賊，下慰將軍家門之私仇。堅與卓非有骨肉之怨也，而將軍受譖潤之言，還相嫌疑！」術踧踖，即調發軍糧。堅還屯。卓憚堅猛壯，乃遣將軍李傕等來求和親。令堅列疏子弟任刺史、郡守者，許表用之。堅曰：「卓逆天無道，蕩覆王室，今不夷汝三族，縣示四海，則吾死不瞑目。豈將與乃和親邪？」復進軍大谷，拒洛九十里。卓尋徙都西入關，焚燒洛邑。堅乃前入至洛，修諸陵，平塞卓所發掘。訖，引軍還，住魯陽。

初平三年，術使堅征荊州，擊劉表。表遣黃祖逆於樊、鄧之間。堅擊破之，追渡漢水，遂圍襄陽，單馬行峴山，為祖軍士所射殺。兄子賁，帥將士眾就術。術復表賁為豫州刺史。

堅四子：策、權、翊、匡。權既稱尊號，謚堅曰武烈皇帝。

吳書

孫破虜討逆傳・孫策

孫策字伯符。孫堅當初為討伐董卓而興義兵，孫策領著母親遷居舒縣，與周瑜結為至交，招納匯聚了很多有身份名望的人，江、淮一帶的人都願意投奔他。孫堅死後，孫策將他歸葬於曲阿。辦完喪事後自己渡過長江移居到江都。

徐州牧陶謙十分忌恨孫策。孫策的舅父吳景，當時任丹楊太守，孫策於是帶著母親遷居曲阿，與呂範、孫河一起投靠吳景，並依賴吳景招募了數百人。興平元年（一九四），孫策前去跟隨袁術。袁術覺得他非常厲害，便將當初孫堅的部隊交還孫策。太傅馬日執符節安撫關東，在壽春以禮征召孫策，上表奏請朝廷任命孫策為懷義校尉，袁術的大將喬蕤、張勳都很敬重孫策。袁術常常嘆息說：「如果我袁術有孫郎這樣的兒子，即便死了又有什麼遺憾呢！」孫策有個騎兵犯了罪，逃進袁術的軍營，藏在馬廄中。孫策派人前去將他殺了，事後才去拜見袁術向他賠罪道歉。袁術說：「兵士叛變，理當共同懲處，有什麼可請罪道歉的？」從此，軍中更加敬畏孫策。袁術當初承諾讓孫策擔任九江太守，後來卻換成丹楊人陳紀。後來袁術準備攻打徐州，向廬江太守陸康要軍糧三萬斛。陸康不給，袁術大怒。孫策之前曾求見過陸康，陸康不見，只讓自己的主簿接待他。孫策因此對陸康懷恨在心。袁術派孫策攻打陸康，對他說：「先前我錯用了陳紀，常悔恨自己的本意沒有實現。如今你若是能抓獲陸康，廬江就真的歸你了。」孫策攻打陸康，將他打敗了，但袁術又任用他原來的下屬劉勳為廬江太守，孫策更加失望了。起先，劉繇為揚州刺史，州府原來設在壽春。壽春已經被袁術占了，劉繇就渡江以曲阿為治所。這時，吳景還在丹楊，孫策的堂兄孫賁又是丹楊都尉，劉繇到後，將他們都趕走了。吳景、孫賁只得退居歷陽。劉繇派樊能、於麋往東駐紮在橫江津，張英駐紮當利口，以抵禦袁術。袁術任用自己過去的下屬琅邪人惠衢為揚州刺史，又任用吳景為督軍中郎將，與孫賁一同領兵攻打張英等，但打了幾年都沒有獲勝。孫策就勸說袁術，請讓自己前去幫助吳景等平定江東。袁術上表奏請任命孫策為折沖校尉，代理殄寇將軍，手下有一千多將士以及相應的配備，戰馬幾十匹，但門下賓客中有數百人願意跟隨。等到了歷陽，孫策的人馬發展到五六千人。孫策的母親已先從曲阿搬到歷陽，孫策又將母親搬到了阜陵，然後孫策渡江轉戰，所向披靡，無人敢與他交鋒，而且孫策的部隊軍令嚴整，百姓都很擁戴他。

孫策為人，姿容儀表甚美，愛好談笑，性格豁達開朗，樂於聽取意見，又善於用人，所以士人、百姓凡與他交往者，沒有不盡心盡力的，都願意為他效命。劉繇棄軍只管自己逃走，各州郡的太守都紛紛棄城逃跑。吳郡人嚴白虎等各糾集一萬多人，到處屯兵駐守。吳景等想先打敗嚴白虎等，然後再去會稽。孫策說：「嚴白虎這些盜賊，沒有什麼大的志向，這次一定能將其擒獲。」於是領兵渡過浙江，占據會稽，屠滅東冶，於是攻破嚴白虎等。孫策全部更換了主要官吏，自己兼任會稽太守，又以吳景為丹楊太守，以孫賁為豫章太守，從豫章郡中劃出一部分設立廬陵郡，以孫賁之弟孫輔為廬陵太守，丹楊人朱治為吳郡太守。彭城人張昭、廣陵人張紘、秦松、陳端等為謀士。此時袁術擅自稱帝，孫策去信譴責並與他絕交。曹操上表舉薦孫策為討逆將軍，並封為吳侯。後來袁術死了，其長史楊弘、大將張勳等想率領部下投靠孫策，廬江太守劉勳半路截擊，將其全部俘虜，並收繳了他們所帶的珍寶，然後返還。孫策聽說此事，假意與劉勳結為盟友。劉勳剛得到袁術的軍隊，此時豫章上繚同宗族的百姓一萬多戶在江東，孫策勸劉勳前往攻取。劉勳出兵後，孫策率部下輕裝奔襲，一夜間就奪得廬江，劉勳的軍隊全部投降，劉勳只帶了手下數百人歸附曹操。這時袁紹的勢力正強盛起來，而孫策吞並了江東，曹操無力對付，就打算先安撫孫策。於是曹操把弟弟的女兒許配給孫策的幼弟孫匡，又讓兒子曹章娶了孫賁的女兒，對孫策的弟弟孫權、孫翊以禮相招，並令揚州刺史嚴象舉薦孫權為秀才。

建安五年（二〇〇），曹操與袁紹對壘於官渡，孫策打算暗中偷襲許昌，迎取漢獻帝，於是秘密整頓軍隊、安排將領。尚未行動，他卻被原吳郡太守許貢的門客殺害。起先，孫策殺了許貢，許貢的小兒子與門客逃亡，躲藏在長江邊。孫策單獨騎馬外出，突然與許貢的門客相遇，門客擊傷了他。孫策傷勢很重，請來張昭等人交代後事：「中原正在大動蕩之中，憑著吳、越的人馬，三江險要的地勢，足以坐觀成敗，你們要好好輔助我弟弟！」又喚來孫權，將印綬交給他，對他說：「率領江東人馬，決戰兩陣之間，與天下英雄爭霸，你不如我；舉賢任能，使其各自傾心盡力，以保全江東，我不如你。」到了晚上，孫策去世，時年二十六歲。

孫權稱帝後，追謚孫策為長沙桓王，封孫策的兒子孫紹為吳侯，後改封為上虞侯。孫紹死後，他的兒子孫奉繼承爵位。孫皓為帝時，謠傳孫奉應為皇帝，結果孫奉被誅殺。

【原文】

策字伯符。堅初興義兵，策將母徙居舒，與周瑜相友，收合士大夫，江、淮間人咸向之。堅薨，還葬曲阿。已乃渡江居江都。

徐州牧陶謙深忌策。策舅吳景，時為丹楊太守，策乃載母徙曲阿，與呂範、孫河俱就景。因緣召募得數百人。興平元年，從袁術。術甚奇之，以堅部曲還策。太傅馬日杖節安集關東，在壽春以禮辟策，表拜懷義校尉，術大將喬蕤、張勳皆傾心敬焉。術常嘆曰：「使術有子如孫郎，死復何恨！」策騎士有罪，逃入術營，隱於內廄。策指使人就斬之，訖，詣術謝。術曰：「兵人好叛，當共疾之，何為謝也？」由是軍中益畏憚之。術初許策為九江太守，已而更用丹楊陳紀。後術欲攻徐州，從廬江太守陸康求米三萬斛。康不與，術大怒。策昔曾詣康，康不見，使主簿接之。策嘗銜恨。術遣策攻康，謂曰：「前錯用陳紀，每恨本意不遂。今若得康，廬江真卿有也。」策攻康，拔之。術復用其故吏劉勳為太守，策益失望。先是，劉繇為揚州刺史，州舊治壽春。壽春，術已據之，繇乃渡江治曲阿。時吳景尚在丹楊，策從兄賁又為丹揚都尉，繇至，皆迫逐之。景、賁退舍歷陽。繇遣樊能、於麋東屯橫江津，張英屯當利口，以距術。術自用故吏琅邪惠衢為揚州刺史，更以景為督軍中郎將，與賁共將兵擊英等，連年不克。策乃說術，乞助景等平定江東。術表策為折沖校尉，行殄寇將軍，兵財千餘，騎數十四，賓客願從者數百人。比至歷陽，眾五六千。策母先自曲阿徙於歷陽，策又徙母阜陵，渡江轉鬥，所向皆破，莫敢當其鋒，而軍令整肅，百姓懷之。

策為人，美姿顏，好笑語，性闊達聽受，善於用人，是以士民見者，莫不盡心，樂為致死。劉繇棄軍遁逃，諸郡守皆捐城郭奔走。吳人嚴白虎等眾各萬餘人，處處屯聚。吳景等欲先擊破虎等，乃至會稽。策曰：「虎等群盜，非有大志，此成禽耳。」遂引兵渡浙江，據會稽，屠東冶，乃攻破虎等。盡更置長吏，策自領會稽太守，復以吳景為丹楊太守，以孫賁為豫章太守，分豫章為廬陵郡，以賁弟輔為廬陵太守，丹揚朱治為吳郡太守。彭城張昭、廣陵張紘、秦松、陳端等為謀主。時袁術僭號，策以書責而絕之。曹公表策為討逆將軍，封為吳侯。後術死，長史楊弘、大將張勳等將其眾欲就策，廬江太守劉勳要擊，悉虜之，收其珍寶以歸。策聞之，偽與勳好盟。勳新得術眾，時豫章上繚宗民萬餘家在江東，策勸勳攻取之。勳既行，策輕軍晨夜襲拔廬江，勳眾盡降，勳獨與麾下數百人自歸曹公。是時袁紹方強，而策並江東，曹公力未能逞，且欲撫之。乃以弟女配策小弟匡，又為子章取賁女，皆禮辟策弟權、翊，又命揚州刺史嚴象舉權茂才。

建安五年，曹公與袁紹相拒於官渡，策陰欲襲許，迎漢帝，密治兵，部署諸將。未發，會為故吳郡太守許貢客所殺。先是，策殺貢，貢小子與客亡匿江邊。策單騎出，卒與客遇，客擊傷策。創甚，請張昭等謂曰：「中國方亂，夫以吳、越之眾，三江之固，足以觀成敗。公等善相吾弟！」呼權佩以印綬，謂曰：「舉江東之眾，決機於兩陳之間，與天下爭衡，卿不如我。舉賢任能，各盡其心，以保江東，我不如卿。」至夜卒，時年二十六。

權稱尊號，追謚策曰長沙桓王，封子紹為吳侯，後改封上虞侯。紹卒，子奉嗣。孫皓時，訛言謂奉當立，誅死。

吳書

吳主傳

孫權字仲謀。他的哥哥孫策平定江東各郡時，他才十五歲，被任命為陽羨縣令。孫權曾被郡裡察舉為孝廉，州裡推薦他為茂才，代理奉義校尉。朝廷因孫策遠在江東還能盡臣子的職責繳納貢物，便派劉琬為使者前去賜予爵位、官服。劉琬返回後對人說：「我看孫家兄弟們雖然個個才華橫溢、通達事理，但都福祿不會長久，唯獨老二孫權，體態相貌奇偉，骨架非凡，有大貴之相，壽命又最長，你們以後可以驗證我的話。」

建安四年（一九九），孫權跟隨孫策征討廬江太守劉勳。打敗劉勳後，又進軍沙羨討伐黃祖。

建安五年（二〇〇），孫策去世，把軍政大事交付孫權，孫權痛哭不止。孫策的長史張昭對孫權說：「孝廉，眼下是哭泣的時候嗎？況且當初周公制定喪禮，可他的兒子伯禽就沒有遵守。並不是伯禽故意違逆父訓，只是由於當時的形勢迫不得已。何況如今奸詐作亂的人競相角逐，豺狼一般的人滿眼皆是，你卻只顧悲傷哀痛，拘泥於禮制，這就好比打開門戶，將盜賊迎進來，不能說是仁德啊！」於是讓孫權換下了喪服，扶他上馬，讓他外出巡察軍營。當時孫氏只占有會稽、吳郡、丹楊、豫章、廬陵五郡，而且這五郡的邊遠險要之地尚未完全歸順，而天下豪傑英雄遍布各州郡，依附於他們的士人則以個人的安危考量去留，還沒有在君臣之間建立穩固的關係。張昭、周瑜等人認為可與孫權一起成就大事業，因此甘心輔助他。曹操上表奏請任命孫權為討虜將軍，兼任會稽太守，駐守吳郡，派郡丞至會稽處理郡府文書等日常事務。孫權以太師太傅之禮對待張昭，以周瑜、程普、呂範等為將帥，廣納賢能，禮聘名士，魯肅、諸葛瑾等人就是在此時成為他的幕僚的。他分遣部署諸將，鎮守撫恤山越部族，討伐那些不服從的。

建安七年（二〇二），孫權的母親吳氏去世。

建安八年（二〇三），孫權往西討伐黃祖，擊敗其水軍，只是城池尚未攻克，而此時山越強盜又開始作亂。孫權返回時路過豫章，派呂範平定鄱陽，程普討伐樂安，太史慈掌管海昏，韓當、周泰、呂蒙等出任那些難以治理的各縣縣令。

建安九年（二〇四），孫權的弟弟丹楊太守孫翊被手下人殺害，孫權任命堂兄孫瑜接任孫翊的職務。

建安十年（二〇五），孫權派賀齊討伐上饒，劃其部分另設建平縣。

建安十二年（二〇七），孫權西征黃祖，擄掠他的百姓後返回。

建安十三年（二〇八）春，孫權再次征討黃祖。黃祖先派水軍抵擋，都尉呂蒙擊敗其先鋒，凌統、董襲等以全部的精銳部隊攻城，將其城池蕩平。黃祖脫身逃跑，騎士馮則追上去砍下黃祖腦袋。此役俘虜黃祖手下男女數萬人。同年，孫權派賀齊討伐黟縣和歙縣，從歙縣中分出始新、新定、犁陽、休陽四縣，以此六縣設立新都郡。荊州牧劉表死了，魯肅請求奉命去吊喪並慰問劉表的兩個兒子，借機觀察荊州的變化。魯肅還沒到荊州，曹操大軍已逼近荊州，劉表的小兒子劉琮率眾投降曹操。劉備想南渡長江，魯肅與他相見，向他轉述了孫權的意思，為他分析成敗的關鍵。劉備進駐夏口，派諸葛亮前去拜訪孫權。孫權派周瑜、程普等率軍前往。當時，曹操剛得到劉表的人馬，聲勢浩大，孫權的謀士都對曹操深懷畏懼，大多勸孫權迎降曹操。只有周瑜、魯肅堅持主張抗擊曹操，想法與孫權一致。周瑜、程普為左、右都督，各率一萬人馬，與劉備一同進軍，在赤壁與曹軍相遇，大敗曹操軍隊。曹操燒毀了剩餘的船隻，領兵撤退，士卒因飢餓瘟疫，死亡大半。劉備、周瑜等又追擊到南郡，曹操只能撤回北方，留下曹仁、徐晃駐守江陵，派樂進鎮守襄陽。當時甘寧在夷陵被曹仁的部隊包圍，孫權採用呂蒙的計策，留下凌統對抗曹仁，用一半兵力馳援甘寧，吳軍得勝而返。孫權親自率軍圍攻合肥，派張昭率軍攻打九江郡的當涂。張昭出兵不利，孫權攻打合肥一個多月未能得手。曹操自荊州北還，派張喜率領騎兵赴合肥救援，但尚未到達，孫權已退兵。

建安十四年（二〇九），周瑜和曹仁對峙了一年多時間，殺死了很多曹軍士卒。曹仁棄城逃走。孫權任命周瑜為南郡太守。劉備上表奏請任命孫權代理車騎將軍，兼任徐州牧。劉備兼任荊州牧，駐紮在公安。

建安十五年（二一〇），孫權從豫章郡中分設鄱陽郡，從長沙郡中分設漢昌郡，任命魯肅為太守，駐守陸口。

建安十六年（二一一），孫權將治所遷至秣陵。第二年，築建石頭城，改秣陵為建業。得知曹操將來侵犯，修築了濡須塢。

建安十八年（二一三）正月，曹操攻打濡須塢，孫權與其相持一個多月。曹操望見孫權軍隊，感嘆其軍容嚴整，於是撤退。當初，曹操擔心長江沿岸各郡縣被孫權占奪，下令百姓向北方內移。百姓反而自相驚擾，自廬江、九江、蘄春、廣陵有十餘萬戶都東渡長江，長江西岸空無一人，合肥以南只剩下皖城。

建安十九年（二一四）五月，孫權攻打皖城。閏月，攻破城池，俘獲廬江太守朱光、參軍董和以及數萬百姓。這一年，劉備平定蜀地。孫權因劉備已經得到益州，便派諸葛瑾去向劉備討還荊州各郡。劉備不答應，說：「我正謀劃奪取涼州，只要得到涼州，就將荊州歸還吳國。」孫權說：「這是借而不還，而用虛言搪塞拖延時間。」於是設置了荊州南部三個郡的官吏，而關羽把這些人全攆走了。孫權大怒，就派呂蒙領著鮮于丹、徐忠、孫規等兩萬人馬，攻取長沙、零陵、桂陽三郡，派魯肅領一萬人馬到巴丘，以防御關羽。孫權駐紮陸口，統一調度指揮各路人馬。呂蒙軍隊到達，長沙、桂陽二郡都歸服，只有零陵太守郝普不降。正好劉備到達公安，派關羽領三萬大軍到益陽，孫權便召回呂蒙等以援助魯肅。呂蒙派人勸降郝普，郝普投降，呂蒙得到三郡太守，領兵東還，與孫皎、潘璋會合魯肅的人馬，共同前進，在益陽抗擊關羽。還沒有交戰，正遇到曹操出兵漢中，劉備害怕益州有失，便派使者向孫權求和。孫權派諸葛瑾回訪，重新結盟和好，於是分割荊州，長沙、江夏、桂陽東邊地區歸孫權，南郡、零陵、武陵西邊地區歸劉備。劉備返回時，曹操已經退兵。孫權從陸口返回，於是攻打合肥。合肥未能攻下，便撤軍返歸。兵士全部上路後，孫權與凌統、甘寧等在逍遙津以北遭到魏國大將張遼襲擊，凌統等拼死護住孫權，孫權騎著駿馬躍過津橋才得以脫身而去。

建安二十一年（二一六）冬，曹操駐紮在居巢，於是又攻打濡須塢。

建安二十二年（二一七）春，孫權命都尉徐詳拜訪曹操請求歸降，曹操派使者回覆孫權同意修好，立誓重新結為姻親。

建安二十三年（二一八）十月，孫權將要去吳郡，親自騎馬在庱亭射虎。他的馬被虎咬傷，孫權向老虎擲出雙戟，虎受傷後退卻，常從張世用戈擊虎，捕獲了這隻虎。

建安二十四年（二一九），關羽在襄陽圍攻曹仁，曹操派左將軍于禁前往救援。當時正遇漢江洪水暴漲，關羽率水軍俘獲了于禁等的步騎兵三萬多人，押送到江陵，只剩下襄陽城未攻下。孫權心內畏懼關羽，對外又想以攻打關羽向曹操表功，於是寫信給曹操，請求討伐關羽來效力。曹操正希望讓關羽與孫權互相爭鬥，就叫驛站傳送孫權的書信，讓曹仁用箭將信射給城外的關羽。關羽見信後猶豫，但未撤圍。閏十月，孫權發兵征討關羽，先派呂蒙襲擊公安，俘虜公安守將傅士仁。呂蒙又抵達南郡城下，南郡太寧麋芳獻城投降。呂蒙占據江陵，撫恤老弱，釋放被囚禁的于禁。陸遜另率軍攻取宜都，奪得秭歸、枝江、夷道，返回駐守夷陵，固守峽口，以防禦蜀軍。關羽回到當陽，向西退保麥城。孫權派人前往勸降，關羽假裝願意投降，在城樓上樹起旗幟，插上草人，自己悄悄潛逃，兵士們都跑散了，只剩十幾名騎兵跟隨。孫權先派朱然、潘璋切斷關羽退路。十二月，潘璋的司馬馬忠在章鄉抓獲關羽及其子關平、都督趙累等，於是孫權奪回了荊州。這年瘟疫流行，孫權免除荊州百姓的所有租稅。曹操上表奏請任命孫權為驃騎將軍，假節兼任荊州牧，封南昌侯。孫權派校尉梁寓向漢朝廷敬奉貢品，令王惇購買馬匹，又遣送俘獲的魏將朱光等返回北方。

建安二十五年（二二〇）正月，曹操去世，太子曹丕接替曹操為漢丞相、魏王，改年號為延康。秋天，魏將梅敷派張儉前去東吳求見，希望被接納。南陽郡的陰、酇、築陽、山都、中廬五縣的百姓五千多戶前來歸附。冬天，繼位的魏王曹丕稱帝，改紀元年號為黃初。黃初二年（二二一）四月，劉備在蜀地稱帝。孫權自公安遷都鄂州，改鄂州為武昌，以武昌、下雉、尋陽、陽新、柴桑、沙羡六縣劃為武昌郡。五月，建業報天降甘露。八月，修築武昌城，孫權宣告諸將道：「生存時不忘滅亡，居安思危，這是古代有益的訓誡。古代，雋不疑為漢代名臣，生活在太平年代而刀劍不離身，這是說君子不能松弛武備。何況今日我們置身的邊境，要與豺狼打交道，豈能輕率疏忽不顧及突發的災難！近來聽說各位將軍出入都崇尚謙虛簡約，不攜帶兵器侍從，這絕非周全考慮愛惜自身的行為。保全自己並留名後世，使君王與家人都安心，這與崇尚謙虛簡約相比，哪種更會導致自身處於危險受辱的位置？應該加深警戒，務必從大處著想，以稱我心意。」自從魏文帝曹丕稱帝，孫權派使者去請求為其屬國，並將于禁等送還。十一月，曹丕頒發策書給孫權說：「大凡聖明君主的法度，按德行設立不同的爵位，以功勞制定不同的俸祿；功勞大的俸祿豐厚，德行高的禮遇隆重。因此周公有輔佐武王、成王的功勳，姜太公有揮師滅商的戰績，他們一同分封到土地，並接受賜予的整套禮器，這是為了表彰元勳功績，特殊厚待賢明的重臣。近世漢高祖稱帝之初，將肥沃的土地分封給八位異姓王，這是前朝的美事，後代的帝王可以用作借鑑。朕沒有什麼德行，承受天命變革漢家皇統，執掌國政，想向先代明君看齊，日夜處理國家大事。您天性忠誠明智，上天安排您降世輔佐帝王，深悉天命所歸，洞見國家興亡的道理，從遙遠之地派出使者，渡過潛江、漢水前來，聽到消息立即歸附，上疏自稱藩屬，並進獻絲綢等南方貢品，全部送回我朝所有的將領，忠誠恭敬出自內心，誠懇真摯顯現於外表，信義銘刻於金石，道義覆蓋山河，朕極為贊賞。現在加封您為吳王，遣使持節太常高平侯刑貞，授予您印璽、綬帶、冊封文書、金虎符第一至第五枚、左竹使符第一至第十枚。任命您以大將軍的身份持節監督交州，兼任荊州牧，賜給您用白茅包裹的青土，希望您服從朕的命令，治理東部中國。你交還過去驃騎將軍的印璽、綬帶、符節及冊封文書。現在再加賞您九錫，請您敬聽如下命令：因為您安定了東南，治理好長江以南地區，各族百姓安居樂業，無人懷有叛逆之心，所以賜您大車、兵車各一輛，棗紅色公馬八匹；因為您認真理財鼓勵農業生產，使得糧食滿倉，所以賜您王侯所穿的禮服帽子，並配上紅色的鞋子；因為您用仁德教化百姓，使禮教興盛，所以賜給您一套鐘磬樂器；因為您倡行良好的社會風氣，以恩義安撫百越少數民族，所以賜許您居住紅色大門的房子；因為您運用才智謀略，選用方正賢能者為官，所以賜您『納陛』，以便登殿理事；因為您發揚忠勇精神，消除邪惡敗類，所以賜您可用虎賁衛士一百人；因為您振奮雄威於遠方，展示武力於荊南，消滅奸惡丑類，使罪人得以懲治，所以賜給您鍘刀、斧鉞各一件；因為您對內文治寬和，對外武功昭示信義，所以賜您紅色漆弓一張、紅色利箭一百支，黑色漆弓十張、黑色利箭一千支；因為您以忠誠恭敬為立世的根基，恭敬儉朴為做人的美德，所以賜您祭祀用的美酒一罐，配以玉製酒杓一具。敬重吧！朕謹向您宣揚先王典章，讓您能服從朕的命令，努力輔佐我治理天下，成就您永久的偉業！」這一年，劉備率軍前來征伐，抵達巫山、秭歸一帶，並派使者前去誘勸武陵的少數民族部落，授給他們印信，許諾給予封賞。於是各縣及五溪一帶的百姓都叛吳投靠蜀國。

孫權任命陸遜為都督，率領朱然、潘璋等領兵前往抵擋。還派都尉趙咨出使魏國。魏文帝曹丕問趙咨：「吳王是怎樣的君主？」趙咨答道：「他是聰明仁智、雄才大略的君主。」曹丕詢問具體情況，趙咨說：「從芸芸眾生中起用魯肅，是他的聰明；從普通兵士中提拔呂蒙，是他的明智；俘獲于禁而不殺，是他的仁慈；奪取荊州而兵不血刃，是他的智慧；占領三州而虎視天下，是他的雄才；屈身稱臣於您，是他的謀略。」曹丕準備分封孫權的長子孫登，孫權以孫登年幼為借口，上書辭謝，再派西曹掾沈珩前去致謝，並進貢地方特產。孫權立孫登為吳王太子。

黃武元年（二二二）正月，陸遜部將宋謙等攻打蜀軍五個營寨，都攻破了，並斬殺守將。三月，鄱陽傳說出現了黃龍。蜀軍分散占據險要地方，前後設立五十多個營寨，陸遜根據營寨的輕重分派相應人馬對敵，從正月至閏六月，最終大敗蜀軍。蜀軍臨陣被殺和投降的士兵有幾萬人。劉備倉皇出逃，只是免於一死。

當初，孫權表面上假裝臣服於曹魏，但並非出自真心。魏國要派侍中辛毗、尚書桓階前來與孫權立誓結盟，並征召孫權的兒子去做人質，孫權借口推辭沒有接受。九月，魏文帝就令曹休、張遼、臧霸出兵洞口，曹仁出兵濡須塢，曹真、夏侯尚、張郃、徐晃圍攻南郡。孫權派呂範等率領五路人馬，以水軍抵禦曹休等，諸葛瑾、潘璋、楊粲馳援南郡，朱桓任濡須督對抗曹仁。當時，揚、越等少數民族部落大多尚未平定，內患沒有消除，因此孫權以恭敬謙卑的言辭上書魏文帝，請求允許自己改過：「如果我的罪行難以除去，一定不被陛下寬恕，理當奉還您賞賜的土地與百姓，請求將我放逐偏遠的交州，了卻餘生。」魏文帝回答道：「您生在天下大亂之際，本就有縱橫天下的大志，卻降低身份侍奉國家，享有現在的封賞。自您被冊封為吳王以來，進獻的貢品不絕於路。討伐劉備的功業，國家是仰仗您取得成功。如果做人反覆無常，古人視之為恥。朕與您，君臣的名分已經確定，難道樂意勞苦軍隊遠征江、漢嗎？朝廷議論國事，君主也不能獨斷專行；三公奏報您的過失，都是有根據的。朕的見識不賢明，雖有曾母投杼那樣的疑惑，但還是希望他們所言不可信，並以此為國家之福。因此先派使者來犒勞您，再派尚書、侍中來與您重修前盟立誓，商定送太子為人質一事。您卻借口推辭，不打算讓他前來，讓議政的大臣疑慮。還有前都尉浩周勸您送太子來，那實際是朝臣共同商定的結果，以此來試探您的誠意，您果然借口推辭，對外援引隗囂送子入質最終仍背叛為例，對內自喻竇融堅守忠誠。時代不同了，各人自有其心思。浩周返回後，連說帶比畫為您解說，卻越發讓議事的朝臣發現諸多疑問。您忠於侍奉朝廷之言，沒有任何依據，因此我勉強同意了出兵的建議。現在看到您的上表，非常誠懇，令人內心感慨，傷感動容。朕即日下詔，令各路人馬深挖戰壕高築壁壘，不可輕率前進。如果您真的要表示自己的忠節，解除大家對您的懷疑，那孫登早上來朝，晚上我就下令所有軍隊回撤。以上所言的誠意，如長江東去一般！」孫權於是改了年號，派兵沿長江布防拒守。十一月，江上刮起大風，呂範手下的士兵淹死數千，其餘的全部撤回江南。曹休派臧霸率領輕捷戰船五百艘、敢死隊一萬人偷襲徐陵，燒毀攻城戰車，殺死、俘虜數千人。吳將全琮、徐盛追擊殺死魏將尹盧，殺死俘獲數百人。十二月，孫權派太中大夫鄭泉前往白帝城拜謁劉備，蜀、吳兩國重新修好，友好往來。但孫權與魏文帝之間仍有使節往來，到第二年才斷絕關係。這年，孫權改夷陵為西陵。

黃武二年（二二三）正月，曹真派出一支人馬占據江陵中州。當月，孫權派人在江夏修築山城。廢棄四分曆，改用乾象曆。三月，曹仁派將軍常雕等領兵五千，乘坐油船，清晨渡至濡須塢附近江心小島。曹仁的兒子曹泰趁機領兵猛攻朱桓。朱桓率兵抗擊，派將軍嚴圭等擊敗常雕等。當月，魏軍全部撤退。四月，孫權的大臣勸孫權趕快稱帝，孫權不答應。劉備死於白帝城。五月，曲阿報說天降甘露。此前，戲口守將晉宗殺死將軍王直，率部下叛逃魏國，魏國任命晉宗為蘄春太守，多次侵犯吳國邊境。六月，孫權命令將軍賀齊率領糜芳、劉邵等襲擊蘄春，劉邵等活捉晉宗。十一月，蜀國派遣中郎將鄧芝出使吳國表示友好。

黃武三年（二二四）夏，孫權派輔義中郎將張溫出使蜀國表示友好。八月，大赦犯死罪的囚犯。九月，曹丕出巡廣陵，面對長江，嘆道：「那邊有傑出的能人，不可謀取啊！」於是返回。

黃武四年（二二五）五月，丞相孫邵去世。六月，孫權任命太常顧雍為丞相。皖口上報稱，樹木長出連理枝。十二月，鄱陽賊寇彭綺自稱將軍，攻占數縣，有兵卒數萬人。這年連續發生地震。

黃武五年（二二六）春，孫權下令：「連年興兵作戰，百姓離開農田土地，父子夫婦間不能相互關心體貼，我深表同情。如今北方之敵已退縮逃竄，邊境沒有戰事，因此下令各州郡，對百姓寬緩，使其休養生息。」這時陸遜因其駐地缺糧，上表請求孫權令諸將擴大開墾農田。孫權回覆道：「很好！現在我父子親自認領一份農田，用駕車的八頭牛分拉四犁耕作，雖然趕不上古代聖賢之君，但希望像他們那樣與大家同等勞動。」七月，孫權聽說魏文帝曹丕死了，便出兵征討江夏，圍攻石陽城，但沒能得手而返回。蒼梧聲稱出現了鳳凰。孫權分三郡中窮山惡水的十個縣，設為東安郡，任命全琮為郡太守，討伐平定反叛的山越部族。十月，陸遜上表陳說需要著手解決的事情，勸孫權廣施恩德，減輕刑罰，減免田賦，停征戶稅。又說：「忠直之言，往往不能全部陳述，諂媚求榮的小人，常以一己私利進言。」孫權回覆道：「制定法令，就是為了抑制罪行防範邪惡，做到防患於未然，怎能不設置刑罰以威懾小人呢？這是先有法令告知，後依法律懲治，目的是不想有人犯罪。你以為刑罰太重，我又何曾將刑罰當成好東西？只是不得已才這樣做。現在接受你的意見，將與大臣重新商討，務必使法令切實實行。而且朝中親近的大臣有盡力規諫的責任，皇親國戚要提出補救的建議，以糾正君主的過失，表明自己的忠義。《尚書》中說：『我有過失你必須糾正，你不可當面順從。』朕難道不樂意聽取忠言來彌補自己的過失嗎？而你卻說『不敢全部陳述』，怎能算是忠直勸諫呢？如果小臣之中，有人提出可以採納的意見，難道能因其地位卑微而不採納他的意見嗎？如果是諂媚奉承的言行，我雖愚鈍但也能識別。至於征收戶稅之事，只因天下尚未平定，一統江山的大業需要大家出力才能成功。如果只是守住江東，推行寬緩仁政，兵力自然夠用，多征戶稅又有何用？然而坐守江東，不求進取，實在是目光短淺啊！如果不預先征收戶稅，恐怕遇到要用時就沒有辦法了。此外，我與你雖然君臣名分有異，但榮辱喜憂相同。奏表中你說不敢隨大流苟安免禍，這確實是我對你的由衷期望啊。」於是孫權下令有關官員將法令條款全部列出來，派郎中褚逢送給陸遜和諸葛瑾，讓他們將不妥當的內容增刪修改。這一年，孫權將交州一部分劃出來另置廣州，不久恢復原來的交州。

黃武六年（二二七）正月，東吳諸將俘獲彭綺。閏十二月，韓當之子韓綜率領部下投降魏國。

黃武七年（二二八）三月，孫權封兒子孫慮為建昌侯。撤銷東安郡。五月，鄱陽太守周魴假裝叛變，引誘魏將曹休。八月，孫權前往皖口，派將軍陸遜率領諸將在石亭大敗曹休。大司馬呂範去世。這年，孫權改合浦郡為珠官郡。

黃龍元年（二二九）春，文武百官都勸孫權稱帝。四月，夏口、武昌都傳言有黃龍、鳳凰出現。十三日，孫權在南郊正式登基即位，當天宣布大赦，改年號。追諡父親破虜將軍孫堅為武烈皇帝，母親吳氏為武烈皇后，哥哥討逆將軍孫策為長沙桓王。立吳王太子孫登為皇太子。將軍官吏都晉爵加賞。當初，漢獻帝興平年間，吳中有童謠：「黃金車，班蘭耳，闓昌門，出天子。」五月，孫權派校尉張剛、管篤出使遼東。六月，蜀國派衛尉陳震前來慶賀孫權登基。孫權便與其商議瓜分天下，豫、青、徐、幽四州屬吳；兗、冀、並、涼四州屬蜀。司州之地，以函谷關為界分屬兩國。制定盟書說：「天降禍患，漢朝皇統失序，叛逆之臣乘機篡取國家大權，動亂起自董卓，終於曹操，他們窮凶極惡，為害天下，致使中國四分五裂，普天之下喪失綱紀，人神都怨恨痛苦，無休無止。到了曹操之子曹丕，暴虐賊臣留下的丑類，作惡累累，篡奪皇位。而曹叡只是微不足道的小丑，他追隨曹丕的惡跡，倚仗武力竊據大漢的國土，尚未得到應有的懲罰。古代共工作亂而堯帝興師平定，三苗造反而虞舜出兵征討。如今消滅曹叡，擒拿他的黨徒幫凶，除了蜀、吳兩國，還有誰能承擔？討伐惡徒鏟除暴虐，一定要公開他們的罪行，應該分割其疆域，奪取其土地，使士人百姓之心有所歸附。因此《春秋》記載晉文公伐衛，首先將衛國土地分給宋國，就是這個道理。況且古人成就大業，一定要先結盟立誓，所以《周禮》中有司盟之官，《尚書》中有誥、誓之文。蜀漢與東吳，雖然都有出自內心的信義，但分割魏國疆域，還是應當先有盟約。諸葛亮丞相德行威望遠近聞名，盡心輔佐蜀漢君主，對外主持軍國大政，忠誠信義感動神鬼天地。蜀、吳兩國再結同盟，擴大加深誓約，使東、西兩國軍民都知道結盟大事。因此立祭壇殺犧牲，昭告神明，再歃血立誓寫下盟書，將副本藏於天府。上天雖高卻能傾聽下界人世，神靈的威力能保佑誠信之人。掌管盟約之神、掌管盟儀之神，各位神靈，無不光臨受祭。自今日蜀、吳兩國結盟之後，戮力齊心，共討魏賊，濟危扶難，禍福同當，好惡與共，決無二心。如果有人禍害蜀國，吳國一定出兵討伐；如果有人禍害吳國，蜀國一定出兵討伐。兩國各自守好自己的疆土，互不侵犯。盟約傳之後代，要始終如一。凡是各項盟約，都按盟書所記載的。誠信之言不求文辭豔麗，確實是出自彼此友好的內心。如果有誰背棄盟約，首先招致禍亂，懷有二心製造矛盾，褻瀆天命，神明的上帝就會討伐他、督責他，山川眾神就要糾正他、誅滅他，使他喪失軍隊，國運不能長久。偉大的神靈啊，請明察吧！」九月，孫權遷都建業，就住在原來的府第中，沒有另行建造新宮殿，征召上大將軍陸遜輔佐太子孫登，掌管武昌留守事宜。

黃龍二年（二三〇）正月，魏國修築合肥新城。孫權下詔設立都講祭酒，以教育幾個兒子。孫權派將軍衛溫、諸葛直率領全副武裝的將士萬餘人出海尋求夷洲和亶洲。亶洲在海洋深處，傳說秦始皇曾派方士徐福率領童男童女幾千人航行海上，尋找蓬萊仙山和仙藥，到了亶洲就沒有返回。世代相傳已發展到幾萬戶人家，那裡的百姓，時常有人到會稽一帶買賣布匹；會稽東部的人航海，也有遇上大風而漂流到亶洲去的。亶洲十分遙遠，衛溫他們最終沒能到達，只抓了幾千名夷洲的人返回。

黃龍三年（二三一）二月，孫權派太常潘濬率領五萬人馬討伐武陵少數民族。衛溫、諸葛直都因違背詔令無功而返，被下獄處死。夏天，有野蠶作繭，大如雞蛋。由拳縣野稻自然生長，因此改名為禾興縣。吳中郎將孫布假裝投降以引誘魏將王淩，王淩率軍前來接應孫布。十月，孫權派大隊人馬埋伏在阜陵等候王淩，王淩察覺後逃走。會稽郡南始平縣稱有嘉禾生長。十二月二十九，大赦天下，改第二年為嘉禾元年。

嘉禾元年（二三二）正月，吳建昌侯孫慮去世。三月，孫權派將軍周賀、校尉裴潛乘船航海到遼東。九月，魏國將領田豫半路截擊，在成山殺了周賀。十月，魏遼東太守公孫淵派校尉宿舒、閬中令孫綜前來向孫權稱藩，並進獻貂皮、良馬。孫權大喜，加封公孫淵爵位。

嘉禾二年（二三三）正月，孫權下詔說：「朕本無德之人，開始接受上天的使命，日夜戰戰兢兢，連睡覺的時間都沒有。朕只想平定天下動亂，救濟百姓，上報答天地神靈，下撫慰黎民百姓。因此真心誠意，辛勤尋訪賢能之人，將與他們齊心協力，共同平定天下。如能同心同德，就將終身一道。現在使持節督幽州軍事兼青州牧的遼東太守燕王公孫淵，長期受曹魏脅迫，遠隔一方，雖然他一心為著國家，卻找不到盡忠的門徑。現在他順應天命，從遙遠之地派出兩位使者，忠誠之心明白表露，奏章中抒發款款深情。朕得到這些，還有什麼更讓人高興的呢？即使商湯得到伊尹，周文王得到呂望，光武皇帝未得天下時先得到河北，與今日之事相比，也不能超越！天下一統，從此就確定了。《尚書》中不是說『君主一人有了喜慶，億萬臣民因此而得到幸福』嗎？朕要大赦天下，給犯罪者改過自新的機會，明令各州郡，讓大家都知曉。特下詔書給燕國，讓他們傳揚皇恩，讓普天下的百姓都知道這件喜慶之事。」三月，孫權讓宿舒、孫綜返回遼東，派太常張彌、執金吾許晏、將軍賀達等率領一萬人馬，帶上金銀奇珍異寶，九錫之禮的全套用品，乘船航海授予公孫淵。滿朝大臣，從丞相顧雍而下都勸諫，認為公孫淵不可信，對他的恩寵禮遇太過分了，只要派官兵數百人護送宿舒、孫琮即可，但孫權始終沒有聽從。後來公孫淵果然殺了張彌等人，將其首級送到魏國，吞沒了吳國的兵馬物資。孫權大怒，想要親自征討公孫淵，尚書僕射薛綜等極力諫阻，這才作罷。當年，孫權興兵攻打合肥新城，派將軍全琮攻打六安，都無功而返。

嘉禾三年（二三四）正月，孫權下詔：「連年征戰，百姓苦於徭役，年成有時歉收。要放寬各種拖欠的賦稅，不要再督促征收。」五月，孫權派陸遜、諸葛瑾等駐紮江夏、沔口，派孫韶、張承等進軍廣陵、淮陽，孫權親自率領大軍圍攻合肥新城。這時，蜀丞相諸葛亮出兵武功，孫權以為魏明帝不可能遠征南方，但魏明帝卻派兵幫助司馬懿抵禦諸葛亮，自己親率水軍東征。魏明帝還沒有抵達壽春，孫權就撤退返回，孫韶也罷兵。八月，孫權任命諸葛恪為丹楊太守，討伐山越部族。九月初一，降霜凍壞了稻谷。十一月，太常潘濬平定武陵少數民族部落，完事後返回武昌。孫權下詔恢復曲阿縣為雲陽縣，丹徒縣為武進縣。廬陵強盜李桓、羅厲等起兵作亂。

嘉禾四年（二三五）夏，孫權派呂岱領兵討伐李桓等。七月，有冰雹。魏國派使節請求以馬換珠璣、翡翠、玳瑁，孫權說：「這些都是我不用的，卻可以換得馬匹，這樣的交易何樂而不為呢？」

嘉禾五年（二三六）春，東吳鑄造大錢，一枚大錢抵小錢五百。孫權下詔讓所有的官員百姓交銅，按銅的重量付錢，設立禁止私鑄銅錢的法律。二月，武昌報稱甘露降落在禮賓殿。輔吳將軍張昭去世。中郎將吾粲俘獲李桓，將軍唐咨俘獲羅厲等。自上年十月沒有下雨，一直到今年夏季。十月，彗星出現在東方。鄱陽強盜彭旦等作亂。

嘉禾六年（二三七）正月，孫權下詔：「守喪三年，是天下通行制度，表達對逝者極為哀痛的情感；賢良之人會割舍個人的哀傷以服從國家大禮，不肖之人則勉強守喪三年。天下太平政通人和，上下相安，君子不會強求他人停止守喪，因此三年喪期不登門打擾守喪者。至於國有大事，則要減少喪禮，服從國事，即使穿著孝服也要出來處理事務。所以聖人制定禮法，只有禮制而不能變通則無法施行。遭遇喪事而不奔喪是不守古禮，但順應時事而變通，就是以國家大義而割舍個人哀情。以前設立法令律例，官吏在職時遭遇喪事，必須交接好職事，若明知故犯，即使隨時治罪處置，終究還會耽誤公務。現在國家正值多事之秋，凡在職官吏，應當各盡臣節，先公後私，若是不認真對待職守，那是非常不對的。朝廷內外的官員，請重新商議此事，務必使法令合情合理，有詳細的條文。」顧譚提出建議，認為：「為奔喪訂立法令，處罰輕了不能阻止孝子奔喪的哀情，對離職奔喪處以死刑則又太重了，罪不至死。雖然增設嚴刑，但違背孝道不去奔喪者必定很少。如果偶然觸犯法令就對其嚴加懲處，於仁慈而言是不忍，減免其刑罰則又使法令廢棄不得施行。我認為高級官員在遠方任職，遇到喪事而不通知，他一定不會知道。在選派接替他的人期間，如果誰私傳消息給他，則一定處以死罪，這樣官員沒有擅離職守的負擔，孝子也沒有犯重罪的懲處。」將軍胡綜建議，指出：「喪事之禮，雖有典章法度，如不考慮時勢，是難以推行的。現在正值戰爭年代，與太平之年不同，比如高級官員遇到喪事，明知有法律條令禁止，卻依然會公然觸犯，如果只考慮得知喪事不去奔喪是恥辱的，而不考慮作為臣子觸犯禁律之罪，這就是法律禁令太輕所造成的。盡忠守節為國，恪守孝道立家，出仕為官，忠孝豈可兩全？因此做忠臣難為孝子。應當制定出法令條例，用死刑來警戒，如果故意觸犯者，犯了罪決不赦免。用死刑來阻止人們犯死罪，依法處置一人，必然能使這種行為絕跡。」丞相顧雍奏請將違法奔喪處以死罪。後來吳縣縣令孟宗違法為其母奔喪，事後將自己拘禁於武昌聽候處罰。陸遜將孟宗平時表現向孫權陳述，為孟宗求情，孫權便給孟宗減刑一等，並申明下不為例，因此違法奔喪之事絕跡。二月，陸遜討伐彭旦等，當年，將他們全部掃平。十月，派衛將軍全琮襲擊六安，沒能攻克。諸葛恪平定山越叛亂後，率軍北上駐紮在廬江。

赤烏元年（二三八）春，吳國鑄造面值相當於一千小錢的大錢。夏季，呂岱討伐廬陵賊寇，平定後返回陸口。八月，武昌聲稱有麒麟出現。主管官吏上奏說麒麟是天下太平的征兆，應改年號。孫權下詔說：「近來紅色烏鴉聚集於殿前，這是朕親眼所見，如果神靈以此表示吉祥，應將年號改為赤烏。」群臣上奏道：「古代周武王伐紂，有紅色烏鴉出現的吉祥征兆，君臣看到了它，於是取得天下，聖人在史書上的記載最為詳盡；臣等以為近來的事已很吉祥，親眼見到赤烏就更明白了。」於是更改年號。步夫人去世，追贈為皇后。當初，孫權信任校事呂壹，呂壹性情苛刻殘忍，好用嚴酷法律。太子孫登多次進諫不要重用呂壹，孫權都不採納，大臣們因此不敢進言。後來呂壹罪惡行徑敗露而被處死，孫權承認錯誤並自責，於是派中書郎袁禮向各位大將道歉，借機向大家詢問對朝政應該做些什麼改變。袁禮回來後，孫權又下詔書責備諸葛瑾、步騭、朱然、呂岱等說：「袁禮回來，說已與子瑜、子山、義封、定公見過面，並就朝政的輕重緩急征詢大家的意見，但各位都以不掌管民政事務為借口，不肯當即表達自己的意見，全都推給伯言、承明。伯言、承明見到袁禮時，傷心流淚，言辭悲切，以至內心驚恐，惴惴不安。朕聽到這些，十分惆悵，深深自責。為什麼呢？聖人也不可能沒有過失，只是賢明之人能夠察覺自己的錯誤而已。人的行為，怎能完全恰當？自以為是地拒絕他人意見卻渾然不知，因此各位尚有疑慮。否則，怎麼會到如此地步呢？自朕興兵五十年，勞役稅賦全出自百姓。天下尚未平定，敵寇還存在，軍民十分辛勞，確實都明白。然而讓百姓辛勞，也是不得已罷了。與各位共事，從少年到老年，頭髮都花白了，自以為表裡如一算得上坦誠，無論從公從私，都足能相互信任。將你們內心的話都講出來直言進諫，這是對你們的希望；指出不足、彌補過失，也是我所期望的。從前衛武公年邁而志壯，極力尋求輔佐大臣，每每獨自嘆息自責。況且普通百姓結交，也以志趣相投而在一起，尚不因處於艱難困苦中而變心。如今諸位與朕共事，雖說君臣的名分存在，但骨肉至親的情感也不會更深。榮辱喜悲，大家共享。忠誠就不隱瞞自己的真情，智謀就不該有所保留，事關是非曲直，諸位難道還能只顧自己從容悠閒嗎？同舟共濟，誰還能互相推諉呢？齊桓公是諸侯的霸主，管仲對他是有善行無不贊嘆，有過錯無不規諫；勸諫不被采納，就進諫不止。如今寡人自省沒有齊桓公的德行，而諸位卻諫諍之言不出於口，而在心中存著猜疑與責難。以此看來，我倒比齊桓公好多了，不知諸位與管仲相比又怎樣呢？很久不相見了，將此當作笑談。共同建立大業，統一天下，還有誰來擔當呢？朝中各種事務有需要改進的，朕非常樂於聽到不同的意見，以糾正做得不夠的地方。」

赤烏二年（二三九）三月，孫權派使者羊道、鄭胄、將軍孫怡前往遼東，襲擊魏國守將張持、高慮等，俘獲不少男女。零陵聲稱天降甘露。五月，東吳築造沙羨城。十月，將軍蔣秘奉命南下平剿少數民族叛亂。蔣秘所部都督廖式殺了臨賀太守嚴綱等，自稱平南將軍，與其弟廖潛一同進攻零陵、桂陽，震撼了交州、蒼梧、郁林各郡，聚集了數萬人馬。孫權派將軍呂岱、唐咨前往討伐，用了一年多時間將他們全部擊敗。

赤烏三年（二四〇）正月，孫權下詔：「君主沒有百姓不能建立國家，百姓沒有五穀不能生存。近來，百姓所承擔的賦稅徭役沉重，又遇上水旱災害，收獲的糧食減少，官吏中那些不良者，侵占農時，致使百姓飢餓困苦。從今以後，督軍郡守，要嚴格督察下屬的非法行為，凡農桑時節，以服役侵擾百姓者，予以糾正並上報於朕。」四月，頒布大赦令，下詔命令各郡縣修整城郭，建立譙樓，開挖護城河，以防盜賊。十一月，百姓遭受飢荒，孫權下詔打開糧倉，賑濟窮苦百姓。

赤烏四年（二四一）正月，天降大雪，平地雪深三尺，鳥獸凍死大半。四月，孫權派衛將軍全琮攻打淮南，決開芍陂，焚毀安城官府糧倉，擄掠那裡的百姓。威北將軍諸葛恪奉命進攻六安。全琮與魏將王凌在芍陂交戰，中郎將秦晃等十餘人戰死。車騎將軍朱然圍攻樊城，大將軍諸葛瑾攻取柤中。五月，太子孫登去世。當月，魏國太傅司馬懿援救樊城。六月，吳軍撤回。閏六月，大將軍諸葛瑾去世。八月，陸遜築邾城。

赤烏五年（二四二）正月，孫權立兒子孫和為太子，大赦天下，改禾興縣為嘉興縣。朝中百官上奏請冊立皇後及四王，孫權下詔說：「現在天下尚未平定，百姓勞累，物資貧乏，況且有功之人還有未被錄用的，飢寒之人還有沒受到撫恤的，肆意分割土地使自己的子弟榮華富貴，提高爵位來恩寵自己的妃妾，朕極不贊同。還是放棄這一建議吧。」三月，海鹽縣傳言黃龍出現。四月，禁止進獻貢品，降低皇室膳食的標准。七月，孫權派將軍聶友、校尉陸凱率兵三萬討伐珠崖、儋耳。這年瘟疫流行，有關官員又上奏請冊立皇後及諸王。八月，孫權立兒子孫霸為魯王。

赤烏六年（二四三）正月，新都傳說白虎出現。諸葛恪征伐六安，攻破魏將謝順的營寨，擄掠了那裡的百姓。十一月，丞相顧雍去世。十二月，扶南王范旃派使者進獻歌舞藝人及當時特產。這一年，司馬懿率軍進入舒縣，諸葛恪率軍從皖城遷屯柴桑。

赤烏七年（二四四）正月，孫權用上大將軍陸遜為丞相。秋，宛陵聲稱有嘉禾生長。當年，步騭、朱然等人各自上疏說：「從蜀國回來的人都說蜀國要背棄盟約而與魏國結交，打造了很多戰船，修治城池。而且蔣琬駐守漢中，聽說司馬懿率兵南下，他沒有乘虛出兵夾擊魏軍，反而放棄漢中，將部隊退至成都附近。事情已十分明顯，沒有什麼可懷疑的了，應該趁早做好準備。」孫權推測蜀國不會這麼做，說：「我們對待蜀國不薄，送禮問候，結盟立誓，沒有對不起他們的地方，怎麼會弄到如此地步呢？再說司馬懿率兵南進舒城，十天就退回去了，蜀國遠在萬里之外，怎會知道事情緊急而馬上出兵呢？當初魏國打算進兵漢川，我們這邊剛開始戒備，還沒有採取行動，就聽到魏軍退去了，於是停止用兵，難道蜀國也因此而懷疑我們嗎？況且人家治理國家，舟船城郭，怎麼能不加以修繕保護呢？現在我們也在訓練軍隊，難道也可以說成是要對付蜀國嗎？人家傳言切不可信，朕可以自己的身家來做擔保。」蜀國果然沒有那種謀劃，正如孫權所預料的。

赤烏八年（二四五）二月，丞相陸遜去世。夏季，雷電擊中皇宮的門柱，又擊中南津大橋的橋欄。茶陵縣洪水泛濫，沖走居民二百多戶。七月，將軍馬茂等人圖謀叛逆，被誅滅三族。八月，大赦天下。孫權派校尉陳勳率領屯田士兵及工匠三萬人，開鑿句容中路的運河，自小其到雲陽西城，方便商旅貿易，還建造庫房館舍。

赤烏九年（二四六）二月，車騎將軍朱然出征魏國的柤中，斬殺俘獲一千餘人。四月，武昌聲稱天降甘露。九月，孫權用驃騎將軍步騭為丞相，車騎將軍朱然為左大司馬，衛將軍全琮為右大司馬，鎮南將軍呂岱為上大將軍，威北將軍諸葛恪為大將軍。

赤烏十年（二四七）正月，右大司馬全琮去世。二月，孫權到南宮。三月，改建太初宮，諸將及州郡官員都參加義務勞動。五月，丞相步騭去世。十月，赦免死囚。

赤烏十一年（二四八）正月，朱然奉命修築江陵城。二月，連續發生地震。三月，太初宮建成。四月，天降冰雹，雲陽傳言黃龍出現。五月，鄱陽傳言出現白虎但不傷人。孫權下詔說：「古代聖賢積德行善，修身行仁，而得到天下，因此天降吉祥征兆與之相應，用來表彰聖君的高尚德行。朕天資不賢明，怎麼能到達這樣的境界？《尚書》中說：『雖然受到贊美，但也不要沾沾自喜。』公卿百官們，各自努力盡到職責，以糾正朕的疏漏不足。」

赤烏十二年（二四九）三月，左大司馬朱然去世。四月，有兩只烏鴉叼銜著喜鵲墜落在東宮。九日，驃騎將軍朱據代理丞相，燒喜鵲以祭神。

赤烏十三年（二五〇）五月，夏至那天，火星入南斗域內；七月，火星又經過北斗第二星向東運行。八月，丹楊、句容及故鄣、寧國多座山崩塌，洪水泛濫。孫權下詔免去當地拖欠的賦稅，借貸給百姓種子，供應糧食。孫權廢太子孫和，將他遷居於故鄣。魯王孫霸被賜死。十月，魏將文欽假裝叛變以引誘朱異。孫權派呂據往朱異處迎接文欽。朱異等都穩重謹慎，文欽不敢進兵。十一月，孫權立兒子孫亮為太子。孫權派出軍隊十萬，修築堂邑的涂塘壩來淹沒往北的道路。十二月，魏國大將軍王昶圍攻南郡，荊州刺史王基進攻西陵。孫權派將軍戴烈、陸凱率軍前去迎戰，王昶、王基都領兵回撤。這一年，神人授予天書，告知應改年號、立皇後。

太元元年（二五一）五月，冊立皇后潘氏，大赦天下，改年號。當初臨海郡羅陽縣有神人，自名王表。他漫遊於民間，語言飲食跟常人並沒有區別，但看不到他的形體。他有一婢女，名叫紡績。這個月，孫權派中郎將李崇帶著輔國將軍羅陽王的印綬去迎請王表。王表隨李崇一同出門，與李崇及所經過地方的郡守縣令辯論，李崇等都辯不過他。所經過的山川，王表總要派婢女向所在神靈報告。七月，李崇與王表到達京城，孫權讓人在蒼龍門外特地建造了宅第，多次派身邊的大臣給他送去酒食。王表預言降水乾旱之類的小事，往往都得到應驗。八月初一，狂風大作，江海暴漲漫溢，平地水深八尺，吳郡高陵的松柏都被連根拔起，郡城南門被大風吹倒。十一月，大赦天下。孫權南郊祭祀回來，生病臥床。十二月，派驛使急召大將軍諸葛恪回來，封為太子太傅。孫權下詔免除徭役、減少賦稅，減少百姓的困苦。

太元二年（二五二）正月，孫權立故太子孫和為南陽王，居長沙；兒子孫奮為齊王，居武昌；兒子孫休為琅邪王，居虎林。二月，大赦天下，改年號為神鳳。皇后潘氏去世。各位將軍、官吏多次到王表那裡請求賜福，王表逃走。四月，孫權病逝，時年七十一歲，謚號為大皇帝。七月，安葬於蔣陵。

【原文】

孫權字仲謀。兄策既定諸郡，時權年十五，以為陽羨長。郡察孝廉，州舉茂才，行奉義校尉。漢以策遠修職貢，遣使者劉琬加錫命。琬語人曰：「吾觀孫氏兄弟雖各才秀明達，然皆祿祚不終，惟中弟孝廉，形貌奇偉，骨體不恆，有大貴之表，年又最壽。爾試識之。」

建安四年，從策征廬江太守劉勳。勳破，進討黃祖於沙羨。

五年，策薨，以事授權，權哭未及息。策長史張昭謂權曰：「孝廉，此寧哭時邪？且周公立法而伯禽不師，非欲違父，時不得行也。況今奸宄競逐，豺狼滿道，乃欲哀親戚，顧禮制，是猶開門而揖盜，未可以為仁也。」乃改易權服，扶令上馬，使出巡軍。是時惟有會稽、吳郡、丹楊、豫章、廬陵，然深險之地猶未盡從，而天下英豪布在州郡，賓旅寄寓之士以安危去就為意，未有君臣之固。張昭、周瑜等謂權可與共成大業，故委心而服事焉。曹公表權為討虜將軍，領會稽太守，屯吳，使丞之郡行文書事。待張昭以師傅之禮，而周瑜、程普、呂範等為將率。招延俊秀，聘求名士，魯肅、諸葛瑾等始為賓客。分部諸將，鎮撫山越，討不從命。

七年，權母吳氏薨。

八年，權西伐黃祖，破其舟軍，惟城未克，而山寇復動。還過豫章，使呂範平鄱陽，程普討樂安，太史慈領海昏，韓當、周泰、呂蒙等為劇縣令長。

九年，權弟丹楊太守翊為左右所害，以從兄瑜代翊。

十年，權使賀齊討上饒，分為建平縣。

十二年，西征黃祖，虜其人民而還。

十三年春，權復征黃祖，祖先遣舟兵拒軍，都尉呂蒙破其前鋒，而凌統、董襲等盡銳攻之，遂屠其城。祖挺身亡走，騎士馮則追梟其首，虜其男女數萬口。是歲，使賀齊討黟、歙，分歙為始新、新定、犂陽、休陽縣，以六縣為新都郡。荊州牧劉表死，魯肅乞奉命弔表二子，且以觀變。肅未到，而曹公已臨其境，表子琮舉眾以降。劉備欲南濟江，肅與相見，因傳權旨，為陳成敗。備進住夏口，使諸葛亮詣權，權遣周瑜、程普等行。是時曹公新得表眾，形勢甚盛，諸議者皆望風畏懼，多勸權迎之。惟瑜、肅執拒之議，意與權同。瑜、普為左右督，各領萬人，與備俱進，遇於赤壁，大破曹公軍。公燒其餘船引退，士卒飢疫，死者大半。備、瑜等復追至南郡，曹公遂北還，留曹仁、徐晃於江陵，使樂進守襄陽。時甘寧在夷陵，為仁黨所圍，用呂蒙計，留凌統以拒仁，以其半救寧，軍以勝反。權自率眾圍合肥，使張昭攻九江之當涂。昭兵不利，權攻城逾月不能下。曹公自荊州還，遣張喜將騎赴合肥。未至，權退。

十四年，瑜、仁相守歲余，所殺傷甚眾。仁委城走。權以瑜為南郡太守。劉備表權行車騎將軍，領徐州牧。備領荊州牧，屯公安。

十五年，分豫章為鄱陽郡；分長沙為漢昌郡，以魯肅為太守，屯陸口。

十六年，權徙治秣陵。明年，城石頭，改秣陵為建業。聞曹公將來侵，作濡須塢。

十八年正月，曹公攻濡須，權與相拒月余。曹公望權軍，嘆其齊肅，乃退。初，曹公恐江濱郡縣為權所略，征令內移。民轉相驚，自廬江、九江、蘄春、廣陵戶十餘萬皆東渡江，江西遂虛，合肥以南惟有皖城。

十九年五月，權征皖城。閏月，克之。獲廬江太守朱光及參軍董和，男女數萬口。是歲劉備定蜀。權以備已得益州，令諸葛瑾從求荊州諸郡。備不許，曰：「吾方圖涼州，涼州定，乃盡以荊州與吳耳。」權曰：「此假而不反，而欲以虛辭引歲。」遂置南三郡長吏，關羽盡逐之。權大怒，乃遣呂蒙督鮮于丹、徐忠、孫規等兵二萬取長沙、零陵、桂陽三郡；使魯肅以萬人屯巴丘以御關羽。權住陸口，為諸軍節度。蒙到，二郡皆服，惟零陵太守郝普未下。會備到公安，使關羽將三萬兵至益陽，權乃召蒙等使還助肅。蒙使人誘普，普降，盡得三郡將守。因引軍還，與孫皎、潘璋並魯肅兵並進，拒羽於益陽。未戰，會曹公入漢中，備懼失益州，使使求和。權令諸葛瑾報，更尋盟好，遂分荊州長沙、江夏、桂陽以東屬權，南郡、零陵、武陵以西屬備。備歸，而曹公已還。權反自陸口，遂征合肥。合肥未下，徹軍還。兵皆就路，權與凌統、甘寧等在津北為魏將張遼所襲，統等以死扞權。權乘駿馬越津橋得去。

二十一年冬，曹公次於居巢，遂攻濡須。

二十二年春，權令都尉徐詳詣曹公請降，公報使修好，誓重結婚。

二十三年十月，權將如吳，親乘馬射虎於庱亭。馬為虎所傷，權投以雙戟，虎卻廢，常從張世擊以戈，獲之。

二十四年，關羽圍曹仁於襄陽，曹公遣左將軍于禁救之。會漢水暴起，羽以舟兵盡虜禁等步騎三萬送江陵，惟城未拔。權內憚羽，外欲以為己功，箋與曹公，乞以討羽自效。曹公且欲使羽與權相持以鬥之，驛傳權書，使曹仁以弩射示羽。羽猶豫不能去。閏月，權征羽，先遣呂蒙襲公安，獲將軍士仁。蒙到南郡，南郡太守麋芳以城降，蒙據江陵，撫其老弱，釋于禁之囚。陸遜別取宜都，獲秭歸、枝江、夷道，還屯夷陵，守峽口以備蜀。關羽還當陽，西保麥城。權使誘之。羽偽降，立幡旗為像人於城上，因遁走，兵皆解散，尚十餘騎。權先使朱然、潘璋斷其徑路。十二月，璋司馬馬忠獲羽及其子平、都督趙累等於章鄉，遂定荊州。是歲大疫，盡除荊州民租稅。曹公表權為驃騎將軍，假節領荊州牧，封南昌侯。權遣校尉梁寓奉貢於漢，及令王惇市馬，又遣朱光等歸。

二十五年春正月，曹公薨，太子丕代為丞相、魏王，改年為延康。秋，魏將梅敷使張儉求見撫納。南陽陰、酇、築陽、山都、中廬五縣民五千家來附。冬，魏嗣王稱尊號，改元為黃初。二年四月，劉備稱帝於蜀。權自公安都鄂，改名武昌，以武昌、下雉、尋陽、陽新、柴桑、沙羨六縣為武昌郡。五月，建業言甘露降。八月，城武昌，下令諸將曰：「夫存不忘亡，安必慮危，古之善教。昔雋不疑漢之名臣，於安平之世而刀劍不離於身，蓋君子之於武備，不可以已。況今處身疆畔，豺狼交接，而可輕忽不思變難哉？頃聞諸將出入，各尚謙約，不從人兵，甚非備慮愛身之謂。夫保己遺名，以安君親，孰與危辱？宜深警戒，務崇其大，副孤意焉。」自魏文帝踐阼，權使命稱藩，及遣于禁等還。十一月，策命權曰：「蓋聖王之法，以德設爵，以功制祿；勞大者祿厚，德盛者禮豐。故叔旦有夾輔之勳，太公有鷹揚之功，並啟土宇，並受備物，所以表章元功，殊異賢哲也。近漢高祖受命之初，分裂膏腴以王八姓。斯則前世之懿事，後王之元龜也。朕以不德，承運革命，君臨萬國，秉統天機，思齊先代，坐而待旦。惟君天資忠亮，命世作佐，深睹歷數，達見廢興，遠遣行人，浮於潛漢。望風影附，抗疏稱藩，兼納纖南方之貢，普遣諸將來還本朝，忠肅內發，款誠外昭，信著金石，義蓋山河，朕甚嘉焉。今封君為吳王，使使持節太常高平侯貞，授君璽綬策書、金虎符第一至第五、左竹使符第一至第十，以大將軍使持節督交州，領荊州牧事，錫君青土，苴以白茅，對揚朕命，以尹東夏。其上故驃騎將軍南昌侯印綬符策。今又加君九錫，其敬聽後命。以君綏安東南，綱紀江外，民夷安業，無或攜貳，是用錫君大輅、戎輅各一，玄牡二駟。君務財勸農，倉庫盈積，是用錫君袞冕之服，赤舄副焉。君化民以德，禮教興行，是用錫君軒縣之樂。君宣導休風，懷柔百越，是用錫君朱戶以居。君運其才謀，官方任賢，是用錫君納陛以登。君忠勇並奮，清除奸慝，是用錫君虎賁之士百人。君振威陵邁，宣力荊南，梟滅凶丑，罪人斯得。是用錫君鈇鉞各一，君文和於內，武信於外，是用錫君彤弓一、彤矢百、玈弓十、玈矢千。君以忠肅為基，恭儉為德，是用錫君秬鬯一卣，圭瓚副焉。欽哉！敬敷訓典，以服朕命，以勖相我國家，永終爾顯烈。」是歲，劉備帥軍來伐，至巫山、秭歸，使使誘導武陵蠻夷，假與印傳，許之封賞。於是諸縣及五溪民皆反為蜀。權以陸遜為督，督朱然、潘璋等以拒之。遣都尉趙咨使魏。魏帝問曰：「吳王何等主也？」咨對曰：「聰明仁智，雄略之主也。」帝問其狀，咨曰：「納魯肅於凡品，是其聰也；拔呂蒙於行陳，是其明也；獲于禁而不害，是其仁也；取荊州而兵不血刃，是其智也；據三州虎視於天下，是其雄也；屈身於陛下，是其略也。」帝欲封權子登，權以登年幼，上書辭封，重遣西曹掾沈珩陳謝，並獻方物。立登為王太子。

黃武元年春正月，陸遜部將軍宋謙等攻蜀五屯，皆破之，斬其將。三月，鄱陽言黃龍見。蜀軍分據險地，前後五十餘營。遜隨輕重以兵應拒，自正月至閏月，大破之。臨陳所斬及投兵降首數萬人。劉備奔走，僅以身免。

初，權外托事魏，而誠心不款。魏欲遣待中辛毗、尚書桓階往與盟誓，並征任子，權辭讓不受。秋九月，魏乃命曹休、張遼、臧霸出洞口，曹仁出濡須，曹真、夏侯尚、張郃、徐晃圍南郡。權遣呂範等督五軍，以舟軍拒休等，諸葛瑾、潘璋、楊粲救南郡，朱桓以濡須督拒仁。時揚、越蠻夷多未平集，內難未弭，故權卑辭上書，求自改厲，「若罪在難除，必不見置，當奉還土地民人，乞寄命交州，以終餘年。」文帝報曰：「君生於擾攘之際，本有從橫之志，降身奉國，以享茲祚。自君策名已來，貢獻盈路。討備之功，國朝仰成。埋而掘之，古人之所恥。朕之與君，大義已定，豈樂勞師遠臨江漢？廊廟之議，王者所不得專；三公上君過失，皆有本末。朕以不明，雖有曾母投杼之疑，猶冀言者不信，以為國福。故先遣使者犒勞，又遣尚書、侍中踐修前言，以定任子。君遂設辭，不欲使進，議者怪之。又前都尉浩周勸君遣子，乃實朝臣交謀，以此卜君，君果有辭，外引隗囂遣子不終，內喻竇融守忠而已。世殊時異，人各有心。浩周之還，口陳指麾，益令議者發明眾嫌，終始之本，無所據杖，故遂俯仰從群臣議。今省上事，款誠深至，心用慨然，淒愴動容。即日下詔，敕諸軍但深溝高壘，不得妄進。若君必效忠節，以解疑議，登身朝到，夕召兵還。此言之誠，有如大江！」權遂改年，臨江拒守。冬十一月，大風，範等兵溺死者數千，餘軍還江南。曹休使臧霸以輕船五百、敢死萬人襲攻徐陵，燒攻城車，殺略數千人。將軍全琮、徐盛追斬魏將尹盧，殺獲數百。十二月，權使太中大夫鄭泉聘劉備於白帝，始復通也。然猶與魏文帝相往來，至後年乃絕。是歲，改夷陵為西陵。

二年春正月，曹真分軍據江陵中州。是月，城江夏山。改四分，用乾象曆。三月，曹仁遣將軍常雕等，以兵五千，乘油船，晨渡濡須中州。仁子泰因引軍急攻朱桓，桓兵拒之，遣將軍嚴圭等擊破雕等。是月，魏軍皆退。夏四月，權群臣勸即尊號，權不許。劉備薨於白帝。五月，曲阿言甘露降。先是戲口守將晉宗殺將王直，以眾叛如魏，魏以為蘄春太守，數犯邊境。六月，權令將軍賀齊督麋芳、劉邵等襲蘄春，邵等生虜宗。冬十一月，蜀使中郎將鄧芝來聘。

三年夏，遣輔義中郎將張溫聘於蜀。秋八月，赦死罪。九月，魏文帝出廣陵，望大江，曰「彼有人焉，未可圖也」，乃還。

四年夏五月，丞相孫邵卒。六月，以太常顧雍為丞相。皖口言木連理。冬十二月，鄱陽賊彭綺自稱將軍，攻沒諸縣，眾數萬人。是歲地連震。

五年春，令曰：「軍興日久，民離農畔，父子夫婦，不聽相恤，孤甚憫之。今北虜縮竄，方外無事，其下州郡，有以寬息。」是時陸遜以所在少谷，表令諸將增廣農畝。權報曰：「甚善。今孤父子親自受田，車中八牛以為四耦，雖未及古人，亦欲與眾均等其勞也。」秋七月，權聞魏文帝崩，征江夏，圍石陽，不克而還。蒼梧言鳳凰見。分三郡惡地十縣置東安郡，以全琮為太守，平討山越。冬十月，陸遜陳便宜，勸以施德緩刑，寬賦息調。

又雲：「忠讜之言，不能極陳，求容小臣，數以利聞。」權報曰：「夫法令之設，欲以遏惡防邪，儆戒未然也，焉得不有刑罰以威小人乎？此為先令後誅，不欲使有犯者耳。君以為太重者，孤亦何利其然，但不得已而為之耳。今承來意，當重諮謀，務從其可。且近臣有盡規之諫，親戚有補察之箴，所以匡君正主明忠信也。《書》載『予違汝弼，汝無面從』，孤豈不樂忠言以自裨補邪？而雲『不敢極陳』，何得為忠讜哉？若小臣之中，有可納用者，寧得以人廢言而不采擇乎？但諂媚取容，雖暗亦所明識也。至於發調者，徒以天下未定，事以眾濟。若徒守江東，修崇寬政，兵自足用，復用多為？顧坐自守可陋耳。若不豫調，恐臨時未可便用也。又孤與君分義特異，榮戚實同，來表雲不敢隨眾容身苟免，此實甘心所望於君也。」於是令有司盡寫科條，使郎中褚逢齎以就遜及諸葛瑾，意所不安，令損益之。是歲，分交州置廣州，俄復舊。

六年春正月，諸將獲彭綺。閏月，韓當子綜以其眾降魏。

七年春三月，封子慮為建昌侯，罷東安郡。夏五月，鄱陽太守周魴偽叛，誘魏將曹休。秋八月，權至皖口，使將軍陸遜督諸將大破休於石亭。大司馬呂範卒。是歲，改合浦為珠官郡。

黃龍元年春，公卿百司皆勸權正尊號。夏四月，夏口、武昌並言黃龍、鳳凰見。丙申，南郊即皇帝位。是日大赦，改年。追尊父破虜將軍堅為武烈皇帝，母吳氏為武烈皇后，兄討逆將軍策為長沙桓王。吳王太子登為皇太子。將吏皆近爵加賞。初，興平中，吳中童謠曰：「黃金車，班蘭耳，闓昌門，出天子。」五月，使校尉張剛、管篤之遼東。六月，蜀遣衛尉陳震慶權踐位。權乃參分天下，豫、青、徐、幽屬吳，兗、冀、並、涼屬蜀。其司州之土，以函谷關為界，造為盟曰：「天降喪亂，皇綱失敘，逆臣乘釁，劫奪國柄，始於董卓，終於曹操，窮凶極惡，以覆四海。至令九州幅裂，普天無統，民神痛怨，靡所戾止。及操子丕，桀逆遺丑，薦作奸回，偷取天位。而叡麼麼，尋丕凶跡，阻兵盜土，未伏厥誅。昔共工亂象而高辛行師，三苗干度而虞舜征焉。今日滅叡，禽其徒黨，非漢與吳，將復誰任？夫討惡剪暴，必聲其罪，宜先分裂，奪其土地，使士民之心，各知所歸。是以《春秋》晉侯伐衛，先分其田以畀宋人，斯其義也。且古建大事，必先盟誓，故《周禮》有司盟之官，《尚書》有告誓之文，漢之與吳，雖信由中，然分土裂境，宜有盟約。諸葛丞相德威遠著，翼戴本國，典戎在外，信感陰陽。誠動天地，重復結盟，廣誠約誓，使東西士民咸共聞知。故立壇殺牲，昭告神明，再歃加書，副之天府，天高聽下，靈威棐諶，司慎司盟，群神群祀，莫不臨之。自今日漢、吳既盟之後，戮力一心，同討魏賊，救危恤患，分災共慶，好惡齊之，無或攜貳。若有害漢，則吳伐之；若有害吳，則漢伐之。各守分土，無相侵犯。傳之後葉，克終若始。凡百之約，皆如載書。信言不豔，實居於好。有渝此盟，創禍先亂，違貳不協，慆慢天命，明神上帝是討是督，山川百神是糾是殛，俾墜其師，無克祚國。於爾大神，其明鑑之！」秋九月，權遷都建業，因故府不改館，征上大將軍陸遜輔太子登，掌武昌留事。

二年春正月，魏作合肥新城。詔立都講祭酒，以教學諸子。遣將軍衛溫、諸葛直將甲士萬人浮海求夷洲及亶洲。亶洲在海中，長老傳言秦始皇帝遣方士徐福將童男童女數千人入海，求蓬萊神山及仙藥，止此洲不還。世相承有數萬家，其上人民，時有至會稽貨布，會稽東縣人海行，亦有遭風流移至亶洲者。所在絕遠，卒不可得至，但得夷洲數千人還。

三年春二月，遣太常潘濬率眾五萬討武陵蠻夷。衛溫、諸葛直皆以違詔無功，下獄誅。夏，有野蠶成繭，大如卵。由拳野稻自生，改為禾興縣。中郎將孫布詐降以誘魏將王凌，凌以軍迎布。冬十月，權以大兵潛伏於阜陵俟之，凌覺而走。會稽南始平言嘉禾生。十二月丁卯，大赦，改明年元也。

嘉禾元年春正月，建昌侯慮卒。三月，遣將軍周賀、校尉裴潛乘海之遼東。秋九月，魏將田豫要擊，斬賀於成山。冬十月，魏遼東太守公孫淵遣校尉宿舒、閬中令孫綜稱藩於權，並獻貂馬。權大悅，加淵爵位。

二年春正月，詔曰：「朕以不德，肇受元命，夙夜兢兢，不遑假寢。思平世難，救濟黎庶，上答神祇，下慰民望。是以眷眷，勤求俊傑，將與戮力，共定海內。苟在同心，與之偕老。今使持節督幽州領青州牧遼東太守燕王，久脅賊虜，隔在一方，雖乃心於國，其路靡緣。今因天命，遠遣二使，款誠顯露，章表殷勤，朕之得此，何喜如之！雖湯遇伊尹，周獲呂望，世祖未定而得河右，方之今日。豈復是過？普天一統，於是定矣。《書》不云乎，『一人有慶，兆民賴之』。其大赦天下，與之更始，其明下州郡，咸使聞知。特下燕國，奉宣詔恩，今普天率土備聞斯慶。」三月，遣舒、綜還，使太常張彌、執金吾許晏、將軍賀達等將兵萬人，金寶珍貨，九錫備物，乘海授淵。舉朝大臣，自丞相雍已下皆諫，以為淵未可信，而寵待太厚，但可遣吏兵數百護送舒、綜，權終不聽。淵果斬彌等，送其首於魏，沒其兵資。權大怒，欲自征淵，尚書僕射薛綜等切諫乃止。是歲，權向合肥新城，遣將軍全琮征六安，皆不克還。

三年春正月，詔曰：「兵久不輟，民困於役，歲或不登。其寬諸逋，勿復督課。」夏五月，權遣陸遜、諸葛瑾等屯江夏、沔口，孫韶、張承等向廣陵、淮陽，權率大眾圍合肥新城。是時蜀相諸葛亮出武功，權謂魏明帝不能遠出，而帝遣兵助司馬宣王拒亮。自率水軍東征。未至壽春，權退還，孫韶亦罷。秋八月，以諸葛恪為丹楊太守，討山越。九月朔，隕霜傷谷。冬十一月，太常潘濬平武陵蠻夷，事畢，還武昌。詔復曲阿為雲陽，丹徒為武進。廬陵賊李桓、羅厲等為亂。

四年夏，遣呂岱討桓等。秋七月，有雹。魏使以馬求易珠璣、翡翠、玳瑁，權曰：「此皆孤所不用，而可得馬。何苦而不聽其交易？」

五年春，鑄大錢，一當五百。詔使吏民輸銅，計銅畀直。設盜鑄之科。二月，武昌言甘露降於禮賓殿。輔吳將軍張昭卒。中郎將吾粲獲李桓，將軍唐咨獲羅厲等。自十月不雨，至於夏。冬十月，彗星見於東方。鄱陽賊彭旦等為亂。

六年春正月，詔曰：「夫三年之喪，天下之達制，人情之極痛也。賢者割哀以從禮，不肖者勉而致之。世治道泰，上下無事，君子不奪人情，故三年不逮孝子之門。至於有事，則殺禮以從宜，要經而處事。故聖人制法，有禮無時則不行。遭喪不奔非古也，蓋隨時之宜，以義斷恩也。前故設科，長吏在官，當須交代，而故犯之，雖隨糾坐，猶已廢曠。方事之殷，國家多難，凡在官司，宜各盡節，先公後私，而不恭承，甚非謂也。中外群僚，其更平議，務令得中，詳為節度。」顧譚議，以為「奔喪立科，輕則不足以禁孝子之情，重則本非應死之罪，雖嚴刑益設，違奪必少。若偶有犯者，加其刑則恩所不忍，有減則法廢不行。愚以為長吏在遠，苟不告語，勢不得知。比選代之間，若有傳者，必加大辟，則長吏無廢職之負，孝子無犯重之刑。」將軍胡綜議，以為「喪紀之禮，雖有典制，苟無其時，所不得行。方今戎事軍國異容，而長吏遭喪，知有科禁，公敢干突，苟念聞憂不奔之恥，不計為臣犯禁之罪，此由科防本輕所致。忠節在國，孝道立家，出身為臣，焉得兼之？故為忠臣不得為孝子。宜定科文，示以大辟。若故違犯，有罪無赦。以殺止殺，行之一人，其後必絕」。丞相雍奏從大辟。其後吳令孟宗喪母奔赴，已而自拘於武昌以聽刑。陸遜陳其素行，因為之請，權乃減宗一等，後不得以為比，因此遂絕。二月，陸遜討彭旦等，其年，皆破之。冬十月，遣衛將軍全琮襲六安，不克。諸葛恪平山越事畢，北屯廬江。

赤烏元年春，鑄當千大錢。夏，呂岱討廬陵賊，畢，還陸口。秋八月，武昌言麒麟見。有司奏言麒麟者太平之應，宜改年號。詔曰：「間者赤烏集於殿前，朕所親見，若神靈以為嘉祥者，改年宜以赤烏為元。」群臣奏曰：「昔武王伐紂，有赤烏之祥，君臣觀之，遂有天下，聖人書策載述最詳者，以為近事既嘉，親見又明也。」於是改年。步夫人卒，追贈皇后。初，權信任校事呂壹，壹性苛慘，用法深刻。太子登數諫，權不納，大臣由是莫敢言。後壹奸罪發露伏誅，權引咎責躬，乃使中書郎袁禮告謝諸大將，因問時事所當損益。禮還，復有詔責數諸葛瑾、步騭、朱然、呂岱等曰：「袁禮還，云與子瑜、子山、義封、定公相見，並以時事當有所先後，各自以不掌民事，不肯便有所陳，悉推之伯言、承明。伯言、承明見禮，泣涕懇惻，辭旨辛苦，至乃懷執危怖，有不自安之心。聞此悵然，深自刻怪。何者？夫惟聖人能無過行，明者能自見耳。人之舉措，何能悉中，獨當己有以傷拒眾意，忽不自覺，故諸君有嫌難耳。不爾，何緣乃至於此乎？自孤興軍五十年，所役賦凡百皆出於民。天下未定，孽類猶存，士民勤苦，誠所貫知。然勞百姓，事不得已耳。與諸君從事，自少至長，髮有二色，以謂表裡足以明露，公私分計，足用相保。盡言直諫，所望諸君；拾遺補闕，孤亦望之。昔衛武公年過志壯，勤求輔弼，每獨嘆責。且布衣韋帶，相與交結，分成好合，尚污垢不異。今日諸君與孤從事，雖君臣義存，猶謂骨肉不復是過。榮福喜戚，相與共之。忠不匿情，智無遺計，事統是非，諸君豈得從容而已哉？同船濟水，將誰與易？齊桓諸侯之霸者耳，有善管子未嘗不嘆，有過未嘗不諫，諫而不得，終諫不止。今孤自省無桓公之德，而諸君諫諍未出於口，仍執嫌難。以此言之，孤於齊桓良優，未知諸君於管子何如耳？久不相見，因事當笑。共定大業，整齊天下，當復有誰？凡百事要所當損益，樂聞異計，匡所不逮。」

二年春三月，遣使者羊道、鄭冑，將軍孫怡之遼東，擊魏守將張持、高慮等，虜得男女。零陵言甘露降。夏五月，城沙羨。冬十月，將軍蔣秘南討夷賊。秘所領都督廖式殺臨賀太守嚴綱等，自稱平南將軍，與弟潛共攻零陵、桂陽，及搖動交州、蒼梧，郁林諸都，眾數萬人。遣將軍呂岱、唐咨討之，歲余皆破。

三年春正月，詔曰：「蓋君非民不立，民非穀不生。頃者以來，民多征役，歲又水旱，年穀有損，而吏或不良，侵奪民時，以致飢困。自今以來，督軍郡守，其謹察非法，當農桑時，以役事擾民者，舉正以聞。」夏四月，大赦，詔諸郡縣治城郭，起譙樓，穿塹發渠，以備盜賊。冬十一月，民飢，詔開倉廩以賑貧窮。

四年春正月，大雪，平地深三尺，鳥獸死者大半。夏四月，遣衛將軍全琮略淮南，決芍陂，燒安城邸閣，收其人民。威北將軍諸葛恪攻六安。琮與魏將王凌戰於芍陂，中郎將秦晃等十餘人戰死。車騎將軍朱然圍樊，大將軍諸葛瑾取柤中。五月，太子登卒。是月，魏太傅司馬宣王救樊。六月，軍還。閏月，大將軍瑾卒。秋八月，陸遜城邾。

五年春正月，立子和為太子，大赦。改禾興為嘉興。百官奏立皇後及四王，詔曰：「今天下未定，民物勞瘁，且有功者或未彔，飢寒者尚未恤，猥割土壤以豐子弟，崇爵位以寵妃妾，孤甚不取。其釋此議。」三月，海鹽縣言黃龍見。夏四月，禁進獻御，減太官膳。秋七月，遣將軍聶友、校尉陸凱以兵三萬討珠崖、儋耳。是歲大疫，有司又奏立後及諸王。八月，立子霸為魯王。

六年春正月，新都言白虎見。諸葛恪征六安，破魏將謝順營，收其民人。冬十一月，丞相顧雍卒。十二月，扶南王范旃遣使獻樂人及方物。是歲，司馬宣王率軍入舒，諸葛恪自皖遷於柴桑。

七年春正月，以上大將軍陸遜為丞相。秋，宛陵言嘉禾生。是歲，步騭、朱然等各上疏雲：「自蜀還者，咸言欲背盟與魏交通，多作舟船，繕治城郭，又蔣琬守漢中，聞司馬懿南向，不出兵乘虛以犄角之，反委漢中，還近成都。事已彰灼，無所復疑，宜為之備。」權揆其不然，曰：「吾待蜀不薄，聘享盟誓，無所負之。何以致此？又司馬懿前來入舒，旬日便退，蜀在萬里，何知緩急而便出兵乎？昔魏欲入漢川，此間始嚴，亦未舉動，會聞魏還而止。蜀寧可復以此有疑邪？又人家治國，舟船城郭，何得不護？今此間治軍，寧復欲以御蜀邪？人言苦不可信，朕為諸君破家保之。」蜀竟自無謀，如權所籌。

八年春二月，丞相陸遜卒。夏，雷霆犯宮門柱，又擊南津大橋楹。茶陵縣鴻水溢出，流漂居民二百餘家。秋七月，將軍馬茂等圖逆，夷三族。八月，大赦。遣校尉陳勳將屯田及作士三萬人鑿句容中道，自小其至雲陽西城，通會市，作邸閣。

九年春二月，車騎將軍朱然征魏柤中，斬獲千餘。夏四月，武昌言甘露降。秋九月，以驃騎將軍步騭為丞相，車騎將軍朱然為左大司馬，衛將軍全琮為右大司馬，鎮南將軍呂岱為上大將軍，威北將軍諸葛恪為大將軍。

十年春正月，右大司馬全琮卒。二月，權適南宮。三月，改作太初宮，諸將及州郡皆義作。夏五月，丞相步騭卒。冬十月，赦死罪。

十一年春正月，朱然城江陵。二月，地仍震。三月，宮成。夏四月，雨雹，雲陽言黃龍見。五月，鄱陽言白虎仁。詔曰：「古者聖王積行累善，修身行道，以有天下，故符瑞應之，所以表德也。朕以不明，何以臻茲？《書》雲『雖休勿休』，公卿百司，其勉修所職，以匡不逮。」

十二年春三月，左大司馬朱然卒。四月，有兩烏銜鵲墮東館。丙寅，驃騎將軍朱據領丞相，燎鵲以祭。

十三年夏五月，日至，熒惑入南斗。秋七月，犯魁第二星而東。八月，丹楊、句容及故鄣、寧國諸山崩，鴻水溢。詔原逋責，給貸種食。廢太子和，處故鄣。魯王霸賜死。冬十月，魏將文欽偽叛以誘朱異，權遣呂據就異以迎欽。異等持重，欽不敢進。十一月，立子亮為太子。遣軍十萬，作堂邑涂塘以淹北道。十二月，魏大將軍王昶圍南郡，荊州刺史王基攻西陵，遣將軍戴烈、陸凱往拒之，皆引還。是歲，神人授書，告以改年、立後。

太元元年夏五月，立皇后潘氏，大赦，改年。初臨海羅陽縣有神，自稱王表。周旋民間，語言飲食，與人無異，然不見其形。又有一婢，名紡績。是月，遣中書郎李崇齎輔國將軍羅陽王印綬迎表。表隨崇俱出，與崇及所在郡守令長談論，崇等無以易。所歷山川，輒遣婢與其神相聞。秋七月，崇與表至，權於蒼龍門外為立第舍，數使近臣齎酒食往。表說水旱小事，往往有驗。秋八月朔，大風，江海涌溢，平地深八尺，吳高陵松柏斯拔，郡城南門飛落。冬十一月，大赦。權祭南郊還，寢疾。十二月，驛征大將軍恪，拜為太子太傅。詔省徭役，減征賦，除民所患苦。

二年春正月，立故太子和為南陽王，居長沙。子奮為齊王，居武昌。子休為琅邪王，居虎林。二月，大赦，改元為神鳳。皇后潘氏薨。諸將吏數詣王表請福，表亡去。夏四月，權薨，時年七十一，謚曰大皇帝。秋七月，葬蔣陵。

吳書

周瑜魯肅呂蒙傳・周瑜

周瑜字公瑾，廬江郡舒縣人。他的堂祖父周景，周景的兒子周忠，都做過漢朝的太尉。他的父親周異，曾任洛陽縣令。

周瑜身材高大健壯、相貌英俊。當初，孫堅舉義兵討伐董卓，將家眷遷到舒縣。孫堅的兒子孫策與周瑜同年，兩人感情深厚。周瑜將路南一所大宅院讓給孫策居住，還常登門拜見孫策的母親，有什麼東西都兩家分享。周瑜的叔父周尚時任丹楊太守，周瑜前去看望，正碰到孫策打算東渡長江，到了歷陽。孫策派人送信告知周瑜，周瑜領兵前來迎接孫策。孫策大喜道：「我得到了你，大事都順利了。」於是周瑜跟隨孫策攻打橫江、當利，全都拿下了。隨即又渡江攻打秣陵，擊敗了笮融、薛禮，轉而攻下湖孰、江乘，進軍曲阿，劉繇落荒而逃，而孫策的隊伍擴展到幾萬人。於是孫策對周瑜說：「我用這些人馬攻取吳、會兩郡，平定山越，已經足夠了。你回去鎮守丹楊吧。」周瑜回到了丹楊。不久，袁術派他的堂弟袁胤取代周尚任丹楊太守，於是周瑜和周尚都回到壽春。袁術想任命周瑜為部將，周瑜看袁術終究成不了大事，因此請求袁術讓他擔任居巢縣長，其實是打算借道回江東，袁術同意了。於是周瑜從居巢回到吳郡。這年是建安三年（一九八）。孫策親自出來迎接周瑜，任命他為建威中郎將，當即調撥給他士卒二千人，戰馬五十匹。周瑜當時二十四歲，吳郡的人都稱他為周郎。因為周瑜在廬江的聲望和威勢很高，孫策便派他去鎮守牛渚，後又兼任春谷縣長。不久，孫策想奪取荊州，任命周瑜為中護軍，兼任江夏太守。周瑜跟隨孫策攻打皖城，攻克了。當時得到了喬公兩個女兒，都有傾國之貌。孫策自己娶了大喬，周瑜娶了小喬。接著再進軍尋陽，打敗劉勳，征討江夏，還軍平定豫章、廬陵，周瑜留守巴丘。

建安五年（二〇〇），孫策去世，由孫權統領軍政事務。周瑜領兵前來吊喪，於是留在吳郡，以中護軍身份與長史張昭一同掌管軍政大事。建安十一年（二〇六），周瑜督率孫瑜等討伐麻、保二屯，殺死其首領，俘虜了一萬多人，回兵駐守宮亭。江夏太守黃祖派部將鄧龍帶領數千人馬進入柴桑，周瑜追擊征伐，俘獲了鄧龍，送往吳郡。建安十三年（二〇八）春，孫權征討江夏，任命周瑜為前部大督。

當年九月，曹操進入荊州，劉琮率眾投降，曹操得到了荊州的水軍，水、步軍達到幾十萬人，東吳將士聞訊都非常驚恐。孫權召集部下，征詢對策。商議的人都說：「曹操是豺虎一般凶殘之人，然而借著漢丞相的名義，挾天子以征天下，動輒打出朝廷的旗號，如今要抗拒他，事情更不順利。況且將軍您所處的形勢，能夠抵禦曹操的，就是這條長江。現在曹操得到荊州，全部占有了這塊地方，劉表所訓練好的水軍，各類戰艦有數千艘，曹操將其全部沿江排開，兼有步兵，水陸兩路一齊進發，所謂的長江天險，已與我方共有了。而實力上敵眾我寡，不可相提並論。所以最好的計策不如歸順朝廷。」周瑜說：「不對！曹操雖然名為漢相，其實是漢賊！以將軍您神明英武的雄才，又有父兄奠定的宏偉基業，割據江東，占地數千里，軍隊精良，糧草充足，英雄樂意建功立業，正是您橫行天下，為漢朝鏟除邪惡禍端的好時機。何況現在曹操是自己前來送死，豈可以向他投降？請讓我為您分析一下：假如現在北方局勢已完全安定，曹操無後顧之憂，當然可以與我們曠日持久地爭奪疆土，但與我軍在舟船上爭勝負，他能行嗎？況且現在北方的局勢並沒有安定，加上馬超、韓遂還在關西，成為曹操的後患。再說捨棄騎兵優勢，依仗所繳獲的戰船，來與我吳越的軍隊在水戰中較量，本就不是中原人的長處。如今又值嚴寒季節，戰馬缺乏草料，驅使中原的士兵長途跋涉於江湖河泊間，水土不服，必然會患病。上述四點，都是用兵大忌，而曹操都觸犯了。將軍要擒獲曹操，應該就在眼下。我請求撥給我精兵三萬，進駐夏口，保證替您打敗曹操。」孫權說：「曹操老賊企圖廢漢自立為帝由來已久，只是顧忌袁術、袁紹、呂布、劉表與我而已。如今其他幾位豪傑都被他滅了，只剩下我一人還在。我與老賊，勢不兩立。你所說應當全力抗擊，與我的想法完全一致，這是老天爺把你送來輔助我的啊！」

當時，劉備被曹操打敗，想要率軍南下渡過長江，與魯肅在當陽相遇，於是共商抗曹大計。劉備進駐夏口，派諸葛亮前去拜謁孫權。孫權於是派周瑜與程普等與劉備合力迎擊曹操，兩軍相戰於赤壁。這時曹操軍中許多士卒染上疾病，剛一交戰，曹軍便敗退，撤至長江北岸駐紮。周瑜等率軍駐紮在長江南岸。周瑜的部將黃蓋說：「如今敵眾我寡，難以與之長久對峙。而觀察曹軍戰船全都首尾相接，可以用火攻將其打敗。」於是周瑜調撥幾十艘大船戰艦，船艙中裝滿柴草，都澆上油膏，外面罩上帷幕，上面插上牙旗，又讓黃蓋寫信給曹操，謊稱要前去投降，另外還預備一些輕便快捷的小船，分別繫在大船後面，然後依次駛向北岸。曹操軍中將士都伸長脖子張望，比畫著說黃蓋來投降了。黃蓋下令解開繫著的小船，將大船同時點火。當時風勢很猛，大火蔓延燃燒到岸上的曹軍營寨。片刻間，煙火沖天，曹軍人馬被燒死淹死者不計其數，於是全軍敗退，退保南郡。劉備與周瑜等又一同追擊。曹操留下曹仁等駐守江陵城，自己直接退回北方。

周瑜與程普又進軍南郡，隔著大江與曹仁對峙。尚未交手，周瑜先派甘寧前去占據夷陵。曹仁分出一支人馬攻打甘寧。甘寧向周瑜告急。周瑜采用呂蒙的計策，留下凌統鎮守後方，自己與呂蒙前去解救甘寧。甘寧之圍被解後，周瑜的人馬渡江駐紮在北岸，約定日期與曹仁軍隊大戰。周瑜親自騎馬掠陣，被亂箭射中右胸，傷勢很重，只得退還。後來曹仁聽說周瑜負傷臥床不起，便率兵列陣挑戰。周瑜掙扎著起來，巡視軍營，激勵將士，曹仁聞訊後只好撤軍。

孫權任命周瑜為偏將軍，兼任南郡太守，將下雋、漢昌、劉陽、州陵給他作為奉邑，讓他據守江陵。劉備以左將軍身份兼任荊州牧，治所設在公安。劉備前往京口拜會孫權，周瑜上奏道：「劉備作為一代梟雄，且有關羽、張飛熊虎一般的猛將，一定不會長久屈身聽憑他人擺布。以我愚見，最好的辦法是把劉備遷到吳郡安置，為他修築豪華的宮室，多給他些美女珍寶玩好，讓他沉溺於享樂，再把關羽、張飛二人分開，安置在不同的地方，讓我這樣的人挾制他們，並指揮他們作戰，大事即可安定。如今討好地割讓土地資助他，讓他們三人聚在一起，又是在邊界疆場，恐怕是蛟龍得到雲雨，終究不會安居於池塘中！」孫權顧忌曹操在北方，想廣招天下英雄對付曹，又擔心劉備難於一時制伏，因此沒有採納周瑜的建議。

當時劉璋任益州牧，北面有張魯的侵擾，周瑜於是到京口拜見孫權說：「現在曹操剛戰敗受挫，正擔心自己內部不穩，顧不上與您對陣作戰。請允許我與奮威將軍孫瑜一起進軍攻取蜀地，得到蜀地後再吞並張魯，然後留奮威將軍駐守在那裡，與馬超結盟相呼應，我回來與您一起占據襄陽以進擊曹操，這樣北方就能收復了。」孫權應允了周瑜的計策。周瑜回到江陵，準備行裝，途中在巴丘發病去世，時年三十六歲。孫權身穿喪服為他辦喪事，讓身邊的人都很感動。當周瑜靈柩運回吳郡時，孫權又到蕪湖迎接，辦喪事所有的費用，全部由他承擔。後又頒布諭令：「已故將軍周瑜、程普，他們家的佃戶，都免稅賦徭役。」當初周瑜與孫策親密無間，孫策的母親又讓孫權以尊奉兄長之禮對待周瑜。那時孫權還只是個將軍，各部將及賓客對他只行簡單禮節，唯獨周瑜最先尊敬他，執臣子禮節。周瑜性情開朗，寬宏大量，很得人心，只與程普不和睦。

周瑜早年曾精心鑽研音樂，即使飲了三爵酒，演奏者曲調有什麼差錯，他必定聽得出來，聽出來就會回頭一望，所以時人有這樣的歌謠：「曲有誤，周郎顧。」

周瑜有兩男一女。女兒許配太子孫登。兒子周循娶公主為妻，被任命為騎都尉。周循很有周瑜的氣質風度，不幸早逝。周循之弟周胤，起初任興業都尉，娶宗室女為妻，率領一千人馬，駐守公安。黃龍元年（二二九），被封為都鄉侯，後因犯罪被發配到廬陵郡。赤烏二年（二三九），諸葛瑾、步騭聯名上疏道：「已故將軍周瑜之子周胤，過去受到陛下稱贊，被封為將軍。他不能珍惜這種優厚待遇，考慮如何立功報效朝廷，卻放縱自己各種貪欲，招來罪罰。臣等私下認為周瑜當初最受陛下寵信，在朝是心腹重臣，出戰是得力良將，受命出征，總是身先士卒，忠心耿耿，視死如歸。因此能在烏林擊敗曹操，在郢都趕走曹仁，彰顯了國家的威勢和陛下的仁德，聲震華夏，愚昧的荊蠻也無不歸服。即使是周代的方叔，漢朝的韓信、英布，確實也比不上他。能夠打敗敵人捍衛國家的大臣，自古沒有不受帝王敬重的，因此漢高祖的封爵誓詞說：『縱使黃河細如衣帶，泰山小如磨刀石，封國制度長存，傳給子孫後代。』用丹砂書寫誓詞，舉行隆重盟誓儀式，將誓詞藏於宗廟，永遠留存，希望讓功臣之後，世世代代相繼，不僅其子其孫，還傳至久遠的後人。報答和表彰功臣，勤懇真誠到了極點，其意在於勸勉後人，使那些為國建功獻身的臣子死而無悔。況且周瑜去世不久，其子周胤就被廢為庶民，這就更讓人悲哀。臣等以為陛下賢明，善於以古為鑑，能使斷絕的封爵再興，因此為周胤求情，乞求赦免他的罪過，歸還他兵權，恢復他的爵位，使久未啼叫的公雞重新打鳴，使負罪的臣子重新得到報效國家的機會。」孫權答道：「朕的心腹功臣，與朕協力共事，周瑜就是，朕對他確實不能忘懷。過去周胤年少，開始沒有什麼功勞，平白無故掌管一支軍隊，封賞爵位出任將領，正是念及周瑜的功勳而恩賜他的兒子。但周胤倚仗於此，放縱沉湎於酒色，前後數次警告勸喻，未曾悔改。朕與周瑜的情誼，與你們二位一樣，都希望周胤有所成就，怎麼會停止呢？鑑於周胤所犯之罪，不宜立刻恢復官爵，還應讓他受些磨難，使他自知痛改。如今二位誠懇地援引漢高祖的封爵誓詞，朕感到慚愧。雖然朕的德行不可與漢高祖相提並論，但還是想向他看齊，此事就是這樣，因此不能採取你們的建議。作為周瑜的兒子，加上你們二位說情，若是能改過的話，還有什麼可擔心的呢？」諸葛瑾、步騭的奏疏剛呈上，朱然和全琮也上奏替周胤求情，於是孫權同意了。正在這時周胤病死了。

周瑜的侄兒周峻，也因為周瑜的功勳而被任命為偏將軍，領將士一千。周峻死後，全琮上奏請求任命周峻的兒子周護為將軍。孫權說：「當初趕走曹操，奪得荊州，都是周瑜的功勞，朕常記心中。開始聽說周峻去世，也曾想起用周護，但聽說周護的品行不好，起用他為官卻是起了禍端，因此打消了這個念頭。寡人懷念周瑜，難道會有盡頭嗎？」

【原文】

周瑜字公瑾，廬江舒人也。從祖父景，景子忠，皆為漢太尉。父異，洛陽令。

瑜長壯有姿貌。初，孫堅興義兵討董卓，徙家於舒。堅子策與瑜同年，獨相友善，瑜推道南大宅以舍策，升堂拜母，有無通共。瑜從父尚為丹楊太守，瑜往省之。會策將東渡，到歷陽，馳書報瑜，瑜將兵迎策。策大喜曰：「吾得卿，諧也。」遂從攻橫江、當利，皆拔之。乃渡江擊秣陵，破笮融、薛禮。轉下湖孰、江乘，進入曲阿。劉繇奔走，而策之眾已數萬矣。因謂瑜曰：「吾以此眾取吳會平山越已足。卿還鎮丹楊。」瑜還。頃之，袁術遣從弟胤代尚為太守，而瑜與尚俱還壽春。術欲以瑜為將，瑜觀術終無所成，故求為居巢長，欲假途東歸，術聽之。遂自居巢還吳。是歲，建安三年也。策親自迎瑜，授建威中郎將，即與兵二千人，騎五十匹。瑜時年二十四，吳中皆呼為周郎。以瑜恩信著於廬江，出備牛渚，後領春谷長。頃之，策欲取荊州，以瑜為中護軍，領江夏太守，從攻皖，拔之。時得橋公兩女，皆國色也。策自納大橋，瑜納小橋。復進尋陽，破劉勳，討江夏，還定豫章、廬陵，留鎮巴丘。

五年，策薨。權統事。瑜將兵赴喪，遂留吳，以中護軍與長史張昭共掌眾事。十一年，督孫瑜等討麻、保二屯，梟其渠帥，囚俘萬餘口，還備宮亭。江夏太守黃祖遣將鄧龍將兵數千人入柴桑，瑜追討擊，生虜龍送吳。十三年春，權討江夏，瑜為前部大督。

其年九月，曹公入荊州，劉琮舉眾降，曹公得其水軍，船步兵數十萬，將士聞之皆恐。

權延見群下，問以計策。議者咸曰：「曹公豺虎也，然托名漢相，挾天子以征四方，動以朝廷為辭，今日拒之，事更不順，且將軍大勢，可以拒操者，長江也。今操得荊州，奄有其地。劉表治水軍，蒙沖鬥艦，乃以千數，操悉浮以沿江，兼有步兵，水陸俱下。此為長江之險，已與我共之矣。而勢力眾寡，又不可論。愚謂大計不如迎之。」瑜曰：「不然。操雖托名漢相，其實漢賊也。將軍以神武雄才，兼仗父兄之烈，割據江東，地方數千里，兵精足用，英雄樂業，尚當橫行天下，為漢家除殘去穢。況操自送死，而可迎之邪？請為將軍籌之：今使北土已安，操無內憂，能曠日持久，來爭疆埸，又能與我校勝負於船楫，（可）乎？今北土既未平安，加馬超、韓遂尚在關西，為操後患。且捨鞍馬，仗舟楫，與吳越爭衡，本非中國所長。又今盛寒，馬無藁草，驅中國士眾遠涉江湖之間，不習水土，必生疾病。此數四者，用兵之患也，而操皆冒行之。將軍禽操，宜在今日。瑜請得精兵三萬人，進住夏口，保為將軍破之。」權曰：「老賊欲廢漢自立久矣，徒忌二袁、呂布、劉表與孤耳。今數雄已滅，惟孤尚存，孤與老賊，勢不兩立。君言當擊，甚與孤合，此天以君授孤也。」

時劉備為曹公所破，欲引南渡江，與魯肅遇於當陽，遂共圖計，因進住夏口，遣諸葛亮詣權。權遂遣瑜及程普等與備並力逆曹公，遇於赤壁。時曹公軍眾已有疾病，初一交戰，公軍敗退，引次江北。瑜等在南岸。瑜部將黃蓋曰：「今寇眾我寡，難與持久。然觀操軍船艦首尾相接，可燒而走也。」乃取蒙沖鬥艦數十艘，實以薪草，膏油灌其中，裹以帷幕，上建牙旗，先書報曹公，欺以欲降。又豫備走舸，各繫大船後，因引次俱前。曹公軍吏士皆延頸觀望，指言蓋降。蓋放諸船，同時發火。時風盛猛，悉延燒岸上營落。頃之，煙炎張天，人馬燒溺死者甚眾，軍遂敗退，還保南郡。備與瑜等復共追。曹公留曹仁等守江陵城，徑自北歸。

瑜與程普又進南郡，與仁相對，各隔大江。兵未交鋒，瑜即遣甘寧前據夷陵。仁分兵騎別攻圍寧。寧告急於瑜。瑜用呂蒙計，留凌統以守其後，身與蒙上救寧。寧圍既解，乃渡屯北岸，克期大戰。瑜親跨馬陳，會流矢中右脅，瘡甚，便還。後仁聞瑜臥未起，勒兵就陳。瑜乃自興，案行軍營，激揚吏士，仁由是遂退。

權拜瑜偏將軍，領南郡太守。以下雋、漢昌、劉陽、州陵為奉邑，屯據江陵。劉備以左將軍領荊州牧，治公安。備詣京見權，瑜上疏曰：「劉備以梟雄之姿，而有關羽、張飛熊虎之將，必非久屈為人用者。愚謂大計宜徙備置吳，盛為築宮室，多其美女玩好，以娛其耳目，分此二人，各置一方，使如瑜者得挾與攻戰，大事可定也。今猥割土地以資業之，聚此三人，俱在疆埸，恐蛟龍得雲雨，終非池中物也。」權以曹公在北方，當廣攬英雄，又恐備難卒制，故不納。

是時劉璋為益州牧。外有張魯寇侵，瑜乃詣京見權曰：「今曹操新折衄，方憂在腹心，未能與將軍連兵相事也。乞與奮威俱進取蜀，得蜀而並張魯，因留奮威固守其地，好與馬超結援。瑜還與將軍據襄陽以蹙操，北方可圖也。」權許之。瑜還江陵，為行裝，而道於巴丘病卒，時年三十六。權素服舉哀，感動左右。喪當還吳，又迎之蕪湖，眾事費度，一為供給。後著令曰：「故將軍周瑜、程普，其有人客，皆不得問。」初瑜見友於策，太妃又使權以兄奉之。是時權位為將軍，諸將賓客為禮尚簡，而瑜獨先盡敬，便執臣節。性度恢廓，大率為得人，惟與程普不睦。

瑜少精意於音樂。雖三爵之後，其有闕誤，瑜必知之，知之必顧，故時人謠曰：「曲有誤，周郎顧。」

瑜兩男一女，女配太子登。男循尚公主，拜騎都尉，有瑜風，早卒。循弟胤，初拜興業都尉，妻以宗女，授兵千人，屯公安。黃龍元年，封都鄉侯，後以罪徙廬陵郡。赤烏二年，諸葛瑾、步騭連名上疏曰：「故將軍周瑜子胤，昔蒙粉飾，受封為將，不能養之以福，思立功效，至縱情欲，招速罪辟。臣竊以瑜昔見寵任，入作心膂，出為爪牙，銜命出征，身當矢石，盡節用命，視死如歸，故能摧曹操於烏林，走曹仁於郢都，揚國威德，華夏是震，蠢爾蠻荊，莫不賓服。雖周之方叔，漢之信、布，誠無以尚也。夫折沖扞難之臣，自古帝王莫不貴重，故漢高帝封爵之誓曰『使黃河如帶，太山如礪，國以永存，爰及苗裔』。申以丹書，重以盟詛，藏於宗廟，傳於無窮，欲使功臣之後，世世相踵，非徒子孫，乃關苗裔，報德明功，勤勤懇懇，如此之至，欲以勸戒後人，用命之臣，死而無悔也。況於瑜身沒未久，而其子胤降為匹夫，益可悼傷。竊惟陛下欽明稽古，隆於興繼，為胤歸訴，乞丐余罪，還兵復爵，使失旦之雞，復得一鳴；抱罪之臣，展其後效。」權答曰：「腹心舊勳，與孤協事，公瑾有之，誠所不忘。昔胤年少，初無功勞，橫受精兵，爵以侯將，蓋念公瑾以及於胤也。而胤恃此，酗淫自恣，前後告喻，曾無悛改。孤於公瑾，義猶二君，樂胤成就，豈有已哉？迫胤罪惡，未宜便還，且欲苦之，使自知耳。今二君勤勤援引漢高河山之誓，孤用恧然。雖德非其疇，猶欲庶幾，事亦如爾，故未順旨。以公瑾之子，而二君在中間，苟使能改，亦何患乎！」瑾、騭表比上，朱然及全琮亦俱陳乞，權乃許之。會胤病死。

瑜兄子峻，亦以瑜元功為偏將軍，領吏士千人。峻卒，全琮表峻子護為將。權曰：「昔走曹操，拓有荊州，皆是公瑾，常不忘之。初聞峻亡，仍欲用護，聞護性行危險，用之適為作禍，故便止之。孤念公瑾，豈有已乎？」

吳書

周瑜魯肅呂蒙傳・魯肅

魯肅字子敬，臨淮郡東城人。他出生不久便失去父親，跟隨祖母生活。魯肅家庭富有，性情樂善好施。當時天下已經大亂，魯肅不治理家產，大量散發家中錢財，標價出賣田地，以救濟窮人結交賢士為最重要的事，因此深得當地人們贊譽。

周瑜任居巢縣長，帶著幾百人特意來拜訪魯肅，並請求資助糧食。魯肅家有兩座米倉，各屯三千斛米，魯肅便用手指向一座米倉送給周瑜，周瑜更加確信他不同凡響，於是二人友好結交，其情誼猶如春秋時期的公孫僑與季札一般。袁術聽說魯肅的名聲，就任命他為東城縣長。魯肅見袁術做事沒有法度，覺得不能與他共同成就大事，於是帶上族中老少，領著一百多名俠義的年輕人，南下居巢投奔周瑜。周瑜東渡長江，魯肅與他同行，將家安在曲阿。恰巧他的祖母去世，魯肅便將靈柩送歸東城安葬。

劉子揚與魯肅有交情，他寫信對魯肅說：「當今天下豪傑並起，憑你的資質才能，尤其適合當今的形勢。你應該趕快回來迎接老母親，不要滯留在東城。近來有個叫鄭寶的，在巢湖一帶聚集了一萬多人馬，占據著富饒的地區，廬江郡許多人都依附於他，何況是你我呢？看他的勢頭，還會聚集更多的人，機不可失，你應該趕快前去。」魯肅聽從了他的建議，安葬好祖母後返回曲阿，就準備北上巢湖。正巧周瑜已把魯肅的母親接到吳郡，魯肅便將準備投奔鄭寶的事告訴了周瑜。當時孫策已去世，孫權還在吳郡，周瑜對魯肅說：「過去馬援答復光武帝劉秀時說：『當今之世，不僅君主要選臣下，臣下也要選君主。』如今吳主親近尊重賢能之士，接納彔用有特殊才能之人，況且我聽說前輩哲人的神秘論證，接承天命替代劉氏者，必定起於東南，推算歷數觀察形勢，最終會建立帝王基業，以順應天命。現在正是有志之士歸附真命天子之時。我明白這個道理，你也不必把劉子揚的話當回事。」魯肅聽從了周瑜勸說。周瑜因此向孫權推薦魯肅，說是王佐之才，應當廣泛招攬這樣的人才，以成就功業，不可讓他們離去。

孫權馬上接見魯肅，與他交談後非常賞識他。各位賓客告退，魯肅也告辭出去，孫權單獨讓他回來，兩人同坐榻上對飲。孫權趁機與魯肅密議：「當今漢朝即將傾覆，天下烽火四起，寡人繼承父兄留下的基業，想要建成齊桓公、晉文公那樣的功業。既然您屈尊惠顧，請問將怎樣輔佐我？」魯肅答道：「過去漢高祖忠心耿耿想尊奉義帝而沒有成功，是因為項羽加害義帝。如今的曹操，猶如當年的項羽，將軍您怎麼可能成為齊桓公、晉文公呢？以我私下的見解，漢朝廷已不可復興，曹操不是馬上就能鏟除的。為將軍考慮，只有占據江東以形成鼎足之勢，靜觀天下風雲變幻。您有這樣的實力，自然不會招來嫌猜忌恨。為什麼呢？因為北方正是多事之秋。正好趁著北方混亂變化，剿除黃祖，進伐劉表，盡量多地占有長江一帶的疆域，然後稱帝建號以謀取整個天下，這是與漢高祖一樣的大業啊！」孫權說：「現在盡一方之力，只是希望輔佐漢室罷了，你所說的是我沒有想到的。」張昭責怪魯肅不夠謙虛，對魯肅多有詆毀，說魯肅年少粗疏，不可重用。孫權沒有聽張昭的，反而更加看重魯肅，賜給魯肅母親衣服帷帳及日常用品，使得魯肅家又和原先一樣富裕。

劉表死了，魯肅獻策道：「荊楚之地與我吳國相鄰，順著江水可至北方，外以長江、漢水為界，內有崇山峻嶺的險阻，有堅固的城池，沃野萬里，百姓富庶，如果占據這塊地方，就可以作為打下建立帝王之業的基礎。如今劉表剛去世，他的兩個兒子向來不和，軍中將領也分成兩派。加之劉備是天下梟雄，與曹操有矛盾，寄身於劉表處，劉表嫉妒其才能而不敢重用。如果劉備與劉表的兒子齊心協力，上下一致，我們則應該安撫，與他們結盟友好；如果他們之間離心離德，我們就應另作打算，以成就大業。我請求奉命前往荊州向劉表的兒子弔唁，並慰勞他們軍中的主事者，同時勸說劉備安撫劉表的部下，同心一意，共同對付曹操，劉備一定樂於聽從。如果這件事處理得好，天下就能安定。現在不趕快去荊州，恐怕會被曹操搶先了。」孫權當即派魯肅前往。魯肅到達夏口，得知曹操已逼近荊州，就日夜兼程。等魯肅趕到南郡，劉表的兒子劉琮已經投降曹操，劉備驚惶而逃，準備南渡長江。魯肅直接去迎劉備，到當陽長阪坡與劉備相見，向劉備述說了孫權的意圖，並說江東強盛鞏固，勸劉備與孫權聯手。劉備十分高興。當時諸葛亮正跟隨劉備，魯肅對諸葛亮說：「我是你哥哥的朋友。」兩人當即結下交情。劉備於是到夏口，派諸葛亮前去拜見孫權，魯肅也返回復命。

當時孫權收到曹操率軍東進的消息，正與各位將領商議。眾人都勸孫權歸順朝廷，只有魯肅一言不發。孫權起身去更衣，魯肅追至屋簷下，孫權知道他的意思，握著他的手說：「你想說什麼？」魯肅答道：「剛才分析眾人的議論，完全是要貽害您，不值得與他們共謀大事。當今我魯肅可以投靠曹操，對於將軍您來說卻不能這麼做。為什麼這麼說呢？如今我投靠曹操，曹操理當送我回到鄉里，品評我的聲名地位，總還能做個下曹從事一類的小官，乘坐牛車，帶上隨從，交遊士大夫，一步步升遷，也能做到州郡長官。而將軍您投靠曹操，他將把您放在什麼位置上呢？希望您早定大計，不要再聽眾人的議論。」孫權嘆息道：「這些人的意見，讓我非常失望；現在你闡明長遠大計，正與我的想法一致，這是上天將你賜給我的啊！」

當時周瑜奉命去了鄱陽，魯肅勸孫權趕快追召周瑜返回。孫權隨即任命周瑜為行事，任命魯肅為贊軍校尉，協助謀劃作戰方略。曹操大敗而歸後，魯肅就返歸吳郡，孫權隆重地讓諸將一同迎接魯肅。魯肅將入殿門拜見，孫權起身行禮，並趁機問魯肅：「子敬，我親自扶鞍下馬迎接你，足以顯示你的榮耀吧？」魯肅碎步跑上前說：「沒有。」眾人聽了，無不驚愕。就座後，魯肅緩緩舉起馬鞭說：「願至高無上的您威德遍及四海，一統江山，成就帝業，再用軟輪安車召見我，這才是我的榮耀。」孫權拍手開心地大笑。

後來劉備前來京口拜見孫權，請求統領荊州，只有魯肅勸孫權將荊州借給劉備，以共同抗擊曹操。曹操聽到孫權拿土地資助劉備，當時他正在寫信，驚得手中的筆都掉落在地上。

周瑜病危之時，上奏說：「當今天下，正值動蕩多事之時，這是我日夜憂慮的，願您預先考慮尚未發生的事，然後再享受安逸快樂。現在既已與曹操為敵，劉備近在公安，邊境的百姓尚未歸附，應選用良將前往駐守鎮撫。魯肅的智謀才略足以勝任，請求讓他來接替我。這樣我死時，也不會有牽掛了。」孫權隨即任命魯肅為奮武校尉，代替周瑜統領軍隊。周瑜部下四千多人、四個縣的奉邑，都歸魯肅。孫權又任命程普兼任南郡太守。魯肅起初駐守江陵，後下移駐紮陸口，他的威望與恩德被大為傳揚，將士增到一萬多人，於是孫權任命他為漢昌太守、偏將軍。建安十九年（二一四），魯肅隨孫權攻破皖城，改任橫江將軍。

此前，益州牧劉璋綱常廢弛，法紀無度，周瑜、甘寧都勸孫權攻取蜀地。孫權以此事詢問劉備，劉備內心在為自己打算，表面上卻假意答道：「我劉備與劉璋同為皇族後裔，希望仰仗先帝的英靈，以扶助漢室。如今劉璋得罪了您，我獨自惶恐不安，不敢聽攻取蜀地的話，希望您能對他有所寬恕。如果這個請求不被接受，我定當辭官披髮歸隱山林。」後來劉備西進吞並劉璋的地盤，留關羽鎮守荊州，孫權說：「狡猾的家伙竟敢使詐！」到了關羽與魯肅邊界相鄰時，兩軍經常產生猜疑，疆場紛爭頻繁，魯肅常以盟友的姿態進行安撫。劉備平定益州後，孫權要求他歸還長沙、零陵、桂陽三郡，劉備不答應。孫權派呂蒙率領眾軍進攻奪取。劉備聞訊，親自回到公安，派關羽爭奪三郡。魯肅駐紮在益陽，與關羽對峙。魯肅邀請關羽相見，各自率領的人馬都停留在百步之外，只由雙方將軍單刀赴會。魯肅因此責問數說關羽道：「我國真心誠意將土地借給你們，是因為你們兵敗自遠方而來，無立足之地。現在已經得到益州，卻無奉還整個荊州之意，那就只求歸還三郡，你們還不答應。」話沒說完，座上有一人插話道：「要說土地，只歸仁德之人所有，哪有長期霸占的道理。」魯肅大聲斥責，聲色俱厲。關羽持刀站起身說：「這本是國家大事，這人知道什麼！」同時使眼色讓那人離去。劉備因此以湘水為界分割荊州，雙方就此罷兵。

魯肅四十六歲去世，那一年，是建安二十二年（二一七）去世。孫權為魯肅舉行喪事，又親自參加他的葬禮。諸葛亮也去為魯肅吊唁致哀。孫權稱帝時，登臨祭壇，回頭對王公大臣說：「過去魯肅曾說朕會稱帝，可見他明白天下大勢啊！」

魯肅的遺腹子魯淑成年後，濡須督張承說他最終能身居高位。永安年間（二五八－二六三），魯淑任昭武將軍，被封為都亭侯、武昌督。建衡年間（二六九－二七一），被授予符節，升任夏口督。魯淑所管轄的地區紀律嚴明，他本人顯示出很強的才幹。魯淑鳳凰三年（二七四）去世，他的兒子魯睦繼承爵位，接掌其兵馬。

【原文】

魯肅字子敬，臨淮東城人也。生而失父，與祖母居。家富於財，性好施與，爾時天下已亂，肅不治家事，大散財貨，摽賣田地，以賑窮弊結士為務，甚得鄉邑歡心。

周瑜為居巢長，將數百人故過候肅，並求資糧。肅家有兩囷米，各三千斛，肅乃指一囷與周瑜，瑜益知其奇也，遂相親結，定僑、札之分。袁術聞其名，就署東城長。肅見術無綱紀，不足與立事，乃攜老弱將輕俠少年百餘人，南到居巢就瑜。瑜之東渡，因與同行，留家曲阿。會祖母亡，還葬東城。

劉子揚與肅友善，遺肅書曰：「方今天下豪傑並起，吾子姿才，尤宜今日。急還迎老母，無事滯於東城。近鄭寶者，今在巢湖，擁眾萬餘，處地肥饒，廬江間人多依就之，況吾徒乎？觀其形勢，又可博集，時不可失，足下速之。」肅答然其計。葬畢還曲阿，欲北行。會瑜已徙肅母到吳，肅具以狀語瑜。時孫策已薨，權尚住吳，瑜謂肅曰：「昔馬援答光武雲『當今之世，非但君擇臣，臣亦擇君』。今主人親賢貴士，納奇錄異，且吾聞先哲秘論，承運代劉氏者，必興於東南，推步事勢，當其歷數，終構帝基，以協天符，是烈士攀龍附鳳馳騖之秋。吾方達此，足下不須以子揚之言介意也。」肅從其言。瑜因薦肅才宜佐時，當廣求其比，以成功業，不可令去也。

權即見肅，與語甚悅之。眾賓罷退，肅亦辭出，乃獨引肅還，合榻對飲。因密議曰：「今漢室傾危，四方雲擾，孤承父兄餘業，思有桓文之功。君既惠顧，何以佐之？」肅對曰：「昔高帝區區欲尊事義帝而不獲者，以項羽為害也。今之曹操，猶昔項羽，將軍何由得為桓文乎？肅竊料之，漢室不可復興，曹操不可卒除。為將軍計，惟有鼎足江東，以觀天下之釁。規模如此，亦自無嫌。何者？北方誠多務也。因其多務，剿除黃祖，進伐劉表，竟長江所極，據而有之，然後建號帝王以圖天下，此高帝之業也。」權曰：「今盡力一方，冀以輔漢耳，此言非所及也。」張昭非肅謙下不足，頗訾毀之，雲肅年少粗疏，未可用。極不以介意，益貴重之，賜肅母衣服幃帳，居處雜物，富擬其舊。

劉表死，肅進說曰：「夫荊楚與國鄰接，水流順北，外帶江漢，內阻山陵，有金城之固，沃野萬里，士民殷富，若據而有之，此帝王之資也。今表新亡，二子素不輯睦，軍中諸將，各有彼此。加劉備天下梟雄，與操有隙，寄寓於表，表惡其能而不能用也。若備與彼協心，上下齊同，則宜撫安，與結盟好：如有離違，宜別圖之，以濟大事。肅請得奉命吊表二子，並慰勞其軍中用事者，及說備使撫表眾，同心一意，共治曹操，備必喜而從命。如其克諧，天下可定也。今不速往，恐為操所先。」權即遣肅行。到夏口，聞曹公已向荊州，晨夜兼道。比至南郡，而表子琮已降曹公，備惶遽奔走，欲南渡江。肅徑迎之，到當陽長阪，與備會，宣騰權旨，及陳江東強固，勸備與權並力。備甚歡悅。時諸葛亮與備相隨，肅謂亮曰：「我子瑜友也。」即共定交。備遂到夏口，遣亮使權，肅亦反命。

會權得曹公欲東之問，與諸將議，皆勸權迎之，而肅獨不言。權起更衣，肅追於宇下，權知其意，執肅手曰：「卿欲何言？」肅對曰：「向察眾人之議，專欲誤將軍，不足與圖大事。今肅可迎操耳，如將軍，不可也。何以言之？今肅迎操，操當以肅還付鄉黨，品其名位，猶不失下曹從事，乘犢車，從吏卒，交游士林，累官故不失州郡也。將軍迎操，欲安所歸？願早定大計，莫用眾人之議也。」權嘆息曰：「此諸人持議，甚失孤望；今卿廓開大計，正與孤同，此天以卿賜我也。」

時周瑜受使至鄱陽，肅勸追召瑜還。遂任瑜以行事，以肅為贊軍校尉，助畫方略。曹公破走，肅即先還，權大請諸將迎肅。肅將入閤拜，權起禮之，因謂曰：「子敬，孤持鞍下馬相迎，足以顯卿未？」肅趨近曰：「未也。」眾人聞之，無不愕然。就坐，徐舉鞭言曰：「願至尊威德加乎四海。總括九州，克成帝業，更以安車軟輪征肅，始當顯耳。」權撫掌歡笑。

後備詣京見權，求都督荊州，惟肅勸權借之，共拒曹公。曹公聞權以土地業備，方作書，落筆於地。

周瑜病困，上疏曰：「當今天下，方有事役，是瑜乃心夙夜所憂，願至尊先慮未然，然後康樂。今既與曹操為敵，劉備近在公安，邊境密邇，百姓未附，宜得良將以鎮撫之。魯肅智略足任，乞以代瑜。瑜隕踣之日，所懷盡矣。」即拜肅奮武校尉，代瑜領兵。瑜士眾四千餘人，奉邑四縣，皆屬焉。令程普領南郡太守。肅初住江陵，後下屯陸口，威恩大行，眾增萬餘人，拜漢昌太守、偏將軍。十九年，從權破皖城，轉橫江將軍。

先是，益州牧劉璋綱維頹弛，周瑜、甘寧並勸權取蜀，權以咨備，備內欲自規，乃偽報曰：「備與璋托為宗室，冀憑英靈，以匡漢朝。今璋得罪左右，備獨竦懼，非所敢聞，願加寬貸。若不獲請，備當放發歸於山林。」後備西圖璋，留關羽守，權曰：「猾虜乃敢挾詐！」及羽與肅鄰界，數生狐疑，疆埸紛錯，肅常以歡好撫之。備既定益州，權求長沙、零、桂，備不承旨，權遣呂蒙率眾進取。備聞，自還公安，遣羽爭三郡。肅住益陽，與羽相拒。肅邀羽相見，各駐兵馬百步上，但諸將軍單刀俱會。肅因責數羽曰：「國家區區本以土地借卿家者，卿家軍敗遠來，無以為資故也。今已得益州，既無奉還之意，但求三郡，又不從命。」語未究竟，坐有一人曰：「夫土地者，惟德所在耳，何常之有！」肅厲聲呵之，辭色甚切。羽操刀起謂曰：「此自國家事，是人何知！」目使之去。備遂割湘水為界，於是罷軍。

肅年四十六，建安二十二年卒。權為舉哀，又臨其葬。諸葛亮亦為發哀。權稱尊號，臨壇，顧謂公卿曰：「昔魯子敬嘗道此，可謂明於事勢矣。」

肅遺腹子淑既壯，濡須督張承謂終當到至。永安中，為昭武將軍、都亭侯、武昌督。建衡中，假節，遷夏口督。所在嚴整，有方幹。鳳凰三年卒。子睦襲爵，領兵馬。

吳書
周瑜魯肅呂蒙傳・呂蒙

呂蒙字子明，汝南郡富陂縣人。他少年時南渡長江，投靠姐夫鄧當。鄧當是孫策的部將，曾多次征討山越。呂蒙十五六歲時，偷偷跟隨鄧當的隊伍去攻打叛軍，鄧當回頭看到他非常吃驚，大聲呵斥仍沒能制止。回去後鄧當將此事告訴呂蒙母親，母親很生氣要處罰他，呂蒙說：「這貧賤的日子難以生活，打仗說不定能建立功勳，就能取得富貴。再說不入虎穴，焉得虎子？」母親因憐惜而饒恕了他。當時鄧當部下的一個官吏認為呂蒙年紀小而輕視他，說：「那小子能做什麼？不過是送肉去餵虎罷了！」後來有一天遇到呂蒙，這官吏又嗤笑侮辱他。呂蒙大怒，當即拔刀殺了那個官吏，然後出逃，藏在同鄉鄭長家中。後來通過校尉袁雄出來自首，袁雄也找機會替他求情。孫策召見了他，感覺他非同尋常，便將他留在身邊。

幾年後，鄧當死了，張昭舉薦呂蒙接替鄧當，呂蒙被任命為別部司馬。孫權當政後，考慮到那些年輕將領兵員少費用不足，打算將其合並。呂蒙暗中借了錢，為將士們做了紅衣和綁腿，等到檢閱那天，他的部隊隊列特別醒目，士兵操演嫻熟，孫權見了非常高興，給他增添了兵員。他跟隨孫權征討丹楊，所到之處都立有戰功，因此被任命為平北都尉，兼任廣德縣長。

呂蒙跟隨孫權征討黃祖，黃祖命令都督陳就抵擋，率領水軍出戰。呂蒙率領前鋒部隊，親手斬下陳就的頭，將士乘勝前進，攻打城池。黃祖聽說陳就被殺，棄城而逃，吳軍追擊將其擒獲。孫權說：「這次戰鬥能勝利，在於先斬了陳就。」於是任命呂蒙為橫野中郎將，賜錢千萬。

同年，呂蒙又與周瑜、程普等往西在烏林擊敗了曹操，在南郡包圍了曹仁。益州將領襲肅率領軍隊前來歸附，周瑜上表建議將襲肅的部隊交給呂蒙。呂蒙極力稱贊襲肅有膽略才幹，而且仰慕教化遠道來附，從道義上講應增加他的兵權而不是剝奪。孫權贊同他的意見，把部隊還給襲肅。周瑜派甘寧前去占領夷陵，曹仁分派軍隊攻打甘寧，甘寧被困，形勢危急，派人請求救援。諸位將領都以為自己兵力不足無法分派，呂蒙對周瑜、程普說：「留淩公績守衛，我與你們前去，救急解圍，按形勢不會時間太久，我擔保淩公績能守住十天。」又建議周瑜分派三百人用柴草阻斷險要路口，敵人敗走時就可以得到他們的馬匹。周瑜採納了他的計謀。部隊趕到夷陵，當天就與曹軍交戰，殺傷敵軍過半。曹軍連夜逃走，行至被柴草阻塞的道口，騎兵都棄馬步行而逃。吳軍追趕襲擊，繳獲戰馬三百匹，用船隊運了回來。於是吳軍將士士氣倍增，渡過長江建立營寨，向曹軍發起攻擊。曹仁後撤而逃，吳軍又占領南郡，安撫平定荊州。呂蒙返回後，被任命為偏將軍，兼任尋陽縣令。

魯肅接替周瑜後，要前往陸口，經過呂蒙的營地。魯肅還有些輕視呂蒙，有人對魯肅說：「呂將軍功名日益顯赫，不能用老眼光看他，您應當去看望他。」於是魯肅前去拜訪呂蒙。飲酒正酣時，呂蒙問魯肅說：「您接受重任，與關羽為鄰，打算採用什麼計謀，防備意外的發生呢？」魯肅隨意說道：「到時候再採取適當的對策。」呂蒙說：「現在吳、蜀雖結為盟友，然而關羽卻是熊虎之將，策略怎麼能不預先設定呢？」於是呂蒙替魯肅謀劃了五種應對策略。魯肅於是越席靠近呂蒙，拍著他的背說：「呂子明啊，我沒想到你的才幹謀略竟達到如此境界。」於是拜見了呂蒙的母親，與呂蒙結為好友才離去。

當時呂蒙與成當、宋定、徐顧的營地彼此相鄰，這三位將領戰死，他們的子弟都還年幼，孫權把他們的軍隊全部並給呂蒙。呂蒙堅決推辭，上書陳述徐顧等都是辛勤勞累為了國事的人，他們的子弟雖說年幼，但不能廢了他們的兵權。連續上書三次，孫權才聽從了。呂蒙於是又為三人的子弟挑選老師，讓老師輔導他們。他為他人操心著想，都是這樣的。

魏國派廬江人謝奇出任蘄春典農都尉，在皖縣屯田駐守，屢屢侵犯吳國邊境。呂蒙派人引誘他，謝奇沒有上當，於是呂蒙尋機襲擊，謝奇於是退縮回去，他的部下孫子才、宋豪等，扶老攜幼，前來投降呂蒙。後來呂蒙跟隨孫權在濡須抗擊曹操，多次進獻奇計，又勸孫權在濡須夾江建起堡塢，防禦工事十分精良，曹操無法攻克，只好退兵。

曹操派朱光擔任廬江太守，駐紮在皖縣，大力開墾稻田，又派間諜招誘鄱陽強盜頭領，讓他們做內應。呂蒙說：「皖縣土地肥沃，一旦糧食豐收，他們的兵員必然添增，這樣連續數年，曹操的力量就增強了，應該趁早將其鏟除。」他將情況向孫權作了詳細的陳述。孫權因此親自征討皖縣，召見各位將領，商討計策。呂蒙就推薦甘寧為升城督，率領先頭部隊進攻在前，呂蒙自己率領精兵緊隨其後。凌晨發起進攻，呂蒙親自擊鼓，將士們踴躍登城，到吃早飯時就攻破了皖城。隨即張遼率軍趕到夾石，得知皖城已被攻破，只好撤退。孫權嘉獎呂蒙的功勞，當即任命呂蒙為廬江太守，所繳獲的人馬都分派給他，另外賞尋陽屯田客六百人，屬官三十人。呂蒙回到尋陽，不到一年，廬陵的強盜又作亂，諸將領征討均不能擒獲。孫權說：「鷙鳥幾百隻，不如一隻鶚。」又命令呂蒙前往征討。呂蒙趕到後，殺死了強盜首領，將其他的人全部釋放，重新成為百姓。

這時劉備令關羽鎮守，占據了荊州全部土地，孫權命令呂蒙往西奪取長沙、零陵、桂陽三郡。呂蒙致信長沙、桂陽二郡，二郡守將望風歸服，只有零陵太守郝普固守城池不降。劉備親自從蜀地趕到公安，派關羽爭奪這三郡。孫權當時在陸口，派魯肅率領一萬人馬駐紮益陽抵禦關羽，又派人火速傳書召呂蒙，讓他放棄零陵，返回增援魯肅。當初，呂蒙平定長沙後，正當去零陵，經過酃縣時，帶上了南陽人鄧玄之。鄧玄之是郝普的老朋友，呂蒙想讓他勸降郝普。接到孫權召他返還的信後，呂蒙秘而不宣，夜間召集眾將領，布置攻城計謀，清晨就攻城。他回頭對鄧玄之說：「郝普知道世間有忠義之事，也想做忠義之事，但不識時務。左將軍劉備在漢中，被夏侯淵圍困。關羽在南郡，而今我們主上親自前來。近來攻破樊城大營，解救了酃縣，反而被孫規擊敗。這些都是剛發生的事，您都親眼所見。他們現在首尾倒掛，自救都來不及，哪有餘力再營救零陵啊？現在我的將士精銳，人人都想為國立功，主上正調兵遣將，源源不斷地趕過來。如今郝普朝不保夕，等待不可能來的援軍，就如同牛腳印坑中積水裡的魚，企盼江、漢之水來活命，是根本指望不上的。如果郝普能夠將士齊心，堅守孤城，尚能苟延殘喘幾天，以等待可以投靠的人，這是可以的。然而如今我有縝密的布置和安排，以此來攻城，用不了一天時間，就一定會攻破城池。城破之後，他自己白白死了毫無價值，而讓百歲的老母滿頭白髮而被誅殺，豈不讓人痛心？我猜他是得不到外面的消息，還以為有援軍可依靠，因此才會這樣堅持。您可以去見他，向他陳述利害關係。」鄧玄之前去見郝普，詳細轉述了呂蒙的意思，郝普害怕並聽從了。鄧玄之先出城報告呂蒙，說郝普隨後一定會出來。呂蒙預先傳令四位將領，各挑選一百精兵，郝普一出城，就馬上進去守住城門。不久郝普出來了，呂蒙迎上去握著他的手，與他一起上船。問候一番後，取出孫權的來信讓郝普看，因而拍手大笑。郝普看了信，才知道劉備已在公安，而關羽在益陽，慚愧悔恨無地自容。呂蒙留下孫皎，委托他處理這邊的事，自己當天率領部隊趕往益陽。劉備只得請求與孫權簽訂盟約，孫權於是歸還郝普等人，以湘水劃界，將零陵郡還給劉備。將尋陽、陽新作為呂蒙的奉邑。

大軍返還，於是前去征討合肥，撤軍時，受到張遼等人的襲擊，呂蒙與凌統拼死保衛孫權。後來曹操又大軍攻打濡須，孫權用呂蒙為都督，據守以前築造的堡塢，在上面設置強弩一萬張，以抵禦曹軍的進攻。曹操的先鋒部隊還沒紮好營寨，呂蒙就趁機攻擊並打敗了他們，曹操引軍撤退。孫權任命呂蒙為左護軍、虎威將軍。

魯肅死後，呂蒙往西駐守陸口，魯肅的人馬萬餘人都歸呂蒙指揮。他又被任命為漢昌太守，食邑有下雋、劉陽、漢昌、州陵。魯肅與關羽分治荊州，邊界相鄰，深知關羽驍雄，有兼並東吳之心，而且關羽身居權力核心，吳、蜀分治的局面難以持久。當初，魯肅等考慮到曹操的存在，戰禍災難剛開始，雙方應該齊心協力，共同對敵，不能失去對方。呂蒙於是悄悄地向孫權獻策：「讓征虜將軍孫皎駐守南郡，潘璋駐守白帝城，蔣欽率領一萬機動部隊，沿長江上下行動，隨時應對敵方，我為國家去前方據守襄陽，像這樣，還需要擔憂曹操嗎？還需要依賴關羽嗎？況且關羽君臣，玩弄欺騙手段，每每反覆無常，不可把他們當知心朋友對待。現在關羽之所以沒有領兵向東進犯，是因為顧忌您的聖明，我呂蒙等人還健在。現在不趁我們強壯之時對付他，一旦我們老死，想再施展武力，還能做到嗎？」孫權非常贊同他的計策，又順便與他談起攻取徐州的想法，呂蒙答道：「如今曹操遠在黃河以北，剛打敗袁氏各路人馬，正忙於安撫幽州、冀州，沒有時間顧及東面。徐州地方的守軍，據說不值一提，打過去就能取勝。但那地方為陸路要衝，是驍勇的騎兵馳騁之地，您如今得到徐州，曹操隨後十天必來爭奪，雖然用七八萬兵力守衛，還是常常要擔心。不如攻取關羽的地盤，完全控制長江，我們的局勢就更為壯觀。」孫權覺得這番話很有道理。到了呂蒙接替魯肅時，呂蒙剛到陸口，就表現得對關羽加倍友好，與其結盟。

後來關羽征討樊城，留下部分兵力守衛公安、南郡。呂蒙向孫權上疏道：「關羽征討樊城時留下不少防守部隊，必定是擔心我謀取他的後方。我時常生病，請分派一部分兵力送我回建業，以給我治病為名。關羽聽到這一消息，一定會撤走留守部隊，全部開赴襄陽。那時我們大軍走長江，晝夜不停逆流而上，襲擊其空虛之處，那麼南郡可以奪得，而關羽也可以擒獲。」於是呂蒙假裝病重，孫權就公開下詔書召呂蒙回建業，暗中與他密商計策。關羽果然信以為真，逐漸撤下留守部隊開赴樊城。魏國派于禁救援樊城，關羽全部俘獲了于禁等，人馬達數萬，還借口缺糧，擅自取走湘關的大米。孫權聽到這些，就開始行動，先派呂蒙在前。呂蒙軍至尋陽，將精兵都藏在大船中，讓人穿著百姓衣服搖櫓，船上人打扮成商人模樣，晝夜兼程，來到關羽設在江邊的哨所，將哨兵都捆了起來，所以關羽一點消息都沒得到。於是呂蒙率軍抵達南郡，士仁、糜芳都投降了。呂蒙占領了城池，將關羽和其他將士的家眷全部抓獲。呂蒙對他們進行安撫勸慰，傳令軍中不得侵擾百姓，不得索要任何東西。呂蒙帳下有名士兵，是汝南的同鄉，拿了百姓家一個斗笠，用來遮蓋鎧甲。鎧甲雖是公家物品，呂蒙仍然認為他違犯軍令，不能因為同鄉的關係而廢除法令，於是流著淚殺了他。全軍上下為之震驚，城中出現路不拾遺的景象。呂蒙從早到晚派親信去慰問撫恤老年人，詢問他們缺少什麼，給患病者送醫送藥，給飢寒者送糧送衣。關羽府中所藏的財物，都封存起來等待孫權前來處置。關羽聞訊返回，途中多次派人去呂蒙處打聽消息，呂蒙都厚待關羽的來使，讓其在城中到處走，各家都讓使者向軍中將士致意報平安，有的人還寫了信向軍中將士說明情況。關羽的使者返回後，將士們私下互相探詢，都知道家中安然無恙，受到的待遇甚至比之前更好，因此關羽的將士都失去了鬥志。正好孫權大軍很快趕到，關羽自知勢孤力窮，就逃到麥城，向西行到漳鄉，將士們都離開關羽投降了。孫權派朱然、潘璋截斷關羽必經的道路，關羽父子隨即都被抓住，荊州於是被東吳平定。

孫權任命呂蒙為南郡太守，封為孱陵侯，賜錢一億，黃金五百斤。呂蒙堅決推辭黃金和錢，孫權不答應。封爵令尚未正式頒布，呂蒙卻發病了。孫權當時在公安，就把呂蒙接來住在宮中，千方百計為他治療，懸賞招募國內有能治好呂蒙病者，賜予千金。有時用針灸治療，孫權為呂蒙疼痛而難過，想多察看他的臉色，又擔心擾動他，常在窗戶外探視，見呂蒙稍能吃點東西就高興，回頭與身邊的人有說有笑，否則就唉聲嘆氣，夜不能寐。呂蒙病情有所好轉，孫權就下令大赦，群臣都前來慶賀。後來呂蒙病情加重，孫權親自前來探望，命令道士在星辰下為呂蒙祈求延壽。呂蒙四十二歲死在孫權內殿。當時孫權悲痛異常，為此減少娛樂和進食。呂蒙生前把孫權賞賜給他的金銀珠寶等全部交付府庫收藏，囑咐主管人員在他死後全部交回，喪事務必從簡。孫權聽說這些，更加悲傷感動。

呂蒙年少時沒有讀書，每次陳述大事，常常自己口述讓人寫成奏書。他曾因自己親兵的事被江夏太守蔡遺彈劾，但呂蒙沒有怨恨之意。到了豫章太守顧邵去世，孫權問誰可接替，呂蒙趁機舉薦蔡遺，說他是稱職的好官，孫權笑著說：「你是想當外舉不避仇的祁奚嗎？」於是任用蔡遺。甘寧性格暴躁而嗜好殺戮，既常讓呂蒙不滿，又不時違背孫權的命令，孫權非常惱怒，呂蒙卻多次替甘寧求情：「天下尚未平定，像甘寧這樣的猛將很難得，應當對他寬容忍耐些。」孫權於是厚待甘寧，使他的才能最後得以施展。

呂蒙兒子呂霸繼承呂蒙的爵位，得到守護墳墓的人三百家，又得到加賞的免稅田畝五十頃。呂霸死後，他的哥哥呂琮繼承爵位。呂琮死後，他弟弟呂睦繼承爵位。

【原文】

呂蒙字子明，汝南富陂人也。少南渡，依姊夫鄧當。當為孫策將，數討山越。蒙年十五六，竊隨當擊賊，當顧見大驚，呵叱不能禁止。歸以告蒙母，母恚欲罰之，蒙曰：「貧賤難可居，脫誤有功，富貴可致。且不探虎穴，安得虎子？」母哀而舍之。時當職吏以蒙年小輕之，曰：「彼豎子何能為？此欲以肉餵虎耳。」他日與蒙會，又蚩辱之。蒙大怒，引刀殺吏，出走，逃邑子鄭長家。出因校尉袁雄自首，承間為言，策召見奇之，引置左右。

數歲，鄧當死，張昭薦蒙代當，拜別部司馬。權統事，料諸小將兵少而用薄者，欲並合之。蒙陰賒貰，為兵作絳衣行縢，及簡日，陳列赫然，兵人練習，權見之大悅，增其兵。從討丹楊，所向有功，拜平北都尉，領廣德長。

從征黃祖，祖令都督陳就逆以水軍出戰。蒙勒前鋒，親梟就首，將士乘勝，進攻其城。祖聞就死，委城走，兵追禽之。權曰：「事之克，由陳就先獲也。」以蒙為橫野中郎將，賜錢千萬。

是歲，又與周瑜、程普等西破曹公於烏林，圍曹仁於南郡。益州將襲肅舉軍來附，瑜表以肅兵益蒙，蒙盛稱肅有膽用，且慕化遠來，於義宜益不宜奪也。權善其言，還肅兵。瑜使甘寧前據夷陵，曹仁分眾攻寧，寧困急，使使請救。諸將以兵少不足分，蒙謂瑜、普曰：「留凌公績，蒙與君行，解圍釋急，勢亦不久，蒙保公績能十日守也。」又說瑜分遣三百人柴斷險道，賊走可得其馬。瑜從之。軍到夷陵，即日交戰，所殺過半。敵夜遁去，行遇柴道，騎皆捨馬步走。兵追蹙擊，獲馬三百匹，方船載還。於是將士形勢自倍，乃渡江立屯，與相攻擊，曹仁退走，遂據南郡，撫定荊州。還，拜偏將軍，領尋陽令。

魯肅代周瑜，當之陸口，過蒙屯下。肅意尚輕蒙，或說肅曰：「呂將軍功名日顯，不可以故意待也，君宜顧之。」遂往詣蒙。酒酣，蒙問肅曰：「君受重任，與關羽為鄰，將何計略，以備不虞？」肅造次應曰：「臨時施宜。」蒙曰：「今東西雖為一家，而關羽實熊虎也，計安可不豫定？」因為肅畫五策。肅於是越席就之，拊其背曰：「呂子明，吾不知卿才略所及乃至於此也。」遂拜蒙母，結友而別。

時蒙與成當、宋定、徐顧屯次比近，三將死，子弟幼弱，權悉以兵並蒙。蒙固辭，陳啟顧等皆勤勞國事，子弟雖小，不可廢也。書三上，權乃聽。蒙於是又為擇師，使輔導之，其操心率如此。

魏使廬江謝奇為蘄春典農，屯皖田鄉，數為邊寇。蒙使人誘之，不從，則伺隙襲擊，奇遂縮退，其部伍孫子才、宋豪等，皆擕負老弱，詣蒙降。後從權拒曹公於濡須，數近奇計，又勸權夾水口立塢，所以備御甚精，曹公不能下而退。

曹公遣朱光為廬江太守，屯皖，大開稻田，又令間人招誘鄱陽賊帥，使作內應。蒙曰：「皖田肥美，若一收孰，彼眾必增，如是數歲，操態見矣，宜早除之。」乃具陳其狀。於是權親征皖，引見諸將，問以計策。蒙乃薦甘寧為升城督，督攻在前，蒙以精銳繼之。侵晨進攻，蒙手執枹鼓，士卒皆騰踴自升，食時破之。既而張遼至夾石，聞城已拔，乃退。權嘉其功，即拜廬江太守，所得人馬皆分與之，別賜尋陽屯田六百人，官屬三十人。蒙還尋陽，未期而廬陵賊起，諸將討擊不能禽，權曰：「鷙鳥累百，不如一鶚。」復令蒙討之。蒙至，誅其首惡，餘皆釋放，復為平民。

是時劉備令關羽鎮守，專有荊土，權命蒙西取長沙、零、桂三郡。蒙移書二郡，望風歸服，惟零陵太守郝普城守不降。而備自蜀親至公安，遣羽爭三郡。權時住陸口，使魯肅將萬人屯益陽拒羽，而飛書召蒙，使舍零陵，急還助肅。初，蒙既定長沙，當之零陵，過酃，載南陽鄧玄之，玄之者郝普之舊也，欲令誘普。及被書當還，蒙秘之，夜召諸將，授以方略，晨當攻城。顧謂玄之曰：「郝子太聞世間有忠義事，亦欲為之，而不知時也。左將軍在漢中，為夏侯淵所圍。關羽在南郡，今至尊身自臨之。近者破樊本屯，救酃，逆為孫規所破。此皆目前之事，君所親見也。彼方首尾倒懸，救死不給，豈有餘力復營此哉？今吾士卒精銳，人思致命，至尊遣兵，相繼於道。今子太以旦夕之命，待不可望之救，猶牛蹄中魚，冀賴江漢，其不可恃亦明矣。若子太必能一士卒之心，保孤城之守，尚能稽延旦夕，以待所歸者，可也。今吾計力度慮，而以攻此，曾不移日，而城必破，城破之後，身死何益於事，而令百歲老母，戴白受誅，豈不痛哉？度此家不得外問，謂援可恃，故至於此耳。君可見之，為陳禍福。」玄之見普，具宣蒙意，普懼而聽之。玄之先出報蒙：「普尋後當至。」蒙豫敕四將，各選百人，普出，便入守城門。須臾普出，蒙迎執其手，與俱下船。語畢，出書示之，因拊手大笑。普見書，知備在公安，而羽在益陽，慚恨入地。蒙留孫皎，委以後事，即日引軍赴益陽。劉備請盟，權乃歸普等，割湘水，以零陵還之。以尋陽、陽新為蒙奉邑。

師還，遂征合肥，既撤兵，為張遼等所襲，蒙與凌統以死扞衛。後曹公又大出濡須，權以蒙為督，據前所立塢，置強弩萬張於其上，以拒曹公。曹公前鋒屯未就，蒙攻破之，曹公引退。拜蒙左護軍、虎威將軍。

魯肅卒，蒙西屯陸口，肅軍人馬萬餘盡以屬蒙。又拜漢昌太守，食下雋、劉陽、漢昌、州陵。與關羽分土接境，知羽驍雄，有並兼心，且居國上流，其勢難久。初，魯肅等以為曹公尚存，禍難始構，宜相輔協，與之同仇，不可失也。蒙乃密陳計策曰：「令征虜守南郡，潘璋住白帝，蔣欽將游兵萬人，循江上下，應敵所在，蒙為國家前據襄陽，如此，何憂於操，何賴於羽？且羽君臣，矜其詐力，所在反復，不可以腹心待也。今羽所以未便東向者，以至尊聖明，蒙等尚存也。今不於強壯時圖之，一旦僵僕，欲復陳力，其可得邪？」權深納其策，又聊復與論取徐州意。蒙對曰：「今操遠在河北，新破諸袁，撫集幽、冀，未暇東顧。徐土守兵，聞不足言，往自可克。然地勢陸通，驍騎所騁，至尊今日得徐州，操後旬必來爭，雖以七八萬人守之，猶當懷憂。不如取羽，全據長江，形勢益張。」權尤以此言為當。及蒙代肅，初至陸口，外倍修恩厚，與羽結好。

後羽討樊，留兵將備公安、南郡。蒙上疏曰：「羽討樊而多留備兵，必恐蒙圖其後故也。蒙常有病，乞分士眾還建業，以治疾為名。羽聞之，必撤備兵，盡赴襄陽。大軍浮江，晝夜馳上，襲其空虛，則南郡可下，而羽可禽也。」遂稱病篤，權乃露檄召蒙還，陰與圖計。羽果信之，稍撤兵以赴樊。魏使于禁救樊，羽盡禽禁等，人馬數萬，托以糧乏，擅取湘關米。權聞之，遂行，先遣蒙在前。蒙至尋陽，盡伏其精兵䑸䑽中，使白衣搖櫓，作商賈人服，晝夜兼行，至羽所置江邊屯候，盡收縛之，是故羽不聞知。遂到南郡，士仁、麋芳皆降。蒙入據城，盡得羽及將士家屬，皆撫慰，約令軍中，不得干歷人家，有所求取。蒙麾下士，是汝南人，取民家一笠，以覆官鎧，官鎧雖公，蒙猶以為犯軍令，不可以鄉里故而廢法，遂垂涕斬之。於是軍中震栗，道不拾遺。蒙旦暮使親近存恤耆老，問所不足，疾病者給醫藥，飢寒者賜衣糧。羽府藏財寶，皆封閉以待權至。羽還，在道路，數使人與蒙相聞，蒙輒厚遇其使，周遊城中，家家致問，或手書示信。羽人還，私相參訊，咸知家門無恙，見待過於平時，故羽吏士無鬥心。會權尋至，羽自知孤窮，乃走麥城，西至漳鄉，眾皆委羽而降。權使朱然、潘璋斷其徑路，即父子俱獲，荊州遂定。

以蒙為南郡太守，封孱陵侯，賜錢一億，黃金五百斤。蒙固辭金錢，權不許。封爵未下，會蒙疾發，權時在公安，迎置內殿，所以治護者萬方，募封內有能愈蒙疾者，賜千金。時有針加，權為之慘慼，欲數見其顏色，又恐勞動，常穿壁瞻之，見小能下食則喜，顧左右言笑，不然則咄唶，夜不能寐。病中瘳，為下赦令，群臣畢賀。後更增篤，權自臨視，命道士於星辰下為之請命。年四十二，遂卒於內殿。時權哀痛甚，為之降損。蒙未死時，所得金寶諸賜盡付府藏，敕主者命絕之日皆上還，喪事務約。權聞之，益以悲感。

蒙少不修書傳，每陳大事，常口占為牋疏。常以部曲事為江夏太守蔡遺所白，蒙無恨意。及豫章太守顧邵卒，權問所用，蒙因薦遺奉職佳吏，權笑曰：「君欲為祁奚耶？」於是用之。甘寧粗暴好殺，既常失蒙意，又時違權令，權怒之，蒙輒陳請：「天下未定，鬥將如寧難得，宜容忍之。」權遂厚寧，卒得其用。

蒙子霸襲爵，與守冢三百家，復田五十頃。霸卒，兄琮襲侯。琮卒，弟睦嗣。

吳書

程黃韓蔣周陳董甘淩徐潘丁傳・程普

程普字德謀，右北平郡土垠人。他起初做過州郡的官吏，其人容貌堂堂，有計謀策略，善於應答論對。程普曾追隨孫堅四處征戰，在宛縣、鄧縣討伐黃巾軍，在陽人打敗董卓，攻城野戰，身上留下多處創傷。

孫堅去世後，程普又跟隨孫策轉戰淮南，跟著他進攻廬江，拿下了城池，回師一起東渡長江。孫策抵達橫江、當利，擊敗了張英、于麋等，轉戰攻下秣陵、湖孰、句容、曲阿，程普都立下戰功，他的部隊因此增添二千名士兵、五十匹戰馬。在攻克烏程、石木、波門、陵傳、餘杭的戰役中，程普立下的戰功最多。孫策進入會稽，任命程普為吳郡都尉，治所設在錢塘。後來又改任丹楊都尉，住在石城。又征討宣城、涇縣、安吳、陵陽、春谷等處強盜，將他們都打敗了。孫策曾攻打祖郎，被敵人團團圍困，程普與一名騎兵共同護衛孫策，催馬怒吼，用長矛刺向敵人，敵人嚇得連連退縮，孫策趁機隨程普殺出重圍。後來程普被任命為蕩寇中郎將，兼任零陵太守，隨孫策前往尋陽討伐劉勳，在沙羨攻打黃祖，返回後仍鎮守石城。

孫策去世後，程普與張昭等共同輔佐孫權，往來於三郡之地，平定討伐各股不歸服的勢力。他又隨孫權出征江夏，返回時路過豫章，又率軍討伐樂安。平定樂安後，程普取代太史慈駐守海昏，與周瑜分別出任左右都督，在烏林戰敗曹操，又進攻南郡，趕走了曹仁。程普被任命為裨將軍，兼任江夏太守，治所設在沙羨，有四個縣的封邑。

吳國早期的將領，數程普最為年長，當時人尊稱他為「程公」。程普生性樂善好施，喜歡結交士大夫。周瑜去世後，他接替周瑜兼任南郡太守。孫權分出荊州讓給劉備，程普又回到江夏兼任太守，升為蕩寇將軍，在任上去世。孫權稱帝後，追論程普的戰功，封他的兒子程咨為亭侯。

【原文】

程普字德謀，右北平土垠人也。初為州郡吏，有容貌計略，善於應對。從孫堅征伐，討黃巾於宛、鄧，破董卓於陽人，攻城野戰，身被創夷。

堅薨，復隨孫策在淮南，從攻盧江，拔之，還俱東渡。策到橫江、當利，破張英、于麋等，轉下秣陵、湖孰、句容、曲阿，普皆有功，增兵二千，騎五十匹。進破烏程、石木、波門、陵傳、餘杭，普功為多。策入會稽，以普為吳郡都尉，治錢唐。後徙丹揚都尉，居石城。復討宣城、涇、安吳、陵陽、春谷諸賊，皆破之。策嘗攻祖郎，大為所圍，普與一騎共蔽扞策，驅馬疾呼，以矛突賊，賊披，策因隨出。後拜蕩寇中郎將，領零陵太守，從討劉勳於尋陽，進攻黃祖於沙羨，還鎮石城。

策薨，與張昭等共輔孫權，遂周旋三郡，平討不服。又從征江夏，還過豫章，別討樂安。樂安平定，代太史慈備海昏，與周瑜為左右督，破曹公於烏林，又進攻南郡，走曹仁。拜裨將軍，領江夏太守，治沙羨，食四縣。

先出諸將，普最年長，時人皆呼程公。性好施與，喜士大夫。周瑜卒，代領南郡太守。權分荊州與劉備，普復還領江夏，遷蕩寇將軍，卒。權稱尊號，追論普功，封子咨為亭侯。

吳書
程黃韓蔣周陳董甘凌徐潘丁傳・黃蓋

黃蓋字公覆，零陵郡泉陵縣人。他起初當過郡裡的小官，被舉為孝廉，征召進公府。孫堅舉義兵，黃蓋跟隨他。孫堅南下擊敗山中強盜，北上擊退董卓，任命黃蓋為別部司馬。孫堅去世，黃蓋先後追隨孫策和孫權，身披鎧甲轉戰南北，衝鋒陷陣，攻城略地。

山越族各部不願歸服，凡是被侵犯的縣，孫權總是起用黃蓋為那裡的地方官。石城縣的官吏，特別難約束管理，黃蓋便設置兩個掾吏，分別主管各部門。黃蓋告誡他倆說：「我這個縣令沒什麼本事，只是憑著武功當上官，不是以會治理的文官才能被稱道。如今賊寇未被平定，還有出兵打仗的任務，所以我把所有公文處理事務都托付你們兩位，你們應當監督檢查各個部門，糾正揭發他們的錯誤。你們辦理各種事務，接受的或應承的，若有奸邪欺詐，最後的懲罰不會只是鞭抽杖擊而已，應該各自盡心，不要先成了壞的榜樣。」開始他們畏懼黃蓋威嚴，日日謹慎盡職；時間長了，這些官吏以為黃蓋不看文書，漸漸開始徇私舞弊。黃蓋也不滿他們的懈怠，不時有所察覺，分別查到他們的幾件枉法之事，於是把所有的官吏請來，設宴酒肉招待，趁機擺出違法亂紀之事質問。兩名掾吏無法辯解，只得叩頭請罪。黃蓋說：「以前已告誡過你們，最終不會以鞭、杖來懲罰，這不是騙你們的。」於是殺了這兩人。這件事讓整個縣都為之震驚戰栗。後來黃蓋調任春谷縣長、尋陽縣令。他前後治理過九個縣，所有地方都得以安定。又升任丹楊都尉，抑豪強濟貧弱，使山越部落誠心歸附。

黃蓋外表嚴肅剛毅，善於照顧下屬，每次出兵打仗，將士都奮勇爭先。建安年間，黃蓋隨周瑜在赤壁迎戰曹操，獻上火攻計策，這件事記載在《周瑜傳》中。黃蓋被任命為武鋒中郎將。武陵少數民族部落造反，攻占城邑，孫權便任命黃蓋兼任武陵太守。當時武陵郡的士兵僅五百人，黃蓋認為難以抵擋敵人的進攻，因此打開城門，在叛軍進入一半時，突然發起襲擊，殺了數百人，其餘的叛軍倉皇逃竄，都回到各自村寨。黃蓋殺了首惡分子，對跟隨者都赦免了。從春到夏，叛亂全都平定，各僻遠的地方巴、醴、由、誕的酋長，都改變原來的操行和志向，捧著禮物求見，武陵郡境內因此清明安定。後來長沙郡益陽縣遭到山中強盜攻打，黃蓋又討伐平定了。孫權加授他偏將軍，最終黃蓋死於職任上。

黃蓋為官處理事情果斷，凡事不拖延，國人都懷念他。到了孫權登基稱帝，追論黃蓋平生功績，封賜他的兒子黃柄為關內侯。

【原文】

黃蓋字公覆，零陵泉陵人也。初為郡吏，察孝廉，辟公府。孫堅舉義兵，蓋從之。堅南破山賊，北走董卓，拜蓋別部司馬。堅薨，蓋隨策及權，擐甲周旋，蹈刃屠城。

諸山越不賓，有寇難之縣，輒用蓋為守長。石城縣吏，特難檢御，蓋乃署兩掾，分主諸曹。教曰：「令長不德，徒以武功為官，不以文吏為稱。今賊寇未平，有軍旅之務，一以文書委付兩掾，當檢攝諸曹，糾擿謬誤。兩掾所署，事入諾出，若有奸欺，終不加以鞭杖，宜各盡心，無為眾先。」初皆怖威，夙夜恭職。久之，吏以蓋不視文書，漸容人事。蓋亦嫌外懈怠，時有所省，各得兩掾不奉法數事。乃悉請諸掾吏，賜酒食，因出事詰問。兩掾辭屈，皆叩頭謝罪。蓋曰：「前已相敕，終不以鞭杖相加，非相欺也。」遂殺之。縣中震栗。後轉春谷長，尋陽令。凡守九縣，所在平定。遷丹楊都尉，抑強扶弱，山越懷附。

蓋姿貌嚴毅，善於養眾。每所征討，士卒皆爭為先。建安中，隨周瑜拒曹公於赤壁，建策火攻，語在瑜傳。拜武鋒中郎將。武陵蠻夷反亂，攻守城邑，乃以蓋領太守。時郡兵才五百人，自以不敵，因開城門，賊半入，乃擊之。斬首數百，餘皆奔走，盡歸邑落。誅討魁帥，附從者赦之。自春訖夏，寇亂盡平，諸幽邃巴、醴、由、誕邑侯君長，皆改操易節，奉禮請見，郡境遂清。後長沙益陽縣為山賊所攻，蓋又平討。加偏將軍，病卒於官。

蓋當官決斷，事無留滯，國人思之。及權踐阼，追論其功，賜子柄爵關內侯。

吳書

程黃韓蔣周陳董甘凌徐潘丁傳・甘寧

甘寧字興霸，巴郡臨江人。他年輕時身強力壯，愛好交遊，行俠仗義，糾集了一批輕薄少年，成為他們的頭領。他們聚集在一起，手持弓箭，騎著繫有鈴鐺的馬，百姓聽到鈴聲，就知道是甘寧。人們若與甘寧相遇，即便是他所在城中的官吏，也要隆重接待他，這樣他才會與之結交歡娛，否則，他就放任所率領的輕薄少年搶奪其財產，對官吏也加以傷害，等他猛然覺悟，已經過了二十餘年了。甘寧停止攻打、搶劫的行為，讀了不少諸子的書籍，前去依附劉表，因此居住在南陽，但並不受劉表重用，後轉而依托黃祖，黃祖也只將他當平常人養著。

於是，甘寧歸附東吳。周瑜、呂蒙都共同推薦使他顯達，孫權加倍看重，視同舊臣。甘寧獻計道：「如今漢室運數日益衰微，曹操更為驕橫獨斷，最終會成為篡國之盜。南荊之地，山巒疊障形勢便利，江河縱橫暢通，確是我國西邊的有利地勢。我已觀察過劉表，他考慮問題沒有遠見，兒子們又頑劣，不是能繼承基業的人。主公應當趁早圖謀，不可落在曹操之後。圖謀劉表之計，首先該從黃祖下手。黃祖如今年邁，昏聵無能，軍資糧草都缺乏，身邊的人愚弄欺瞞他，一味地貪圖錢財，克扣下級官吏兵士的軍餉。下級官吏兵士都心懷怨恨，而戰船及各種作戰器具，破損而不加修整，荒誤農耕，軍隊缺乏有效的訓練。主公現在前往征伐，必定能打敗他。一旦擊敗黃祖的隊伍，便可擊鼓西進，西據楚關，聲勢大振，這樣可逐漸謀取巴蜀。」孫權十分贊同他的意見。當時張昭在座，對甘寧提出責難：「吳國眼下自身面臨危急，如果軍隊真的出征，恐怕會導致國內動蕩。」甘寧對張昭說：「國家將蕭何那樣的重任交給你，而你留守只擔心動亂，用什麼來向古人看齊呢？」孫權舉起酒杯敬甘寧說：「興霸，今年即出征討伐，如同這杯酒，我決定托付給你。你定要努力提出作戰方略，使我們一定能打敗黃祖，那就是你的大功，何必計較張長史的話呢？」孫權於是西征，果然生擒黃祖，並俘獲他的全部人馬。於是孫權給予甘寧人馬，讓他駐紮在當口。

後來甘寧隨周瑜在烏林抗擊並打敗了曹操。在南郡攻打曹仁，未能攻克，甘寧獻計先直接進取夷陵，他率軍前去，當即拿下夷陵，因此入城駐守。當時他手下有兵數百人，加上剛俘獲的人員，只是剛滿一千。曹仁便派五六千人圍攻甘寧。甘寧被圍攻好多天，魏軍架設攻城高樓，箭從上面像雨點般射入城內，兵士們都很害怕，只有甘寧談笑自如。他派人將情況報告周瑜，周瑜採用呂蒙的計策，率領諸將前來解圍。後來甘寧隨魯肅鎮守益陽，抗拒關羽。關羽號稱有三萬人馬，親自挑選了精銳士卒五千人，投物堵住上游十多里的淺水處，聲稱要夜裡涉水渡河。魯肅召集各位將領商議對策。甘寧當時手下有三百士兵，於是說：「可否再給我增添五百人，我前去對付他，保證關羽聽到我的咳唾聲，就嚇得不敢渡河，如他敢渡過來，我定當將其擒獲。」魯肅便挑選一千人增補給甘寧，甘寧便連夜趕去。關羽得知此事，就停止了渡河，就地築造簡易營寨，如今那地方就叫「關羽瀨」。孫權嘉賞甘寧的功績，任命他為西陵太守，兼任陽新、下雉兩縣縣令。

之後甘寧跟隨孫權攻打皖縣，為升城督。甘寧手持繩索，親自爬上城牆，身先士卒，終於攻破城池，俘獲守將朱光。戰後論功，呂蒙第一，甘寧第二，被任命為折沖將軍。

後來曹操出兵濡須，甘寧為吳軍前部都督，受命出兵攻擊魏軍前營，孫權特賜賞米酒和很多菜肴，甘寧便將這些酒菜分給手下一百多人吃。吃完後，甘寧先用銀碗斟酒，自飲了兩碗，接著又斟滿了遞給他的都督，都督伏下身子，不肯馬上接酒。甘寧拔出一把雪亮的刀放在膝上，呵斥他道：「你受主公知遇之恩，與我甘寧相比如何？我甘寧尚且不怕死，你為什麼獨獨怕死？」都督見甘寧聲色俱厲，當即起身拜謝接酒，全體將士也都各斟滿一碗。到二更時分，眾人口裡銜著枚出擊殺敵。魏軍驚恐慌亂，於是敗退。甘寧更受孫權器重，給他增兵二千。

甘寧雖說粗野勇猛喜歡殺戮，但性格開朗而有計謀，輕財敬士，能厚待勇敢的部下，這些人也都樂於為他效命。建安二十年（二一五），他跟隨孫權攻打合肥，正逢疾疫流行，軍隊都已撤出，只有車下虎士一千多人，呂蒙、蔣欽、凌統及甘寧等將領，跟隨孫權在逍遙津的北岸。張遼觀望得知吳軍實情，當即率領步、騎兵突然殺來。甘寧引弓射敵，與凌統等拼死苦戰。甘寧厲聲問軍中鼓吹手為何不奏軍樂，壯氣剛毅凜然，孫權特別贊賞他。

甘寧廚中一個伙夫曾犯下過錯，逃去投奔呂蒙。呂蒙擔心甘寧把這人殺了，因此沒有馬上送還。後來甘寧帶著禮物來拜見呂蒙的母親，臨到將要進入後堂時，呂蒙才將那伙夫送還甘寧。甘寧答應呂蒙不殺那人。過了一會兒甘寧回到船上將要返回，就將那伙夫綁在桑樹上，親手用箭將其射死。完事後，甘寧讓船夫再增加幾根船纜，自己脫衣躺在船上。呂蒙非常氣憤，擊鼓集合士兵，要上船攻殺甘寧。甘寧聽說後，故意躺著不起來。呂蒙母親赤著腳跑出來勸呂蒙說：「主公待你如同骨肉，把大事托付給你，怎麼能因個人的憤怒而要攻殺甘寧呢？甘寧要是死了，縱然主公不責問你，你作為臣子這樣做也是非法的。」呂蒙向來非常孝順，聽了母親的話，豁然醒悟，怒氣頓消，親自來到甘寧的船前，笑著招呼甘寧：「興霸，老母正等你吃飯，快上岸吧！」甘寧流淚唏噓道：「我有負於您。」便與呂蒙一起回去拜見呂母，愉快地宴飲一天。

甘寧死後，孫權十分痛惜。甘寧的兒子甘瑰，後因犯罪遷居會稽，不久死去。

【原文】

甘寧字興霸，巴郡臨江人也。少有氣力，好遊俠，招合輕薄少年，為之渠帥；群聚相隨，挾持弓弩，負毦帶鈴，民聞鈴聲，即知是寧。人與相逢，及屬城長吏，接待隆厚者乃與交歡；不爾，即放所將奪其資貨，於長吏界中有所賊害，作其發負，至二十餘年。止不攻劫，頗讀諸子，乃往依劉表，因居南陽，不見進用，後轉托黃祖，祖又以凡人畜之。

於是歸吳。周瑜、呂蒙皆共薦達，孫權加異，同於舊臣。寧陳計曰：「今漢祚日微，曹操彌驕，終為篡盜。南荊之地，山陵形便，江川流通，誠是國之西勢也。寧已觀劉表，慮既不遠，兒子又劣，非能承業傳基者也。至尊當早規之，不可後操。圖之之計，宜先取黃祖。祖今年老，昏耄已甚，財谷並乏，左右欺弄，務於貨利，侵求吏士，吏士心怨，舟船戰具，頓廢不修，怠於耕農，軍無法伍。至尊今往，其破可必。一破祖軍，鼓行而西，西據楚關，大勢彌廣，即可漸規巴、蜀。」權深納之。張昭時在坐，難曰：「吳下業業，若軍果行，恐必致亂。」寧謂昭曰：「國家以蕭何之任付君，君居守而憂亂，奚以希慕古人乎？」權舉酒屬寧曰：「興霸，今年行討，如此酒矣，決以付卿。卿但當勉建方略，令必克祖，則卿之功，何嫌張長史之言乎。」權遂西，果禽祖，盡獲其士眾。遂授寧兵，屯當口。

後隨周瑜拒破曹公於烏林。攻曹仁於南郡，未拔，寧建計先徑進取夷陵，往即得其城，因入守之。時手下有數百兵，並所新得，僅滿千人。曹仁乃令五六千人圍寧。寧受攻累日，敵設高樓，雨射城中，士眾皆懼，惟寧談笑自若。遣使報瑜，瑜用呂蒙計，帥諸將解圍。後隨魯肅鎮益陽，拒關羽。羽號有三萬人，自擇選銳士五千人，投縣上流十餘里淺瀨，雲欲夜涉渡。肅與諸將議。寧時有三百兵，乃曰：「可復以五百人益吾，吾往對之，保羽聞吾咳唾，不敢涉水，涉水即是吾禽。」肅便選千兵益寧，寧乃夜往。羽聞之，住不渡，而結柴營，今遂名此處為關羽瀨。權嘉寧功，拜西陵太守，領陽新、下雉兩縣。

後從攻皖，為升城督。寧手持練，身緣城，為吏士先，卒破獲朱光。計功，呂蒙為最，寧次之，拜折沖將軍。

後曹公出濡須，寧為前部督，受敕出斫敵前營。權特賜米酒眾殽，寧乃料賜手下百餘人食。食畢，寧先以銀碗酌酒，自飲兩碗，乃酌與其都督。都督伏，不肯時持。寧引白削置膝上，呵謂之曰：「卿見知於至尊，孰與甘寧？甘寧尚不惜死，卿何以獨惜死乎？」都督見寧色厲，即起拜持酒，通酌兵各一銀碗。至二更時，銜枚出斫敵。敵驚動，遂退。寧益貴重，增兵二千人。

寧雖粗猛好殺，然開爽有計略，輕財敬士，能厚養健兒，健兒亦樂為用命。建安二十年，從攻合肥，會疫疾，軍旅皆已引出，唯車下虎士千餘人。並呂蒙、蔣欽、凌統及寧，從權逍遙津北。張遼覘望知之，即將步騎奄至。寧引弓射敵，與統等死戰。寧厲聲問鼓吹何以不作，壯氣毅然，權尤嘉之。

寧廚下兒曾有過，走投呂蒙。蒙恐寧殺之，故不即還。後寧齎禮禮蒙母，臨當與升堂，乃出廚下兒還寧。寧許蒙不殺。斯須還船，縛置桑樹，自挽弓射殺之。畢，敕船人更增舸纜，解衣臥船中。蒙大怒，擊鼓會兵，欲就船攻寧。寧聞之，故臥不起。蒙母徒跣出諫蒙曰：「至尊待汝如骨肉，屬汝以大事，何有以私怒而欲攻殺甘寧？寧死之日，縱至尊不問，汝是為臣下非法。」蒙素至孝，聞母言，即豁然意釋，自至寧船，笑呼之曰：「興霸，老母待卿食，急上！」寧涕泣歔欷曰：「負卿。」與蒙俱還見母，歡宴竟日。

寧卒，權痛惜之。子瑰，以罪徙會稽，無幾死。

吳書

陸遜傳（附陸抗傳）

陸遜字伯言，吳郡吳縣人。他原名陸議，世代為江東名門望族。陸遜年幼時父親去世，跟隨堂祖父廬江太守陸康在其任所生活。袁術與陸康有矛盾，準備攻打陸康，陸康便將陸遜和家屬親眷送回吳縣。陸遜比陸康的兒子陸績大幾歲，於是替陸康管理家族事務。

孫權做將軍時，陸遜二十一歲，開始在孫權幕府任職，歷任東曹、西曹令史，出任海昌屯田都尉，兼管政務。海昌連年大旱，陸遜打開官府糧倉救濟貧民，鼓勵督促百姓種田養蠶，使百姓有了依靠。當時吳郡、會稽、丹楊有很多百姓躲進山林之中，陸遜向孫權陳述切實可行的措施，請求招募這些人。會稽郡山越強盜大頭領潘臨，一直是該地的禍患，多年來官府都沒能將其擒獲。陸遜於是率領剛招募的新兵，深入地勢險要的地區征討，所到之處無不降服，他的部隊發展到兩千多人。鄱陽郡強盜首領尤突作亂，陸遜又前往征討，被任命為定威校尉，駐紮在利浦。

孫權將哥哥孫策的女兒嫁給了陸遜，多次向他征詢對時局的意見。陸遜建議道：「當今英雄各據一方相持，豺狼一般相互窺視，要戰勝敵人平定戰亂，沒有大量的人馬不能成事，而山越強盜以前就與我們有仇，依據偏僻險要之地作亂。我們內亂尚未平定，難以圖謀遠方敵人，應當擴充軍隊，從中選取精銳兵卒。」孫權採納了陸遜的計策，任命他為帳下右部督。此時正值丹楊強盜首領費棧接受曹操的任命，煽動山越部族作亂，作為曹操的內應。孫權便派遣陸遜前去討伐費棧。費棧的部屬很多而陸遜前去討伐的兵少，陸遜就增設旗旌，分散布置戰鼓、號角，夜間潛伏山谷中，擂鼓吶喊而進，費棧的人馬頓時嚇得潰逃。於是陸遜整編東三郡的人馬，強壯者留下當兵，老弱補充民戶，於是得到了數萬精兵，將長期作惡的盜患徹底鏟除，所到之處都得到整肅而變得安寧，他才回師駐紮蕪湖。

會稽太守淳于式上表奏劾陸遜非法征用民眾，擾亂地方，百姓不堪其苦。陸遜後來進京，言談之中，稱贊淳于式是個好官，孫權問：「淳于式彈劾你而你卻舉薦他，這是為什麼？」陸遜答道：「淳于式是要讓百姓休養生息，所以彈劾我。如果我再詆毀他，就是混淆陛下視聽，此風不可長！」孫權說：「這確實是忠厚長者所為，一般人是做不到的。」

呂蒙假裝有病來到建業，陸遜前去拜見他，問道：「關羽與您邊境相鄰，您怎麼遠離防區東下，沒有後顧之憂嗎？」呂蒙說：「正如你所說，然而我病得很重。」陸遜說：「關羽自恃其勇猛氣盛，欺壓他人。他剛剛建立大功，驕橫狂妄野心勃勃，只想著北上攻打魏國，對我國未存戒心，如果得知您病重，必然更不加防備。現在出其不意攻打他，一定能將他擒拿制伏。您見到主上，應好好計劃。」呂蒙說：「關羽向來勇猛，本就難以與他相敵，而且他又占據荊州，廣施恩信，再加上他剛建有大功，膽量和威勢更盛，不容易對付。」呂蒙到京都，孫權問他：「誰可以接替您？」呂蒙答道：「陸遜考慮事情深刻長遠，有擔當重任的才幹，我看他的謀劃，最終定能擔當大任。而且他還沒有很大的名聲，不為關羽所顧忌，沒有人比他更合適。如果任用他，應讓他表面上收斂鋒芒，暗中觀察有利的形勢、時機，然後便可以擊敗關羽。」孫權於是召見陸遜，任命他為偏將軍右部督，接替呂蒙。

陸遜到達陸口，寫信給關羽說：「以前您觀察對方形勢而出擊，依據法則指揮大軍，輕鬆出擊便大獲全勝，何等威武顯赫！敵國慘遭敗績，有利於我們的同盟，聽到捷報令人拍手叫好，想來您將席捲整個天下，一同輔助朝廷維護綱紀。近來我這沒什麼本事的人，受命往西來到此地，非常仰慕您的風采，很想領受您的有益教誨。」又說：「于禁等被您擒獲，遠近都對您欽佩贊嘆，認為將軍您的功勳永世長存，即使當年晉文公出師城濮之戰，淮陰侯韓信攻取趙國的謀略，也不能超過將軍的功績。聽說徐晃等率領少數騎兵駐紮，窺測您的動向。曹操是奸詐狡猾之徒，因失敗而憤恨，就不會顧及自身的危難，恐怕會暗中增加人馬，以滿足其野心。雖說他的軍隊已經疲憊，但還有一些驍勇強悍的將士。況且得勝之後，常會產生輕敵思想，根據古人兵法，軍隊獲勝後會倍加警惕，希望將軍多方面謀劃，以獲全勝。我作為書生粗疏遲鈍，占據這個職位實在讓人慚愧，十分高興與具有威望德行的您為鄰，樂意向您傾訴心裡話，所說的雖不能合乎您的策略，但可以看出我的心情。倘若您能了解我對您的仰慕，希望您多加明察。」關羽看了陸遜的信，覺得他言辭謙卑有依附之意，十分放心，不再戒備。陸遜將這些情況詳細地報告孫權，陳述了可以擒獲關羽的要點。孫權就悄悄派兵西上，任命陸遜與呂蒙為先鋒，大軍一到就攻克了公安、南郡。陸遜率軍長驅直入，兼任宜都太守，被任命為撫邊將軍，封華亭侯。劉備的宜都太守樊友棄城而逃，各城的長官和少數民族頭領紛紛投降。陸遜請求發給金、銀、銅印，授予那些剛投降歸附的人。這是建安二十四年（二一九）十一月。

陸遜派將軍李異、謝旌等率領三千人馬，攻打蜀將詹晏、陳鳳。李異率領水軍，謝旌率領步兵，截斷險要之處，很快打敗詹晏等人，陳鳳被擒投降。隨後二人又率軍攻打蜀國房陵太守鄧輔、南鄉太守郭睦，大敗他們。秭歸的豪族文布、鄧凱等聯合少數民族武裝幾千人，投靠蜀國。陸遜又派謝旌擊敗文布、鄧凱。文、鄧逃脫，蜀國委任他們為將軍。陸遜派人遊說，文布率軍投降。陸遜前後斬殺、俘獲招降的總共有數萬人。孫權任命遜為右護軍、鎮西將軍，封為婁侯。

當時荊州士人剛歸順，進入官場的人有的還沒安排好職位，陸遜上疏說：「過去漢高祖承受天命，招攬任用英才；光武帝中興，傑出的人才紛紛歸附，只要是有益於道德教化的興隆，不必區分親疏遠近。如今荊州剛平定，有德有才之人尚未顯達，臣懇切地請求您廣布提拔任用的恩德，使他們都獲得進身的機會，然後天下人都會延頸仰望，考慮接受您深遠廣大的教化。」孫權敬重地採納了他的建議。

黃武元年（二二二），劉備親自率領大軍來到吳國西部邊界，孫權任命陸遜為大都督，授予符節，督率朱然、潘璋、宋謙、韓當、徐盛、鮮于丹、孫桓等所部五萬人抵禦劉備。劉備從巫峽、建平至夷陵地界，連綿紮營幾十座，以金銀錦緞和爵位的賞賜引誘各少數民族部落，任命馮習為大都督，張南為前鋒，輔匡、趙融、廖淳、傅肜為各分部都督，先派吳班率領數千人在平地紮營，想以此向吳軍挑戰。諸位將領都想攻打吳班，陸遜說：「此舉必定有詐，暫且再看看。」劉備知道自己的計謀不能得逞，於是帶領八千名伏兵，從山谷中出來。陸遜說：「我之所以沒有聽從諸位攻打吳班，是料想其中必有玄機。」陸遜上奏說道：「夷陵是軍事要衝，國家的關隘，雖說容易奪取，但也容易丟失。失去夷陵並非只是損失一郡之地，便是荊州也要擔憂了。現在爭奪此地，務必要成功。劉備違背常理，不守著自己的巢穴，而竟敢自己來送死。為臣雖說沒什麼本事，但憑借陛下的聲威，以有道伐無道，破敵就在眼前。回顧劉備用兵打仗的前後經歷，勝少敗多，由此推論，此人不足擔憂！臣起初擔心他會水陸並進，如今他反而捨棄舟船隻用步兵，處處紮營，觀察他的部署，一定不會有什麼大的變化。希望陛下高枕無憂，不必掛念。」眾將領都說：「攻打劉備應當在他剛入侵之時，如今已讓他深入境內五六百里，相互對峙了七八個月，要害關隘都被他們控制堅守，打起來必然對我們不利。」陸遜說：「劉備是老奸巨猾的人，經歷的事很多，他的軍隊剛集結時，考慮周密用心專一，不能輕易攻打他。如今駐紮時間久了，沒占到我們的便宜，軍隊疲憊士氣低落，再也沒什麼伎倆了，夾攻此敵，現在正是時候。」於是陸遜先出兵攻打蜀軍一處營寨，沒有得手。眾將領都說：「這是讓將士白白去送死。」陸遜說：「我已有了擊敗敵人的辦法。」於是下令所有將士各拿一把茅柴，用火攻的辦法攻破蜀軍營寨。一時間大火燎原，陸遜率領各路人馬一齊殺出來，殺死了蜀將張南、馮習以及胡王沙摩柯等人，攻破蜀軍四十多處營寨。劉備的將領杜路、劉寧等走投無路，請求投降。劉備登上馬鞍山，布置人馬環繞守衛。陸遜督促各軍四面進逼，蜀軍土崩瓦解，死了萬餘人。劉備乘著夜色潛逃，驛站裡的人主動將兵卒扔下的鎧甲、鐃鈸挑出來，堆在路上焚燒以阻擋追兵，劉備這才得以逃入白帝城。蜀軍的船隻軍械、水軍步兵的物資，一下子全部喪失，士兵的屍體漂在水面，塞滿江河。劉備非常羞愧憤恨，說：「我竟然被陸遜這樣的無名小卒挫敗侮辱，豈非天意啊！」

起初，孫桓另外率領一支人馬在夷道攻打劉備的先鋒部隊，結果被蜀軍包圍，於是向陸遜求援。陸遜說：「不行。」眾將領說：「安東將軍孫桓是王親貴族，他被圍困，陷入困境，怎能不去救援？」陸遜說：「安東將軍得到將士擁戴，城池堅固糧草充足，沒有什麼可擔憂的。等我的計謀得以實施，即使不去救他，圍困自然也就消除了。」等到陸遜的計謀全面施行後，劉備的軍隊果然潰敗。孫桓後來見到陸遜說：「開始我確實怨恨你不來相救，今日勝局已定，才知道你調度有方。」

當時抵禦劉備，諸位將領或是孫策時期的老將，或是王親國戚，各有所恃，不聽號令。陸遜手握劍柄說：「劉備天下聞名，連曹操對他都有幾分畏懼，如今他侵入我國境內，是個強敵。各位都蒙受國家恩澤，應當相互和睦，齊心協力消滅這個敵人，以報答所受的恩惠。而今不聽從號令，這是不應該的。我雖是一介書生，但接受主上的任命。國家之所以委屈各位來聽從我的指揮，是認為我還有一點點長處值得稱道，那就是能忍辱負重。每人都該擔負自己的責任，豈能再互相推諉！軍令有常，切不可冒犯！」等到打敗劉備，計謀大多出自陸遜，眾將這才心悅誠服。孫權聽到此事後，說：「你當時怎麼不向我稟報諸將不服從號令呢？」陸遜答道：「我深受國恩，擔負的重任超過自己的才能。況且這些將領或是您的親信，或是我軍中良將，或是國家功臣，都是國家理當依靠、共同成就大業的人。臣雖說無能懦弱，心中卻暗自仰慕藺相如、寇恂謙虛忍讓的道義，以成就國家大事。」孫權大笑稱好，加授陸遜輔國將軍，兼任荊州牧，隨即改封為江陵侯。

另外，因劉備在白帝城住下後，徐盛、潘璋、宋謙等將領爭相上奏說劉備一定能擒獲，請求再出兵攻擊。孫權就此事征詢陸遜意見，陸遜與朱然、駱統認為，曹丕正大規模集結軍隊，表面上借口幫助吳國討伐劉備，實際上藏有險惡用心，應鄭重而果斷地撤軍。不久，魏軍果然出動，吳國三面受敵。

不久劉備病死，其子劉禪繼位，諸葛亮執掌國政，與孫權和好結盟。根據形勢的要求，孫權即命令陸遜告知諸葛亮，並刻了孫權的印璽，放在陸遜處。孫權每次給劉禪、諸葛亮的書信，都讓陸遜過目，措辭語氣輕重，有所不妥之處，便讓陸遜改定，然後蓋上孫權的印璽封好送去。

黃武七年（二二八），孫權指使鄱陽太守周魴誘騙魏國大司馬曹休，曹休果然中計，後進入皖縣，孫權就征召陸遜，授予黃鉞，任命為大都督，迎擊曹休。曹休發覺受騙，恥於被欺騙，自恃兵馬眾多精良，便與陸遜交戰。陸遜親自率領中路軍，令朱桓、全琮率領左右兩翼，三路人馬一齊進擊，果然衝潰曹休的伏兵，趁勢驅殺，追擊敗逃之敵，一直趕到夾石，斬殺俘獲萬餘人，繳獲牛、馬、騾、驢等車上萬輛，將魏軍軍用物資、兵器全部奪來。曹休敗回後，背部毒瘡發作而死。陸遜各軍整頓後過武昌，孫權令左右侍從用御傘遮護陸遜出入宮殿大門，凡是賜予陸遜的，都是御用的上等珍品，其榮耀顯赫當時沒有誰能相比。隨後陸遜被派回西陵。

黃龍元年（二二九），陸遜被任命為上大將軍、右都護。這年，孫權東巡建業，留下太子、皇子及尚書等九卿，征召陸遜輔佐太子，並掌管荊州及豫章三郡政務，處理和督察軍國大事。當時建昌侯孫慮在堂前建了一座斗鴨欄，非常精巧，陸遜嚴肅地說：「您應當勤讀經典，增加知識，玩弄這些有什麼用？」孫慮當即拆毀了斗鴨欄。射聲校尉孫松在公子中最得孫權寵愛，他放縱士兵不加整肅，陸遜當著他的面將其主管官員剃光頭髮懲治。南陽人謝景稱贊劉廙先刑後禮之論，陸遜呵斥謝景說：「禮治優於刑治，早就被認同，劉廙以不值一提的狡辯來歪曲先聖的教誨，完全是錯誤的。你如今在東宮侍奉太子，應當遵奉仁義以顯揚善言，像劉廙的歪理這樣的，不必講了。」

陸遜雖在外任職，心中卻掛念朝中大事，曾上疏陳述時事：「臣認為，法令過於嚴厲，下邊犯法的人就會多。近幾年來，將領官吏犯罪，雖然是因為其自身不謹慎而該受譴責，然而天下尚未統一，理當著眼於進取，小錯應受到寬待，以安定下面的情緒。而且當前要做的事越來越多，真才實學是首先要考慮的，只要不是奸邪之人，沒有犯過不可饒恕的罪過，還是請求您提拔重用，讓他們施展才能報效國家。這是聖明君主忘人之過、記人之功，完成帝王大業的原因。過去漢高祖劉邦不計較陳平的過失，采用他的奇妙計策，最終建立大漢，功垂千載。嚴刑峻法，不是帝王建立大業的做法，只有懲罰而無寬恕，不是撫招遠方人才歸附的方法。」

孫權想派出一支人馬前去奪取夷州、珠崖，都征詢陸遜意見，陸遜上書說：「臣認為天下尚未平定，應當集中民力，完成當今大事。現在用兵多年，兵力損失，陛下為此憂慮，廢寢忘食。現在又要遠道謀取夷州，以成就大業。臣反覆考慮，沒發現這樣做能帶來什麼益處。出兵萬里謀求疆土，風險難以預測，將士不服異地水土，必定導致疾病，如今驅使將士，跋涉於荒蕪之地，想要得益反而受到損失，想要獲利反而遭致禍患。再說珠崖是絕險之地，民眾尚未開化如同野獸一般，得到他們不足以幫助我們成就大事，沒有他們也不會使我的軍員減少。現在江東的民眾，足夠用來成就大事，只是應先積蓄力量然後再行動罷了。當初桓王開創基業，兵員不足五百，就奠定了這麼大的基業。陛下承受天命，開拓平定江南大地。臣聽說治亂世討叛逆，必須依靠軍隊的威力，而從事農桑獲得衣食，是百姓的本業。只因戰火不熄，百姓挨飢受寒。依臣之愚見，應該養育兵卒百姓，減免稅賦，使眾人齊心，提倡道義，鼓舞勇武的精神，這樣中原才能平定，九州可以一統。」孫權依然派兵出征夷州，果然得不償失。

後來公孫淵背叛盟約，孫權想要發兵討伐，陸遜上疏說：「公孫淵依仗險要的地勢，拘留我國的使節，不肯進獻名馬，實在讓人憤恨。這種蠻夷擾亂中原，沒有受到王道的教化，飛鳥般逃至荒遠之地，抗拒上國大軍，致使陛下如此震怒，想要以萬乘之尊親自乘小船跨越大海，不考慮危險而輕率涉足不能預料的險惡之地。當今天下紛亂如雲，群雄虎爭，英豪踴躍，狂呼怒視。陛下以神聖威武的英姿，承受天命，擊敗曹操於烏林，大勝劉備於西陵，生擒關羽於荊州。這三個敵人都是當世豪傑，都被挫敗鋒芒。聖明教化所達之地，萬里歸服如小草隨風，這正是平定華夏、統一天下的大好時機。如今不能克制小小的氣憤，而發雷霆般的大怒，違背了古人「不坐屋簷下以被落瓦所傷」的訓誡，輕視自己萬乘之尊的身份，這是我所迷惑的。臣聽說志行萬里者，不會半途停下腳步；謀取天下者，不因小事而傷害大局。強寇仍正在邊境，偏遠之處仍未歸服，陛下卻要乘船遠征，必然給敵人可乘之機，災禍臨頭再憂慮，悔之不及。如果能成就統一天下的大業，則公孫淵不用討伐也會自動歸降。現在舍不得遠東的民眾與名馬，難道拋棄江東牢固的根基就不覺得可惜嗎？請停止出兵，以威懾主要的敵人，早日平定中原，功垂萬代。」孫權採納了他的意見。

嘉禾五年（二三六），孫權北征魏國，派陸遜與諸葛瑾攻打襄陽。陸遜派親信韓扁攜帶奏章進呈孫權，韓扁返回時在沔中遇上敵軍，被抓住了。諸葛瑾聞訊後十分恐懼，寫信給陸遜說：「陛下已返回，敵人捉住韓扁，完全掌握了我們的底細。而且現在江水乾涸，應當趕緊回撤。」

陸遜沒有回信，正在督促人種蕪菁、豆子，像往常一樣與諸位將領下棋、射戲。諸葛瑾說：「伯言足智多謀，這樣做必定有妙計了。」就親自前來見陸遜，陸遜說：「敵人知道陛下已經返回，沒有什麼可擔憂的，就會集中力量對付我們。而且他們已把守住要害之處，我軍將士擔心不安，這就需要我們鎮定下來穩定軍心，實施靈活機動的計策，然後退兵。現在就表示出退兵的意圖，敵人一定認為我們害怕了，因而上前逼迫，我們就必敗無疑。」於是與諸葛瑾秘密擬定計策，讓諸葛瑾統領船隊，陸遜率領所有兵馬，向襄陽發起進攻。魏軍向來懼怕陸遜，急忙返回城中。諸葛瑾便領著船隊出來，陸遜從容地整頓隊伍，虛張聲勢，隨著船隊而去，魏軍不敢進犯。吳軍行至白圍，謊稱要住下打獵，暗中派將軍周峻、張梁等襲擊江夏郡新市、安陸、石陽。石陽的集市正熱鬧，周峻等領兵突然殺到，人們都丟下貨物逃入城中。城門被人擁擠而無法關閉，魏兵便砍殺自己的民眾，然後才關上城門。吳軍殺死和活捉有千餘人。陸遜對那些被俘獲的人，都多加保護，不准兵卒對其侵擾侮辱；帶著家眷的人，派人前往照看料理；如果失去妻子兒女的，就給予衣服、糧食，優厚慰勞，讓他們回家，有的人因此受到感動傾慕而相攜前來歸附。相鄰地區的人也心向陸遜，魏國江夏功曹趙濯、弋陽蜀將裴生及少數民族首領梅頤等人，都率領部屬前來依附陸遜。陸遜拿出所有財物，周到地撫恤他們。

魏國江夏太守逯式統率郡中兵馬，老是在吳國邊境侵擾，而他與魏國老將文聘的兒子文休向來不和。陸遜得知這一情況，即假裝給逯式回信說：「收到您言辭懇切的來信，知道您與文休結怨已久，勢不兩立，打算前來歸附我國，我立即將您的來信秘密呈報給朝廷，召集人馬前來迎接您。您應當暗中迅速整裝，再告知準確的時間。」這封信被放在兩國邊境上，逯式的部下得到後交給了逯式，逯式惶恐不安，就親自送妻子兒女返回洛陽。自此後逯式的部下再也不對逯式親近依附，逯式因此被罷官免職。

嘉禾六年（二三七），中郎將周祗請求在鄱陽招募士兵，孫權就此事征詢陸遜意見。陸遜覺得該郡民眾容易動蕩難以安定，認為不可前去招募，擔心會迫使他們落草為寇。而周祗堅持認為應該招募，結果鄱陽郡的吳遽等果然做了強盜殺死了周祗，攻占了幾個縣城。豫章、廬陵的慣匪，一起響應吳遽為寇。陸遜聽說後，當即前往征討，將他們打敗，吳遽等相繼投降，陸遜從中挑選精兵八千餘人，三郡由此平定。

當時中書典校呂壹，竊取權柄作威作福，陸遜與太常潘濬對此都憂心忡忡，談起時淚流滿面。後來孫權誅殺呂壹，陸遜深深自責，這件事記載於《孫權傳》中。

當時謝淵、謝厷等各自陳述當前應辦之事，打算興利除弊，實行改革。孫權將此事交給了陸遜。陸遜建議：「國家應以百姓利益為根本，強盛取決於民眾，財貨也出自民眾。民眾富裕而國家貧弱，或者民眾貧困而國家強大，這種事從來沒有過。所以治理國家的人，得到民心則國家治理得好，失去民心則天下大亂。如果不讓百姓得到利益，而想讓他們竭力效勞，實在是太難了。所以《詩經》中贊嘆道：『適宜百姓有益民眾，將受到上天賜福。』請陛下廣施聖恩，安撫賑濟百姓，數年之間，國家財力小有富足，然後再考慮做其他事。」

赤烏七年（二四四），陸遜接替顧雍擔任丞相，孫權下詔說：「朕沒什麼德行，承應天命登基，天下尚未統一，奸邪之徒充塞道路，朕日夜戰戰兢兢，顧不上休息。唯有您天資聰穎，美德顯著，擔任上將重職，幫助國家消除災禍。有蓋世之功者，應該受到特別大的恩寵，文韜武略者，理當擔負社稷重任。過去伊尹使商湯興盛，呂尚輔佐西周使其強大，如今朝廷內外大事，實際都由您兼任。現在任命您為丞相，派使持節守太常傅常授予您印章綬帶。您要發揚高尚的美德，建立優秀的功業，恭敬地服從王命，安撫平定四方。嗚呼！總管三公職事，訓導群臣百官，能不嚴肅謹慎嗎？您自勉吧！原來擔任的荊州牧、右都護兼武昌留守等職位仍舊。」

原先，太子與魯王兩宮並立，朝廷內外的官職，大多派子弟擔任。全琮將這個情況報告陸遜，陸遜認為這些子弟如果有才幹，不愁得不到任用，但不能私自托請求得功名利祿；如果沒有才能，給他們功名職位只會招惹禍患。而且聽說兩宮勢均力敵，這些子弟必定投靠一邊，這是古人最為忌諱的事。全琮的兒子全寄，果然奉承依附魯王，輕率地與魯王結交。陸遜寫信給全琮說：「您不效法金日，而庇護您的兒子阿寄，最終會給您的家族招來禍患。」全琮沒有接受陸遜的規勸，反而與陸遜結怨。等到傳出太子孫和地位不穩的議論，陸遜上疏陳述說：「太子身為正統，地位應穩如磐石。魯王為藩臣，應當在恩寵與地位上與太子有所差別，這樣他們各得其所，上下才得以安寧。臣謹向陛下叩首流血稟報。」陸遜多次上書，並請求前往京城，想親口向孫權闡明嫡庶之分的道理，以匡正得失。孫權不聽從他的意見，而陸遜的外甥顧譚、顧承、姚信，都因為親附太子，無辜地遭到流放。太子太傅吾粲因多次與陸遜有書信往來而獲罪，關進大牢致死。孫權多次派宮中使者前去斥責陸遜，陸遜悲憤痛恨而死，時年六十三歲，死時家無餘財。

當初，暨豔大造興建府第的輿論，陸遜規勸告誡他，認為這樣必定會招禍。陸遜又對諸葛恪說：「在我之前的人，我一定事奉他與我一道升遷；在我之後的人，我則幫助扶持他。現在看您氣勢侵凌上級，心裡蔑視下屬，這不是穩固自己的德行。」又有廣陵人楊竺，年輕時就博得名聲，而陸遜認為他最終會敗亡，勸楊竺的哥哥楊穆與其分開生活。他就是這樣有先見之明。陸遜的長子陸延早逝，次子陸抗繼承了他的爵位。孫休在位時，追贈陸遜謚號昭侯。

*

陸抗字幼節，是孫策的外孫。陸遜去世時，陸抗二十歲，被任命為建武校尉，率領陸遜的五千人馬，護送父親靈柩東歸，進京向孫權謝恩。孫權以楊竺控告陸遜的二十件事責問陸抗，禁止他會見賓客，派宮中使者上門盤詰，陸抗毫無猶豫，事事都做出有條理的辯答，孫權心中的不滿漸漸化解。赤烏九年（二四六），陸抗被提拔為立節中郎將，與諸葛恪交換駐防柴桑。陸抗臨走時，將城牆全部修整好，房屋也做了修繕，房前屋後的桑樹果樹，不許隨意損壞。諸葛恪進入駐地，儼然如同新的一般。而諸葛恪柴桑原先的兵營，卻有不少損壞，諸葛恪因此深感慚愧。太元元年（二五一），陸抗到京城治病。康復後要回去，孫權流著淚與他作別，說：「我過去聽信讒言，對你父親在君臣大義上不厚道，因此也虧欠了你。我前後責問的文書，用一把火燒了，不要讓人見到。」建興元年（二五二），陸抗被任命為奮威將軍。太平二年（二五七），魏將諸葛誕獻出壽春城降吳，陸抗被任命為柴桑督，趕赴壽春，打敗魏國牙門將偏將軍，被升任為征北將軍。永安二年（二五九），陸抗又被任命為鎮軍將軍，都督西陵，負責自關羽瀨至白帝城的軍事。永安三年（二六〇），被授予符節。孫皓即位，加授陸抗鎮軍大將軍，兼任益州牧。建衡二年（二七〇），大司馬施績去世，任命陸抗都督信陵、西陵、夷道、樂鄉、公安各地軍事，治所設在樂鄉。

陸抗聽說朝廷政令多有失誤，深感憂慮，於是上疏說：「臣聽說兩國君主德行相等，民眾多的國家勝過民眾少的國家；兩國國力相等，國內安定的國家勝過國內動蕩的國家，這大概是六國被強秦兼並，西楚項羽被漢高祖打敗的原因吧。如今魏國霸占天下，並非只有關右之地；割據九州，豈止鴻溝以西的土地。我國外無盟國可援，內不像西楚那樣強大，朝政衰敗，百姓不得安定，而議論國事者所仰仗的，僅僅是大江高山和我國的疆域，這不過是保全國家最不重要的因素，不是明智之人首要考慮的。臣常常追憶戰國時各國存亡的跡象，近觀劉氏漢朝覆滅的征兆，考證典籍，應驗實事，深夜撫枕不能入睡，面對飯菜忘記進食。從前匈奴未滅，霍去病推辭漢武帝為他建造的府第；漢朝治國之道沒有完美，賈誼為之悲哀哭泣。況且我身為王室後裔，世代蒙受榮耀恩寵，個人身名安危，與國家休戚相關，生死離合，自然不能得過且過，因此早晚憂慮，想到這些就悲傷痛惜。事奉君主之義在於犯顏直諫而不欺瞞，為臣的節操在於不卑躬屈膝而能殉節，因此鄭重地向您陳述當今急迫要辦的十七條如下。」十七條原文已缺失，故不作記載。

當時何定玩弄權柄，宦官干預朝政，陸抗上疏說：「臣聽說創建國家繼承家業，不用小人。不聽小人讒言，不用奸邪之人，《堯典》就有告誡，詩人為此寫詩怨刺，仲尼為此而嘆息。春秋以來，直到秦漢，朝代滅亡之徵兆，沒有不是由此引起的。小人不明治國之道理，見識淺陋，即使他們竭盡心力保全名節，也不能勝任，何況他們向來藏有奸邪之心，愛憎情感變化無常！如果害怕失去他們，此類人便無所不至。如今對他們委以重任，借助他們以專制權威，還希望出現和樂的盛世之音，清明純正的社會風氣，這是決不可能的。如今任職的官吏，特別有才幹者雖少，但他們或是王室貴族的後裔，自小受到道德教化的浸染，或是出身貧寒而自我奮鬥者，其資質才能值得任用，自然可以根據其才幹授予官職，以此抑制、斥退小人，然後社會風氣才可純淨，朝中政務不致玷污。」

鳳凰元年（二七二），西陵督步闡占據城池叛亂，派人前往晉國投降。陸抗聽說之後，一日之內就部署各軍，命令將軍左奕、吾彥、蔡貢等直接趕赴西陵，命令各軍營加固防備，從赤溪到故市，對內圍攻步闡，對外防禦晉軍，日夜催促，如同敵軍已經到來，全軍將士都很困苦。諸將都勸諫陸抗說：「現在以三軍精銳之師，應急攻步闡，趕在晉軍救援之前，步闡一定能攻克。何必辛苦修築圍牆，讓士兵和百姓勞累呢？」陸抗說：「這座城池城牆險要堅固，城內糧草充足，而且所修築的防禦工事和器械，都是我之前詳細規劃安排的。現在我們反過來攻打，既不能很快攻克，而北方的救兵必定會趕到，晉軍抵達而我們沒有防備，則裡外受敵，怎麼去抵禦呢？」諸將都急著想攻打步闡，陸抗都不答應。宜都太守雷譚言辭極為懇切，陸抗為了讓眾將信服，聽任他們試著攻打一次。進攻果然沒能得手，而圍困戰線得以完成。晉國車騎將軍羊祜率軍前往江陵，諸將都認為陸抗不宜率軍西上，陸抗說：「江陵城池堅固兵力充足，沒什麼可擔心的。即使敵人攻占了江陵，也一定守不住，我們所受損失很小。如果讓西陵叛軍與晉軍聯結起來，則南山各少數民族部落都將受到騷擾而動蕩，那我該憂慮的事就說不完了。我寧願捨棄江陵而奔赴西陵，何況江陵十分牢固！」當初，江陵地勢平坦開闊，交通便利，陸抗令江陵督張咸修築一道大堰攔水，浸沒平原中心，以阻止敵人入侵與內部叛亂。羊祜想利用大堰蓄積的水域，駛船運糧，並揚言要毀掉大堰讓步兵通行。陸抗聽說後，讓張咸當即毀掉大堰。眾將領皆迷惑不解，多次勸諫，陸抗都不聽從。羊祜到達當陽，聽說大堰已毀，便改船運為車運，耗費了大量的時間和精力。晉國巴東監軍徐胤率水軍前往建平，荊州刺史楊肇到西陵。陸抗令張咸固守江陵，公安督孫遵巡視長江南岸以防御羊祜，水軍督留慮、鎮西將軍朱琬抵禦徐胤，陸抗親自統率三軍，憑借包圍工事對抗楊肇。吳將朱喬、營都督俞贊叛逃投降楊肇。陸抗說：「俞贊是我軍中老吏，是知道我方虛實底細的人，我常擔心少數民族的武裝不精銳，如果敵人圍攻，必定先從他們防守處下手。」當夜就撤下少數民族武裝，全部換上吳軍老將。第二天，楊肇果然進攻原先少數民族的防守處，陸抗下令換上的吳軍反擊，一時箭石如雨，楊肇人馬死傷累累。楊肇到達西陵一個多月，無計可施而連夜逃走。陸抗也想追擊，但顧忌步闡積蓄全力而攻擊吳軍要害之處，以至於鑽了空子，而吳軍兵力不夠分配，於是讓將士只是擊鼓，做出要追擊的樣子。楊肇的軍隊非常驚恐，都拋盔棄甲爭相逃命。陸抗派輕裝將士隨後追趕，楊肇被打得大敗，羊祜等都率軍撤走。陸抗於是攻克了西陵城，誅殺叛將步闡家族及部下主要將領，自此以下，請求赦免的人有好幾萬。陸抗整修西陵城牆，然後返回樂鄉，臉上毫無驕矜之色，還像平時那樣謙遜，因此深得將士擁戴。

陸抗被加授都護。聽說武昌左部督薛瑩被治罪下獄，陸抗上疏說：「德才兼備者，是國家的瑰寶，社稷的財富，各種政務有了他們才有條理秩序，四方才得以祥和太平。已故大司農樓玄、散騎中常侍王蕃、少府李勖，都是當代優秀傑出人才，一時的顯赫之士，他們起初蒙受陛下恩寵，從容擔任官職，而後來不久即被誅殺，或者被滅族絕嗣，或者被流放蠻荒之地。《周禮》上有赦免賢人之刑法，《春秋》裡有寬恕善人的義理。《尚書》上說：『與其殺害無辜，寧可違犯成法。』王蕃等罪名尚未被確定，就被處以死罪，他們心懷忠義，卻身遭極刑，豈不令人痛惜！而且受刑死去，本來就沒了知覺，竟然還要將其焚屍揚灰拋入流水中，或陳屍於水邊，這恐怕不是先王之正典，或許是當初甫侯立法時所要戒免的。因此百姓哀嘆，士民同悲。王蕃、李勖已死，後悔已來不及，我誠懇地希望陛下赦免樓玄出獄。而最近聽說薛瑩又遭逮捕。薛瑩的父親薛綜曾為先帝獻策，輔佐過文皇帝，到薛瑩繼承父業時，更注意品行修養，如今受牽連獲罪，實屬可以寬恕之罪。臣擔心主管的官吏不知詳情，如再將他殺害，更加讓天下人失望，乞求陛下施恩，原諒赦免薛瑩的罪過，哀憐眾犯，清澄法綱，則是天下的大幸事。」

當時軍隊頻繁出征，百姓疲憊不堪，陸抗上疏說：「臣聽說《周易》重視順應時勢，《左傳》贊美伺機而動，所以夏桀罪孽很多，商湯才出師討伐，商紂荒淫暴虐，周武王才授鉞出征。如果時機不到，商湯寧肯被囚禁於玉台憂傷思慮，周武王寧願從孟津撤軍，而不輕舉妄動。如今我們不致力於富國強兵，大力發展農耕，廣積糧食，讓文武百官的才能得以施展，百官衙門公署沒有玩忽職守，黜陟分明以激勵各級官吏，刑罰得當以明示獎勵禁止，以道德教育官吏，用仁義安撫百姓，然後順應天命抓住時機，席捲天下。如果聽任諸將捨身求名，窮兵黷武，動輒耗費數以萬計的財富，使士卒困頓疲憊，敵人沒有因此衰敗，而我們卻已衰弱到了極點！如今要去爭帝王的資格，而被小利遮障雙眼，這是臣子的奸惡，不是為國家考慮的良策。過去齊、魯兩國交戰三次，魯國勝了兩次卻很快就滅亡了，這是為什麼呢？因為兩國大小強弱有差異。何況如今用兵征戰所獲得的戰果，不能補償所遭受的損失。況且依仗武力而沒有民眾支持，這是古代已有的明鑑，實在應暫停出兵征戰的計劃，以積蓄軍民的力量，靜待時機，就不會有悔恨的事發生。」

鳳凰二年（二七三）春，朝廷遣使赴陸抗駐地授予其大司馬、荊州牧之職。三年（二七四）夏，陸抗患病，上疏說：「西陵、建平，是我國邊防之屏障，處於下游，受到兩方威脅。如果敵人乘船順江而下，舟船千里，星奔電馳，轉眼即至，無法依靠別處援軍來解救危難。這是國家安危的關鍵，不是邊境被侵擾的小患。臣的父親陸遜當初在西部邊界上書闡明意見，認為西陵是我國的西大門，雖說容易防守，也容易丟失。如果西陵失守，不只是丟失一郡，連整個荊州也將不屬於吳國了。如果西陵有不測，應當傾盡全國兵力前去爭奪。臣過去駐守西陵，得以遵行父親的做法。過去請求以三萬精兵鎮守，而主管官員按照常規，不肯派出那麼多兵力。自步闡事件後，兵力更加消耗。如今臣所統轄的千里之地，四處受敵，對外要抵禦強敵，對內要鎮撫各少數民族部族，而手下現有兵員軍資僅數萬之數，羸弱疲困的狀況由來已久，很難應付突發事變。臣愚以為諸位王子都還年幼，尚未管理過國事，可暫且設置傅相，輔助教導他們成為賢能之士，不應動用兵馬，以妨礙國家應該急切辦理的事務。另外黃門內宦官，私自設立招募的制度，兵民怨憤服役，紛紛逃到宦官門下。請求特詔精簡考選，一切重新根據需要來安排，以補充前方常常受敵侵擾之處的軍隊，使我所統轄的部隊能補足八萬，節簡政務，賞罰有信，那麼即便韓信、白起復生，也無法施展他們的巧計。如果兵員不增強，宮中制度不改變，而想成就大事，這是臣深為憂慮的。如果我死了，請求陛下以西部邊境為重。希望陛下考慮我的意見，那麼死而不朽。」

當年秋天，陸抗去世，其子陸晏繼承爵位。陸晏及其弟弟陸景、陸玄、陸機、陸雲，分別帶領陸抗的部隊。陸晏為裨將軍、夷道監。天紀四年（二八〇），晉軍攻打吳國，龍驤將軍王濬順江東下，所到之處攻無不克，結果正如陸抗當初所預料的。陸景字士仁，因娶了公主而被任命為騎都尉，封毗陵侯，帶領陸抗的軍隊後，被任為偏將軍、中夏督。他修身好學，著書幾十篇。二月五日，陸晏為王濬的分支部隊所殺。二月六日，陸景也被殺，時年三十一歲。陸景的妻子是孫皓的親妹妹，與陸景都是張承的外孫。

【原文】

陸遜字伯言，吳郡吳人也。本名議，世江東大族。遜少孤，隨從祖廬江太守康在官。袁術與康有隙，將攻康，康遣遜及親戚還吳。遜年長於康子績數歲，為之綱紀門戶。

孫權為將軍，遜年二十一，始仕幕府，歷東西曹令史，出為海昌屯田都尉，並領縣事。縣連年亢旱，遜開倉谷以振貧民，勸督農桑，百姓蒙賴。時吳、會稽、丹楊多有伏匿，遜陳便宜，乞與募焉。會稽山賊大帥潘臨，舊為所在毒害，歷年不禽。遜以手下召兵，討治深險，所向皆服，部曲已有二千餘人。鄱陽賊帥尤突作亂，復往討之，拜定威校尉，軍屯利浦。

權以兄策女配遜，數訪世務。遜建議曰：「方今英雄棋跱，豺狼窺望，克敵寧亂，非眾不濟。而山寇舊惡，依阻深地。夫腹心未平，難以圖遠，可大部伍，取其精銳。」權納其策，以為帳下右部督。會丹楊賊帥費棧受曹公印綬，扇動山越，為作內應，權遣遜討棧。棧支黨多而往兵少，遜乃益施牙幢，分布鼓角，夜潛山谷間，鼓譟而前，應時破散。遂部伍東三郡，強者為兵，羸者補戶，得精卒數萬人，宿惡蕩除，所過肅清，還屯蕪湖。

會稽太守淳于式表遜枉取民人，愁擾所在。遜後詣都，言次，稱式佳吏。權曰：「式白君而君薦之，何也？」遜對曰：「式意欲養民，是以白遜。若遜復毀式以亂聖聽，不可長也。」權曰：「此誠長者之事，顧人不能為耳。」

呂蒙稱疾詣建業，遜往見之，謂曰：「關羽接境，如何遠下，後不當可憂也？」蒙曰：

「誠如來言，然我病篤。」遜曰：「羽矜其驍氣，陵轢於人。始有大功，意驕志逸，但務北進，未嫌於我，有相聞病，必益無備。今出其不意，自可禽制。下見至尊，宜好為計。」蒙曰：「羽素勇猛，既難為敵，且已據荊州，恩信大行，兼始有功，膽勢益盛，未易圖也。」蒙至都，權問：「誰可代卿者？」蒙對曰：「陸遜意思深長，才堪負重，觀其規慮，終可大任。而未有遠名，非羽所忌，無復是過。若用之，當令外自韜隱，內察形便，然後可克。」權乃召遜，拜偏將軍右部督代蒙。

遜至陸口，書與羽曰：「前承觀釁而動，以律行師，小舉大克，一何巍巍！敵國敗績，利在同盟，聞慶拊節，想遂席捲，共獎王綱。近以不敏，受任來西，延慕光塵，思稟良規。」又曰：「于禁等見獲，遐邇欣嘆，以為將軍之勳足以長世，雖昔晉文城濮之師，淮陰拔趙之略，蔑以尚茲。聞徐晃等少騎駐旌，窺望麾葆。操猾虜也，忿不思難，恐潛增眾，以逞其心。雖云師老，猶有驍悍。且戰捷之後，常苦輕敵，古人杖術，軍勝彌警，願將軍廣為方計，以全獨克。僕書生疏遲，忝所不堪。喜鄰威德，樂自傾盡。雖未合策，猶可懷也。倘明注仰，有以察之。」羽覽遜書，有謙下自托之意，意大安，無復所嫌。遜具啟形狀，陳其可禽之要。權乃潛軍而上，使遜與呂蒙為前部，至即克公安、南郡。遜徑進，領宜都太守，拜撫邊將軍，封華亭侯。備宜都太守樊友委郡走，諸城長吏及蠻夷君長皆降。遜請金銀銅印，以假授初附。是歲建安二十四年十一月也。

遜遣將軍李異、謝旌等將三千人，攻蜀將詹晏、陳鳳。異將水軍，旌將步兵，斷絕險要，即破晏等，生降得鳳。又攻房陵太守鄧輔、南鄉太守郭睦，大破之。秭歸大姓文布、鄧凱等合夷兵數千人，首尾西方。遜復部旌討破布、凱。布、凱脫走，蜀以為將。遜令人誘之，布帥眾還降。前後斬獲招納，凡數萬計。權以遜為右護軍、鎮西將軍，進封婁侯。

時荊州士人新還，仕進或未得所，遜上疏曰：「昔漢高受命，招延英異，光武中興，群俊畢至，茍可以熙隆道教者，未必遠近。今荊州始定，人物未達，臣愚，乞普加覆載抽拔之恩，令並獲自進，然後四海延頸，思歸大化。」權敬納其言。

黄武元年，劉備率大眾來向西界，權命遜為大都督、假節，督朱然、潘璋、宋謙、韓當、徐盛、鮮于丹、孫桓等五萬人拒之。備從巫峽、建平連圍至夷陵界，立數十屯，以金錦爵賞誘動諸夷，使將軍馮習為大督，張南為前部，輔匡、趙融、廖淳、傅彤等各為別督，先遣吳班將數千人於平地立營，欲以挑戰。諸將皆欲擊之，遜曰：「此必有譎，且觀之。」備知其計不可，乃引伏兵八千，從谷中出。遜曰：「所以不聽諸君擊班者，揣之必有巧故也。」遜上疏曰：「夷陵要害，國之關限，雖為易得，亦復易失。失之非徒損一郡之地，荊州可憂。今日爭之，當令必諧。備干天常，不守窟穴，而敢自送。臣雖不材，憑奉威靈，以順討逆，破壞在近。尋備前後行軍，多敗少成。推此論之，不足為戚。臣初嫌之，水陸俱進，今反捨船就步，處處結營，察其布置，必無他變。伏願至尊高枕，不以為念也。」諸將並曰：「攻備當在初，今乃令入五六百里，相銜持經七八月，其諸要害皆以固守，擊之必無利矣。」遜曰：「備是猾虜，更嘗事多，其軍始集，思慮精專，未可幹也。今住已久，不得我便，兵疲意沮，計不復生，掎角此寇，正在今日。」乃先攻一營，不利。諸將皆曰：「空殺兵耳。」遜曰：「吾已曉破之之術。」乃敕各持一把茅，以火攻拔之。一爾勢成，通率諸軍同時俱攻，斬張南、馮習及胡王沙摩柯等首，破其四十餘營。備將杜路、劉寧等窮逼請降。備升馬鞍山，陳兵自繞。遜督促諸軍四面蹙之，土崩瓦解，死者萬數。備因夜遁，驛人自擔燒鐃鎧斷後，僅得入白帝城。其舟船器械，水步軍資，一時略盡，屍骸漂流，塞江而下。備大慚恚，曰：「吾乃為遜所折辱，豈非天邪！」

初，孫桓別討備前鋒於夷道，為備所圍，求救於遜。遜曰：「未可。」諸將曰：「孫安東公族，見圍已困，奈何不救？」遜曰：「安東得士眾心，城牢糧足，無可憂也。待吾計展，欲不救安東，安東自解。」及方略大施，備果奔潰。桓後見遜曰：「前實怨不見救，定至今日，乃知調度自有方耳。」

當禦備時，諸將軍或是孫策時舊將，或公室貴戚，各自矜恃，不相聽從。遜案劍曰：「劉備天下知名，曹操所憚，今在境界，此強對也。諸君並荷國恩，當相輯睦，共剪此虜，上報所受，而不相順，非所謂也。僕雖書生，受命主上。國家所以屈諸君使相承望者，以僕有尺寸可稱，能忍辱負重故也。各任其事，豈復得辭！軍令有常，不可犯矣。」及至破備，計多出遜，諸將乃服。權聞之，曰：「君何以初不啟諸將違節度者邪？」遜對曰：「受恩深重，任過其才。又此諸將或任腹心，或堪爪牙，或是功臣，皆國家所當與共克定大事者。臣雖駑懦，竊慕相如、寇恂相下之義，以濟國事。」權大笑稱善，加拜遜輔國將軍，領荊州牧，即改封江陵侯。

又備既住白帝，徐盛、潘璋、宋謙等各競表言備必可禽，乞復攻之。權以問遜，遜與朱然、駱統以為曹丕大合士眾。外托助國討備，內實有奸心，謹決計輒還。無幾，魏軍果出，三方受敵也。

備尋病亡，子禪襲位，諸葛亮秉政，與權連和。時事所宜，權輒令遜語亮，並刻權印，以置遜所。權每與禪、亮書，常過示遜，輕重可否，有所不安，便令改定，以印封行之。

七年，權使鄱陽太守周魴譎魏大司馬曹休。休果舉眾入皖，乃召遜假黃鉞，為大都督，逆休。休既覺知，恥見欺誘，自恃兵馬精多，遂交戰。遜自為中部，令朱桓、全琮為左右翼，三道俱進，果衝休伏兵，因驅走之，追亡逐北，徑至夾石，斬獲萬餘，牛馬騾驢車乘萬兩，軍資器械略盡。休還，疽發背死。諸軍振旅過武昌，權令左右以御蓋覆遜，入出殿門。凡所賜遜，皆御物上珍，於時莫與為比。遣還西陵。

黃龍元年，拜上大將軍、右都護。是歲，權東巡建業，留太子，皇子及尚書九官，征遜輔太子，並掌荊州及豫章三郡事，董督軍國。時建昌侯慮於堂前作斗鴨欄，頗施小巧。遜正色曰：「君侯宜勤覽經典以自新益，用此何為？」慮即時毀徹之。射聲校尉松於公子中最親，戲兵不整，遜對之髡其職吏。南陽謝景善劉廙先刑後禮之論，遜呵景曰：「禮之長於刑久矣，廙以細辯而詭先聖之教，皆非也。君今侍東宮，宜遵仁義以彰德音，若彼之談，不須講也。」

遜雖身在外，乃心於國。上疏陳時事曰：「臣以為科法嚴峻，下犯者多。頃年以來，將吏罹罪，雖不慎可責，然天下未一，當圖進取，小宜恩貸，以安下情。且世務日興，良能為先，自非奸穢入身，難忍之過，乞復顯用，展其力效。此乃聖王忘過記功，以成王業。昔漢高捨陳平之愆，用其奇略，終建勳祚，功垂千載。夫峻法嚴刑，非帝王之隆業；有罰無恕，非懷遠之弘規也。」

權欲遣偏師取夷州及朱崖，皆以咨遜，遜上疏曰：「臣愚以為四海未定，當須民力，以濟時務。今兵興歷年，見眾損減，陛下憂勞聖慮，忘寢與食，將遠規夷州，以定大事，臣反復思惟。未見其利，萬里襲取，風波難測，民易水土，必致疾疫，今驅見眾，經涉不毛，欲益更損，欲利反害。又珠崖絕險，民猶禽獸，得其民不足濟事，無其兵不足虧眾。今江東見眾，自足圖事，但當畜力而後動耳。昔桓王創基，兵不一旅，而開大業。陛下承運，拓定江表。臣聞治亂討逆，須兵為威，農桑衣食，民之本業，而干戈未戢，民有飢寒。臣愚以為宜育養士民，寬其租賦，眾克在和，義以勸勇，則河渭可平，九有一統矣。」權遂征夷州，得不補失。

及公孫淵背盟，權欲往征，遜上疏曰：「淵憑險恃固，拘留大使，名馬不獻，實可仇忿。蠻夷猾夏，未染王化，鳥竄荒裔，拒逆王師，至令陛下爰赫斯怒，欲勞萬乘泛輕越海，不慮其危而涉不測。方今天下雲擾，群雄虎爭，英豪踴躍，張聲大視。陛下以神武之姿，誕膺期運，破操烏林，敗備西陵，禽羽荊州，斯三虜者當世雄傑。皆摧其鋒。聖化所綏，萬里草偃，方蕩平華夏，總一大猷。今不忍小忿，而發雷霆之怒，違垂堂之戒，輕萬乘之重，此臣之所惑也。臣聞志行萬里者，不中道而輟足；圖四海者，匪懷細以害大。強寇在境，荒服未庭，陛下乘桴遠征，必致窺，戚至而憂，悔之無及。若使大事時捷，則淵不討自服；今乃遠惜遼東眾之與馬，奈何獨欲捐江東萬安之本業而不惜乎？乞息六師，以威大虜，早定中夏，垂耀將來。」權用納焉。

嘉禾五年，權北征，使遜與諸葛瑾攻襄陽。遜遣親人韓扁齎表奉報，還，遇敵於沔中，鈔邏得扁。瑾聞之甚懼，書與遜雲：「大駕已旋，賊得韓扁，具知吾闊狹。且水乾，宜當急去。」遜未答，方催人種葑豆，與諸將弈棋射戲如常。瑾曰：「伯言多智略，其當有以。」自來見遜，遜曰：「賊知大駕以旋，無所復慼，得專力於吾。又已守要害之處，兵將意動，且當自定以安之，施設變術，然後出耳。今便示退，賊當謂吾怖，仍來相蹙，必敗之勢也。」乃密與瑾立計，令瑾督舟船，遜悉上兵馬，以向襄陽城。敵素憚遜，遽還赴城。瑾便引船出，遜徐整部伍，張拓聲勢，步趨船，敵不敢干。軍到白圍，托言住獵，潛遣將軍周峻、張梁等擊江夏新市、安陸、石陽，石陽市盛，峻等奄至，人皆捐物入城。城門噎不得關，敵乃自斫殺己民，然後得闔。斬首獲生，凡千餘人。其所生得，皆加營護，不令兵士干擾侵侮。將家屬來者，使就料視。若亡其妻子者，即給衣糧，厚加慰勞，發遣令還，或有感慕相攜而歸者。鄰境懷之，江夏功曹趙濯、弋陽備將裴生及夷王梅頤等，並帥支黨來附遜。遜傾財帛，周贍經恤。

又魏江夏太守逯式兼領兵馬，頗作邊害，而與北舊將文聘子休宿不協。遜聞其然，即假作答式書雲：「得報懇惻，知與休久結嫌隙，勢不兩存，欲來歸附，輒以密呈來書表聞，撰眾相迎。宜潛速嚴，更示定期。」以書置界上，式兵得書以見式，式惶懼，遂自送妻子還洛。由是吏士不復親附，遂以免罷。

六年，中郎將周祗乞於鄱陽召募，事下問遜。遜以為此郡民易動難安，不可與召，恐致賊寇。而祗固陳取之，郡民吳遽等果作賊殺祗，攻沒諸縣。豫章、廬陵宿惡民，並應遽為寇。遜自聞，輒討即破，遽等相率降，遜料得精兵八千餘人，三郡平。

時中書典校呂壹，竊弄權柄，擅作威福，遜與太常潘濬同心憂之，言至流涕。後權誅壹，深以自責，語在權傳。

時謝淵、謝　等各陳便宜，欲興利改作，以事下遜。遜議曰：「國以民為本，強由民力，財由民出。夫民殷國弱，民瘠國強者，未之有也。故為國者，得民則治，失之則亂，若不受利，而令盡用立效，亦為難也。是以《詩》嘆『宜民宜人，受祿於天』。乞垂聖恩，寧濟百姓，數年之間，國用少豐，然後更圖。」

赤烏七年，代顧雍為丞相，詔曰：「朕以不德，應期踐運，王塗未一，奸宄充路，夙夜戰懼，不遑鑑寐。惟君天資聰睿，明德顯融，統任上將，匡國彌難。夫有超世之功者，必應光大之寵；懷文武之才者，必荷社稷之重。昔伊尹隆湯，呂尚翼周，內外之任，君實兼之。今以君為丞相，使使持節守太常傅常授印綬。君其茂昭明德，修乃懿績，敬服王命，綏靖四方。於乎！總司三事，以訓群寮，可不敬與，君其勖之！其州牧都護領武昌事如故。」

先是，二宮並闕，中外職司，多遣子弟給侍。全琮報遜，遜以為子弟苟有才，不憂不用，不宜私出以要榮利。若其不佳，終為取禍。且聞二宮勢敵，必有彼此，此古人之厚忌也。琮子寄，果阿附魯王，輕為交構。遜書與琮曰：「卿不師日，而宿留阿寄，終為足下門戶致禍矣。」琮既不納，更以致隙。及太子有不安之議，遜上疏陳：「太子正統，宜有磐石之固，魯王藩臣，當使寵秩有差，彼此得所，上下獲安。謹叩頭流血以聞。」書三四上，及求詣都，欲口論適庶之分，以匡得失。既不聽許，而遜外生顧譚、顧承、姚信，並以親附太子，枉見流徙。太子太傅吾粲坐數與遜交書，下獄死。權累遣中使責讓遜，遜憤恚致卒，時年六十三，家無餘財。

初，曁豔造營府之論，遜諫戒之，以為必禍。又謂諸葛恪曰：「在我前者，吾必奉之同升；在我下者，則扶持之。今觀君氣陵其上，意蔑乎下，非安德之基也。」又廣陵楊竺少獲聲名，而遜謂之終敗，勸竺兄穆令與別族。其先睹如此。長子延早夭，次子抗襲爵。孫休時，追謚遜曰昭侯。

*

抗字幼節，孫策外孫也。遜卒時，年二十，拜建武校尉，領遜眾五千人，送葬東還，詣都謝恩。孫權以楊竺所白遜二十事問抗，禁絕賓客，中使臨詰，抗無所顧問，事事條答，權意漸解。赤烏九年，遷立節中郎將，與諸葛恪換屯柴桑。抗臨去，皆更繕完城圍，葺其牆屋，居廬桑果，不得妄敗。恪入屯，儼然若新。而恪柴桑故屯，頗有毀壞，深以為慚。太元元年，就都治病。病差當還，權涕泣與別，謂曰：「吾前聽用讒言，與汝父大義不篤，以此負汝。前後所問，一焚滅之，莫令人見也。」建興元年，拜奮威將軍。太平二年，魏將諸葛誕舉壽春降，拜抗為柴桑督，赴壽春，破魏牙門將偏將軍，遷征北將軍。永安二年，拜鎮軍將軍，都督西陵，自關羽至白帝。三年，假節。孫皓即位，加鎮軍大將軍，領益州牧。建衡二年，大司馬施績卒，拜抗都督信陵、西陵、夷道、樂鄉、公安諸軍事，治樂鄉。

抗聞都下政令多闕，憂深慮遠，乃上疏曰：「臣聞德均則眾者勝寡，力侔則安者制危，蓋六國所以兼並於強秦，西楚所以北面於漢高也。今敵跨制九服，非徒關右之地。割據九州，豈但鴻溝以西而已。國家外無連國之援，內非西楚之強，庶政陵遲，黎民未乂，而議者所恃，徒以長川峻山，限帶封域，此乃守國之末事，非智者之所先也。臣每遠惟戰國存亡之符，近覽劉氏傾覆之釁，考之曲籍，驗之行事，中夜撫枕，臨餐忘食。昔匈奴未滅，去病辭館；漢道未純，賈生哀泣。況臣王室之出，世荷光寵，身名否泰，與國同戚，死生契闊，義無苟且，夙夜憂怛，念至情慘。夫事君之義犯而勿欺，人臣之節匪躬是殉，謹陳時宜十七條如左。」十七條失本，故不載。

時何定弄權，閹官預政。抗上疏曰：「臣聞開國承家，小人勿用，靖譖庸回，唐書攸戒，是以雅人所以怨刺，仲尼所以嘆息也。春秋已來，爰及秦、漢，傾覆之釁，未有不由斯者也。小人不明理道，所見既淺，雖使竭情盡節，猶不足任，況其奸心素篤，而憎愛移易哉？苟患失之，無所不至。今委以聰明之任，假以專制之威，而冀雍熙之聲作，肅清之化立，不可得也。方今見吏，殊才雖少，然或冠冕之胄，少漸道教，或清苦自立，資能足用，自可隨才授職，抑黜群小，然後俗化可清，庶政無穢也。」

鳳凰元年，西陵督步闡據城以叛，遣使降晉。抗聞之，日部分諸軍，令將軍左奕、吾彥、蔡貢等徑赴西陵，敕軍營更築嚴圍，自赤溪至故市，內以圍闡，外以禦寇，晝夜催切，如敵以至，眾甚苦之。諸將咸諫曰：「今及三軍之銳，亟以攻闡，比晉救至，闡必可拔。何事於圍，而以弊士民之力乎？」抗曰：「此城處勢既固，糧谷又足，且所繕修備禦之具，皆抗所宿規。今反身攻之，既非可卒克，且北救必至，至而無備，表裡受難，何以禦之？」諸將咸欲攻闡，抗每不許。宜都太守雷譚言至懇切，抗欲服眾，聽令一攻。攻果無利，圍備始合。晉車騎將軍羊祜率師向江陵，諸將咸以抗不宜上，抗曰：「江陵城固兵足，無所憂患。假令敵沒江陵，必不能守，所損者小。如使西陵盤結，則南山群夷皆當擾動，則所憂慮，難可竟言也。吾寧棄江陵而赴西陵，況江陵牢固乎？」初，江陵平衍，道路通利，抗敕江陵督張咸作大堰遏水，漸漬平中，以絕寇叛。祜欲因所遏水，浮船運糧，揚聲將破堰以通步軍。抗聞，使咸亟破之。諸將皆惑，屢諫不聽。祜至當陽，聞堰敗，乃改船以車運，大費損功力。晉巴東監軍徐胤率水軍詣建平，荊州刺史楊肇至西陵。抗令張咸固守其城；公安督孫遵巡南岸禦祜；水軍督留慮、鎮西將軍朱琬拒胤。身率三軍，憑圍對肇。將軍朱喬、營都督俞贊亡詣肇。抗曰：「贊軍中舊吏，知吾虛實者，吾常慮夷兵素不簡練，若敵攻圍，必先此處。」即夜易夷民，皆以舊將充之。明日，肇果攻故夷兵處，抗命旋軍擊之，矢石雨下，肇眾傷死者相屬。肇至經月，計屈夜遁。抗欲追之，而慮闡畜力項領，伺視間隙，兵不足分，於是但鳴鼓戒眾，若將追者。肇眾凶懼，悉解甲挺走，抗使輕兵躡之，肇大破敗，祜等皆引軍還。抗遂陷西陵城，誅夷闡族及其大將吏，自此以下，所請赦者數萬口。修治城圍，東還樂鄉，貌無矜色，謙沖如常，故得將士歡心。

加拜都護。聞武昌左部督薛瑩征下獄，抗上疏曰：「夫俊乂者，國家之良寶，社稷之貴資，庶政所以倫敘，四門所以穆清也。故大司農樓玄、散騎中常侍王蕃、少府李勖，皆當世秀穎，一時顯器，既蒙初寵，從容列位，而並旋受誅殛，或圮族替祀，或投棄荒裔。蓋《周禮》有赦賢之辟，《春秋》有宥善之義。《書》曰：『與其殺不辜，寧失不經。』而蕃等罪名未定，大辟以加，心經忠義，身被極刑，豈不痛哉！且已死之刑，固無所識，至乃焚爍流漂，棄之水濱，懼非先王之正典，或甫侯之所戒也。是以百姓哀聳，士民同戚，蕃、勖永已，悔亦靡及，誠望陛下赦召玄出，而頃聞薛瑩卒見逮錄。瑩父綜納言先帝，傅弼文皇，及瑩承基，內厲名行，今之所坐，罪在可宥。臣懼有司未詳其事，如復誅戮，益失民望，乞垂天恩，原赦瑩罪，哀矜庶獄，清澄刑網，則天下幸甚！」

時師旅仍動，百姓疲弊。抗上疏曰：「臣聞《易》貴隨時，《傳》美觀釁，故有夏多罪而殷湯用師，紂作淫虐而周武授鉞。苟無其時，玉台有憂傷之慮，孟津有反旆之軍。今不務富國強兵，力農畜谷，使文武之才效展其用，百揆之署無曠厥職。明黜陟以厲庶尹，審刑賞以示勸沮，訓諸司以德，而撫百姓以仁，然後順天乘運，席捲宇內，而聽諸將徇名，窮兵黷武，動費萬計，士卒雕瘁，寇不為衰，而我已大病矣！今爭帝王之資，而昧十百之利，此人臣之奸便，非國家之良策也。昔齊、魯三戰，魯人再克而亡不旋踵。何則？大小之勢異也。況今師所克獲，不補所喪哉？且阻兵無眾，古之明鑑，誠宜暫息進取小規，以畜士民之力，觀釁伺隙，庶無悔吝。」

二年春，就拜大司馬、荊州牧。三年夏，疾病，上疏曰：「西陵、建平，國之蕃表，既處下流，受敵二境。若敵泛舟順流，舳艫千里，星奔電邁，俄然行至，非可恃援他部以救倒縣也。此乃社稷安危之機，非徒封疆侵陵小害也。臣父遜昔在西垂陳言，以為西陵國之西門，雖雲易守，亦復易失。若有不守，非但失一郡，則荊州非吳有也。如其有虞，當傾國爭之。臣往在西陵，得涉遜跡，前乞精兵三萬，而（至）主者循常，未肯差赴。自步闡以後，益更損耗。今臣所統千里，受敵四處，外禦強對，內懷百蠻，而上下見兵財有數萬，羸弊日久，難以待變。臣愚以為諸王幼沖，未統國事，可且立傅相，輔導賢姿，無用兵馬，以妨要務。又黃門豎宦，開立占募，兵民怨役，逋逃入占。乞特詔簡閱，一切料出，以補疆場受敵常處，使臣所部足滿八萬，省息眾務，信其賞罰，雖韓、白復生，無所展巧。若兵不增，此制不改，而欲克諧大事，此臣之所深戚也。若臣死之後，乞以西方為屬。願陛下思覽臣言，則臣死且不朽。」

秋遂卒，子晏嗣。晏及弟景、玄、機、雲，分領抗兵。晏為裨將軍、夷道監。天紀四年，晉軍伐吳，龍驤將軍王濬順流東下，所至輒克，終如抗慮。景字士仁，以尚公主拜騎都尉，封毗陵侯，既領抗兵，拜偏將軍、中夏督，澡身好學，著書數十篇也。二月壬戌，晏為王濬別軍所殺。癸亥，景亦遇害，時年三十一。景妻，孫皓適妹，與景俱張承外孫也。

國家圖書館出版品預行編目資料

白話三國志／陳壽著；俞婉君譯，二版
-- 新北市：新潮社，2024.10
冊；　公分 --
ISBN 978-986-316-915-4（平裝）
1.CST：三國志　2.CST：注釋

622.301　　113011015

白話三國志
陳　壽／著
俞婉君／譯

【製　作】林郁、張明
【企　劃】天蠍座文創
【出　版】新潮社文化事業有限公司
電話：(02) 8666-5711
傳真：(02) 8666-5833
E-mail：service@xcsbook.com.tw

【總經銷】創智文化有限公司
新北市土城區忠承路 89 號 6F（永寧科技園區）
電話：2268-3489
傳真：2269-6560

印前作業　菩薩蠻數位文化有限公司
製　　版　東豪印刷事業有限公司

二　　版　2024 年 10 月